HELMUT REICHVILSE

Erfolgskontrolle der Verbandsarbeit

Betriebswirtschaftliche Schriften

Heft 68

Erfolgskontrolle der Verbandsarbeit

Von

Dr. Helmut Reichvilser

DUNCKER & HUMBLOT / BERLIN

Gedruckt 1973 bei Buchdruckerei Bruno Luck, Berlin 65
Printed in Germany
ISBN 3 428 02924 0

Geleitwort

Die Betriebswirtschaftslehre befaßt sich leider noch viel zu wenig mit Fragen der Verbandsforschung. So sind zwar nach Erscheinen meiner Schrift „Betriebsverband und Verbandbetrieb. Wesen, Formen und Organisation der Verbände aus betriebswirtschaftlicher Sicht" im Jahre 1959, in der ich die Grundlagen für weitere betriebswirtschaftliche Untersuchungen der Verbände geschaffen hatte, einige beachtenswerte Beiträge erschienen, doch scheint die Thematik noch immer nicht genügend in das Bewußtsein junger Wissenschaftler eingedrungen zu sein. Dies ist um so verwunderlicher und bedauerlicher, als die Wirtschaftsverbände in den letzten Jahren nicht nur für die Mitgliedunternehmungen immer stärker an Bedeutung gewinnen, sondern auch durch die Zunahme ihrer eigenen Aufgabenerfüllung immer mehr betriebswirtschaftliche Fragen aufwerfen, die eine wissenschaftliche Erörterung geradezu herausfordern.

Aus diesem Grunde habe ich es sehr begrüßt, daß Herr Dr. Reichvilser in seiner vorliegenden Untersuchung einem Problemkomplex nachgegangen ist, der nicht nur die Vielfalt der Verbandsleistungen sichtbar macht, sondern auch wesentliche Aspekte für die Gestaltung der Leistungsprozesse in Verbänden unter dem Aspekt der Wirtschaftlichkeit zum Inhalt hat.

Da die Fragen der Erfolgskontrolle die volle Breite der ökonomischen Problematik in Verbänden berühren, stellt die Untersuchung zugleich einen gehaltvollen und anregenden Diskussionsbeitrag zur Verbandsproblematik insgesamt dar. Sie dient schließlich — und das scheint mir besonders begrüßenswert zu sein — einer weiteren Versachlichung der Verbandsdiskussion. Darüber hinaus dürfte sie den Verbandsmitarbeitern wertvolle Hinweise zur optimalen Gestaltung der Verbandstätigkeit liefern und auf diese Weise viele Probleme in die Ebene kritischer Auseinandersetzung heben, die bisher in der Verbandspraxis kaum klar formuliert und zum Gegenstand der Verbandsgestaltung gemacht worden sind.

Ich hoffe aus den genannten Gründen, daß die Arbeit eine gute Aufnahme in Verbandswissenschaft und -praxis erfahren wird.

Köln, im April 1973

Prof. Dr. Erwin Grochla

Vorwort

Die Anregung zu dieser Untersuchung kam aus der Unternehmenspraxis. Ein Freund des Verfassers, Herr Dr. Josef Vieregg, der Leiter des Rechnungswesens und Vorstandsmitglied eines größeren Unternehmens, hatte festgestellt, daß das Unternehmen Jahr für Jahr erhebliche Beiträge an eine Vielzahl von Verbänden entrichtete, ohne genau zu wissen, welche Leistungen es dafür erhielt und welchen Nutzen diese stifteten. Er empfahl dem Verfasser, die Frage nach dem Erfolg der Wirtschafts(fach)verbände für die Mitglieder systematisch zu untersuchen. Bei einer ersten Durchsicht der vorhandenen Literatur zeigte sich, daß wohl betriebs- und volkswirtschaftliche Beschreibungen der Verbandsarbeiten und kritische Analysen — vor allem der Umweltbeeinflussung — aus volkswirtschaftlicher, juristischer, soziologischer und politologischer Sicht vorlagen, daß aber Untersuchungen des Erfolgs der Tätigkeit der Wirtschaftsverbände aus betriebswirtschaftlicher Sicht fehlten[1]. Dieser Mangel gestaltete die Untersuchung einerseits sehr reizvoll, andererseits aber auch sehr schwierig, zumal die Erfolgskontrolle von Dienstleistungen allgemein — sieht man einmal von der Werbeerfolgskontrolle ab[2] — sehr wenig bearbeitet worden ist. Der Hauptgrund dürfte wohl im flüchtigen, immateriellen Charakter der Dienstleistung zu suchen sein. Die mangelnde Konkretisierung dürfte auch dafür verantwortlich sein, daß die Theorie der Werbeerfolgskontrolle bisher noch keine völlig befriedigenden Ergebnisse[3] geliefert hat. So soll diese Arbeit ein Diskussionsbeitrag nicht nur zur Erfolgsbeurteilung der Arbeit der Wirtschaftsfachverbände oder der Verbandsleistungen allgemein, sondern auch ein Beitrag zur Erfolgskontrolle von Dienstleistungen sein.

Neben Herrn Dr. Josef Vieregg, der den Anstoß zu dieser Arbeit gegeben hat, gilt mein Dank in erster Linie Herrn Professor Dr. Guido

---

[1] Vgl. unsere Ausführungen in A 1. Inzwischen wurde an der Universität Bochum ein interdisziplinärer Studiengang für Sozialwissenschaftler „Wirtschaft und Verbände" geschaffen. Vgl. *Herder-Dorneich*, Philipp, *Lippold*, Klaus W. u. a.: Wirtschaft und Verbände. Berufsanforderungen und Berufsaussichten von Sozialwissenschaftlern in Unternehmungen, Verwaltungen, Verbänden. Köln 1972, S. 1 ff.

[2] Vgl. dazu die Literaturangaben in den Beiträgen zum „Werbeerfolg" im Handbuch der Werbung. Hrsg. v. K. Ch. Behrens, Wiesbaden 1970.

[3] Vgl. zum unbefriedigenden Stand der Theorie der Werbeerfolgsprognose und -kontrolle *Bidlingmaier*, Johannes: Kategorien des Werbeerfolgs. In: Handbuch der Werbung. Hrsg. v. K. Ch. Behrens, Wiesbaden 1970, S. 711 und *Möbius*, Georg: Demoskopische Verfahren zur Messung des außerwirtschaftlichen Werbeerfolgs. In: Handbuch der Werbung. Hrsg. v. K. Ch. Behrens, Wiesbaden 1970, S. 750 f.

Fischer, der mich mit dem Thema als Doktoranden angenommen hat und an dessen Institut für Betriebliche Sozialpraxis ich bis zu seiner Emeritierung mitarbeiten durfte. Besonders habe ich ihm dafür zu danken, daß er mir in der Bearbeitung des Themas jede Freiheit eingeräumt hat. Ebenso danke ich Herrn Professor Dr. Karl Oettle, der mich nach der Emeritierung von Herrn Professor Dr. Guido Fischer als Doktoranden und Assistenten übernommen hat. Er förderte diese Arbeit ebenfalls dadurch, daß er mir in der Untersuchung jegliche Freiheit gewährte. Darüber hinaus gab er mir in seinem Doktoranden-Seminar kritischen und verständnisvollen Rat. Viele meiner Kollegen als Assistent und Doktorand unterstützten mich durch ihre Diskussionsbeiträge. Die Gespräche, die ich mit den Herren Professoren Dr. Erwin Grochla und Dr. Ernst-Bernd Blümle führen durfte, verhalfen mir zu neuen Erkenntnissen. Ihre Beschäftigung mit betriebswirtschaftlichen Verbandsproblemen wird noch häufig hervorzuheben sein. Einer Reihe von Verbandsgeschäftsführungen danke ich für die Bereitwilligkeit, mit der sie mir Unterlagen über ihre Arbeit und ihre Versuche der Erfolgskontrolle zur Auswertung überließen. Besonderer Dank gebührt dabei den Verbandsführungen, die mich an der Verbandsarbeit als Beobachter teilnehmen ließen. Stellvertretend für alle, die mich unterstützt haben, erwähne ich die Bundesarbeitsgemeinschaft der Groß- und Mittelbetriebe des Einzelhandels e. V. (BAG)[4] und den Fachverband der Schneidwarenindustrie e. V. (FSI), der es dem Verfasser gestattet hat, eine Befragung unter seinen Mitgliedern vorzunehmen. Ich hoffe, daß die Ergebnisse dieser Untersuchung die Arbeit dieser und anderer Verbandsführungen befruchten werden.

Besonders herzlich danke ich meinem früheren Kollegen, Herrn Dr. Rolf Wunderer, für die Bereitschaft, jederzeit mit mir über Probleme der Untersuchung zu diskutieren. Seine Kritik und seine Anregungen haben mich mehr als einmal aus einer Sackgasse geführt.

Zu besonderem Dank bin ich Herrn Dr. J. Broermann dafür verpflichtet, daß er meine Untersuchung in seine Reihe „Betriebswirtschaftliche Schriften" aufgenommen hat.

Ich widme diese Arbeit meiner Mutter. Sie erst hat es — vor allem durch ihr stetes Verständnis für die psychischen Belastungen eines solchen Unternehmens — mir ermöglicht, diese Untersuchung zu vollenden.

Helmut Reichvilser

[4] Zur Zitierweise: Namen von Verbänden und Gesetzesbezeichnungen werden beim ersten Zitat voll ausgeschrieben und abgekürzt angegeben. Später werden sie nur noch in Abkürzung zitiert. Meldungen im Handelsblatt (HB), in der Süddeutschen Zeitung (SZ) und der Frankfurter Allgemeinen Zeitung (FAZ) werden in folgender Kurzform zitiert: Abgekürzter Name der Zeitung, Nummer der Ausgabe und Jahrgang.

Inhaltsverzeichnis

Abkürzungsverzeichnis

AGA	Arbeitgeberverband Groß- und Außenhandel e. V.
AGC	Arbeitsring der Arbeitgeberverbände der Deutschen Chemischen Industrie e. V.
AO	Reichsabgabenordnung
BAG	Bundesarbeitsgemeinschaft der Mittel- und Großbetriebe des Einzelhandels e. V.
BBE	Betriebswirtschaftliche Beratungsstelle für den Einzelhandel GmbH
BDA	Bundesvereinigung der Deutschen Arbeitgeberverbände
BDF	Bundesverband des Deutschen Güterfernverkehrs (BDF) e. V.
BDI	Bundesverband der Deutschen Industrie e. V.
BFuP	Betriebswirtschaftliche Forschung und Praxis
BTE	Bundesverband des Deutschen Textileinzelhandels (BTE) e. V.
DBV	Deutscher Bauernverband e. V.
DGB	Deutscher Gewerkschaftsbund
DI	Deutsches Industrieinstitut
DIV	Deutsche Industrieverlags GmbH
EStG	Einkommensteuergesetz
FAZ	Frankfurter Allgemeine Zeitung
FSI	Fachverband Schneidwarenindustrie e. V.
GewStDV	Gewerbesteuer-Durchführungsverordnung
GewStG	Gewerbesteuergesetz
GDM	Gesamtverband Deutscher Metallgießereien e. V.
GWB	Gesetz gegen Wettbewerbsbeschränkungen
HB	Handelsblatt
HdB	Handwörterbuch der Betriebswirtschaft
HDE	Hauptgemeinschaft des Deutschen Einzelhandels e. V.
HdO	Handwörterbuch der Organisation
HdSW	Handwörterbuch der Sozialwissenschaften
HWR	Handwörterbuch des Rechnungswesens
KStG	Körperschaftsteuergesetz
KStDV	Körperschaftsteuer-Durchführungsverordnung
KStR	Körperschaftsteuer-Richtlinien
RKW	Rationalisierungskuratorium der Deutschen Wirtschaft e. V.
SZ	Süddeutsche Zeitung
VDA	Verband der Automobilindustrie e. V.
VDMA	Verein Deutscher Maschinenbau-Anstalten e. V.
VStDV	Vermögensteuer-Durchführungsverordnung
VStG	Vermögensteuergesetz
ZfB	Zeitschrift für Betriebswirtschaft
ZfbF NF	Schmalenbachs Zeitschrift für betriebswirtschaftliche Forschung Neue Folge
ZfhF	Zeitschrift für handelswissenschaftliche Forschung
ZPO	Zivilprozeßordnung

A. Wissenschaftliche Bearbeitung des Problembereichs, Gegenstand und Programm der Untersuchung

In der Bundesrepublik Deutschland gibt es derzeit etwa 1100 bis 1200 Wirtschaftsfachverbände[1]. Ihre Mitglieder sind in erster Linie Unternehmungen.

1. Die Vernachlässigung der Verbandsforschung in der Betriebswirtschaftslehre

Die Wirtschaftsfachverbände sollen nach dem Willen ihrer Mitglieder die Zusammenarbeit zwischen ihnen organisieren, ihnen helfen, ihren Interessen gegenüber der Umwelt Geltung zu verschaffen und ihre innerbetrieblichen Aufgaben besser zu erfüllen. Zu diesen Zwecken unterhalten die Fachverbände meistens Geschäftsstellen, d. h. Produktionsbetriebe. Angesichts der vielfältigen Dienste für die angeschlossenen Unternehmen, die bei manchen Verbänden bedeutendes Ausmaß erreicht haben, verwundert es sehr, daß sich die betriebswirtschaftliche Forschung nur sehr spärlich mit dem Verbandsproblem beschäftigt hat[2].

---

[1] Diese Zahl ergab eine überschlägige Auszählung der Rubrik Wirtschaft des Taschenbuchs des öffentlichen Lebens. Gezählt wurden alle auf freiwilliger Mitgliedschaft beruhenden Verbände. Gezählt wurden auch die Untergliederungen der Verbände, weil auch sie unabhängig von ihren Spitzen politisch wirksam werden und weil sie vor allem die Informationsleistungen für die Mitglieder erbringen. Vgl. *Oeckl*, Albert (Hrsg.): Taschenbuch des öffentlichen Lebens 1971, Bundesrepublik Deutschland. Bonn 1971, S. 254 bis 396. Eine Zahl von ungefähr 5000 Verbänden, „die irgendwie mit der Wirtschaftspolitik in Berührung kommen könnten und die in Adressenverzeichnissen erfaßt sind", ermittelte *Schmölders*. *Schmölders*, Günter: Das Selbstbild der Verbände. Empirische Erhebung über die Verhaltensweisen der Verbände in ihrer Bedeutung für die wirtschaftspolitische Willensbildung in der Bundesrepublik Deutschland. In: Wirtschaftsverbände und Wirtschaftspolitik. Hrsg. v. A. Predöhl und G. Weippert. Schriften des Vereins für Socialpolitik, Gesellschaft für Wirtschafts- und Sozialwissenschaften, NF, Band 38, Berlin 1965, S. 14. Daß die Zahl der Wirtschaftsverbände 5000 noch übersteigt, vermuten *Schmölders* (ebd. S. 15) und *Buchholz*. Vgl. *Buchholz*, Edwin: Die Wirtschaftsverbände in der Wirtschaftsgesellschaft. Eine Analyse ihres Ordnungs- und Selbsthilfesystems als Beitrag zu einer Theorie der Wirtschaftsverbände. Habilitationsschrift. Tübinger Wirtschaftswissenschaftliche Abhandlungen. Hrsg. v. d. Rechts- und Wirtschaftswissenschaftlichen Fakultät der Universität Tübingen. Band 6, Tübingen 1969, S. 38.

[2] Vgl. dazu *Grochla*, Erwin: Betriebsverband und Verbandbetrieb. Wesen, Formen und Organisation der Verbände in betriebswirtschaftlicher Sicht. Habilitationsschrift. Veröffentlichungen des Instituts für Industrieforschung der Freien Universität Berlin. Hrsg. v. E. Kosiol, Band 8, Berlin 1959, S. 9.

Vershofen hat 1924 in einer kleineren Veröffentlichung die statistischen Arbeiten der Wirtschaftsverbände beschrieben und gezeigt, wie sie dem Interessenausgleich unter den Mitgliedern und der Interessenvertretung gegenüber Legislative, Exekutive, Öffentlichkeit und z. B. den Lieferanten und Abnehmern der Mitglieder dienen können[3]. Aussagen aus seinem Buch über „Die Marktverbände“[4] können auch auf die Wirtschaftsfachverbände bezogen werden. *Hardach* stellt in seiner Dissertation die betriebswirtschaftlichen Aufgaben nach ihren „Formen“ und „Gebieten“ dar[5]. Er hat sich in jüngster Zeit wieder mit einigen Aufsätzen und Buchbesprechungen[6] an der betriebswirtschaftlichen Verbandsdiskussion beteiligt, so zum Verhalten der Unternehmen gegenüber ihren Verbänden[7], zum Einfluß der Unternehmungsverbände auf die Unternehmenspolitik ihrer Mitglieder[8], zur Willensbildung in den Wirtschaftsverbänden[9] und zu den betriebswirtschaftlich interessanten Aspekten der Wirtschaftsverbände[10]. Die wichtigste Veröffentlichung scheint uns die Habilitationsschrift *Grochlas* zu sein. Sie liefert eine umfassende Begriffsbestimmung, eine Betriebsverbandstypologie und eine Organisationsanalyse des „betriebswirtchaftlich besonders rele-

---

Fuchs, Michael: Unternehmung und Wirtschaftsverband. Das Problem der Beteiligungsentscheidung. Diss., München 1969, S. 2 und *Hardach*, Fritz Wilhelm: Wirtschaftsverbände in betriebswirtschaftlicher Sicht. In: BFuP, 22 (1970), S. 522.

[3] Vgl. *Vershofen*, Wilhelm: Die Statistik der Wirtschaftsverbände. Nürnberger Beiträge zu den Wirtschaftswissenschaften. Heft 1, Nürnberg 1924, S. 4 und 16 ff.

[4] Vgl. *Vershofen*, Wilhelm: Die Marktverbände. I. Teil. Nürnberg 1928.

[5] Vgl. *Hardach*, Fritz Wilhelm: Betriebswirtschaftliche Aufgaben der Wirtschaftsfachverbände. Diss. Köln. O. J. (1928, veröffentlicht: 1932), S. 13 ff. und 40 ff.

[6] Vgl. *Hardach*, Fritz Wilhelm: Neues Schrifttum über Wirtschaftsverbände. In: ZfbF NF, 19 (1967), S. 42 ff. und ders.: Buchholz, Edwin: Die Wirtschaftsverbände in der Wirtschaftsgesellschaft. In: BFuP, 22 (1970), S. 311 f.

[7] Vgl. *Hardach*, Fritz Wilhelm: Verbandspolitik der Betriebe. In: HdB. Hrsg. v. H. Seischab u. K. Schwantag. 3. Aufl. Band IV, Stuttgart 1962, Sp. 5618 ff.: Stellung der Unternehmen gegenüber ihren Verbänden, Mitarbeit in den Verbänden und Geschäftspolitik durch die Verbände.

[8] Vgl. *Hardach*, Fritz Wilhelm: Unternehmenspolitik durch Wirtschaftsverbände. In: Management International, 1963, Heft 3/4, S. 3 ff.: Beschreibung von Verbandsleistungen.

[9] Vgl. *Hardach*, Fritz Wilhelm: Willensbildung in Wirtschaftsverbänden. In: ZfbF NF, 19 (1967), S. 17 ff. Vgl. a. *Drumm*, Hans Jürgen: Organisationsformen und Probleme der Zielbildung in mehrstufigen Vereinen. In: ZfB, 40 (1970), S. 817 ff.

[10] Als betriebswirtschaftlich interessant sieht er 1. die Führung des Verbandbetriebs, 2. die betriebswirtschaftlichen Auswirkungen der verbandlichen Tätigkeit auf die Mitglieder und 3. die gegenseitige Kommunikation zwischen Verband und Mitgliedern: Vgl. *Hardach*, Fritz Wilhelm: Wirtschaftsverbände in betriebswirtschaftlicher Sicht, S. 523.

vanten Kern jedes Betriebsverbandes", des Verbandbetriebs[11]. Auf dieser Grundlage baut *Grochla* auch sein Lehrbuch über die „Betriebsverbindungen" auf[12]. Mit einigen Spezialproblemen des Wirtschaftsverbands haben sich auch *Blümle* und *Lehmann* beschäftigt[13]. Der Frage der Beteiligungsentscheidung aus der Sicht des Unternehmens geht *Fuchs* in seiner Dissertation nach[14]. *Weigand* vergleicht die „institutionalisierte" und die „faktische Solidarität" in Arbeitgeberverbänden[15]. *Adels,* der ehemalige Leiter der Betriebswirtschaftlichen Abteilung des Bundesverbands der Deutschen Industrie (BDI), untersucht die Willensbildung in der Verbandsorganisation[16]. Obwohl sowohl Unternehmer und Manager wie auch Verbandsfunktionäre, wenn auch aus unterschiedlichem Blickwinkel, nach dem Erfolg der Verbandsleistungen oder der Verbände überhaupt für die Mitglieder fragen[17], hat die Betriebswirtschaftslehre noch nicht viel unternommen, „den weißen Fleck ... auf der Landkarte" der Verbandsforschung zu beseitigen[18]. Von *Blümle* stammen die einzigen beiden uns bekannten betriebswirtschaftlichen Beiträge zu diesem Problem[19]. Er diskutiert darin mögliche Erfolgskategorien, Erfolgsmaßstäbe und Kontrollverfahren. Im übrigen führt die Literatur nur Zusammenschlußvorteile an[20].

---

[11] *Grochla,* Erwin: Betriebsverband, S. 9. Vgl. a. ders.: Verbandbetrieb. In: HdB. Hrsg. v. H. Seischab u. K. Schwantag. 3. Aufl. Band IV, Stuttgart 1962, Sp. 5610 ff.

[12] Vgl. *Grochla,* Erwin: Betriebsverbindungen. Sammlung Göschen. Band 1235/1235 a, Berlin 1969.

[13] Vgl. *Blümle,* Ernst-Bernd: Der Verbandbetriebsvergleich. In: Internationales Gewerbearchiv, 11 (1963), S. 21 ff. Ders.: Zur Finanzierung der Wirtschaftsverbände. In: BFuP, 17 (1965), S. 40 ff. Ders.: Zur Zielproblematik der Wirtschaftsverbände. In: Jahrbuch für Sozialwissenschaften, 16 (1965), S. 337 ff. *Lehmann,* Helmut: Unternehmungsverbände, Rechnungswesen der. In: HWR. Hrsg. v. E. Kosiol, Stuttgart 1970, Sp. 1722 ff.

[14] Vgl. *Fuchs,* Michael: Unternehmung und Wirtschaftsverband.

[15] Vgl. *Weigand,* Karl Heinz: Zur Solidarität der Unternehmer auf dem Arbeitsmarkt. (Diss. Mannheim). Neustadt an der Weinstraße. O. J. (1969).

[16] Vgl. *Adels,* Helmut: Wie entscheiden Verbände? Die Organisation der Entscheidungsprozesse in Wirtschaftsfachverbänden. (Diss., Köln 1969). Köln 1969.

[17] Vgl. z. B. *Bracher,* (Erich): Was erwartet der Unternehmer von seinem Verband an Rat und Hilfe für die betriebliche Personal- und Sozialarbeit? Vortrag auf der Geschäftsführerkonferenz der Bundesvereinigung der Deutschen Arbeitgeberverbände (BDA) vom 27. bis 29. 4. 1967 in Garmisch-Partenkirchen. Arbeitskreis 2 — „Verbandliche Hilfen für die betriebliche Personal- und Sozialpolitik", Hektographiert. O. O. (Köln). O. J. (1967), S. 18. *Becker,* Horst: Marketing der Verbände. O. O. (Hamburg). O. J., S. 6.

[18] *Blümle,* Ernst-Bernd: Zur Kontrolle des Verbandserfolgs. In: Die Unternehmung, 23 (1969), S. 104.

[19] Vgl. *Blümle,* Ernst-Bernd: Zur Messung des Verbandserfolgs. In: ZfbF NF, 17 (1965), S. 558 ff. und ders.: Zur Kontrolle. S. 103 ff.

[20] Vgl. z. B. *Hardach,* Fritz Wilhelm: Betriebswirtschaftliche Aufgaben. S. 4 ff. *Grochla,* Erwin: Betriebsverband. S. 58 f.

Die volkswirtschaftliche Literatur, soweit sie sich mit wirtschaftspolitischen Fragen beschäftigt, hat sich mit dem Erfolg der Wirtschaftsverbände bereits auseinandergesetzt[21]. Sie betrachtet vor allem den Beeinflussungserfolg der verbandlichen Interessenvertretung, der sich in einer funktionellen[22] und personellen Einkommensumverteilung[23] zu Lasten des Allgemeinwohls äußert. In der jüngeren Literatur wird zunehmend auch auf die Förderung der Einkommenserwerbsfähigkeit der Mitglieder als Verbandsleistung hingewiesen, deren Erfolg nicht weiter untersucht wird. Die deutsche politologische und soziologische Literatur hat sich im Rahmen von empirischen Untersuchungen, insbesondere über die Entstehung verschiedener Gesetze und anderer politischer Entscheidungen ebenso mit dem Umweltbeeinflussungserfolg der Verbände befaßt[24]. Ihr Ziel ist es, in „Verlaufsanalysen" Elemente für eine Theorie der politischen Willensbildung bereitzustellen. Unter anderem wird darin versucht, die informellen Organe der politischen Willensbildung festzustellen und ihren Anteil an den jeweiligen Entscheidungen zu bestimmen. So liefern diese Untersuchungen wertvolle Erkenntnisse über Mittel und Wege des Verbandseinflusses auf ver-

[21] Obwohl *Buchholz* (Edwin: Die Wirtschaftsverbände. S. 1 ff.) die Vernachlässigung und Koordinationslosigkeit der Verbandsforschung in den Wirtschaftswissenschaften beklagt, zeigt doch sein historischer Überblick zahlreiche volkswirtschaftliche Forschungsarbeiten auf. Sein (volkswirtschaftstheoretisches) Forschungsprogramm (S. 11 ff.) enthält neben Untersuchungen über einzelne Verbände und Verbandsgruppen (Entstehung, Organisation, Führung, Aufgaben, Leistungen, Entwicklungen), neben Analysen der Verbandsfunktionen (nach Verrichtung, Adressat, Objekt) sowie der „eventuellen Reformen" und neben der Entwicklung einer umfassenden „Verbändetheorie" auch Analysen der „Erfolgsdeterminanten" des Verbandshandelns. Hier stellt er das völlige Fehlen von systematischen Untersuchungen fest.

[22] Damit ist die Sicherung und Steigerung des Einkommens der Mitglieder im Vergleich zu anderen Gruppen der Gesellschaft gemeint: vgl. dazu *Werner*, Josua: Die Wirtschaftsverbände in der Marktwirtschaft. Habilitationsschrift. St. Galler wirtschaftswissenschaftliche Forschungen. Hrsg. v. der Handelshochschule St. Gallen mit Unterstützung der Stiftung für wissenschaftliche Forschung. Band 12, Zürich usw. 1957, S. 36 f. u. a.

[23] Ist mit funktionell die intersektorale Einkommensumverteilung gemeint, so bedeutet personell intrasektorale Einkommensumverteilung. Berühmtes Beispiel sind die Agrarsubventionen, die nach landwirtschaftlicher Nutzfläche verteilt werden. Sie begünstigen die Großbauern. Vgl. z. B. *Ackermann*, Paul: Der deutsche Bauernverband im politischen Kräftespiel der Bundesrepublik. Die Einflußnahme des DBV auf die Entscheidung über den europiäschen Getreidepreis. Tübinger Studien zur Geschichte und Politik. Hrsg. v. J. Engel u. a. Nr. 27, Tübingen 1970. S. 93. Vgl. a. *Werner*, Josua: Die Wirtschaftsverbände in der Marktwirtschaft. S. 42 f.

[24] Vgl. z. B. *Bethusy-Huc*, Viola Gräfin von: Demokratie und Interessenpolitik. Wiesbaden 1962: Entstehung des Landwirtschafts- und Bundesbankgesetzes sowie des GWB. *Stammer*, Otto u. a.: Verbände und Gesetzgebung. Die Einflußnahme der Verbände auf die Gestaltung des Personalvertretungsgesetzes. Schriften des Instituts für Politische Wissenschaft. Hrsg. v. O. Stammer. Band 18, Köln und Opladen 1965. *Ackermann*, Paul: Der deutsche Bauernverband.

schiedene Träger der politischen Willensbildung in verschiedenen Stadien des Entscheidungsprozesses. Damit vermitteln sie auch Einsicht in die Bestimmungsfaktoren von Beeinflussungserfolgen und geben Hinweise für die Zurechnung von Beeinflussungserfolgen auf einzelne an der Einflußnahme beteiligte Personen, Gruppen und Institutionen, u. a. auch auf die Verbände. In den erwähnten Untersuchungen wird allerdings nicht explizit versucht, die Konsequenzen solcher Beeinflussungserfolge und -mißerfolge für die Erfüllung von Mitgliederzielen zu bewerten[25].

Diese Analysen erstrecken sich nur auf Erfolge der Umweltbeeinflussung und hier vor allem auf die Gestaltung der staatlichen Willensbildung. Wir werden einige dieser Untersuchungen als Beispiele heranziehen, wenn wir die Verbandsleistungen zur Beeinflussung der staatlichen Entscheidungsfindung behandeln[26]. Die Leistungen der Wirtschaftsfachverbände gehen jedoch weit über diesen Bereich hinaus[27]. Über die Erfolge dieser Leistungen liegen keine Untersuchungen vor, so daß wir auf primäre Unterlagen zurückgreifen müssen: Satzungen, Geschäftsberichte, Werbematerial, Publikationen zur Information der Mitglieder, staatlicher Instanzen, anderer Verbände (Stellungnahmen) und der Meinungsbildner (Pressenotizen), Unterlagen für die Schulung des Verbandsmanagement und Pressemeldungen über Verbandsfragen. Dieses Material enthält in unsystematischer Form — weil für andere Zwecke als die Erfolgsbeurteilung gedacht — „Protokollinformationen" über die Verbandsleistungen und ihre Erfolge. In einer gedanklichen Analyse werden wir an einigen Beispielen versuchen, eingetretene und mögliche Erfolge für die Mitglieder zu bestimmen.

Neben diesem nicht auf unseren Untersuchungszweck ausgerichteten Material standen uns auch die Ergebnisse einiger Umfragen zur Verfügung, in denen das Verbandsmanagement seine Mitglieder bzw. die Empfänger gewisser Leistungen — wenn auch meist mit wenig präzisen Fragestellungen — bittet, den „Erfolg" seiner Leistungen zu beurteilen. Bereits die Schulungsunterlagen für das Verbandsmanagement und Zeitungsmeldungen, besonders aber auch Eigenberichte und Kommentare der Meinungsbildner zu Verbandsfragen enthalten Informationen über die Entstehung und Bewertung von Leistungserfolgen. Das Verbandsmanagement „benötigt" den Erfolg zur „Rechtfertigung seiner Existenz" und zur Entwicklung eines „Berufsethos". Die Meinungs-

[25] Diese Konsequenzen werden nur implizit berücksichtigt, wenn die Ziele und die Argumentation der Verbände bei der Beeinflussung dargestellt werden.

[26] Vgl. unsere Ausführungen in C 11.

[27] Vgl. unsere Ausführungen in B 13.

bildner suchen, soweit sie nicht im „unternehmerfreundlichen Lager" stehen, Erfolge der Wirtschaftsverbände zu Lasten des Gemeinwohls aufzudecken und zu verurteilen.

2. Begriff und Arten des Wirtschaftsfachverbandes

Während in der volkswirtschaftlichen, politologischen und soziologischen Literatur die Wirtschaftsverbände vom Inhalt ihrer Leistungen her entweder als „organisierte Vertretung wirtschaftlicher Interessen"[28] oder als „gesellschaftliche Selbstverwaltung"[29], von der Adressierung der Interessenvertretung her als Umweltbeeinflussung, von der Art und Weise ihrer Einflußnahme her z. B. als „pressure groups", die nicht die Absicht haben, Regierungsverantwortung zu übernehmen[30], definiert werden, haben betriebswirtschaftliche Begriffsbestimmungen immer das inhaltlich unbestimmte von uns so genannte „Delegationstheorem" des Verbandes betont. Es hat den Vorzug, daß der Kreis der Verbandsleistungen nicht von vornherein nur auf das „Außenfeld", d. h. die Interessenvertretung eingeengt wird[31]. Ein weiterer Vorteil des sog. Delegationstheorems scheint uns zu sein, daß der Blickwinkel nicht auf ein bestimmtes Verbandsverhalten (z. B. pressure) beschränkt wird.

21. Begriff des Wirtschaftsfachverbandes

Die Wirtschaftsfachverbände sind ein Teil der Wirtschafts- oder „Betriebsverbände" (*Grochla*). Die Mitglieder sind „abgeleitete Betriebe", in unserem Wirtschaftssystem in erster Linie also Unternehmungen. *Vershofen* hat 1924 Wirtschaftsverbände als „horizontale Zusammenschlüsse von Betrieben auf Grund von Verträgen" gekennzeichnet. Die Beteiligten bilden „einen neuen, sie alle umfassenden Organismus ..., dem sie bestimmte, bisher überhaupt nicht oder nur von Einzelnen oder jedem Einzelnen verfolgte Zweckbestrebungen übertragen". Sie beschränken ihre Selbständigkeit nur im Hinblick auf dieses „Mandat", begeben sich also nicht in „finanzielle oder betriebsleitende Abhängigkeit von diesem neuen Organismus"[32]. Alle späteren Begriffs-

---

[28] *Tuchtfeldt*, Egon: Typen, Funktionen und Problematik der Wirtschaftsverbände. In: Die Verbände in der pluralistischen Gesellschaft. Hrsg. v. E. Tuchtfeldt. Hamburg 1962, S. 7.

[29] Vgl. dazu: *Wössner*, Jacobus: Die ordnungspolitische Bedeutung des Verbandswesens (Die Verbandsgesellschaft). Tübingen 1961, S. 99.

[30] Vgl. dazu: *Kaiser*, Joseph: Die Repräsentation organisierter Interessen. Berlin 1956, S. 26 u. a.

[31] Das sog. „Innenfeld" bzw. der „innere Zweckkreis" werden jedoch erkannt: *Werner*, Josua: Die Wirtschaftsverbände in der Marktwirtschaft. S. 44 ff.

[32] *Vershofen*, Wilhelm: Die Statistik der Wirtschaftsverbände. S. 3.

bestimmungen beziehen sich auf diese Definition, weil sie alle notwendigen Merkmale enthält. Bemerkenswert ist die Präzisierung des Delegationstheorems bei *Vershofen*[33]: Die Übertragung von Aufgaben auf den Verband kann die Funktionserfüllungen der Mitglieder erweitern, wenn von einzelnen Mitgliedern nicht wahrnehmbare oder wahrgenommene Aufgaben erfüllt werden, sie ergänzen, wenn Aufgaben übernommen werden, die bisher nur einzelne Mitglieder erfüllen konnten, oder sie verbessern, wenn bereits von den Mitgliedern erfüllte Aufgaben gemeinsam rationeller erledigt werden. *Hardach* greift die Definition *Vershofens* auf und engt sie hinsichtlich der Organisationsrichtung auf den „gleichartigen Wirtschaftszweig (Geschäftszweig, Fach, Branche)“ ein. Die Erfüllung der übertragenen Zwecke sieht er als Mittel dafür, „die Rentabilität der Mitgliedsbetriebe ... zu erhöhen“. Diese Mittel sind „wirtschafts- und betriebsfördernde Maßnahmen“[34]. Die Mittel zur Zielerfüllung werden als Bestandteil der Definition gesehen. *Grochla* bildet einen idealtypischen „Zentralbegriff“ Betriebsverband als Zusammenschluß von Betrieben[35], dem er folgende „zwingende Merkmale“ zuordnet:

„1. Koordination der Erfüllung delegierter, gleichartiger betrieblicher Teilaufgaben,
2. einheitliche Leitung der koordinierten Teilaufgabenerfüllung,
3. grundsätzlich externe Planung der koordinierten Teilaufgabenerfüllung durch die Mitgliedbetriebe,
4. grundsätzlich interne Planung der Mitgliedbetriebe[36].“

[33] Vgl. dazu unsere Ausführungen in B 114.

[34] *Hardach*, Fritz Wilhelm: Betriebswirtschaftliche Aufgaben. S. 3. Mit den „wirtschaftsfördernden Maßnahmen“ meint er die Interessenvertretung, mit den „betriebsfördernden Maßnahmen“ die Mitgliederbeeinflussung. Vgl. dazu unsere Ausführungen in B 13.

[35] *Grochla*, Erwin: Betriebsverband. S. 32. Unter dem gemeinsamen Oberbegriff Betriebsverbindung stellt er den Betriebsverband und den Verbundbetrieb, dem *Lehmann* eine Monographie gewidmet hat, gegenüber. Vgl. *Lehmann*, Helmut: Wesen und Formen des Verbundbetriebes. Ein Beitrag zur betriebswirtschaftlichen Morphologie. Betriebswirtschaftliche Forschungsergebnisse. Hrsg. v. E. Kosiol und E. Grochla. Band 24, Berlin 1965.

[36] *Grochla*, Erwin: Der Betriebsverband. S. 36. Der Verbundbetrieb unterscheidet sich vom Betriebsverband durch die koordinierte „Erfüllung der bisherigen betrieblichen Oberaufgaben“, „die einheitliche Leitung der gesamten Aufgabenerfüllung“, „grundsätzlich interne Planung der Oberaufgabenerfüllung“ und „grundsätzlich externe Planung der Gliedbetriebe durch den Verbundbetrieb (die Verbundzentrale)“: Ders.: Betriebsverband. S. 41. *Grochla* wählte die Bezeichnung „Verbundbetrieb“ statt „Betriebsverbund“, weil er dadurch den „statischen“, abgeschlossenen Charakter des Verbundes deutlich machen wollte (vgl. Gespräch mit dem Verfasser am 11. Mai 1970, vgl. a. Betriebsverband. S. 42). Zu den Begriffen „externe“ und „interne Planung“ vgl. ders.: Betrieb und Wirtschaftsordnung. Probleme der Wirtschaftsordnung aus betriebswirtschaftlicher Sicht. Wirtschaftswissenschaftliche Abhandlungen. Hrsg. v. E. Kosiol u. a. Heft 3. Berlin 1954, S. 34 ff.

Diese Begriffsbestimmung konkretisiert er mit Blick auf die Wirtschaftsfachverbände

- nach der Zusammenschlußrichtung
- nach der Induktion der von den Mitgliedern delegierten durch die von ihnen zurückbehaltenen Aufgaben
- nach der Breite des Aufgabensortiments
- nach der Dauer der Aufgabenerfüllung durch den Verband
- nach der Freiwilligkeit der Mitgliedschaft
- nach dem Auftreten des Verbands in der Öffentlichkeit und
- nach seiner Rechtsform.

Wirtschaftsfachverbände zeichnen sich danach durch die „typisch horizontale Zusammenschlußrichtung“ aus[37]. Die Mitglieder besitzen also im allgemeinen den gleichen Unternehmensgegenstand. In der Regel übertragen sie nicht ihre „exogenen“, d. h. „marktgerichteten“, sondern „endogene“ Aufgaben auf den Verbandbetrieb. Die Erfüllungen dieser endogenen Aufgaben stellen notwendige Vorleistungen zur Erfüllung der exogenen Aufgaben dar. Das Aufgabensortiment ist tendenziell „heterogen“ und universal. Die Aufgaben sind auf lange Sicht gestellt. Wirtschaftsfachverbände stehen sachlichen Beitrittswünschen offen gegenüber. Die Mitgliedschaft ist freiwillig. Die Fachverbände treten in der Öffentlichkeit „korporativ“ auf und bedienen sich meist der Rechtsform des eingetragenen Vereins[38].

Bei der betriebswirtschaftlichen Erforschung der Kartelle und Genossenschaften erkannte man, daß neben die Gruppe der Mitglieder eine Institution, der Kartell- bzw. Genossenschaftsbetrieb tritt[39]. *Vershofen* und *Grochla* beobachten dieses Phänomen auch beim Wirtschafts- bzw. Betriebsverband. Sie stellen fest, daß neben der Gruppe der Mitglieder „ein neuer Organismus“ bzw. „ein unselbständiger, ... abgeleiteter ... Verbandbetrieb“ entsteht. Dieser Verbandbetrieb ist für *Grochla* ein notwendiges Merkmal des Betriebsverbandes[40], weil er von der Annahme ausgeht, daß es kein Wirtschaften außerhalb von

---

[37] Die horizontale Zusammenschlußrichtung der Mitgliedsunternehmen wird durch die vertikale Verbindung der Verbände zu Verbandsorganisationen ergänzt.

[38] Vgl. *Grochla*, Erwin: Betriebsverband. S. 149. *Fuchs* (Michael. S. 4) und *Adels* (Helmut: Wie entscheiden Verbände? S. 9) schließen sich dieser Begriffsfassung an.

[39] Vgl. u. a. *Nicklisch*, Heinrich: Der Kartellbetrieb, Leipzig 1909. *Draheim*, Georg: Die Genossenschaft als Unternehmungstyp, Göttingen 1952, S. 16 f. und 49 ff. Vgl. a. *Blümle*, Ernst-Bernd: Zur Zielproblematik. S. 340.

[40] Vgl. *Grochla*, Erwin: Betriebsverband. S. 49 f.

Betrieben gibt[41]. In jedem Betriebsverband werden außerhalb der Mitgliederwirtschaften, wenn auch in noch so geringem Umfang, Produktionsfaktoren eingesetzt und damit Leistungen erstellt und abgegeben. Man versucht, dabei wirtschaftlich zu arbeiten und das finanzielle Gleichgewicht einzuhalten. Man erlangt Chancen des Gelingens und läuft Risiken des Mißlingens. So kann man auch dann noch von einem Verbandbetrieb sprechen, wenn der Verband keine Angestellten und keine eigenen Räume besitzt und der vorsitzende Unternehmer zusammen mit seinen Mitarbeitern — gewissermaßen nebenbei — die Aufgaben der Verbandsgeschäftsführung erledigt[42].

Zusammenfassend kann man den Wirtschaftsfachverband als eine freiwillige Verbindung von Unternehmungen des gleichen Wirtschaftszweigs (Gleichartigkeit der Unternehmungsgegenstände) oder als eine Verbindung solcher Zusammenschlüsse (Oberverbände verschiedener Stufen) bezeichnen, welche die von den Mitgliedsunternehmen übertragenen Teilaufgaben koordiniert erfüllt. Die Mitglieder bleiben dabei gegenüber dem Zusammenschluß rechtlich und wirtschaftlich selbständig und bestimmen selbst grundsätzlich über die koordinierte Aufgabenerfüllung. Meist besitzt der Betriebsverband einen „sichtbaren" Verbandbetrieb, die sog. Geschäftsstelle.

22. Arten der Wirtschaftsfachverbände

Als typische Fachverbände kann man die Verbände der Industrie, des Handels, der Banken und Versicherungen sehen. Hierher gehören u. a. auch die übrigen Verbände des Dienstleistungsbereichs wie z. B. jene des Verkehrswesens, des Hotel- und Gaststättengewerbes, der Makler und der Werbewirtschaft. Wir rechnen dazu auch die manchmal so genannten „Standesverbände" (*Breitling*) wie z. B. die Verbände des Handwerks, der Landwirtschaft und der freien Berufe, denn sie verhalten sich weitgehend wie Wirtschaftsfachverbände. Soweit sie als Körperschaften des öffentlichen Rechts mit Zwangsmitgliedschaft organisiert sind, werden sie zwar nicht in die Untersuchung mit einbezogen, doch dürften die Aussagen über die Erfolge der Fachverbandsleistungen grundsätzlich auch für die Erfolge von Kammerleistungen gelten. Mit der Übertragung von Aufgaben der Selbstverwaltung verschärft der Staat jedoch das „Prinzip der generellen Leistung"[43] und damit

---

[41] Vgl. ebenda. S. 18 und das Gespräch mit dem Verfasser am 11. Mai 1970 sowie *Kosiol*, Erich: Die Unternehmung als wirtschaftliches Aktionszentrum. Einführung in die Betriebswirtschaftslehre. Rowohlts Deutsche Enzyklopädie. Hrsg. v. E. Grassi. Band 256/257, Reinbek bei Hamburg 1966, S. 16.

[42] Vgl. auch unsere Ausführungen in B 22.

[43] Vgl. dazu unsere Ausführungen in B 125.

auch das Problem, Erfolge festzustellen und zu bestimmen. Die sog. „Zweckverbände“[44] von Unternehmungen verhalten sich im allgemeinen wie Fachverbände. Deshalb erstreckt sich unsere Analyse auch auf ihre Leistungen. Diese Verbände unterscheiden sich von den Fachverbänden dadurch, daß sie ein relativ „homogenes“, schmales Aufgabenprogramm besitzen und Mitglieder aus verschiedenen Wirtschaftsbereichen, so auch Haushalte umfassen können. Es handelt sich um sog. „Schutzverbände“ gegenüber der Umwelt der Mitglieder[45] und um Verbände, die dazu beitragen wollen, daß die Mitglieder Funktionen in ihren Betrieben besser erfüllen können[46].

Häufig sind die Fachverbände zugleich auch Arbeitgeberverbände. Trotzdem überlassen sie die Führung von Tarifverhandlungen mit den Gewerkschaften, den Abschluß von Tarifverträgen und die Mitarbeit in der sozialen Selbstverwaltung meist den „reinen“ Arbeitgeberverbänden. Von der Verrichtung her erstellen diese Verbände die gleichen Leistungen wie Fachverbände. Die Objekte ihrer Tätigkeit sind auf die betriebliche Personal- und Sozialpolitik sowie — im Verhältnis zur Umwelt — auf die Sozial- und Gesellschaftspolitik beschränkt, während Gegenstände der Fachverbandsleistungen alle übrigen betrieblichen Funktionserfüllungen sowie — im Hinblick auf die Umwelt — alle übrigen wirtschaftlich relevanten Fragen sind. Wir werden auch Beispiele von Arbeitgeberverbandsleistungen in unserer Untersuchung heranziehen.

3. Fragen der Terminologie und des Vorgehens

31. Terminologie

Fuchs versucht die Terminologie der Anreiz-Beitrags-Theorie von Organisationen *(Barnard, Simon, March-Simon)* als auch der Systemtheorie auf den Wirtschaftsfachverband zu übertragen[47]. Er beschreibt ihn als offenes soziales System, das durch eine Integration der Unter-

---

[44] Vgl. z. B. *Krueger*, Hermann Edwin: Historische und kritische Untersuchungen über die freien Interessenvertretungen von Industrie, Handel und Gewerbe in Deutschland, insbesondere die Fach-, Zweck- und Zentralverbände gewerblicher Unternehmer I. In: (Schmollers) Jahrbuch für Gesetzgebung, Verwaltung und Volkswirtschaft NF, 32 (1908), S. 1590 f. Vgl. a. *Tuchtfeldt*, Egon: Typen. S. 8 f.

[45] Vgl. z. B. Zentrale zur Bekämpfung unlauteren Wettbewerbs e. V. oder Deutsche Schutzvereinigung für Wertpapierbesitz.

[46] Die Geschäftsführung des Rationalisierungskuratoriums der Deutschen Wirtschaft e. V. (RKW) interpretiert den Vereinszweck als Hilfe für die Unternehmungsmitglieder bei den Funktionserfüllungen in ihren Betrieben. Vgl. die Gespräche des Verfassers mit Herrn Professor Dr. Hans Rühle von Lilienstern und Herrn Dieter Ibielski.

[47] Vgl. *Fuchs*, Michael. S. 49 ff.

systeme Unternehmungen entsteht[48]. Während er den strukturellen Aspekt, nämlich die Entstehung des Systems und seine Einordnung in eine Systemhierarchie betont, stellen *Hodge* und *Johnson*[49] den Ablaufsaspekt in den Vordergrund. Wie sie Absatz und Beschaffung als Verbindungssysteme zwischen unternehmungsinternen Grundsystemen und (Umwelt-)Systemen des Marktes sehen, betrachten sie den Wirtschaftsfachverband als ein solches Verbindungssystem zu „ferneren" wirtchaftlichen, politischen und kulturellen Umweltsystemen. Neben die Mitglieder tritt als sekundäres Untersystem die Geschäftsstelle. Von diesen Elementen und ihren Untersystemen (Abteilungen, Mitarbeiter) wird die Erfüllung bestimmter Aufgaben erwartet (Rollen-, Gruppenstruktur). Ihre Erfüllungen stellen die Beiträge an den Verband dar. Diese Beiträge werden in Leistungen transformiert. Diese Leistungen dienen als Anreize für die Elemente des Verbandes, sich weiter an ihm zu beteiligen bzw. sich ihm anzuschließen. Dieser Produktionsprozeß wird von Informations- und Entscheidungsprozessen begleitet. Diese erfordern wiederum eine Kommunikationsstruktur und einen gewissen hierarchischen Aufbau.

Die Übertragung der Systemterminologie kann trotz der vielen ihr zugeschriebenen Vorteile[50] unseres Erachtens materiell kaum neue Erkenntnisse bringen[51]. Neue Einsichten können wahrscheinlich indirekt dadurch gewonnen werden, daß die terminologische Vereinheitlichung die Übertragung von Theorien über einen Sachverhalt auf Sachverhalte mit isomorphen Strukturen und Prozessen zuläßt, ja sogar nahelegt[52]. Als Beispiel soll die Übertragung der Anreiz-Beitrags-Terminologie auf die Verbandstheorie dienen. Sie vermittelt unseres Erachtens bestenfalls nur psychisch neue Erkenntnisse. Es ist dies z. B. die Einsicht, daß der Verband nicht nur „organisierte Interessenvertretung" ist, sondern daß eine Vielzahl unterschiedlich bedeutsamer, in-

---

[48] Vgl. ebd., S. 33.

[49] Vgl. *Hodge*, Billy J., *Johnson*, Herbert J.: Management and Organizational Behavior. A Multidimensional Approach. New York usw. 1970, S. 84 f. und 109 ff.

[50] Vgl. z. B. *Ulrich*, Hans: Die Unternehmung als produktives soziales System. Grundlagen der allgemeinen Unternehmungslehre. Schriftenreihe „Unternehmung und Unternehmungsführung". Hrsg. v. Institut für Betriebswirtschaft an der Hochschule St. Gallen. Band 1, Bern usw. 1968, S. 135 f. und *Fuchs*, Herbert: Systemtheorie. In: HdO. Hrsg. v. E. Grochla. Stuttgart 1969, Sp. 1618 f.

[51] Vgl. die vorsichtigere Beurteilung der Systemforschung durch *Kosiol*, Erich, *Szyperski*, Norbert und *Chmielewicz*, Klaus: Zum Standort der Systemforschung im Rahmen der Wissenschaften. In: ZfbF NF, 17 (1965), S. 338 ff. und 359.

[52] Vgl. zur „terminologischen" und „heuristischen Funktion" der Systemtheorie *Grochla*, Erwin: Systemtheorie und Organisationstheorie. In: ZfB. 40 (1970), S. 11 ff. und das Gespräch mit dem Verfasser am 11. Mai 1970.

terner wie externer Organisationsteilnehmer materielle und immaterielle Beiträge an den Verband erbringt und ebensolche Leistungen von ihm empfängt[53]. Diese Erkenntnis benutzt *Fuchs*, um einen Gleichgewichtskalkül für die Entscheidung zur Beteiligung an einem Verband aufzustellen[54]: Eine Unternehmung wird dann einem Verband beitreten oder in ihm bleiben, wenn der Überschuß der Nutzenzuwächse über die Nutzenentgänge durch die Mitgliedschaft, also der sog. „Netto-Nutzen" positiv ist[55]. Allerdings gibt er keine Hinweise, wie man die Nutzenentgänge durch die Beiträge und die Nutzensteigerungen durch die Anreize konkret bestimmen könnte[56]. Diesen Kalkül inhaltlich zu füllen ist eine reizvolle Aufgabe für die Theorie, weil die Erfolgskontrolle von Dienstleistungen — sieht man einmal von der Werbeerfolgskontrolle ab — noch kaum bearbeitet, geschweige denn gelöst worden ist.

32. Programm der Untersuchung

Auch die Praxis ist an der Lösung dieses Problems besonders interessiert. Immer wieder stellen nämlich Verbandsmanager fest, daß die Entscheidung über die Verbandszugehörigkeit mehr und mehr einem „rationalen Kalkül" unterworfen wird. Sie meinen damit, daß die Mitglieder „am Erfolg meßbare Leistungen nach innen ... (und) nach außen" wünschen[57]. Die Verbandsmanager selbst sind vielfach der Überzeugung, daß eine genaue Erfolgskontrolle nur sehr beschränkt, wenn überhaupt, möglich sei[58]. Andererseits sind sie an einer Lösung des Problems interessiert, weil sie ihnen die Rechtfertigung ihrer Tätigkeit (und ihrer beruflichen Existenz) erleichtern würde.

---

[53] Vgl. unsere Ausführungen in B 2.

[54] Vgl. *Fuchs*, Michael. S. 148 ff.

[55] Vgl. ebd., S. 155.

[56] Michael *Fuchs* benützt die Systemterminologie auch nur im ersten Teil seiner Untersuchung. In den übrigen Teilen scheint er ohne Erkenntniseinbußen auf sie verzichten zu können.

[57] Vgl. z. B. *Eichler*, Wolfgang: Neue Aspekte in der Verbandsarbeit. Große Angebotspalette verbandlicher Dienstleistungen. In: Der Arbeitgeber, 19 (1967), S. 191 und o. V.: Funktionen im Wandel. Dienstleistungen der Arbeitgeberverbände. Materialien, Muster, Modelle. Schriftenreihe der Bundesvereinigung der Deutschen Arbeitgeberverbände. Heft 46, Köln 1967, S. 8.

[58] *Weigand* ist hinsichtlich der Erfolgsbestimmung der „individuellen" Verbandsleistungen recht optimistisch: Vgl. *Weigand*, Karl Heinz. S. 54. *Hardach* ist der Ansicht, daß gewisse Umweltbeeinflussungsleistungen wie „steuerliche Erleichterungen" und „finanzielle Hilfen des Staates" relativ leicht hinsichtlich ihres Erfolgs beurteilt werden können. Vgl. *Hardach*, Fritz Wilhelm: Willensbildung. S. 19. *Blümle* ist recht skeptisch, was z. B. die Zurechenbarkeit von Erfolgen auf Verbandsleistungen angeht: Vgl. *Blümle*, Ernst-Bernd: Zur Zielproblematik. S. 346.

Wir haben uns vorgenommen, die Erfolge der Verbandsleistungen für die Mitglieder zu untersuchen. Dazu halten wir folgendes Vorgehen für zweckmäßig. Zunächst werden wir den Erfolg allgemein aus dem Ziel des Verbandes, die Interessen der Mitglieder zu fördern, ableiten. Dann werden wir die Mittel, die er dazu einsetzt, nämlich die Verbandsleistungen beschreiben. In einer gedanklichen Analyse werden wir versuchen, die für die Erfolgskontrolle besonderen Eigenschaften der Verbandsleistungen und der Personen bzw. Personengruppen, die an ihrer Erstellung und ihrem Austausch beteiligt sind, herausarbeiten. Grundlagen dieser Erörterungen sind die Literatur über die Verbände und das Material der Verbände (z. B. Geschäftsberichte, Schulungsunterlagen). Als Besonderheiten des Leistungsaustausches werden wir erkennen:

— unterschiedliche Konkretisierbarkeit der durch die Verbandsleistungen zu suboptimierenden Mitgliederziele
— substitutive und komplementäre Beziehungen zwischen Mitgliederzielen
— der Grad, in dem v. a. das hauptamtliche Verbandsmanagement die Verbandsaufgaben abweichend von den Mitgliedern definiert
— das Maß, in dem die Aufgabenerfüllungen des Verbandes, — nämlich die Verbandsleistungen die Funktionen der Mitglieder erweitern
— das Prinzip der generellen Widmung der Verbandsleistungen
— der immaterielle Charakter der Verbandsleistung als Dienstleistung
— die Eigenschaft der Verbandsleistung als Vorleistung für andere Leistungen
— die Mitwirkung der Empfänger von Verbandsleistungen bei deren Erstellung
— die horizontale und vertikale Kooperation von Verbänden zur Leistungserstellung
— die in der Vielzahl der möglichen Empfänger (Nutznießer) von Verbandsleistungen begründeten Konflikte in den Erwartungen an die Verbandsarbeit
— die beschränkte Möglichkeit, Nicht-Mitglieder vom Leistungsempfang auszuschließen
— das Auseinanderfallen von Bereitstellung, Beanspruchung und Anwendung der Verbandsleistungen
— das Gruppenbewußtsein vieler Mitglieder und seine Auswirkungen auf die Beurteilung der Verbandsleistungen
— das Prinzip des generellen Entgelts für die Verbandsleistungen

— die personelle Trennung von Leistungsempfang und Leistungsbeurteilung in der Unternehmung.

Die Erkenntnis, daß die Mitglieder in unterschiedlicher Weise und in unterschiedlichem Umfang an der Leistungserstellung mitarbeiten, hat uns veranlaßt, die Verbandsleistungen zunächst in Informations- und Organisationsleistungen einzuteilen. Die Informationsleistungen gliedern wir nach den Empfängerbereichen Umwelt und Mitglieder. Die Organisationsleistungen haben die Zusammenarbeit der Mitglieder zum Gegenstand.

Bei unseren Untersuchungen in Teil C gehen wir nach dem von uns entwickelten Leistungskatalog vor. Anhand von Beispielen aus den vorliegenden Unterlagen und dem von uns selbst erhobenen Material suchen wir den Beitrag der Verbandsleistungen zur Erfüllung von Mitgliederzielen zu erkennen. Die Analyse umfaßt sowohl die eingetretenen Erfolge abgeschlossener wie die möglichen Erfolge noch nicht beendeter Leistungsprozesse. Dabei treten im wesentlichen folgende Probleme auf:

— Erfassung der zu fördernden Ziele

— Feststellung des Erfolgsmaßstabs. Die Erfolgsbeurteilung erstreckt sich unseres Erachtens nicht nur auf quantitativ exakt, d. h. kardinal meßbare Zielerfüllungen[59], sondern auch auf Erfolge, die in ihrem Ausmaß nur in einem Größer- oder Kleinersein gegenüber bestimmten Ausgangsgrößen (ordinal) oder nur als eingetreten oder nicht eingetreten (nominal) angegeben werden können.

— Ermittlung der konkreten Ausprägung des Erfolgs. Hier geht es vor allem darum eine geeignete Ausgangsgröße als Vergleichsgröße zu finden.

— Zurechnung des Erfolgs auf die an der Leistungserstellung Beteiligten

— Ermittlung von Vorerfolgen, die für den Eintritt der Zielförderung (Enderfolg oder Verwertungserfolg) notwendig sind.

In Teil D analysieren wir die Vorerfolge, die am leichtesten im Verbandbetrieb festgestellt werden können. Wir unterscheiden Bereitstellungserfolge (verfügbarer output), Beanspruchungs- bzw. Beteili-

[59] Wenn nur „bereits konkretisierte Ziele" und „bereits quantifizierbare und auch tatsächlich quantifizierte ... Nutzen" in den Kalkül einbezogen werden, besteht die Gefahr, daß einzelne Erfolge für den Gesamterfolg gehalten werden: *Oettle*, Karl: Thesen zu dem Thema: Kann neben die Rechnung eines Verkehrsunternehmens eine wirtschaftliche Rechnung gestellt werden, in der die Nutzen und die Kosten, die sich für die Volkswirtschaft aus der Tätigkeit dieses Unternehmens ergeben, sichtbar gemacht werden, soweit sie in der betriebswirtschaftlichen Rechnung keinen Niederschlag gefunden haben? Hektographiert. München 1970, S. 4.

gungserfolge (beanspruchter output) sowie Opportunitätserfolge. Dabei tauchen unter anderem folgende Probleme auf:

— Bestimmung der Dienstbereitschaft des Verbandes
— Standardisierung der Verbandsleistungen nach der Menge der eingesetzten Faktoreinheiten
— Standardisierung der Verbandsleistungen nach ihrer Qualität
— Vergleichbarkeit der Verbandsleistungen mit den Leistungen von „Konkurrenzbetrieben" und von Mitgliedern
— Beurteilung der Aussagefähigkeit der Erhebungsmethoden.

In Teil E beurteilen wir die Erfolgsaussagen nach den Gütekriterien, die allgemein an sozialwissenschaftliche Aussagen angelegt werden. Es sind dies zunächst die Kriterien der Treffsicherheit und Genauigkeit. Hier fassen wir die in C und D erörterten Erfolge zu einem System von „Erfolgsstufen" zusammen, die notwendigerweise nacheinander eintreten müssen, wenn die erstrebte Zielförderung stattfinden soll. Weiter sind dies die Kriterien der Methodenunabhängigkeit und Stabilität. Sie verlangen, daß verschiedene Methoden beim gleichen Objekt und die gleiche Methode beim gleichen Objekt zu verschiedenen Zeitpunkten zu den gleichen Ergebnissen führen müssen. Die Ergebnisse sind objektiv, wenn verschiedene Personen den gleichen Gegenstand nicht willkürlich unterschiedlich beurteilen.

B. Besonderheiten des Leistungsaustausches zwischen dem Wirtschaftsverband und seinen Mitgliedern

Besonderheiten zeigen sich vor allem in den Eigenschaften der Leistungen, in spezifischen Bedingungen ihrer Erstellung und Verwertung.

1. Der Charakter der Verbandsleistungen

Um zu verstehen, wie Erfolge der Verbandsarbeit entstehen können, und um Erfolgsmaßstäbe entwickeln zu können, müssen wir uns zunächst Aufschluß darüber verschaffen, wie sich die Verbandsaufgaben aus den Zielen der Mitglieder ableiten lassen und wie die Verbandsleistungen Erfüllungen dieser Aufgaben sind. Die Schwierigkeiten, Erfolge der Verbandsarbeit zu erheben und den Mitwirkenden zuzurechnen, sind im wesentlichen darin begründet, daß Verbandsleistungen Dienstleistungen darstellen, welche den Mitgliedern grundsätzlich generell gewidmet sind.

11. Das Delegationstheorem der Verbandsaufgaben

Wenn man in Erfolgen Grade der Zielerfüllung sieht[1], ist es notwendig, Ziele von Verbänden zu beschreiben.

111. Delegations- und Emanzipationstheorem

Bei der Ableitung von Verbandszielsystemen dominiert in der Volkswirtschaftslehre[2] wie in der Betriebswirtschaftslehre[3] die genetische, strukturelle Sichtweise, die wir als das Delegationstheorem bezeichnen wollen. Die Unternehmen gliedern Teilaufgaben zur gemeinschaftlich koordinierten Erfüllung auf den Betriebsverband aus. Es wird angenommen, daß sich Mitglieder und Verbandsmanagement in Übereinstimmung darüber befinden, daß dadurch Ober- und Zwischenziele der Mitglieder gefördert werden sollen. *Külp* spricht von dieser Annahme

---

[1] Vgl. z. B. *Oettle*, Karl: Thesen, S. 3 und *Pohmer*, Dieter, *Bea*, Franz Xaver: Erfolg. In: HWR. Hrsg. v. E. Kosiol. Stuttgart 1970, Sp. 454. Vgl. auch unsere Ausführungen in E 1.

[2] Vgl. z. B. *Werner*, Josua: Die Wirtschaftsverbände in der Marktwirtschaft. S. 19 f. und 34 f. sowie *Buchholz*, Edwin: Die Wirtschaftsverbände. S. 38.

[3] Vgl. die Begriffsbestimmungen in A 21.

als dem „Repräsentationstheorem“[4]. Bei den Wirtschaftsfachverbänden sind die Mitglieder in den Leitungsgremien und in den Entscheidungen vorbereitenden Ausschüssen des Verbandes vertreten. So können sie die Willensbildung im Verband sehr stark mitbestimmen[5], so daß *Blümle* vom „mitgliedsaktiven Verbandstyp“ sprechen kann[6].

Wenn man stillschweigend von der Harmonie zwischen Mitgliedern und Verbandsmanagement ausgeht, wird übersehen, daß die Leistungskonzeption des Verbandes in hohem Maße vom Verbandsmanagement bestimmt wird, wobei Konflikte auftreten können, aber nicht müssen. Die allgemeinen Zweckbestimmungen in den Verbandssatzungen lassen dem Verbandsmanagement häufig einen weiten Interpretations- und Gestaltungsspielraum[7]. Besonders die Oberverbände entwerfen von Zeit zu Zeit neue Leistungskonzeptionen für sich und ihre Mitgliedsverbände[8]: So wirbt z. B. die Bundesvereinigung der Deutschen Arbeitgeberverbände (BDA) für den „Dienstleistungsgedanken“ und *Becker* vom Arbeitgeberverband Groß- und Außenhandel (AGA) für die Bereitstellung von „Problemlösungen für die Sorgen des Unternehmers“[9]. Das Wachstum der Mitgliederzahlen, die u. a. dadurch steigende Differenzierung der Mitgliederziele, die Professionalisierung der Funktionärsstellung[10], die Machtverlagerung auf die hauptamtliche Geschäfts-

---

[4] *Külp*, Bernhard: Lohnbildung im Wechselspiel zwischen politischen und wirtschaftlichen Kräften. Habilitationsschrift. Volkswirtschaftliche Schriften. Hrsg. v. J. Broermann. Heft 84, Berlin 1965. S. 27.

[5] Als Bedingung wird oft eine geringe Zahl von Mitgliedern genannt: *Hardach*, Fritz Wilhelm: Unternehmenspolitik. S. 4. Ders.: Willensbildung. S. 22 ff. und *Blümle*, Ernst-Bernd: Zur Zielproblematik. S. 341. Man könnte noch die regionale Begrenzung des Integrationsradius anführen, die ständige persönliche Interaktionen ermöglicht.

[6] *Blümle*, Ernst-Bernd: Zur Zielproblematik. S. 341. Er übernimmt diesen Begriff aus der Genossenschaftsforschung: *Seraphim*. *Drumm* (S. 826) spricht von „zentripetaler Willensbildung“.

[7] Ähnliche Handlungsspielräume der Exekutive gegenüber der Legislative im politischen Bereich konstatiert *Oettle*: Über den Charakter öffentlich-wirtschaftlicher Zielsetzungen. In: ZfbF NF, 18 (1966), S. 250. Zur Gefahr der Zielverschiebung vgl. *Mayntz*, Renate: Soziologie der Organisation. Rowohlts Deutsche Enzyklopädie. Hrsg. v. E. Grassi. Band 166, Reinbek bei Hamburg 1963, S. 78 ff. und 66 ff.

[8] Vgl. *Drumm*, Hans Jürgen. S. 827 und 830 ff.

[9] Vgl. o. V.: Funktionen im Wandel. S. 7 ff., v. a. S. 15 f. und *Becker*, Horst: Marketing. S. 8.

[10] Im Laufe der Entwicklung ergab sich die Notwendigkeit, hauptamtliche Verbandsfunktionäre anzustellen. Diese entwickeln eigene Berufsziele. Vgl. auch o. V.: Lobby als Wissenschaft. In: Capital, 10 (1971), Heft 1, S. 68 f. Vgl. auch HB 10, 19/71. *Messner* sieht die Funktionärsinteressen etwas einseitig in der „Freude an der Macht über Menschen, nämlich über die organisierte Gruppe und die Freude an der Macht in der Gesellschaft“: *Messner*, Johannes: Der Funktionär. Seine Schlüsselstellung in der heutigen Gesellschaft. Innsbruck usw. 1961, S. 23. Er differenziert auch nicht zwischen ehrenamt-

führung[11] und ihre Informationsvorteile bei zunehmender Unübersichtlichkeit der Probleme[12] haben den Einfluß des hauptamtlichen Verbandsmanagement auf die Leistungskonzeption des Verbandes begünstigt. Solange die Mitglieder dieser Konzeption nicht widersprechen und sich nicht zur Wehr setzen, kann man von einem konkludenten Einverständnis ausgehen und die Geltung des Delegationstheorems annehmen. Insofern ergeben sich grundsätzlich keine Besonderheiten der Erfolgskontrolle, wenngleich es darauf ankommt, wie gut das Verbandsmanagement den Bedarf der Mitglieder erkennt und deckt. Wirtschaftsfachverbände sind wohl „simultan mitglieds- und leitungsaktiv". Entwickelt sich der Verband zum „leitungsaktiven Typ"[13], kann sich die Verbandsführung gegen den Willen der Mitglieder durchsetzen und verlassen diese den Verband nicht, könnte man vom Emanzipationstheorem des Verbandes sprechen[14]. Die Erfüllung der Mitgliederziele wird zugunsten der Förderung der Interessen des Verbandsmanager hinsichtlich der Mitgliederziele und ihrer persönlichen Ziele zurückgedrängt. Das kann dazu führen, daß die Mitglieder die Verbandsleistungen negativ bewerten, austreten oder, wenn sie bleiben, kaum noch mitarbeiten und die Erstellung von Verbandsleistungen sabotieren[15] sowie die Verwertung von Verbandsleistungen im Unternehmen soweit wie möglich verhindern. Das Delegationstheorem bestimmt also ein allgemeines Verbandsziel der Förderung bzw. Suboptimierung der Mitgliederziele. Dieses Ziel ist ähnlich dem „Grundauftrag" der Genossenschaft, „die Eigenwirtschaften der Mitglieder zu fördern"[16], ohne daß sich das „Förderungsunternehmen", hier der Verbandbetrieb, ren-

---

lichem und hauptamtlichem Verbandsmanagement. Er sieht jedoch ganz klar die „Verselbständigung des bürokratischen Apparates" (S. 36).

[11] Diese Machtverschiebung ist in der Ausführung der Vorstandsbeschlüsse (Leitung des Verbandbetriebs) und in ihrer Vorbereitung sowie im Informationsvorsprung aufgrund ständiger Befassung mit den Verbandsproblemen begründet.

[12] Vgl. zu den Gründen: *Külp*, Bernhard. S. 31 ff.

[13] *Blümle*, Ernst-Bernd: Zur Zielproblamatik. S. 341. Leitungsaktiv sind vor allem Haushaltsverbände wie Gewerkschaften *(Külp)*, Autoclubs und Sportvereine *(Drumm)*.

[14] Vgl. den Versuch der Umfunktionierung eines Geschädigtenverbandes in einen politischen Staatsbürgerverband. *Teschner*, Manfred: Entwicklung eines Interessenverbandes. Ein empirischer Beitrag zum Problem der Verselbständigung von Massenorganisationen. Diss. Frankfurt 1961.

[15] Vgl. die Mitwirkung der Leistungsempfänger bei der Leistungserstellung: B 23.

[16] *Henzler*, Reinhold: Die Genossenschaft, eine fördernde Betriebswirtschaft. Essen 1957, S. 25. Vgl. auch *Draheim*, Georg: Das Förderungsunternehmen. Ein Beitrag zu den Versuchen, das Wesen der Genossenschaft zu bestimmen. In: Zur Ökonomisierung der Genossenschaften. Gesammelte Aufsätze zur Genossenschaftstheorie und Genossenschaftspolitik. Göttingen 1967, S. 105.

tabilitätsstrebig verhält[17]. Der Verband „fördert" die Mitgliederwirtschaften aber nicht durch die Übernahme exogener, marktgerichteter Teilaufgaben[18] oder bedeutsame wettbewerbsbeschränkende Funktionen[19].

112. Das Zielsystem

Das formale Ziel des Verbandes bleibt solange eine Leerformel, solange es nicht zunächst mit möglichen zu fördernden unternehmungswirtschaftlichen Ober- und Zwischenzielen und dann durch Unterziele konkretisiert wird[20]. Die Erfüllungen dieser Unterziele sind die Instrumente, mit denen die Ober- und Zwischenziele indirekt optimiert, d. h. suboptimiert werden[21]. Die Literatur postuliert durchgehend die Dominanz des sog. „wirtschaftlichen Zwecks"[22]. Daneben wird bisweilen eingeräumt, daß Wirtschaftsverbände auch außerökonomische Ziele verfolgen[23]. Die Wirtschaftswissenschaften begnügten sich lange Zeit damit, die Einkommensmaximierung in ihren verschiedenen Varianten als alleiniges Ziel der Unternehmung anzunehmen[24]. Es verwundert daher nicht, wenn v. a. die Volkswirtschaftslehre die Ziele der Wirtschafts(fach)verbände in der Sicherung und Verbesserung der funktionellen (intersektoralen) und der personellen (intrasektoralen) Einkommensverteilung sah und sieht[25]. *Hardach* trägt dieser Auffassung Rechnung, wenn er die Förderung der Rentabilität der Mitgliedsunternehmen als das Ziel des Fachverbands bezeichnet. Der Zielmonismus erwies sich zur Erklärung und Prognose des Unternehmensverhaltens als unbrauchbar. Deshalb konnten auch keine realistischen Entscheidungs-

---

17 Vgl. ebd., S. 109.

18 Wirtschaftsfachverbände betreiben in der Regel keinen Geschäftsbetrieb: *Buchholz*, Edwin: Die Wirtschaftsverbände. S. 24. *Grochla*, Erwin: Betriebsverband. S. 149. Vgl. a. unsere Ausführungen in B 224.

19 Vgl. *Buchholz*, Edwin: Die Wirtschaftsverbände. S. 26 ff.

20 Vgl. *Oettle*, Karl: Über den Charakter öffentlich-wirtschaftlicher Zielsetzungen. S. 246.

21 Vgl. *Heinen*, Edmund: Das Zielsystem der Unternehmung. Grundlagen betriebswirtschaftlicher Entscheidungen. Die Betriebswirtschaft in Forschung und Praxis. Schriftenreihe. Hrsg. v. E. Heinen. Band 1, Wiesbaden 1966, S. 105. Vgl. auch *Verheyen*, Holmer: Das Prinzip der Suboptimierung. Ein Beitrag zur betriebswirtschaftlichen Entscheidungstheorie. Diss. München 1968, S. 17.

22 Vgl. z. B. *Blümle*, Ernst-Bernd: Zur Messung. S. 558. Ders.: Zur Zielproblematik. S. 339. *Grochla*, Erwin: Betriebsverbindungen. S. 32. *Buchholz*, Edwin: Die Wirtschaftsverbände. S. 22 ff.

23 Vgl. z. B. *Blümle*, Ernst-Bernd: Zur Zielproblematik. S. 344 ff.

24 Vgl. *Heinen*, Edmund: Das Zielsystem. S. 28 ff.

25 Vgl. u. a. *Werner*, Josua: Die Wirtschaftsverbände in der Marktwirtschaft. S. 42 f. und 186 ff.

hilfen abgeleitet werden. Die Theorie von den Unternehmungszielen mußte in dreifacher Weise erweitert werden, nämlich hinsichtlich der von einer Unternehmung angestrebten Menge inhaltlich unterschiedlicher Ziele und ihrer Beziehungen zueinander (Zielsystem), hinsichtlich des Ausmaßes der gewünschten Erfüllung der gesetzten Ziele (Anspruchsniveau)[26] und hinsichtlich der Zielbildung durch die Organisationsteilnehmer[27].

Grochla wies bereits anhand der älteren Literatur nach, daß sowohl ein Unternehmen als auch erst recht eine Gruppe von Unternehmen und daher auch der Betriebsverband eine Vielzahl höchst unterschiedlicher Ziele verfolgen können[28]. *Blümle* hat auf diesen Tatbestand bei den Wirtschaftsverbänden ebenfalls hingewiesen[29]. Wir halten es nicht für unsere Aufgabe, hier noch einen weiteren Katalog von Unternehmungszielen aufzustellen. Wir verweisen auf die Literatur[30]. In Teil C werden wir die Ziele heranziehen, die wir dem vorliegenden Material als Ziele, die durch die Verbandsleistungen erreicht werden sollen, entnehmen können.

113. Die Zielbeziehungen im Zielsystem

Entsprechend dem Delegationstheorem treten im Aufgabenprogramm des Wirtschaftsfachverbandes wie beim einzelnen Mitglied komplementäre, konkurrierende und indifferente auf. Beim Wirtschaftsfachverband kommt noch hinzu, daß auch unter den Mitgliedern Zielkomplementaritäten, -indifferenzen und -konkurrenzen auftauchen. Beides kann zu entsprechenden Beziehungen unter den Aufgaben des Verbandes und zur Festlegung von Haupt- und Nebenaufgaben führen. Erfolgreiche Öffentlichkeitsarbeit unterstützt z. B. die Interessenvertretung gegenüber der Regierung. Aufwendungen bei der Beteiligung an einem ver-

---

[26] Die Maximierungshypothese wird durch die Satisfaktionshypothese ersetzt: vgl. z. B. *Bidlingmaier*, Johannes: Zielkonflikte und Zielkompromisse im unternehmerischen Entscheidungsprozeß. Studienreihe Betrieb und Markt. Hrsg. v. K. Ch. Behrens. Band 11, Wiesbaden 1968, S. 25 f.

[27] Zu den Theorien der Zielbildung in Organisationen vgl. *Bidlingmaier*, Johannes: ebd. *Kirsch*, Werner: Entscheidungsprozesse. Dritter Band: Entscheidungen in Organisationen. Wiesbaden 1971, S. 110 ff. *Grochla*, Erwin: Unternehmungsorganisation. rororo studium. Hrsg. v. E. Grassi. Band 3, Reinbek bei Hamburg 1972, S. 153 ff. und die dort angegebene Literatur.

Vgl. a. unsere Ausführungen zum Delegations- und Emanzipationstheorem: B 111. Vgl. auch B 23 und 24 sowie B 31 und 34.

[28] Vgl. *Grochla*, Erwin: Betriebsverband. S. 54 ff.

[29] Vgl. *Blümle*, Ernst-Bernd: Zur Zielproblematik. S. 344 ff.

[30] Vgl. die Zielkataloge von *Bidlingmaier*, Johannes: Unternehmerziele und Unternehmerstrategien. Studienreihe Betrieb und Markt. Hrsg. v. K. Ch. Behrens. Band 8, Wiesbaden 1964, S. 73 ff. *Heinen*, Edmund: Das Zielsystem. S. 59 ff. u. a.

bandlichen Versorgungszweck beeinträchtigen z. B. die Erfüllung der Einkommensziele. Die Erfüllung der Aufgabe, Veranstaltung von Seminaren übt im allgemeinen keinen Einfluß auf die Erfüllung der Umweltbeeinflussung aus. So ließen sich noch eine Fülle weiterer Ergänzungs-, Substitutions- und Indifferenzbeziehungen zwischen den Verbandsaufgaben feststellen. Haupt- und Nebenaufgaben werden je nach der empfundenen Bedrohung durch die Umwelt, Bildungs- und Beratungsbedrüftigkeit der Mitglieder sowie Überlastung des Verbandsmanagement bestimmt. Um in diesen zum Teil nicht vorhersehbaren Situationen Zielkonkurrenzen zu vermeiden, sind die Zwecke des Verbandes so vage formuliert, daß das Verbandsmanagement diejenigen Aufgaben auswählen kann, die zur Zielförderung der Mehrzahl der Mitglieder erfüllt werden müssen. Zielkonkurrenzen müssen schon deshalb vermieden werden, weil nur ein beschränktes festes Budget zur Verfügung steht. Diese knappen Mittel sind die Nebenbedingung des Verbandsziels Mitgliederzielförderung.

114. *Funktionsergänzung und -ausweitung durch Verbandsleistungen*

Die Mitglieder wollen durch die Delegation von Teilaufgaben an den Verband nicht nur die Rationalisierungsvorteile der Verrichtungszentralisation bisher selbst erfüllter Aufgaben, sondern auch die Vorteile der Funktionsergänzung und -ausweitung erlangen[31]. Funktionsergänzung bedeutet die Erfüllung von Aufgaben, welche die Mitglieder oder einzelne von ihnen bisher noch nicht wahrgenommen haben, obwohl es möglich gewesen wäre (z. B. Marktforschung)[32]. Funktionsausweitung bedeutet die Erfüllung von Aufgaben, welche die Mitglieder allein nicht wahrnehmen konnten (z. B. Betriebsvergleich, Gemeinschaftswerbung). Der Informationsvorsprung vor den Mitgliedern läßt das Verbandsmanagement oft Aufgaben aufgreifen, welche die Mitglieder in der Bedeutung für ihre Zielerfüllung noch gar nicht ermessen können. Der BDI z. B. hat sich nicht nur „um eine kooperationsfreundliche Auslegung der Verbotsnormen“ des GWB und um das Verständnis der Öffentlichkeit „für die Notwendigkeit unternehmerischer Zusammenarbeit zur Rationalisierung, Leistungssteigerung und Wettbewerbsförderung“ bemüht, sondern auch seine Mitglieder über Möglichkeiten der zwischenbetrieblichen Zusammenarbeit beraten und durch Publikationen unterstützt. Viele Mitgliedsverbände des BDI und andere Ver-

[31] Vgl. *Vershofen*, Wilhelm: Die Statistik der Wirtschaftsverbände. S. 3. *Blümle*, Ernst-Bernd: Zur Kontrolle. S. 110.

[32] Vgl. dazu: *Kapferer*, Clodwig, Wolfgang K. A. *Disch:* Market Research by Trade Associations. A practical guide for trade associations on how to organise and undertake market research. Ed. by Organisation for Economic Co-operation and Development. Paris 1964, S. 34 f.

bände haben die Kooperationsförderung zu ihrer Aufgabe erklärt. Das RKW hat eine „Kooperationsbörse“ für Zusammenarbeit suchende Unternehmen eingerichtet[33]. Diese Innovationsleistungen[34] der Verbände sind hinsichtlich ihres Erfolgs nur schwer zu beurteilen, weil sie jeweils unterschiedlich lange Zeit benötigen, bis sie zu wirken beginnen, und es keinen vergleichbaren Zustand (in den Mitgliedsunternehmen) vor dem Wirksamwerden gibt. Dies gilt in besonderer Weise auch für die Funktionsausweitung, weil hier nur Erfolge zustande kommen wenn sich verschiedene Unternehmen zur Kooperation entschließen. Für Gemeinschaftsarbeit ist der Verband die gegebene, wenn auch nicht die einzige Gelegenheit.

Während die Verbände gegenüber ihren Mitgliedern also durchaus innovierend tätig werden, indem sie die Mitglieder zu veranlassen suchen, grundsätzlich neue Problemlösungen anzuwenden, sind sie gegenüber der Umwelt der Mitglieder, d. h. gegenüber den Vorstellungen und Forderungen der Umwelt meist sehr „bewahrend“ eingestellt. Da ihre Mitglieder im allgemeinen privilegierte Positionen in der Gesellschaft einnehmen, versuchen sie, die Vorteile bestehender Regelungen zu erhalten bzw. vorteilhaftere Regelungen durchzusetzen[35]. Zur Erfolgsbeurteilung können hier Vergleiche mit den bestehenden Regelungen bzw. den Forderungen der Adressaten und Konkurrenten der Verbandsbeeinflussung angestellt werden.

115. Das Dienstprinzip

Vor dem zweiten Weltkrieg herrschte im Steuerrecht und in der einschlägigen Rechtsprechung die Auffassung, daß nicht öffentlichrecht-

---

[33] Die „Bemühungen“ führten u. a. zur (finanziellen) Kooperationsförderung durch die Bundesregierung und die Länderregierungen. Das Bundeswirtschaftsministerium gab eine sog. „Kooperationsfibel“ (1963) und die Kommission der Europäischen Gemeinschaften eine entsprechende Bekanntmachung (1968) heraus. Die Verbände gründeten Gesprächskreise und publizierten Broschüren, Bücher und Aufsätze. Vgl. dazu: *Benisch*, Werner: Kooperationsfibel. Bundesrepublik und EWG. 3. Aufl. Hrsg. vom Bundesverband der Deutschen Industrie, Abt. Wettbewerbsordnung. Drucksache Nr. 85. Bergisch Gladbach 1969, S. 64 ff.

[34] Der Fachverband wirkt als „change agent“. Er gleicht in dieser Eigenschaft den Institutionen der Forschung, Beratung und politischen Willensbildung. Vgl. z. B. *Bennis*, Warren G.: Theory and Method in Applying Behaviorial Science to Planned Organizational Change. In: Planning of Change. Ed. by W. G. Bennis, K. D. Benne and R. Chin. 2nd ed. London usw. 1969, S. 65 und 69 ff. Man könnte den Verband bzw. das Verbandsmanagement als unternehmungsexternen „Entscheidungspromotor“, insbesondere als „Fachpromotor“ sehen. Sie stimulieren und steuern Entscheidungsprozesse: vgl. *Witte*, Eberhard: Phasen-Theorem und Organisation komplexer Entscheidungsverläufe. In: ZfbF NF, 20 (1968), S. 638 f.

[35] Als Beispiele mögen hier die Steuerreform, die Mitbestimmungsgesetzgebung und die GWB-Novellierung (Fusionskontrolle!) dienen.

lichen (Wirtschafts)Verbänden nur dann die Berufsverbandseigenschaft und damit die Befreiung ihrer über die Beiträge hinaus erzielten Einnahmen von der Körperschaftsteuer zuerkannt werden könne, wenn ihre Tätigkeit die „allgemeinen ideellen oder wirtschaftlichen Interessen des Berufsstandes oder Wirtschaftszweigs", also öffentliche Interessen fördert. Inzwischen stehen Gesetz und Rechtsprechung auf dem Standpunkt, daß allein die Tätigkeit im Dienste der Berufsangehörigen eine Betätigung im öffentlichen Interesse sei. Diese Auffassung hat dazu beigetragen, daß die Finanzverwaltung bei der Anwendung der Steuerbefreiungsvorschriften nicht mehr prüft, ob die Tätigkeit des Verbandes im öffentlichen Interesse stattfindet oder nicht[35a]. Dieses Wirken im öffentlichen Interesse und die Verwandtschaft zu den Genossenschaften legen die Frage nahe, inwieweit Verbände öffentlich-wirtschaftliche Ziele verfolgen. Der Wirtschaftsfachverband besitzt meistens einen „bedarfswirtschaftlichen Betrieb"[36], den Verbandbetrieb. Während die Mitglieder Ziele verfolgen, in denen das „Erwerbsprinzip" dominiert, stellt der Verband(betrieb) Leistungen zur Verfügung, die diesen Zielen der Mitglieder dienen sollen. Er folgt also dem „Dienstprinzip"[37], welches ihm das eigene Erwerbsstreben verwehrt. Das Verbandsziel könnte man konkreter auch als „Darbietung" von Leistungen zur „Bedarfsdeckung" der Mitglieder formulieren[38]. Da die Wirtschaftsverbände ihre Leistungen nicht nur auf die Mitglieder begrenzen können, ist es gerechtfertigt, von einem Wirken im öffentlichen Interesse zu sprechen. Der Verband kann den Bedarf seiner Mitglieder beeinflussen, aber nicht reglementieren. Beides kann zum Zielsystem eines öffentlichen Betriebes gehören[39]. Ähnlich dem „Rückgriffsprinzip der öffentlichen Wirtschaft"[40] kann auch das Verbandsmanagement die Mitglieder veranlassen, die Beiträge zu erhöhen oder Spenden zu geben, wenn die finanziellen Mittel nicht mehr ausreichen, die von den Mitgliedern gewünschten Leistungen zu erbringen. Daneben versuchen sich die Verbände durch Steuererleichterungen und Bereitstellung von Leistungen gegen Entgelt[41] zu finanzieren.

[35a] Vgl. *Schlieder*, Willy Christoph: Berufs- und Wirtschaftsverbände im Steuerrecht. Schriftenreihe des Instituts für Steuerrecht der Universität zu Köln. Hrsg. v. A. Spitaler. Band 16, Düsseldorf 1960, S. 26 f.

[36] *Weisser*, Gerhard: Morphologie der Betriebe. In: HdB. Band III. Hrsg. v. H. Seischab und K. Schwantag. Stuttgart 1960, Sp. 4042.

[37] *Oettle*, Karl: Über den Charakter öffentlich-wirtschaftlicher Zielsetzungen. S. 247.

[38] Ebd. S. 253 f.

[39] Ebd. S. 254 f.

[40] *Thiemeyer*, Theo, *Oettle*, Karl: Thesen über die Unterschiede zwischen privater Absatzpolitik und öffentlicher Angebotspolitik. In: Die öffentliche Wirtschaft, 18 (1969), S. 37.

[41] Vgl. unsere Ausführungen in B 125, B 224 und B 332.

12. Der Leistungsbegriff

121. Leistungsdefinitionen

Wir haben Leistung bereits als Aufgaben- oder Unterzielerfüllung definiert. Diese formale Begriffsbestimmung sagt nur wenig über die Eigenschaften der Verbandsleistung aus. In der Betriebswirtschaftslehre ist der Leistungsbegriff einer der schillerndsten. Eine Analyse der Literatur von *Beste* hat bereits 1944 zwanzig verschiedene Begriffsbedeutungen zu Tage gefördert[42]. Die Spannweite dieses Begriffs reicht von der Leistung als unbewertetem oder bewertetem, zweckgerichteten Güterverbrauch[43], über das damit erzielte Ergebnis, die entstandenen und bezweckten, unbewerteten oder bewerteten Güter[44] und über Leistung als Differenz zwischen entstandenen und dabei verbrauchten Gütern wie Wertschöpfung[45], Erfolg oder Gewinn. Der Begriffsumfang wird auf am Markt abgesetzte oder doch absetzbare, zum Teil selbst verbrauchte Güter[46] eingeschränkt oder auf alle „auf Erhaltung und Ausbau des Betriebsgefüges ausgerichteten", nicht marktfähigen (Wiedereinsatz-)Güter[47] zur Leistung als Tätigkeit[48] ausgeweitet. Leistung wird bisweilen auch als menschliche Arbeit zur Erstellung von Werten zur Bedürfnisbefriedigung bzw. als Dienstleistung[49] gesehen.

122. Verbandsleistungen als Dienstleistungen

Der Verband organisiert die Zusammenarbeit der Mitglieder sowohl zur Selbsthilfe als auch zur Interessenvertretung. Er plant die Beeinflussung sowohl der Mitglieder als auch ihrer Umwelt und nimmt sie auch weitgehend selbst vor. Dazu werden im Verband mit ursprüng-

---

[42] Vgl. *Beste*, Theodor: Was ist Leistung in der Betriebswirtschaftslehre? In: ZfhF, 38 (1944), S. 6.

[43] Kosten werden durch (Einsatz)Leistungen definiert.

[44] Vgl. z. B. *Menrad*, Siegfried: Kosten und Leistung. In: HWR. Hrsg. E. Kosiol. Stuttgart 1970, Sp. 870 und *Henzel*, Fritz: Kosten und Leistung. 4. Aufl. Essen 1967. S. 51 f.

[45] Vgl. z. B. *Lehmann*, M(ax) R(udolf): Leistungsmessung durch Wertschöpfungsrechnung. Betriebswirtschaftliche Bibliothek. Hrsg. v. W. Hasenack. Reihe A, Band VII, Essen 1954, S. 53 und *Henzel*, Fritz. S. 53 f.

[46] Vgl. z. B. *Heinen*, Edmund: Betriebswirtschaftliche Kostenlehre. Kostentheorie und Kostenentscheidungen. 3. Aufl. Wiesbaden 1970, S. 70.

[47] *Engelhardt*, Werner: Grundprobleme der Leistungslehre, dargestellt am Beispiel der Warenhandelsbetriebe. In: ZfbF NF, 18 (1966), S. 162.

[48] Vgl. z. B. *Henzel*, Fritz. S. 48 ff.

[49] Vgl. *Nicklisch*, Heinrich: Leistung. In: HdB. Hrsg. v. H. Nicklisch. 2. Aufl. Band 2, Stuttgart 1939, Sp. 867 ff. und *Bouffier*, Willy: Betriebswirtschaftslehre als Funktionen- und Leistungslehre. In: Funktionen- und Leistungsdenken in der Betriebswirtschaft. Festschrift zum 70. Geburtstag von K. Oberparleiter. Hrsg. v. W. Bouffier. Wien 1956, S. 23.

lichen, naturgegebenen und produzierten, materiellen und immateriellen Realgütern, produzierten Nominalgütern (Beiträgen) und Ansprüchen auf solche (Beitragsforderungen) immaterielle Realgüter[50], insbesondere Dienstleistungen produziert[51]. Dabei dominieren die Leistungsabgaben von Potentialfaktoren wie menschliche Arbeit, Nutzung naturgegebener und produzierter Gebrauchsgüter sowie der Einsatz von Informationen. Vom Einsatz produzierter materieller Verbrauchgüter ist die Leistungserstellung dagegen weitgehend unabhängig[52]. Diese Faktorkombination hat den Vorteil, daß sie sehr vielseitig verwendbar ist, aber auch den Nachteil, daß ihre Produkte nur beschränkt gelagert werden können, also ständig bereitgehalten werden müssen[53]. Informationen können wohl auf Papier, Tonband, Schallplatte und Film in Archiven und Datenbänken gespeichert werden, doch besteht bei einem großen Teil der Informationen immer die Gefahr, daß sie veralten. So ergibt sich ein ständiger Zwang zur Aktualität. Hinzu kommt, daß Umwelt und Mitglieder nur beeinflußt werden können, wenn sie sich der Einflußnahme aussetzen, z. B. eine Verbandsdelegation empfangen oder ein Seminar besuchen. Die Dienste der Verbände sind also großenteils an die Zeit und an den Ort gebunden, wann und wo der Adressat präsent ist[54]. Das Erfordernis der Adressatenpräsenz läßt es zweckmäßig erscheinen, einen Bereitstellungs- und Beanspruchungserfolg zu unterscheiden[55].

---

[50] Die Deutung der Information als immaterielles Gut stellt auf die „semantische Komponente der Information" ab. Daneben vergegenständlicht sich die Information in Zeichen und kann so auf Zeichenträgern gespeichert und übertragen werden. Vgl. *Schulz,* A.: Gedanken zu einer Informationsbetriebslehre. In: ZfB, 40 (1970), S. 99.

[51] Vgl. *Chmielewicz,* Klaus: Wirtschaftsgut und Rechnungswesen. In: ZfbF NF, 21 (1969), S. 86.

[52] Verschiedene Autoren (vgl. u. a. *Schulz,* A. S. 99) sehen den Unterschied zwischen Sach- und Dienstleistungen darin, daß bei Sachleistungen Verrichtungen an fremden Objekten (und Personen) vorgenommen werden. Unseres Erachtens kann man jedoch auch Dienstleistungen zum Eigengebrauch erstellen.

[53] Vgl. *Nicklisch,* Heinrich: Die Betriebswirtschaft. 7. Aufl. Stuttgart 1932, S. 164. Vgl. die Beispiele bei *Riebel,* Paul: Die Elastizität des Betriebes. Eine produktions- und absatzwirtschaftliche Untersuchung. Köln und Opladen 1954, S. 70 ff. Zu den kosten- und absatzwirtschaftlichen Konsequenzen der beschränkten Lagerfähigkeit vgl. *Oettle,* Karl: Die Dienstbereitschaft in einzelwirtschaftlicher und gesamtwirtschaftlicher Sicht. In: Dienstleistungen in Theorie und Praxis. Festschrift zum 70. Geburtstag von Otto Hintner. Hrsg. v. H. Linhardt, P. Penzkofer und P. Scherpf. Stuttgart 1970, S. 18 ff.

[54] Vgl. *Riebel,* Paul. S. 70 und 73 und *Walterspiel,* Georg: Gemeinsame Besonderheiten investitionsintensiver und kundenpräsenz-bedingter Dienstleistungsbetriebe. In: ZfbF NF, 18 (1966), S. 12 ff.

[55] Vgl. *Oettle,* Karl: Die Dienstbereitschaft. S. 21 ff.

123. Verbandsleistungen als Vorleistungen

Im Induktionszusammenhang der Aufgaben (*Kosiol*) der Mitgliedsbetriebe stellen die Verbandsaufgaben „endogene" Aufgaben, ihre Erfüllungen „innerbetriebliche Leistungen" oder „derivative Produktionsfaktoren"[56] dar. Zusammen mit ihrem immateriellen Charakter führt das dazu, daß sie im Faktorkombinationsprozeß der Mitgliedsunternehmung untergehen, ohne daß man ihnen ihren Erfolgsanteil genau zurechnen kann. Die Verbandsleistung ist nur eine Vorleistung unter anderen, die allein noch nicht den Erfolg nach sich zieht[57], aber Erfolgschancen in sich birgt[58]. Da wir hier den Erfolg der Verbandsinformationen für die Mitglieder untersuchen wollen, interessieren uns weniger die Zeichen und ihre formalen Beziehungen zueinander (Syntax) als vielmehr der Inhalt (Semantik) und ihr Wert für die Benutzer (Pragmatik).

124. Verbandsinformationssysteme

Die Informationsleistungen umfassen die Sammlung der Ausgangsinformationen (durch Auswertung theoretischer und empirisch-statistischer eigener und fremder Untersuchungen), die Verarbeitung dieses Materials zu kommunikationsfähigen und speicherbaren Nachrichten, die Mitteilung dieser Informationen an die Mitglieder und die zu beeinflussende Umwelt sowie die Speicherung der gesammelten Daten und erstellten Informationen. Der Wirtschaftsfachverband betätigt sich so als „Informationsgenerator"[59] und universeller „Informationsbetrieb"[60]. Neben den Informationsleistungen erbringen die Fachverbände auch Organisationsleistungen. Ihr Kennzeichen ist es, daß die Mitglieder die Informationen selbst liefern, während der Verband die Gelegenheiten

---

[56] *Heinen*, Edmund: Betriebswirtschaftliche Kostenlehre. S. 262. Vgl. a. *Börner*, Dietrich: Leistungsverrechnung, innerbetriebliche. In: HWR. Hrsg. v. E. Kosiol. Stuttgart 1970, Sp. 1017 f.

[57] Vgl. *Ehrt*, Robert: Die Zurechenbarkeit von Kosten auf Leistungen auf der Grundlage kausaler und finaler Beziehungen. Veröffentlichungen der Universität Mannheim (Wirtschaftshochschule). Hrsg. v. H. G. Schachtschabel. Band 21, Stuttgart usw. S. 17 ff.

[58] Vgl. *Menrad*, Siegfried. Sp. 870.

[59] *Szyperski*, Norbert: Rechnungswesen als Informationssystem. In: HWR. Hrsg. v. E. Kosiol. Stuttgart 1970, Sp. 1510. *Wild*, Jürgen: Input-, Output- und Prozeßanalyse von Informationssystemen. In: ZfbF NF, 22 (1970), S. 55.

[60] *Schulz*, A. S. 101 f. *Schulz* teilt die Informationsbetriebe in Produktionsbetriebe (für den eigenen Bedarf) und Dienstleistungsbetriebe (für fremden Bedarf) sowie nach der Phasen- bzw. Verrichtungsspezialisierung in Erzeugungsbetriebe (z. B. Fernseh-, Rundfunk- und Zeitungsredaktionen), Umsetzungsbetriebe (z. B. Druckereien, Telegraphendienst der Bundespost), Speicherungsbetriebe (z. B. Bibliotheken, Datenbänke) und Verarbeitungsbetriebe (z. B. Rechenzentren) ein.

dazu schafft. Er stellt z. B. Tagungsräume zur Verfügung, lädt Mitglieder und verbandsexterne Experten ein, übernimmt die Leitung von Arbeitsgruppen, stellt den Protokollführer und verschickt Unterlagen. Hier ist der Verband nur „Informationsmittler“[61]. Die von den Mitgliedern ausgetauschten Informationen werden (zum Teil) im Verbandbetrieb aufbewahrt und bei Bedarf in neue Informationen transformiert (z. B. Musterverträge). Alle Informationen, sowohl die vom Verbandbetrieb selbst erhobenen und erarbeiteten als auch die von den Mitgliedern beigesteuerten, können Teil eines Verbandsinformationssystems sein[62]. Entsprechend dem Wissen, das für die Lösung von Entscheidungsaufgaben in den Mitgliedsunternehmen und in den zu beeinflussenden Institutionen der Umwelt benötigt wird, müßte das Informationssystem folgende Elemente[63] enthalten:

— eine „Modellbank“ (Aussagen über logische Abhängigkeiten)
— eine „Hypothesenbank“ (Aussagen über empirische Abhängigkeiten)
— eine „Methodenbank“ (mathematisch-statistische Verfahren)
— eine „Datenbank“ (Faktenwissen).

Das Verbandsinformationssystem kann den internen Organisationsteilnehmern, d. h. den verschiedenen Managementebenen in den Mitgliedsunternehmungen[64] und dem Verbandsmanagement, aber auch „externen Organisationsteilnehmern“, d. h. den Entscheidungsträgern in den Institutionen der Umwelt gewidmet sein[65]. Derzeit dürften jedoch für den Aufbau und die Unterhaltung solcher Systeme in den meisten Verbänden die qualitativen und quantitativen Kapazitäten nicht ausreichen. Wahrscheinlich können solche Systeme nur von einer Kooperation von Verbänden, z. B. von Oberverbänden betrieben werden. Die Zugriffsmöglichkeiten für die interessierte Öffentlichkeit, z. B. für Forschungsinstitute, für die Presse, für die Konkurrenten der Verbände und der Mitglieder, hängen in erster Linie vom Individualisie-

---

[61] Die hauptamtlichen „Funktionäre“ sind also nicht die alleinigen „Produzenten von Verbandsleistungen“ und die „Verbandsmitglieder“ nicht nur „Konsumenten von Verbandsleistungen“, wie dies *Herder-Dorneich* vereinfachend behauptet: O. V.: Lobby als Wissenschaft. S. 69.

[62] Vgl. den entsprechenden Vorschlag, den Herr Dr. Karl Heinz Weigand in einem Gespräch mit dem Verfasser am 8. Mai 1970 in Mannheim äußerte.

[63] *Grochla*, Erwin: Management-Informationssysteme als eine Herausforderung an die betriebswirtschaftlich-organisatorische Forschung. In: Management-Informationssysteme. Eine Herausforderung an Forschung und Entwicklung. Hrsg. v. E. Grochla u. a. Betriebswirtschaftliche Beiträge zur Organisation und Automation. Schriftenreihe des Betriebswirtschaftlichen Instituts für Organisation und Automation an der Universität zu Köln. Hrsg. v. E. Grochla. Band 14, Wiesbaden 1971, S. 28 f.

[64] Vgl. *Berthel*, Jürgen: Generelle oder individuelle Management-Informationssysteme? Ebd. S. 314 ff.

[65] Vgl. *Coenenberg*, Adolf G.: Beurteilungskriterien unternehmungsexterner Informationssysteme. Ebd. S. 735 ff.

rungsgrad der gespeicherten Informationen ab, bei der Umweltbeeinflussung vom Streben beider Seiten nach Diskretion, bei der Umwelt- und Mitgliederbeeinflussung vom Streben der Mitglieder und des Verbandsmanagement, einen Informationsvorsprung vor der Mitglieder- und Verbandskonkurrenz zu wahren.

125. Das Prinzip der generellen Leistung

Grochla bezeichnet die an den Betriebsverband delegierten Aufgaben als „gleichartig". Damit meint er das Prinzip der „generellen" oder „kollektiven Leistung"[66]. Dieser Grundsatz stammt aus dem Steuerrecht. Dort wird nämlich u. a. den Wirtschaftsfachverbänden die (sachliche) Befreiung ihrer gemäß Satzung erhobenen Beiträge von der Körperschaftsteuer gewährt, wenn sie „allgemeine wirtschaftliche Belange der Mitglieder" fördern. Freiwillige Leistungen und Entgelte für „Gegenleistungen" sind nach dieser Vorschrift von der Körperschaftsteuer nicht befreit[67].

Über die sachliche Befreiung hinaus — bzw. diese Befreiung ersetzend — erhält der Wirtschaftsfachverband auch die persönliche Befreiung seines gesamten Einkommens[68], also auch der freiwilligen Beiträge (Spenden), der Erträge aus Vermögensverwaltung und seiner sonstigen Einkünfte, sofern er „allgemeine, aus der beruflichen oder unternehmerischen Tätigkeit erwachsende ideelle oder wirtschaftliche Interessen des Berufsstandes oder Wirtschaftszweiges" wahrnimmt[69]. Der Wirtschaftsfachverband soll also — ohne Diskriminierung — alle Mitgliedsbetriebe fördern. Die Ergebnisse der Interessenwahrung können und dürfen auch Angehörigen des Wirtschaftszweiges, unabhängig von ihrer Mitgliedschaft, zugute kommen[70]. Im Vermögensteuerrecht besteht eine parallele Befreiung des Verbandsvermögens von der Vermögensteuer[71].

Das Prinzip der generellen Leistung führt zu Besonderheiten der Erfolgskontrolle. Bei der Interessenvertretung können Beeinflussungs-

---

[66] *Buchholz,* Edwin: Die Wirtschaftsverbände. S. 151. Vgl. auch das Gespräch des Verfassers mit Herrn Professor Dr. Erwin *Grochla* am 11. Mai 1970 in Köln.

[67] Vgl. *Herrmann - Heuer:* Kommentar zur Einkommensteuer und Körperschaftsteuer. 15. Aufl. Köln 1950/72, § 8 Anm. 4 a.

[68] Vgl. *Herrmann - Heuer:* § 8 Anm. 9 und 145.

[69] § 4, Abs. 1 Ziff. 8 KStG: Vgl. *Podlinski,* Wilfried: Die Mitgliederbeiträge im Körperschaftsteuerrecht. Schriftenreihe des Instituts für Steuerrecht der Universität zu Köln. Hrsg. v. A. Spitaler. Band 19, Düsseldorf 1961, S. 85 f. Vgl. a. *Herrmann - Heuer:* § 4 Anm. 143 f.

Zur Steuerpflicht bei Bestehen eines Geschäftsbetriebs vgl. a. unsere Ausführungen in B 224.

[70] Vgl. *Herrmann - Heuer:* § 4 Anm. 143 a KStG. Vgl. a. S. 83.

[71] § 3 Abs. 1 Ziff. 8 VStG.

erfolge erzielt werden, die allen Mitgliedern zugute kommen. Diese Erfolge bedeuten jedoch nicht für jedes Mitglied die gleichen Zielerfüllungen, weil die geförderten Ziele unterschiedliche Plätze in den Zielhierarchien der Mitglieder einnehmen bzw. von manchen Mitgliedern gar nicht verfolgt werden. Diese Erfolge können manche Mitglieder bei der Erfüllung anderer Ziele sogar stören. Es kann auch vorkommen, daß Mitglieder bei einem geförderten Ziel ein höheres Anspruchsniveau haben als andere und deshalb mit der Erfüllung nicht so zufrieden sind wie die anderen. Da bei der Organisation der Zusammenarbeit und den Informationsleistungen für die Mitglieder diese selbst die unmittelbaren Adressaten der Leistungen sind, können zunächst nur individuelle Erfolge ermittelt werden. Für diese Erfolge gilt bereits das vorhin Gesagte, allerdings mit der Einschränkung, daß es hier auf die Mitglieder ankommt, ob sie Leistungen beanspruchen oder nicht. Bei der Umweltbeeinflussung kommen ihnen die Erfolge im allgemeinen ohne besondere Beanspruchung zu[72]. Ein genereller Erfolg läßt sich bestenfalls für diejenigen Mitglieder ermitteln, welche die Leistung in Anspruch nehmen und anwenden. Dazu müßten die individuellen Erfolge zusammengefaßt (addiert und Durchschnitte berechnet) werden.

13. Das Leistungssortiment des Wirtschaftsfachverbandes

Um Erfolge der Verbandsleistungen beurteilen zu können, ist es notwendig, diese Leistungen nach ihren Gegenständen, Zielpersonen und Verrichtungen zu beschreiben.

Werner bezeichnet die Wirtschaftsverbände als „Mehrzweckverbände". Im Gegensatz dazu charakterisiert er die Marktverbände als „Einzweckverbände"[73]. Während ihr Leistungssortiment tendenziell homogen bzw. speziell ist, ist jenes der Wirtschaftsverbände tendenziell „heterogen" bzw. „universell"[74]. Bei den Marktverbänden besteht jedoch ein Zug zur „Kumulierung von Vereinbarungsgegenständen"[75], d. h. zur Erweiterung des Leistungsprogramms. Andererseits gibt es unter den Wirtschaftsverbänden eine Reihe von Sonderverbänden, die eine relativ homogene Aufgabenstellung besitzen[76].

---

[72] Vgl. unsere Ausführungen in B 32.

[73] *Werner*, Josua: Die Wirtschaftsverbände in der Marktwirtschaft. S. 37 f.

[74] *Grochla*, Erwin: Betriebsverband. S. 149 und ders.: Betriebsverbindungen. S. 49.

[75] Diesen Tatbestand beschreibt *Buchholz*. Vgl. *Buchholz*, Edwin: Die Wirtschaftsverbände. S. 28.

[76] Vgl. z. B. den Markenverband, der sich besonders der Verteidigung der vertikalen Preisbindung annimmt.

131. Theoretische Einteilungen

Durch die gesamte volkswirtschaftliche Literatur zieht sich die Zweiteilung der Verbandsleistungen nach Adressatenbereichen der Beeinflussung in verbandsextern und verbandsintern gerichtete Leistungen[77]. Da man im allgemeinen die Marktverbände in die Untersuchungen miteinbezieht, empfiehlt es sich die Leistungen der Marktabstimmung infolge ihrer Bedeutung für die staatliche Ordnungspolitik aus der Umwetlbeeinflussung auszugliedern und der übrigen Umweltbeeinflussung sowie der Mitgliederbeeinflussung gegenüberzustellen. Das volkswirtschaftstheoretische Erkenntnisziel[77a] hat zur Folge, daß v. a. die Interessenvertretung gegenüber dem Staat und anderen Wirtschaftsbereichen sowie die Marktkoordination besonders hervorgehoben werden, während die Mitgliederbeeinflussung meist nur erwähnt wird.

So gliederte *Schomerus* 1901 die Tätigkeit der freiwilligen Interessenvertretungen in nach außen gerichtete Interessenvertretung gegenüber „Behörden, Gemeinden, dem Reichstag und den Landtagen, kurz gegenüber der Öffentlichkeit" und in die Förderung der Industrie „durch Pflege der Technik, Festsetzung von allgemeinen Lieferungsbedingungen etc." nach innen[78]. *Krueger* teilte die Fachverbandsleistungen in die „Beeinflussung der Verbandsmitglieder" und die „Beeinflussung von Kreisen, die außerhalb der Mitglieder stehen" ein. Letztere unterteilte er in „Beeinflussung von anderen Erwerbsgruppen" und „Beeinflussung von Gesetzgebung und Verwaltung"[79]. Diese Einteilung kehrt dann in der volkswirtschaftlichen Literatur immer wieder. *Werner* unterscheidet z. B.

1. „Innerer Zweckkreis" bzw. „innerer Aktionsbereich" („Förderung der Gruppensolidarität" und der „beruflichen Kenntnisse", der Einkommenserwerbsfähigkeit) und
2. „äußerer Zweckkreis" bzw. „äußerer Aktionsbereich" („aktive Gestaltung" des Marktes, insbesondere der vor- und nachgelagerten Wirtschaftsstufen, Beeinflussung des Staates „in seiner Rechtsetzungs- und Verwaltungstätigkeit", „anderer Gruppierungen von

---

[77] Vgl. z. B. *Messner,* Johannes: S. 102.

[77a] Vgl. unsere Ausführungen in A 1.

[78] *Schomerus,* Friedrich: Die freien Interessenverbände von Handel und Industrie und ihr Einfluß auf Gesetzgebung und Verwaltung. In: (Schmollers) Jahrbuch für Gesetzgebung, Verwaltung und Volkswirtschaft NF. 25 (1901), S. 440.

[79] *Krueger,* Hermann Edwin: Historische und kritische Untersuchungen über die freien Interessenvertretungen von Industrie, Handel und Gewerbe in Deutschland, insbesondere die Fach-, Zweck- und Zentralverbände gewerblicher Unternehmer II. In: (Schmollers) Jahrbuch für Gesetzgebung, Verwaltung und Volkswirtschaft NF, 33 (1909), S. 630.

Wirtschaftssubjekten, in erster Linie anderer Wirtschaftsverbände" und „der Öffentlichkeit im weitesten Sinne")[80].

Tuchtfeldt hat die Funktionen der Wirtschaftsverbände in die „gesellschaftliche Funktion" (d. i. die Gemeinschaftsbildung aufgrund des allgemeinen Gemeinschaftsbedürfnisses und gleichgerichteter politischer, kultureller, religiöser, sportlicher und sonstiger außerökonomischer Interessen) und drei „wirtschaftliche, zweckrationale" Funktionen, nämlich die „fachliche" (Weiterbildung, Information der Mitglieder), die „privatwirtschaftliche" (kollektive Marktabstimmung, Wettbewerbsbeschränkungen) und die „wirtschaftspolitische Funktion" (Interessenvertretung) eingeteilt[81]. Diese Vierteilung übernimmt *Neuhauser*[82]. Die Dreiteilung der wirtschaftlichen Funktionen wird z. B. auch von *Pütz*[83] und *Blümle*[84] vertreten. 1962 hat *Tuchtfeldt* einen erneuten Einteilungsversuch unternommen:

1. „privatwirtschaftliche" oder „fachliche"

   11 „Binnenfunktionen" („Interessenausgleich nach innen", Interessenformung: Information, Beratung, Weiterbildung)

   12 „Außenfunktionen" („Interessenausgleich zwischen den Verbänden", Interessenvertretung gegenüber der Öffentlichkeit: Wettbewerbsbeschränkungen, Public Relations) und

2. „wirtschaftspolitische"

   21 „Binnenfunktionen" („sozialpädagogische Aufgaben": Übersetzung von staatlichen Maßnahmen in Informationen, Appelle an die Mitglieder, Entschärfung radikaler Mitgliederforderungen)

   22 „Außenfunktionen" (Interessenvertretung)[85].

---

[80] *Werner*, Josua: Die Wirtschaftsverbände in der Marktwirtschaft. S. 44 ff. und ders.: Wirtschaftsverbände. In: HdSW. Band 12, Stuttgart usw. 1965, S. 281 f.

[81] *Tuchtfeldt*, Egon: Wirtschaftspolitik und Verbände. In: Hamburger Jahrbuch für Wirtschafts- und Gesellschaftspolitik, 1 (1956), S. 73 f.

[82] Vgl. *Neuhauser*, Gertrud: Die verbandsmäßige Organisation der österreichischen Wirtschaft. Systematische Gesamtdarstellung. In: Th. Pütz (Hrsg.): Verbände und Wirtschaftspolitik in Österreich. In: Wirtschaftsverbände und Wirtschaftspolitik. Hrsg. v. A. Predöhl u. a. Schriften des Vereins für Socialpolitik. Gesellschaft für Wirtschafts- und Sozialwissenschaften NF, Band 39, Berlin 1966, S. 42 f.

[83] Vgl. *Pütz*, Theodor: Die Bedeutung der Wirtschaftsverbände für die Gestaltung der österreichischen Wirtschaftspolitik. Ebd. S. 149.

[84] Vgl. *Blümle*, Ernst-Bernd: Zur Zielproblematik. S. 351 f., ders.: Zur Messung, S. 559 und ders.: Zur Kontrolle. S. 107 ff. Zuletzt spaltet er die fachliche Funktion in Informationsaufgaben und „Verbesserung des Fähigkeitspotentials" (Bildungsaufgaben) auf.

[85] *Tuchtfeldt*, Egon: Typen. S. 11 ff.

Die weit verbreitete Auffassung, daß die verbandsinternen Leistungen immer durch die verbandsexternen bestimmt werden[86], lehnt *Hondrich* als „qualifizierende Trennung" ab[87] und stellt dagegen die „gesellschaftliche Rollenbestimmung" der Mitglieder, d. h. die Interessenbildung durch den Verband heraus[88]. Er setzt damit neben die Binnen- und Außenaufgaben eine andere Aufgabengruppe, deren Erfüllung eine wichtige Voraussetzung für den Erfolg der übrigen Verbandsaufgaben ist.

132. Empirische Leistungskataloge

Buchholz entwirft im ersten Teil seiner Arbeit ein „Ordnungsgefüge gesellschaftswirtschaftlicher Interaktionsmodelle", dessen Elemente als Adressaten der Umweltbeeinflussung durch den Verband gelten können. Es sind dies Einzelwirtschaften, Gruppen wie Gemeinschaftsgruppen (Vereine), Selbstverwaltungsinstitutionen, Kirchen, Marktverbände, Wirtschaftsverbände, politische Parteien und der ‚Staat', den man in Legislative, Exekutive, Verwaltung, Rechtsprechung, Zentralnotenbank, sowie supra- und internationale Institutionen gliedern kann[89]. Im zweiten Teil seiner Untersuchung konkretisiert er die „Selbsthilfemaßnahmen" nach den Hauptfunktionen der Mitglieder: Beschaffung, Forschung und Entwicklung, Produktion, Finanz- und Rechnungswesen, Investitionspolitik, Personal- und Sozialwesen[90] sowie Absatz[91]. *Buchholz* hat dazu eine Umfrage unter 60 Wirtschaftsverbänden vorgenommen und Zeitungsnotizen, Geschäftsberichte, Satzungen, Eingaben, Gutachten und ähnliches Material der Verbände ausgewertet.

1965 versuchte *Schmölders* im Auftrag des Vereins für Socialpolitik u. a. die Aufgaben der Wirtschaftsverbände zu ermitteln und mit einer repräsentativen Umfrage zu überprüfen. Neben anderen wurden die Geschäftsführungen von Industrieverbänden in der Leitstudie, die der übrigen Wirtschaftsfachverbände im Rahmen der Hauptstudie befragt, welche Aufgaben sie als ihre Haupt- und welche sie als ihre

---

[86] *Messner* z. B. ist der Ansicht, daß die verbandsinternen Leistungen letztlich immer durch die verbandsexternen bestimmt werden. Vgl. *Messner*, Johannes: S. 102 ff., v. a. 119 f.

[87] Diese „Hierarchisierung" der Verbandsleistungen greift *Hondrich* an: *Hondrich*, Karl Otto: Die Ideologien von Interessenverbänden. Berlin 1963, S. 35.

[88] Vgl. ebd., S. 41 f.

[89] Vgl. *Buchholz*, Edwin: Die Wirtschaftsverbände. S. 6 ff.

[90] Bei Investitionspolitik sowie Personal- und Sozialwesen kann man nicht von „Hauptfunktionen" sprechen. Es sind Funktionsbereiche, in denen verschiedene Aufgaben hinsichtlich der Faktoren Betriebsmittel und menschliche Arbeitskraft zusammengefaßt sind.

[91] Vgl. *Buchholz*, Edwin: Die Wirtschaftsverbände. S. 152 ff.

Nebenaufgaben betrachten. Nach der Zahl der Nennungen als Hauptaufgabe in der Hauptstudie ergab sich folgender Katalog von Aufgaben:

1. „Unterrichtung der Mitglieder über die wirtschafts- und sozialpolitische Entwicklung“ (als Nebenaufgabe Platz 12, bei Industrieverbänden Platz 4)
2. „Interessenvertretung gegenüber Ministerien und Parlament“ (8, 1)
3. „Öffentlichkeitsarbeit für das Verständnis der Interessenlage“ (11, 5)
4. „Mitarbeit in europäischen Zusammenschlüssen“ (5, 7)
5. „Zusammenarbeit im Spitzenverband“ (9, .)
6. „Individuelle Beratung und Betreuung der Mitglieder (z. B. technisch, betriebswirtschaftlich, arbeitsrechtlich, auch Vertretung vor Gerichten)“ (1, 3)
7. „Auseinandersetzung mit Verbänden, die entgegengesetzte Interessen vertreten“ (3, 3)
8. „Durchführung von Ausbildungskursen“ (3, .)
9. „Ratschläge für überbetriebliche Rationalisierung (z. B. Normfragen)“ (7, .)
10. Verschiedene „andere Aufgaben“ (13, .)
11. „Gemeinschaftswerbung“ (3, .)
12. „Ausgleich interner Gegensätze“ (4, 6)
13. „Durchführung von Ausstellungen und Messen“ (2, 9)
14. „Wissenschaftliche Grundlagenforschung (eigene Institute, Finanzierung von Forschungsaufträgen)“ (6, 8)
15. „Mitarbeit in Selbstverwaltungskörperschaften (z. B. Sozialversicherung)“ (6, .)[92].

Obwohl es sich bei dieser Beschreibung und Rangfolge der Verbandsaufgaben bzw. -leistungen um das „Selbstbild“ der Verbandsfunktionäre handelt[93], sind wir der Ansicht, daß sie ein realistisches Bild der Verbandsleistungen geben, weil die Geschäftsführungen tagtäglich mit den Verbandsaufgaben beschäftigt sind. Wenn dieser Katalog auch nicht von Überschneidungen frei ist, liefert er doch im Vergleich zu den dargestellten theoretischen Gliederungen differenziertere Einteilungsmöglichkeiten der Verbandsleistungen.

Hardach teilte die Leistungen der Wirtschaftsfachverbände in „wirtschaftspolitische (volkswirtschaftliche)“ und „betriebliche (betriebswirt-

[92] Vgl. *Schmölders*, Günter: S. 64 ff., 167, 198 f. und 362 f.

[93] Sie könnten z. B. daran interessiert sein, die Verpflichtung zu verschiedenen Aufgaben statt deren Erfüllung anzugeben. Vgl. ebd., S. 62.

schaftliche, betriebssoziale und betriebstechnische)" ein[94]. Die betriebswirtschaftlichen gliedert er nach „Formen"[95] und „Gebieten"[96]. Er stellt drei Arten von „Einrichtungen" fest:

„1. Einrichtungen, die der Sammlung, Erkenntnis und Lösung gemeinsamer betriebswirtschaftlicher Fachfragen dienen. Dazu gehören z. B. Forschungsinstitute und statistische Büros.

2. Einrichtungen, die die Ergebnisse der Forschungen, Untersuchungen, Erfahrungen usw. den Mitgliedern näher bringen sollen, die der Beratung, Aufklärung und Erziehung der Mitglieder durch Wort und Schrift dienen: Vorträge, Kurse, Rundschreiben, Fachpresse, mündliche und schriftliche Einzelberatung.

3. Einrichtungen, die nicht zur Beratung und Erziehung bestimmt sind, sondern sich daraus ergeben, daß betriebliche Aufgaben aus den Unternehmungen ausgegliedert und nicht wie in den ersten beiden Fällen nur gefördert, sondern ganz vom Verband durchgeführt werden: Ein- und Verkaufsstellen, Frachtenkontrollbüros, Gemeinschaftswerbung usw."

Es handelt sich um Verrichtungskomplexe, die aus den Mitgliedsunternehmen ausgegliedert werden. Im dritten Fall ist die Einschränkung der Selbständigkeit der Mitglieder am größten.

Die aufgezählten Formen werden diesen Einrichtungen nicht genau zugeordnet. *Hardach* beschreibt Betriebsuntersuchungen (Betriebsvergleiche, Einzeluntersuchungen), Betriebsrevisionen (der Sparkassen und Genossenschaftsverbände), betriebstechnische und betriebswirtschaftliche Forschung, betriebswirtschaftlichen Erfahrungsaustausch (Einrichtung 1), betriebswirtschaftliche Beratung, Fachschulen und Lehrkurse, Verbandszeitschriften und andere Veröffentlichungen (Einrichtung 2) sowie „selbstwirtschaftende Verbandsstellen" (Einrichtung 3). Als Gebiete betriebswirtschaftlicher Verbandsleistungen stellt *Hardach* die Finanzwirtschaft (z. B. Zahlungs- und Kreditbedingungen, Kreditschutz- und -kontrolle), das Rechnungswesen und die Marktwirtschaft (z. B. Geschäftsbedingungen, Versicherungswesen, Güterverkehrsfragen, Gemeinschaftswerbung) dar.

Grochla greift die Einteilung *Hardachs* auf:

„1. Wirtschaftspolitische Aufgaben (Verbandswirtschaftspolitik als Summe der Betriebswirtschaftspolitiken)

---

[94] *Hardach,* Fritz Wilhelm: Betriebswirtschaftliche Aufgaben. S. 3 f. Vgl. a. ders.: Unternehmenspolitik. S. 5 und ders.: Willensbildung. S. 19.

[95] *Hardach,* Fritz Wilhelm: Betriebswirtschaftliche Aufgaben. S. 13 ff.

[96] Ebd., S. 40 ff.

a) Beeinflussung der Märkte, der staatlichen Wirtschaftspolitik, der Politik anderer Verbände und anderer Betriebe, die nicht Mitglieder sind (delegierte betriebliche Außenpolitik)

b) Beeinflussung der Zielsetzungen und Entscheidungen der Mitgliedbetriebe (delegierte betriebliche Innenpolitik)

2. Rein ökonomische Aufgaben (verbandswirtschaftliche Aufgaben als Summe delegierter betriebswirtschaftlicher Aufgaben), wie gemeinsame Marktforschung, Werbung, gemeinsames Rechnungswesen und dgl.[97]."

Die delegierten Aufgaben der betrieblichen Außenpolitik bezeichnet er 1969 auch als „verbandsextern gerichtete" und die delegierten Aufgaben der betrieblichen Innenpolitik als „verbandsintern gerichtete" Aufgaben[98]. Nach dem „Intensitätsgrad der Zusammenarbeit" bei den verbandsintern orientierten Aufgaben unterscheidet er „gemeinsame Informationsbeschaffung", Informationsverarbeitung und „gemeinschaftliche Erfüllung von Aufgaben der Erzeugung"[99]. Die verbandsextern ausgerichteten Aufgaben gliedert er nach den bereits 1958 angeführten Adressaten.

Adels hat 1962 bei den Mitgliedsverbänden des BDI erhoben, welche betriebswirtschaftlichen Leistungen sie für die Mitglieder ihrer Unterverbände erstellen[100]. Er teilt sie ein in:

— Erfahrungsaustausch (zur Erarbeitung von Richtlinien und Stellungnahmen)

— „Förderung der Mitglieder" (eigene Vorträge, Kurse, Hinweise auf Veranstaltungen anderer Organisationen und Institute, eigene Beratung, Empfehlung und Vermittlung von Beratern)

— Betriebsuntersuchungen (Betriebsanalysen, Betriebsvergleiche)

— Statistiken (Erhebungen unter den Mitgliedern, Auswertung von Sekundärstatistiken)

— Zusammenarbeit mit Stellen außerhalb des Verbandes (Universitäten, Forschungsinstituten, Rationalisierungsorganisationen)

— Veröffentlichungen (laufende Mitteilungen, Untersuchungsberichte, Richtlinien).

[97] *Grochla*, Erwin: Betriebsverband, S. 160. *Adels*, Helmut: Wie entscheiden Verbände? S. 31 ff. Zur Unterscheidung in betriebliche Außen- und Innenpolitik: *Sandig*, Curt: Betriebswirtschaftspolitik. 2. Aufl. Stuttgart 1966, S. 6 f.

[98] *Grochla*, Erwin: Betriebsverbindungen. S. 32.

[99] Ebd. S. 33.

[100] Vgl. *Adels*, Helmut: Betriebswirtschaftliche Verbandsarbeiten. Ergebnisse einer Erhebung in 38 Industriebereichen. Hrsg. v. BDI. Abteilung Betriebswirtschaft. O. O. (Köln) 1963, S. 2 f. und 6 ff.

Daneben stellt er das Vorherrschen der zentralen Aufgabenerfüllung im Spitzenverband fest[101].

Die Ergebnisse dieser Umfrage dürften ein zutreffendes Bild der betriebswirtschaftlichen Verbandsarbeiten zeichnen. Denn die Verbandsgeschäftsführungen können aufgrund ihrer unmittelbaren Befaßtheit am besten beurteilen, welche Aufgaben erfüllt werden und welche nicht. Der Verdacht, daß das Verbandsmanagement nicht wirkliche Leistungen, sondern nur seine Verpflichtung zu solchen Leistungen angibt, um Leistungen und Erfolge nachzuweisen, kann erst durch Befragung der Mitglieder und neutrale Beobachtung ausgeräumt werden.

Diese Aufgabeneinteilungen und Leistungskataloge stellen zu sehr auf den Verband als Ganzes oder auf die Sicht der Geschäftsführung ab. Die Leistungen sehen sie fast ausschließlich im Hinblick auf die Zielgruppen der Beeinflussung. Bei der Erfolgskontrolle der Verbandsleistungen sollte man jedoch mehr den Verband als Organisation im Auge haben. Leistungseinteilung und Leistungsbeschreibung sollten insbesondere die Rolle der internen Organisationsteilnehmer bei der Leistungserstellung erkennen lassen[102].

133. Die Einteilung der Verbandsleistungen nach der Mitwirkung der internen Organisationsteilnehmer bei ihrer Erstellung

Grundsätzlich kann man zwei Leistungsbereiche unterscheiden:

1. Organisationsleistungen

   Die Mitglieder stellen einander oder dem Verband Informationen und Dienste zur Verfügung. Der Verband organisiert die Kooperation.

2. Informationsleistungen

   Der Verband erhebt Informationen, verarbeitet sie zu neuen Informationen und teilt sie

   21 den Mitgliedern (Mitgliederbeeinflussung) und

   22 der Umwelt (Umweltbeeinflussung) mit.

Umwelt- und Mitgliederbeeinflussung sind vom Umfang her meist den Organisationsleistungen gleichbedeutend. Daher scheint folgende Einteilung gerechtfertigt:

---

[101] Vgl. ebd. S. 46.

[102] In der Leistungsbeschreibung sollte darüber hinaus auch versucht werden, den Anteil der jeweiligen Organisationsteilnehmer an der Leistungserstellung zu ermitteln. Vgl. auch unsere Ausführungen in B 23 und C.

1. Organisationsleistungen
2. Informationsleistungen zur Mitgliederbeeinflussung
3. Informationsleistungen zur Umweltbeeinflussung.

Organisationsleistungen sind

— die Herbeiführung des (internen) Interessenausgleichs
— die Anregung, Vorbereitung und laufende Betreuung des Informationsaustausches unter den Mitgliedern
— die Vermittlung zwischenbetrieblicher Kooperation unter den Mitgliedern
— die Anregung der Mitglieder zur Beteiligung an Gemeinschaftswerken, die Vorbereitung und Verwaltung solcher Einrichtungen.

Zum Teil handelt es sich dabei um reine Ausführungsleistungen[103].

Die Mitgliederbeeinflussung kann man nach dem Umfang der übermittelten Information und der Form der Kommunikation wie folgt einteilen:

— mündliche und schriftliche Einzelinformationen. Sie werden auf Anfrage (Auskünfte) oder in regelmäßigen Informationsdiensten gegeben.
— mündliche und schriftliche Information zu einem bestimmten Themenkreis. Dafür wird gern die Form von Vorträgen und Seminaren gewählt.
— schriftliche Information zu einem bestimmten Problem(-kreis). Die Verbände geben in regelmäßiger und unregelmäßiger Folge Publikationen mit systematischen Abhandlungen heraus.
— mündliche (und schriftliche) Beratung. Auf Anfrage werden bestimmte Funktionsbereiche oder das ganze Unternehmen analysiert und Vorschläge unterbreitet, wie man den aufgedeckten Problemen abhelfen könnte. Der Verband regt die Anwendung der vorgeschlagenen Maßnahmen an und nimmt unter Umständen an der Überwachung ihrer Ausführung teil.

Zum Teil handelt es sich auch hier um Organisationsleistungen, vor allem dann, wenn fremde Referenten für die Bildungsveranstaltungen gewonnen werden sowie selbständige Berater empfohlen und vermittelt werden. Die Informationen stammen aus verbandsexternen Quellen und werden unbearbeitet oder bearbeitet weitergegeben. Zum Teil werden auch bei den Mitgliedern erhobene Informationen im Verbandbetrieb zu neuen Informationen verarbeitet und wieder an die Mitglieder gegeben.

[103] Es sind dies vor allem die „rein ökonomischen (verbandswirtschaftlichen Aufgaben ...)“: *Grochla*, Erwin: Betriebsverband. S. 160.

Die Umweltbeeinflussung kann nach Ihren Adressaten folgendermaßen unterteilt werden:

— Beeinflussung der Instanzen der staatlichen Willensbildung

— Beeinflussung der engeren Umwelt der Mitglieder (Herbeiführung des externen Interessenausgleichs mit vor- und nachgelagerten sowie konkurrierenden Wirtschaftsbereichen)

— Beeinflussung der öffentlichen Meinung. Man versucht sie unmittelbar durch Anzeigen-, Fernseh- und Plakatkampagnen zu überzeugen. Weit subtiler ist der mittelbare Einflußweg über die „Willensbildner" in den „Meinungsbildnern"[103a]. Diese Öffentlichkeitsarbeit dient nicht nur dem Image der Branche oder der Unternehmer. sondern auch der Druckausübung auf die Umwelt.

— Auch die Rechtsberatung und Rechtsvertretung der Mitglieder sowie

— die Gewinnung von Verbündeten dienen in erster Linie der Beeinflussung anderer Zielgruppen.

Wei bei der Mitgliederbeeinflussung nutzt der Verbandbetrieb auch bei der Vorbereitung der Umweltbeeinflussung den Sachverstand seiner Mitglieder, indem er mit ihnen Beeinflussungsstrategien[104], Stellungnahmen usw. erarbeitet. In wichtigen Fällen führen Mitglieder auch die Umweltbeeinflussung aus (Repräsentation durch ehrenamtliches Verbandsmanagement).

Informationsleistungen zur Mitglieder- und Umweltbeeinflussung sowie Organisationsleistungen unterscheiden sich auch dadurch, wie unmittelbar die Förderung der Mitgliederziele angegangen wird. Bei der Mitgliederbeeinflussung zielen die Informationen direkt auf die Beibehaltung (Absicherung) oder die Veränderung bestimmter Problemlösungen (Aufgabenerfüllungen) in den Mitgliedsunternehmen, während bei den Organisationsleistungen die Mitglieder zunächst bewegt werden sollen, sich an der Gemeinschaftsarbeit zu beteiligen, und

---

[103a] Unter „Meinungsbildnern" verstehen wir z. B. Zeitungen, Zeitschriften, Rundfunk- und Fernsehanstalten, Schulen, Universitäten, Kirchen und „Standesorganisationen" wie Ärzteverbände. Bei dem mittelbaren Einflußweg setzt die Beeinflussung bei den Entscheidungsgremien und einzelnen Entscheidungsträgern an. Solche Gremien sind z. B. Redaktionen und Lehrplankommissionen. Einzelne Entscheidungsträger sind z. B. Redakteure und Journalisten, Forscher, Lehrplangestalter und Lehrer sowie Theologen in Forschung und Verkündigung. Diese Gremien und Personen entscheiden über Berichterstattung und Kommentierung, über Forschung(sprojekte), Lehrplangestaltung und Lehre sowie über die Glaubensverkündigung.

[104] Vgl. zu den Taktiken der ein- und wechselseitigen Beeinflussung und den Bedingungen für ihre Annahme z. B. *Kirsch*, Werner: Entscheidungsprozesse. 3. Band. S. 183 ff.

dann erst die erfahrenen Problemlösungen anwenden können. Bei der Umweltbeeinflussung versucht man dagegen, die Ziele der Mitglieder über die Entscheidungen der Umwelt zu erfüllen[105].

134. Konkretisierung der Leistungen durch Leistungsbeschreibung

Um den Erfolg von Verbandsleistungen beurteilen zu können, genügt es nicht, die Leistungen nur nach formalen Eigenschaften darzustellen[106] und nach ihrem Inhalt bzw. ihrer „Adresse" einzuteilen[107]. Vielmehr sollten die Aufgabenerfüllungen nach ihren Objekten, Verrichtungen, nach den mitwirkenden und sie empfangenden Personen und Gruppen, insbesondere nach deren Eigenschaften beschrieben werden. Solche Eigenschaften sind z. B. die Stellung der zu beeinflussenden Instanzen im gesellschaftlichen oder betrieblichen Entscheidungsprozeß (Entscheidungsmacht), ihre Ziele, ihre Möglichkeiten und Fähigkeiten zum Widerstand gegen die Beeinflussung, ihr Informationsbedarf sowie ihre Möglichkeiten zur Informationsverarbeitung.

Zweckmäßigerweise folgen solche Leistungsbeschreibungen dem Erstellungs- und Verwertungsprozeß[108]. Nur den auf diese Weise konkretisierten Leistungen lassen sich Erfolge unmittelbar zurechnen. Der Erfolg eines Schreibens des Präsidenten der Bundesarbeitsgemeinschaft der Mittel- und Großbetriebe des Einzelhandels (BAG) an den Bundeswirtschaftsminister zur Ausdehnung der Interpretation des Investitionszulagengesetzes von 1969 auf den stationären Einzelhandel z. B. läßt sich prinzipiell wesentlich leichter ermitteln als der Erfolg aller Verbandsmaßnahmen im Verlauf des mehrjährigen Beeinflussungsprozesses in dieser Angelegenheit. Denn jede der erbrachten Leistungen kann andere Wirkungen zeitigen:

— es können Wirkungen im Sinne der Verbandsbeeinflussung, aber auch konträre Wirkungen eintreten.

— es können quantitativ faßbare und nicht faßbare Wirkungen erzielt werden.

---

[105] Diese Sachverhalte sind für die Differenzierung des Erfolges in verschiedene Stufen bedeutsam. Vgl. v. a. unsere Ausführungen in E 1.

[106] Vgl. unsere Ausführungen in B 11 und B 12.

[107] Vgl. unsere Ausführungen in B 13.

[108] Der Verfasser hat unter Mithilfe von Herrn Dr. Jürgen *Creutzig*, Herrn Dr. Hans *Weyhenmeyer* (HDE), Herrn *Rometsch* (BAG) und eines Mitglieds der BAG eine solche Leistungsbeschreibung im Frühjahr 1972 versucht. Bei dem Beispiel ging es um die Auslegung des Investitionszulagengesetzes von 1969. Diese Analyse erwies sich nicht nur als notwendige Vorstufe der Erfolgsbeurteilung, sondern half auch die erzielten Erfolge den mitwirkenden Personen und Institutionen zuzurechnen sowie die Gründe für Erfolg und Mißerfolg bewußt zu machen.

— es kann keine Wirkung zustande kommen, es können aber auch Spätwirkungen auftreten (Verzögerungseffekte).

— die erreichten Wirkungen können komplementäre oder substitutive Effekte bei anderen Beeinflussungsobjekten hervorrufen.

Die Probleme dieser analytischen Erfolgsbewertung der Verbandsleistungen liegen also in der Bewertung und Gewichtung dieser Einzelwirkungen.

2. Bedingungen der Leistungserstellung

An verschiedenen Stellen dieser Arbeit konnte man bereits erkennen, daß nicht allein der Verbandbetrieb die Leistungen erstellt, sondern daß auch die Zielpersonen und Zielgruppen in unterschiedlicher Weise und unterschiedlichem Umfang mitarbeiten müssen[109]. Vor allem geht es dabei um die Mitglieder. Monetäre Beiträge und passive Solidarität allein genügen nicht. Das hauptamtliche Verbandsmanagement braucht den Sachverstand der Mitglieder, um nützliche Informationen für die Umwelt und die Mitglieder selbst bereitstellen zu können. Das hauptamtliche Verbandsmanagement bemüht sich daher auch darum, Unternehmer und Mitarbeiter aus den Mitgliedsunternehmen zur Übernahme ehrenamtlicher Leitungsaufgaben in der Verbandsführung und von fachlichen Ausführungsaufgaben in den Ausschüssen und Arbeitskreisen zu gewinnen. Die Mitglieder sollen die Verbandsarbeit mitbestimmen und mitverantworten. Ihr Fachwissen soll für die Umweltbeeinflussung und die übrigen Mitglieder nutzbar gemacht werden[110]. Um die entstehenden Erfolge den Beteiligten zurechnen zu können, ist es notwendig, die Verbandsleistungen auf die „freiwilligen Beiträge"[111] der Beteiligten zu untersuchen.

21. Elemente einer Leistungsanalyse

An der Leistungserstellung sind sowohl interne als auch externe Organisationsteilnehmer beteiligt:

— Unternehmer, die in den Leitungsgremien tätig sind (ehrenamtliches Verbandsmanagement)

— Mitarbeiter aus den Mitgliedsunternehmen in den Fachausschüssen und Arbeitskreisen (Spezialistenausschüsse)[112]

---

[109] Vgl. z. B. unsere Ausführungen in B 133.

[110] Vgl. *Adels*, Helmut: Wie entscheiden Verbände? S. 47 und o. V.: Funktionen im Wandel. S. 34 ff.

[111] *Fuchs*, Michael. S. 144.

[112] Daneben gibt es auch sog. „Unternehmerausschüsse", die „Grundsatzentscheidungen" bei „Teilzielen" fällen. Ihnen sind oft Spezialistenausschüsse zugeordnet. Mit Teilzielen meint *Adels* z. B. Umweltbeeinflussungsaufgaben. *Adels*, Helmut: Wie entscheiden Verbände? S. 54.

— die Verbandsgeschäftsführung (hauptamtliches Verbandsmanagement)
— die Mitarbeiter im Verbandbetrieb[113]
— „Verbündete" aus der Umwelt (z. B. andere Verbände, Berater)
— Zielpersonen aus den Institutionen der Umwelt.

Um ihre Rolle bei der Leistungserstellung und ihren Anteil am Erfolg zu erkennen, müssen verschiedene Fragen geklärt werden:

— Wer regt die Erfüllung einer Aufgabe an?
— Wer entscheidet darüber, ob eine Anregung aufgenommen und weiterverfolgt, zurückgestellt oder fallengelassen wird?
— Wer erstellt die Leistungskonzeption und wer setzt sie durch?
— Wer ermittelt die Alternativen der Verbandsleistung[114]?
— Wer wählt die zu verwirklichende Alternative aus?
— Wer sammelt die Informationen, wertet sie aus und übermittelt sie an die Zielpersonen?
— Wer leitet die Erhebung, Auswertung, Speicherung und Übermittlung der Informationen?
— Wer erledigt die verbandsendogenen Aufgaben und die Verwaltung von Gemeinschaftswerken?

Ziel der Analyse ist es, festzustellen, welche Organisationsteilnehmer bei der Erstellung einer Leistung hauptsächlich die Initiative ergreifen, die Aufnahme in das Leistungssortiment beschließen, Problemlösungen für die Gestaltung der Verbandsleistung ausarbeiten, die zu realisierende Alternative auswählen, die Erstellung der Leistung selbst ausführen und leiten. Das Übergewicht einer Gruppe von Organisationsteilnehmern bei der Anregung, Entscheidung, Leitung oder Ausführung läßt Rückschlüsse auf ihren Anteil am Erfolg zu.

Bei unserer Untersuchung gehen wir vom Verbandbetrieb aus, in dem Mitglieder, ehrenamtliches, hauptamtliches Verbandsmanagement und die übrigen Verbandsmitarbeiter zur Leistungserstellung kooperieren. Dann werden wir am Beispiel der in B 133 dargestellten Leistungen versuchen, die Rolle der verschiedenen Organisationsteil-

[113] *Messner* faßt seinen Funktionärsbegriff so weit, „daß er sowohl die Funktionärsstellung in der Verbandsführung wie im Verbandsapparat umfaßt" (S. 24) sowie „hauptberuflich" und „nebenberuflich tätige Funktionäre" einschließt (S. 100). Funktionäre sind seiner Deutung entsprechend „Beauftragte einer im Dienste ihrer Interessen organisierten Gruppe mit der Aufgabe der bestmöglichen Förderung dieser Interessen". *Messner*, Johannes. S. 25.

[114] Solche Alternativen sind z. B. Vortrag oder Publikation.

nehmer bei der Leistungserstellung im einzelnen zu beschreiben. Abschließend betrachten wir noch die vertikale und horizontale Kooperation der Verbände zur Leistungserstellung.

Da die Leistungen des Verbandes primärer Gegenstand der Willensbildung im Verband sind[115], können Satzungen und Untersuchungen über die wirkliche Willensbildung *(Adels)* eine erste Quelle für Leistungsanalysen sein. Da Fragen der Auswahl von Leistungen und Fragen ihrer Gestaltung vor allem in den Satzungen nur sehr allgemein geregelt sind und damit weitgehend dem hauptamtlichen Verbandsmanagement überlassen werden, können als weiteres Material die Schulungsunterlagen der Verbände herangezogen werden. Dort entwerfen die Verbandsmanager Konzeptionen für die Umwelt- und Mitgliederbeeinflussung[116]. Sie zeigen darin, welche Rolle sie den Mitgliedern und welche sie sich selbst bei der Leistungserstellung zuschreiben. Den Publikationen für die Mitglieder, die man ebenfalls als Untersuchungsmaterial heranziehen könnte, kann man meistens entnehmen, wer sie angeregt und wer die Informationen gesammelt und ausgewertet hat. Zeitungsmeldungen lassen manchmal erkennen, wessen Initiative die Verbandsleistung ausgelöst, wer die Stellungnahme entworfen hat und wer sie gegenüber den Umweltadressaten vertritt. Aus allen diesen Unterlagen geht hervor, daß die Verbandsleistungen weitgehend nur dann mit Aussicht auf Erfolg erstellt werden können, wenn vor allem die Mitglieder mitwirken.

22. Der Verbandbetrieb als zentraler Produktionsbetrieb

221. Die Entstehung des Verbandbetriebs

Fast immer besitzen Wirtschaftsfachverbände einen sichtbaren Verbandbetrieb, die sog. Geschäftsstelle. Ihre Aufgaben sind entsprechend dem Delegationstheorem aus den Zielen der Mitglieder abgeleitet. Die Mitglieder selbst sind durch Arbeitsteilung aus den Haushalten abgeleitete Produktionsbetriebe[117] bzw. wieder aus diesen abgeleitete Produktionsbetriebe. So entstanden und entstehen immer wieder neue Delegationsstufen von Betrieben, die sich immer weiter von der unmittelbaren Bedarfsdeckung der Haushalte entfernen[118]. Die Verband-

---

[115] Vgl. *Adels*, Helmut: Wie entscheiden Verbände? S. 31.

[116] Vgl. o. V.: Funktionen im Wandel. S. 7 ff., insbesondere S. 15 f. und 46 ff.

[117] Vgl. *Nicklisch*, Heinrich: Die Betriebswirtschaft. S. 6 ff. und 175 f.

[118] Mit zunehmender Entfernung von der Bedarfsdeckung der Haushalte könnte man folgende Delegationsstufen unterscheiden:
— Landwirtschaft, Bergbau, Energiewirtschaft (Gewinnungsbereich)
— Konsumgüter-, Investitionsgüterindustrie (Verarbeitungsbereich: zwei Stufen mit vielen Unterstufen)

betriebe sind auch solche abgeleitete Produktionsbetriebe[119]. Sie decken Bedarfe der Mitglieder, aber auch externer Adressaten nach Entscheidungshilfen (Informationsleistungen) und Zusammenarbeit (Organisationsleistungen). Der Charakter dieser Leistungen weist die Verbandbetriebe dem Dienstleistungsbereich zu[120]. Dem Delegationstheorem folgend sind Verbandbetriebe unselbständige Betriebe. Von den „Gliedbetrieben" im Sinne von *Nicklisch*[121] unterscheiden sie sich durch die externe Verrichtungszentralisation[122]. Ihre Unselbständigkeit wird daraus ersichtlich, daß die Leitungsorgane mit Vertretern aus den Mitgliedsunternehmen (Unternehmer, Top-Manager) besetzt sind, welche die grundsätzlichen Entscheidungen fällen. Die Abhängigkeit von den Mitgliedern zeigt sich auch darin, daß die Verbandbetriebe im allgemeinen auf die laufende Finanzierung durch die Beiträge der Mitglieder angewiesen sind[123]. Wie das sog. „Gemeinschaftsunternehmen"[124] ist der Verbandbetrieb durch die externe Verrichtungszentralisation, durch sein Ziel, die Mitgliederwirtschaften zu fördern, und durch seine Abhängigkeit von den Mitgliedern gekennzeichnet. Meist übernimmt das Gemeinschaftsunternehmen jedoch marktgerichtete Aufgaben von den Gesellschafterunternehmen. Die Zahl der Gesellschafter dürfte im allgemeinen auch geringer sein als die Zahl der Mitglieder von Verbänden. Gemeinschaftsunternehmen sind meist selbst unmittelbar erwerbswirtschaftlich tätig. Bei den Verbandbetrieben ist die „Externität" im Sinne von erwerbswirtschaftlicher Selbständigkeit, welche *Dahl* und *Hammerschmidt*[125] als wesentliches Merkmal der Unternehmensberatung hervorheben, nicht gegeben, wohl aber eine gewisse „Unabhängigkeit" in der Meinungsbildung und Meinungsäußerung als Folge

---

— Handel, Werbung, Banken, Versicherungen, Forschung, Beratung (Dienstleistungsbereich mit zahlreichen Stufen).

Da auf allen Stufen Dienstleistungen ausgegliedert werden, finden sich überall auch Dienstleistungsbetriebe.

[119] Vgl. *Grochla*, Erwin: Betriebsverband. S. 49.

[120] Vgl. unsere Ausführungen in B 122.

[121] *Nicklisch*, Heinrich: Die Betriebswirtschaft. S. 168 und 173.

[122] Vgl. *Grochla*, Erwin: Betriebsverband. S. 50.

[123] Die Verbandsgeschäftsführungen versuchen sich u. a. deshalb zusätzliche Einnahmequellen durch besondere Leistungsentgelte zu verschaffen. Vgl. auch unsere Ausführungen in B 332.

[124] *Arbeitskreis Hardach der Schmalenbach-Gesellschaft:* Gemeinschaftsunternehmen. In: ZfbF NF, 21 (1969), S. 1 f.

[125] *Dahl*, Edgar: Die Unternehmensberatung. Eine Untersuchung ausgewählter Aspekte beratender Tätigkeiten in der Bundesrepublik Deutschland. Kölner Beiträge zur Sozialforschung und angewandten Soziologie. Hrsg. v. R. König u. a. Band 4, Meisenheim am Glan 1967, S. 4 und 53 ff. Vgl. a. *Hammerschmidt*, Jost: Die unabhängige Wirtschaftsberatung in Deutschland. Stand und Ausbaumöglichkeiten unter Berücksichtigung ausländischer Erfahrungen. Diss. Nürnberg 1964, S. 34 ff.

der räumlichen und zum Teil personellen Trennung[126]. Diese Trennung führt auch zu einer größeren „Objektivität“ der Dienste des Verbandes für die Mitglieder[127]. „Betriebsblindheit, Ressorteigensinn, Gebundenheit an die informellen Normensysteme einzelner (betriebsinterner: d. Verf.) Gruppen und ... Überlastung durch bürokratische Routinearbeit“[128] werden weitgehend vermieden.

222. Verbandbetriebe mit Entscheidungs- und Ausführungsdezentralisierung

Drei Organisationstypen der Aufgabenerfüllung durch den Verband haben sich im Lauf der Zeit herausgebildet[129]. Im ersten Fall entscheiden die Mitglieder zwar gemeinsam über die zu delegierenden und zu erledigenden Aufgaben, die Ausführung erfolgt jedoch dezentral in den Mitgliedsbetrieben. Dort werden die Informationen gesammelt. Die Mitgliedervertreter in den Arbeitskreisen und Ausschüssen erarbeiten daraus Stellungnahmen für die Umweltbeeinflussung und Empfehlungen für die Mitglieder. Das ehrenamtliche Verbandsmanagement leitet die Aufgabenerfüllung. Schreib-, Vervielfältigungs- und Versandaufgaben werden in den Unternehmen der Mitgliedervertreter erledigt. Die Mitgliedervertreter repräsentieren auch den Verband. Die Leitung dieser Aufgaben und ein Teil der Repräsentation können auch einem Rechtsanwalt übertragen sein. Schreib-, Vervielfältigungs- und Versandarbeiten werden in seinem Schreibbüro ausgeführt. Bisweilen führt der Syndikus auch die Geschäfte mehrerer Verbände in einer Geschäftsstellengemeinschaft[130].

---

[126] Vgl. *Dahl*, Edgar. S. 71.

[127] Vgl. ebd., S. 72.

[128] Ebd., S. 75.

[129] *Grochla* unterscheidet idealtypisch zwischen Verbandbetrieben mit zentraler und dezentraler Aufgabenausführung. Ihre Leitung erfolgt in beiden Fällen zentral. *Grochla*, Erwin: Betriebsverband. S. 50 ff.

[130] Vgl. *Grochla*, Erwin: Betriebsverband. S. 195. Geschäftsstellengemeinschaften dürften z. B. dann vorliegen, wenn in den Adressenverzeichnissen verschiedene Verbände die gleiche Adresse und den gleichen Vorsitzenden sowie Geschäftsführer angeben. So sind z. B. Vorsitzender, Geschäftsführer und Adresse des Deutschen Industrie- und Handelstages (DIHT) identisch mit den entsprechenden Angaben beim Gemeinschaftsausschuß der Deutschen Gewerblichen Wirtschaft. Vgl. *Oeckl*, Albert (Hrsg.): S. 221 und 223. Das gleiche scheint z. B. auch für die HDE und den Rat des Deutschen Handels (S. 269 und 283) sowie den Zentralverband des Deutschen Handwerks (ZDH), den Deutschen Handwerkskammertag und die Bundesvereinigung der Fachverbände des Deutschen Handwerks (S. 289) zu gelten. Die Düsseldorfer Arbeitgeberverbände sind z. B. in einer „Bürogemeinschaft“ vereinigt. Vgl. einen Prospekt der Düsseldorfer Arbeitgeberverbände: „Zwanzig Jahre im Dienste des Unternehmers“. Düsseldorf 1968.

Daß diese Art der Aufgabenerfüllung mehr eine historische als eine aktuelle Organisationsform ist, zeigen die Befragungen von *Krueger* und *Schmölders*[131].

223. Verbandbetriebe mit Entscheidungsdezentralisierung und Ausführungszentralisierung

Die Mehrzahl der Wirtschaftsfachverbände unterhält dagegen Geschäftsstellen mit mehreren hauptamtlichen Angestellten[132]. Je größer die Zahl der Mitglieder ist, je mittelständischer die Mitglieder strukturiert sind, desto mehr Aufgaben fallen im Verbandbetrieb an[133]. Besonders die Mitgliederbeeinflussung wird in diesen Fällen häufig ausgebaut[134]. Neben den Vorstand und die Geschäftsführung tritt die Geschäftsstelle mit ihren Fachabteilungen und Landesstellen[135]. Die Mitgliederausschüsse und -beiräte bleiben zwar bedeutsam für die Willensbildung, doch die Ausführung ihrer Beschlüsse liegt oft bei den Fachabteilungen, die infolge der ständigen Befassung mit den anstehenden Problemen zunehmenden Einfluß auf die Entscheidungen der Ausschüsse gewinnen. Leitung und Ausführung der Verbandsaufgaben sind in der Geschäftsstelle zentralisiert. Auch in der Geschäftsstelle werden mit zunehmender Zahl der hauptamtlichen Mitarbeiter und zunehmendem Aufgabenumfang die Aufgaben in „verbandsexogene" und „verbandsendogene" aufgeteilt. *Grochla* nennt die Stellen, die verbandsexogene Aufgaben erfüllen, also Leistungen an die Mitglieder abgeben, „Verbandsstellen" und Stellen, die verbandsendogene Aufgaben erfüllen, also „innerbetriebliche Leistungen" erstellen, wie z. B. die Personalverwaltung, „Eigenstellen"[136].

---

[131] Die Erhebung *Kruegers* 1907/08 (Historische und kritische Untersuchungen II. S. 626 f.) ergab eine verschwindend geringe Anzahl von Geschäftsstellen und hauptamtlichen Verbandsmitarbeitern, während es in der Umfrage von *Schmölders* (S. 182 f. und 177: hohe Quote ohne Antwort!) kaum Oberverbände und Unterverbände gibt, die keine hauptamtlichen Angestellten haben.

[132] Vgl. ebd.

[133] Da sich kleinere und mittlere Betriebe im allgemeinen keine teuren Fachkräfte leisten können, oft auch gar nicht erkennen, wie notwendig diese Spezialisten für den Betrieb wären, haben sie — objektiv gesehen — einen größeren Informations- und Beratungsbedarf. Der Verband muß als „Entscheidungspromotor" tätig werden (vgl. a. S. 36). Während Großbetriebe ihre Interessen gegenüber der Umwelt, v. a. gegenüber den staatlichen Instanzen leichter und besser wahren können, benötigen gerade Klein- und Mittelbetriebe einen Verband als Interessenformer und -multiplikator.

[134] *Schmölders* stellt fest, daß „die Funktion der Selbsthilfe" z. B. bei Einzelhandelsverbänden besonders „stark ausgeprägt" ist: ebd., S. 65 und 198 f.

[135] Vgl. *Grochla*, Erwin: Betriebsverband. S. 211 ff.

[136] *Grochla*, Erwin: Betriebsverband. S. 176 ff. und 217 ff.

224. Die Ausgliederung von Verbandsinstituten

Die Verbandbetriebe haben ihre generellen Leistungen immer mehr durch individuelle Leistungen ergänzt. Sie betreiben häufig eine Politik der Individualisierung ihrer Leistungen: Sie wollen „gezielt ... auf die individuelle Interessenlage des Unternehmers abgestellt" informieren, ihn „individuell" beraten, die Mitgliedsunternehmen besuchen, Kooperationen vermitteln und für die Gründung von und die Beteiligung an Gemeinschaftseinrichtungen werben[137].

Mit diesen Leistungen verlieren die Wirtschaftsfachverbände die persönliche Befreiung der über die Beiträge hinausgehenden Einnahmen von der Körperschaftsteuer und des Vermögens von der Vermögensteuer[138]. Deshalb gründeten sie rechtlich selbständige, organisatorisch und wirtschaftlich aber von der Geschäftsstelle abhängige Gewerbebetriebe[139, 140]. Ihre (steuerrechtlichen) Merkmale[141] sind die juristische Selbständigkeit der Tätigkeit (auf eigene Rechnung und Verantwortung), die Nachhaltigkeit der Betätigung (mit der Absicht der Wiederholung), mit der Einnahmen oder andere wirtschaftliche Vorteile erzielt werden sollen, die über die Mitgliederbeiträge und die Erträge aus Vermögensverwaltung hinausgehen. Gewinnerzielungsabsicht und Teilnahme am allgemeinen wirtschaftlichen Verkehr sind nicht Voraussetzung eines solchen Geschäftsbetriebs[142]. Diese Geschäftsbetriebe erfüllen den individuellen Bedarf der Mitglieder. Dienen diese Leistungen dem Verbandszweck, ist nur der Geschäftsbetrieb körperschaftsteuerpflichtig. Dienen sie nicht dem Verbandszweck, so wird der Verband auch mit den über die satzungsgemäßen Beiträge hinausgehenden Einnahmen körperschaftsteuerpflichtig[143].

---

137 O. V.: Funktionen im Wandel. S. 15 f.

138 Vgl. a. unsere Ausführungen in B 125.

139 Die „Institute", Verlage, Beratungsbetriebe usw. haben zwar meist eine eigene Rechtsform, aber ein Vorstandsmitglied des Verbands ist zugleich „Präsident" des „Instituts", die Geschäftsführung des Verbands führt auch die Geschäfte des „Instituts", Angestellte der Geschäftsstelle erfüllen auch Aufgaben für das „Institut", Geschäftsstelle und „Institut" residieren in den gleichen Häusern (wie dies zum Beispiel beim BDI und seinen Betrieben, dem Deutschen Industrieinstitut (DI) und der Deutschen Industrie-Verlags-GmbH (DIV) der Fall ist).

140 Vgl. *Schmidt,* Klaus: Die Steuerpflicht der Berufsverbände. In: Wirtschaft und Wettbewerb. 11 (1962), S. 740, *Adels,* Helmut: Betriebswirtschaftliche Verbandsarbeiten. S. 54 und ders.: Wie entscheiden Verbände? S. 60.

141 Vgl. § 14 Abs. 1 KStDV und § 8 Abs. 1 GewStDV.

142 Vgl. *Herrmann - Heuer.* § 4 KStG, Anm. 143 b.

143 Der Katalog dieser Leistungen ist im Vergleich zu früher stark ausgeweitet worden. Vgl. § 13 Abs. 2 und 3 KStDV und Abschnitt 17 Abs. 5 KStR. Vgl. a. *Herrmann - Heuer.* § 4 Anm. 143 c KStG. Vgl. a. § 4 VStDV.

Solche rechtlich selbständigen Verbandsinstitute befassen sich z. B. mit Verlegen von Verbandspublikationen, technischer und absatzwirtschaftlicher Forschung, gemeinschaftlicher Werbung und Öffentlichkeitsarbeit, Aus- und Weiterbildung von Mitarbeitern der Mitgliedsbetriebe und anderen personal- und sozialpolitischen Aufgaben (Versorgungswerke, Werksarztzentren), mit Rechtsschutz (z. B. Musterschutz) und Beratung von Mitgliedern sowie teilweise von Nicht-Mitgliedern[144]. Die Fachverbände gründen auch Gemeinschaftsinstitute[145], die man als „Gemeinschaftsunternehmen" der beteiligten Verbände sehen könnte[146]. Die Gründung solcher Einzel- und Gemeinschaftsinstitute kennzeichnet gleichzeitig bereits ein fortgeschrittenes Stadium der Verselbständigung der Verbandbetriebe von den Mitgliedsunternehmen[147]. Ähnlich manchen Genossenschaften (Absatzgenossenschaften) forcieren manche dieser Institute das Geschäft mit den Nicht-Mitgliedern[148]. Die unselbständigen Verbandbetriebe entwickeln sich zu Unternehmungen.

Wir betrachten die Leistungen dieser Institute als Verbandsleistungen. Meist sind diese Institute und die Verbände personell und räumlich so eng miteinander verbunden, daß man Institutsleistungen und „eigentliche" Verbandsleistungen kaum trennen kann.

---

[144] Vgl. *Adels,* Helmut: Betriebswirtschaftliche Verbandsarbeiten. S. 54. Beispiele für solche Spezialinstitute sind der Fachverlag für das graphische Gewerbe GmbH des Verbands für das Graphische Gewerbe in Bayern, die Metallförderungs-GmbH des Gesamtverbandes Deutscher Metallgießereien (GDM), das Bildungswerk des AGA, dessen Träger, das Institut Neue Wirtschaft e. V., ebenfalls ein Tochterunternehmen des AGA, ist, die Betriebswirtschaftliche Beratungsstelle für den Einzelhandel GmbH (BBE) der HDE, die Altersversorgung des Arbeitgeberverbands Braunschweig durch eine Wirtschaftsdienst GmbH, das Werksarztzentrum des Arbeitgeberverbands der Metallindustrie im Regierungsbezirk Köln, die Grundstücks- und Bauträgergesellschaft Bauland GmbH von Handwerks- und Handelsverbänden, eine Betriebsgesellschaft für Datenverarbeitung des Arbeitgeberverbands Iserlohn oder das Besteckarchiv des Fachverbands der Besteckindustrie.

[145] Vgl. z. B. das Deutsche Einzelhandelsinstitut für Öffentlichkeitsarbeit (BAG 64, S. 89) oder das Deutsche Zigarren-Institut (HB 3/71). (Zur Zitierweise: Geschäftsberichte von Verbänden geben wir nur mit der Abkürzung des Verbandsnamens, Jahrgang und Seitenzahl an).

[146] Vgl. *Arbeitskreis Hardach der Schmalenbach-Gesellschaft.* S. 1 f. Diese Gemeinschaftsunternehmen dürfen nicht mit den „Gemeinschaftsbetrieben" *Nicklischs* verwechselt werden. Dort stellen sie das Gegenteil der „Einmenschbetriebe" dar. Vgl. *Seyffert,* Rudolf: Betrieb. In: HdB. Hrsg. v. H. Seischab u. K. Schwantag. Band 1. Stuttgart 1956, Sp. 739.

[147] Vgl. unsere Ausführungen in B 111.

[148] Das „Institut Neue Wirtschaft e. V." wirbt z. B. in der *Wirtschaftswoche,* Nr. 14/71, für den Besuch seiner Weiterbildungsveranstaltungen, ohne die Werbebotschaft nur auf die Mitglieder seiner Trägerverbände zu zielen.

23. Die Mitwirkung der Leistungsempfänger bei der Leistungserstellung

Analysen von Satzungen[149] und Satzungswirklichkeit[150] ergeben hinsichtlich der Leistungserstellung, daß

— grundsätzlich die Mitglieder bzw. ihre Vertreter in den Leitungsgremien die Konzeption für die Umweltbeeinflussung entwerfen,

— in Einzelfällen von größerer Bedeutung über die Gestaltung der Umweltbeeinflussung entscheiden

— und sie in Ausschüssen vorbereiten,

— das hauptamtliche Management die Leistungskonzeption für die Mitgliederbeeinflussung erarbeitet und auch weitgehend durchsetzt[151],

— Informationssammlung, -verarbeitung und -übermittlung sowie Organisationsaufgaben von den Fachabteilungen des Verbandbetriebs erledigt werden und

— ehrenamtliches und hauptamtliches Verbandsmanagement sich die Repräsentationsaufgaben nach der Bedeutung der Objekte und der Adressaten teilen.

231. Umweltbeeinflussung

Betrachtet man die Beeinflussung der staatlichen Willensbildung, so kommen wohl die meisten Anstöße zu Verbandsleistungen von Plänen und Maßnahmen der Legislative und Exekutive. Die Verbände erfahren davon, indem sie Kontakte zu den jeweiligen Stellen unterhalten oder von diesen zu schriftlichen oder mündlichen Stellungnahmen eingeladen werden[152]. Die Anregung kann auch von anderen Verbänden ausgehen, wenn sie gegensätzliche Interessen durchzusetzen oder Verbündete zur Beeinflussung der wirtschaftspolitischen Willensbildung zu gewinnen suchen. Die Mitglieder, ihre Vertreter in den Verbands-

---

[149] Vgl. dazu die Satzungsanalysen von *Grochla*, Erwin: Betriebsverband. S. 168 ff. und *Buchholz*, Edwin: Die Wirtschaftsverbände. S. 102 ff.

[150] Vgl. dazu *Adels*, Helmut: Wie entscheiden Verbände? S. 38 ff. und *Hardach*, Fritz Wilhelm: Willensbildung. S. 22 ff.

[151] *Breitling* nennt den Verband, in dem die Mitglieder bzw. ihre Vertreter die Willensbildung beherrschen, „Honoratiorenverband" im Gegensatz zum „Funktionärsverband", in dem das hauptamtliche Verbandsmanagement in der Willensbildung dominiert. *Breitling*, Rupert: Die Verbände in der Bundesrepublik. Ihre Arten und politische Wirkungsweise. In: Parteien, Fraktionen, Regierungen. Eine Schriftenreihe für die Wissenschaft von der Politik. Hrsg. v. D. Sternberger. Band 8. Meisenheim am Glan 1955, S. 55 und 58. Hinsichtlich der Leistungskonzeption für den Verband verlassen sich in manchen Fällen die Mitglieder gänzlich auf die Geschäftsführung: vgl. *Adels*, Helmut: Wie entscheiden Verbände? S. 84.

[152] Voraussetzung ist eine aktive Legislative und Exekutive.

gremien oder das hauptamtliche Verbandsmanagement ergreifen dann die Initiative, wenn sie Forderungen gegenüber dem Staat geltend machen, ohne daß dieser zuerst eingreifen wollte. Die Frage, wer die Anregung gegeben hat, ist für die Erfolgszurechnung von Bedeutung. Die Frage, welche Anregung gegeben wurde, ist für die Größe des Erfolgs von Bedeutung. Angenommen, Mitglieder regen eine Forderung nach Erhöhung einer bestimmten Subvention um einen bestimmten Betrag an, so kann das Ergebnis der Verhandlungen mit dieser Forderung verglichen werden. Die Auswahl der Anregungen, die weiterverfolgt werden, nehmen der Vorstand oder die zuständigen Ausschüsse vor, also Organe, in denen Mitglieder vertreten sind, wenn sie die „Wandlungen der wirtschaftlichen, politischen oder sozialen Umweltbedingungen als Bedrohung oder zumindest als Anlaß für eine Neuorientierung" empfinden[153]. Unter der fachlichen Leitung der Ausschüsse und der disziplinarischen Leitung der Geschäftsführung[154] sammeln die Fachabteilungen der Geschäftsstelle die notwendigen Informationen aus verbandsexternen Quellen und bei den Mitgliedern[155]. Sie erarbeiten Entscheidungsalternativen und leiten sie den Ausschüssen zu oder über die Geschäftsführung an den Vorstand. Durch die Entscheidungsvorbereitung haben die Fachabteilungen der Geschäftsstelle beträchtlichen Einfluß auf die Gestaltung der Umweltbeeinflussung[156]. Die Mitarbeiter des Verbands erbringen auch Ausführungsleistungen, indem sie bei den Sitzungen der Ausschüsse Protokolle erstellen, Protokolle, Eingaben usw. vervielfältigen, sie an die Teilnehmer und Mitglieder sowie an externe Adressaten versenden. Die Entscheidung über die auszuführende Beeinflussungsalternative treffen die Ausschüsse oder der Vorstand. Die Ausführung der Interessenvertretung wird von den Mitgliedern in den Leitungsgremien und der Geschäftsführung besorgt. Sie führen Gespräche und Verhandlungen mit Ministern, Parlamentariern, Staatssekretären und Ministerialbeamten. Sie sitzen mit unabhängigen Sachverständigen und Vertretern anderer Verbände sowie (pensionierten) Beamten in ministeriellen Beiräten und Ausschüssen[157].

---

[153] *Adels*, Helmut: Wie entscheiden Verbände? S. 86 f.

[154] Vgl. ebd. S. 59. Probleme der Doppelunterstellung tauchen auf.

[155] Voraussetzung für die Informationssammlung unter den Mitgliedern ist deren Informationsabgabebereitschaft. Sie hängt von der aktiven Solidarität der Mitglieder ab.

[156] Die Geschäftsstellen erlangen dadurch Gelegenheiten, „die Weichen zu stellen", „Beschlüsse zu unterdrücken" und „andere zur Diskussion zu stellen". Diese Machtverlagerung auf die Exekutive beschreibt *Külp* (S. 40). Vgl. a. unsere Ausführungen in B 111.

[157] Eine Erhebung des Bundesinnenministeriums über die Zahl der bei Bundesministerien und Bundesbehörden bestehenden „Beratungsgremien" und ihrer Mitglieder ergab 264 Gremien und 5914 „Berater": SZ 184/70. Die Vertrautheit des Verbandsmanagement mit den personellen Beziehungen des Verbandes verschafft ihm Einfluß gegenüber den Mitgliedern.

Zum Teil haben Funktionäre, Mitglieder und Nahestehende Sitz und Stimme in den Parlamenten oder sind in hohen Positionen der Exekutive vertreten. Bisweilen wechseln auch hohe Beamte in die Verbände[158]. Die Verbandsvertreter üben also ihren Einfluß von außen und von innen aus[159].

Die Beeinflussung der engeren Umwelt wird entweder von Mitgliedern und ihren Vertretern oder von Adressaten aus der engeren Umwelt angeregt[160]. Über die Aufnahme einer Anregung entscheiden die Leitungsgremien. Die notwendigen Informationen werden meist von den Fachabteilungen des Verbandbetriebs gesucht. Bei besonderen Leistungen werden Berater (Forscher), bei einer Gemeinschaftswerbung z. B. eine Werbeagentur beauftragt, Informationen zu sammeln und eine Leistungskonzeption zu entwerfen. Die Wahl zwischen den alternativen Leistungskonzeptionen (z. B. Kooperation oder Konflikt mit anderen Wirtschaftsbereichen) und zum Teil auch zwischen den verschiedenen Gestaltungsmöglichkeiten der Leistung (z. B. Verhandlungsformen) treffen die ehren- und hauptamtlichen Verbandsinstanzen. Verbandbetrieb, Verbandsinstitut oder Beratungsinstitut führen die Leistungen aus. Verhandlungen werden im allgemeinen von den Mitgliedervertretern in den Entscheidungsgremien oder den hauptamtlichen Verbandsmanagern geführt.

Öffentlichkeitsarbeit oder Public Relations betreibt der Verband, um bei der Öffentlichkeit als Ganzes[161], aber auch bei einzelnen „Meinungsbildnern“ wie Zeitungen für den gesamten Verbandsbereich („institutionelle Werbung“)[162] „Vertrauen“ zu wecken und zu erhalten[163]. Er weist auf die Leistungen der Mitglieder für die Gesellschaft hin[164]. Er wirbt aber nicht nur für Vertrauen allgemein, sondern ver-

---

158 Nach der Bildung der sozialliberalen Koalition in Bonn 1969 wechselte der Staatssekretär Dr. Fritz Neef in die Geschäftsführung des BDI. HB 6/73.

159 Die Betrachtung der Adressaten als soziale Systeme führt zu differenzierten Einflußwegen. Vgl. a. B 31. Für Unternehmer- und Verbandsvertreter entstehen durch ihre Wahl in legislative Organe oder ihre Berufung in Organe der Exekutive (vgl. z. B. die Staatssekretäre *Mommsen* und *Rosenthal*) Rollenkonflikte. Sie können nicht mehr nur als Vertreter ihrer Interessen handeln. Sie internalisieren Erwartungen, die an ihre neue Position gestellt werden, und identifizieren sich (wenigstens teilweise) mit ihnen. Vgl. auch die Rollenkonflikte des Arbeitsdirektors.

160 Von den Mitgliedern werden z. B. Gemeinschaftswerbungen angeregt, von der Umwelt z. B. Verhandlungen über neue Geschäftsbedingungen. Der anregende Verband hat die Anregung selbst wieder von seinen Mitgliedern empfangen.

161 Vgl. *Nieschlag*, Robert, *Dichtl*, Erwin, *Hörschgen*, Hans: Marketing. Ein entscheidungstheoretischer Ansatz. 4. Aufl. Berlin 1971, S. 115.

162 Ebd. S. 307.

163 Vgl. ebd. S. 114.

164 Vgl. ebd. S. 306.

sucht auch, für bestimmte Verbandsprobleme die „Öffentlichkeit als Ganzes" oder auch einzelne „Meinungsbildner" als Verbündete für die Beeinflussung bestimmter Umweltadressaten zu mobilisieren. Der Anstoß kommt von den „Willensbildnern" in den Massenmedien (Redaktionen) und Bildungsinstitutionen (Lehrplangestalter, Lehrpersonal). Die „Meinungsbildner" fragen beim Verband um Auskünfte und Stellungnahmen an. Die Initiative kommt aber auch von den Mitgliedervertretern in den Leitungsinstanzen und von der Verbandsgeschäftsführung. Unternehmer beklagen sich z. B. über einen Zeitungsartikel oder eine Fernsehsendung oder die mangelnde Betriebsbezogenheit der Berufsschulausbildung[165]. Sie wünschen Gegendarstellung bzw. Verhinderung weiterer für sie negativer Berichterstattung und Mitwirkung bei der Programm- und Lehrplangestaltung. Die Entscheidung, ob die Anregung weiterverfolgt wird, fällt je nach Tragweite die Geschäftsführung oder auch der Vorstand. Die notwendigen Informationen sammeln die Mitarbeiter der Geschäftsstelle oder eine mit der Public-Relations-Kampagne beauftragte Werbeagentur. Sie werden auch die einzelnen Beeinflussungsstrategien und -konzeptionen ausarbeiten. Der Vorstand entscheidet über sie. Die Ausführung wird der Verbandsgeschäftsführung überlassen. In besonders wichtigen Fällen (Fernsehinterviews, Zeitungsinterviews) werden auch Vorstandsmitglieder den Verband repräsentieren. Die Kontakte zu den Massenmedien unterhält die Geschäftsführung. Hauptamtliche, zum Teil auch ehrenamtliche Verbandsmanager sitzen in den Arbeitskreisen zur Programm- und Lehrplangestaltung.

Bei der Rechtsberatung und Prozeßvertretung kommt der Anstoß meist von den jeweiligen Gegnern der Mitglieder und von diesen, wenn sie selbst im „Angriff" sind. Bisweilen informiert die Geschäftsführung in juristischen Fragen auf eigene Initiative. Die Entscheidung über die Aufnahme der Rechtsberatung und Prozeßvertretung, die Informationssammlung und die Erstellung der Alternativen besorgt die Geschäftsführung. Ausgeführt werden sie von der entsprechenden Verbandbetriebsabteilung. Für die Prozeßvertretung vermittelt die Geschäftsführung zum Teil Spezialanwälte.

Die Suche nach Verbündeten in der Umweltbeeinflussung und für die Mitgliederbeeinflussung[166] wird von den Mitgliedern in den Lei-

[165] Vgl. dazu *Baethge*, Martin: Ausbildung und Herrschaft. Unternehmerinteressen in der Bildungspolitik. Studienreihe des Soziologischen Forschungsinstituts Göttingen SOFI. Hrsg. v. H. P. Bahrdt u. a. Frankfurt 1970, S. 167 ff.

[166] Die Verbände sehen ihre Aufgabe in der „kontinuierlichen Betreuung". Für die fachliche, einmalige oder sporadische Beratung benötigen sie die Kooperation mit spezialisierten freien Beratern. Vgl. dazu: O. V.: Funktionen im Wandel, S. 16.

tungsgremien oder von der Geschäftsführung angeregt. Sie beschließen auch, Kontakte zu anderen Verbänden sowie Forschern und Beratern anzuknüpfen. Sie ermitteln die in Frage kommenden Adressaten, leiten selbst Gespräche und Verhandlungen ein und führen sie.

232. *Mitgliederbeeinflussung*

Anregungen für Leistungen zur Mitgliederbeeinflussung entnimmt die Verbandsgeschäftsführung Anfragen von Mitgliedern, Gesprächen mit den ehrenamtlichen Verbandsmanagern und auf eigene Initiative veranstalteten „Interessentests“[167]. Anregungen kommen auch aus der Umwelt, wenn neue für die Mitglieder bedeutsame Gesetze, Verordnungen, Erlasse oder Gerichtsentscheidungen ergehen oder Forschungsergebnisse veröffentlicht werden. Die Geschäftsführung entscheidet darüber, ob und inwieweit sie in Informationsleistungen für die Mitglieder transformiert werden. Die Geschäftsstelle beobachtet und sammelt diese Entscheidungen und Forschungsergebnisse und erarbeitet die Informationsalternativen. Die Geschäftsführung entwirft die Leistungskonzeption. Die Geschäftsführerkonferenz der BDA hat z. B. folgende Dienstleistungskonzeption entwickelt. Am Anfang steht das Rundschreiben, das die Informationsbasis schaffen soll. Die schriftliche regelmäßige Information soll die Mitglieder für die Dienstleistungen des Verbandes „aufschließen“ und ihnen helfen, ihren prospektiven „Nutzen“ zu erkennen. Darauf folgt „die gezielte mündliche Information“, die auf die individuelle Problemlage des Unternehmens abstellt. Wenn sie erfolgreich war, schließt sich daran „die individuelle Beratung“ an. Dafür ist in der Regel der Firmenbesuch des Geschäftsführers, eines Verbandsmitarbeiters oder des empfohlenen freien Beraters, Wirtschaftsprüfers oder Fachanwalts unerläßlich. Bei Problemen, die für eine größere Zahl von Mitgliedsunternehmen ähnlich gelagert sind oder auf Kooperationslösungen hindeuten, wird man der Werbung und Information durch Vorträge und Seminare vor der individuellen Beratung den Vorzug geben. Überfordert die Problemstellung die Geschäftsführung oder soll der Sachverstand einiger Mitglieder für andere nutzbar gemacht werden, wird die Geschäftsstelle Erfahrungsaustauschgruppen organisieren. Solche Arbeitskreise können „Organisationshilfen“ entwerfen. Zusammen mit freien Unternehmensberatern vermitteln die Verbandsgeschäftsführungen zwischenbetriebliche Kooperation in allen Funktionsbereichen. Die intensivste Stufe der Verbandsarbeit ist die „verbandliche Einrichtung“ selbst, das sog. „Gemeinschafts-

[167] Vgl. z. B. den Interessentest des Gesamtverbandes Deutscher Metallgießereien, GDM, zur Ausgestaltung der Verbandsarbeit. Düsseldorf 1966.

werk"[168]. Bei der Mitgliederbeeinflussung liegt die Initiative, die Entscheidung über die Leistungskonzeption und über die Gestaltung einzelner Leistungen weitgehend bei der Geschäftsführung sowie die Ausführung der Leistungen gänzlich bei der Geschäftsstelle[169]. Innerhalb des durch das Beitragsaufkommen begrenzten Etats ist ein Teil der Mittel bereits für die Informationssammlung, Repräsentation und Verwirklichung der Umweltbeeinflussung vergeben. Im Rahmen des verbleibenden Rests und des durch Beobachtung oder Befragung festgestellten Mitgliederbedarfs hat das hauptamtliche Verbandsmanagement weitgehende Entscheidungsfreiheit darüber, welche und wieviel Auskunfts- und Beratungsbereitschaft es vorhält, welche und wieviele Weiterbildungsveranstaltungen es allein oder gemeinsam mit freien Mitarbeitern anbietet, welche und wieviele Publikationen es (u. a. zur Ausnützung der nicht beanspruchten Dienstbereitschaft) erstellen läßt und wieviel Personal es als Organisationsbereitschaft verfügbar hält[170, 171].

233. Organisation der Zusammenarbeit

Die Organisationsleistungen des Verbandes, die in der Dienstleistungskonzeption der BDA vom Ziel der Mitgliederbeeinflussung her gesehen werden, sollen die „Gemeinschaftsarbeit" ermöglichen, die viele als Kern oder „eigentliche Aufgabe" des Verbandes betrachten. Die Initiative zum Interessenausgleich, zum Erfahrungs- und Meinungsaustausch, zur Vermittlung zwischenbetrieblicher Kooperation und zur Einrichtung von Gemeinschaftswerken ergreifen v. a. die Mitglieder in den Leitungsgremien und die Verbandsgeschäftsführungen. Die Leitungsgremien entscheiden, ob die Anregungen weiterverfolgt werden, die Geschäftsführung und die Geschäftsstelle werben für die Beteiligung unter den Mitgliedern. Verbandsmitarbeiter besuchen die Mitglieder, erstellen und verteilen Werbeprospekte. Die Geschäftsstelle übernimmt nach erfolgreicher Werbung auch alle Vorbereitungs- und andere Organisationsaufgaben für die Gesprächskreise, Sitzungen und Verhandlungen. Sie lädt z. B. ein, beschafft Räume, vervielfältigt Unterlagen, stellt Protokollführer, vervielfältigt Protokolle und sonstige erarbeitete Publikationen, versendet sie an Teilnehmer und andere Mitglieder usw.[172]. Das

---

[168] Vgl. o. V.: Funktionen im Wandel. S. 15 f. Zu den Organisationsleistungen: siehe die Ausführungen weiter unten.

[169] Die ständige Beschäftigung mit den Fachfragen der Mitglieder führt zu einem Informationsvorsprung des Verbandsmanagement.

[170] Vgl. a. o. V.: Funktionen im Wandel. S. 17.

[171] Bereitschaft ist die Anwesenheitszeit (und Leistungsbereitschaft) entsprechend qualifizierter Verbandsmitarbeiter.

[172] Vgl. o. V.: Funktionen im Wandel. S. 33 f.: Bei Erfahrungsaustauschkreisen fungiert der Verband als „Clearingstelle". Der Informationsaus-

Wesentliche ist jedoch, daß die sich beteiligenden Mitglieder die gewollten Informationsleistungen selbst erstellen. Das bedeutet, daß sie Erfahrungen und Meinungen austauschen, Musterlösungen, Empfehlungen und Richtlinien ausarbeiten, mit anderen Mitgliedern zusammenarbeiten und ihre unterschiedlichen Interessen durch Kompromisse ausgleichen. Bei den Gemeinschaftswerken übernehmen die Verbandsgeschäftsführungen nicht nur die Werbung und die Vorbereitung dafür, sondern auch die laufende Betreuung (Verwaltung). Auch hier ist ohne Beteiligung von Mitgliedern und ohne besondere Finanzierung keine Leistung möglich[173].

234. Ergebnis

Insgesamt lassen sich bei der Leistungserstellung im Verband folgende Tendenzen in der Rollenverteilung erkennen:

— Die Anlässe für die Umweltbeeinflussung sind in den Plänen und Entscheidungen der Adressaten begründet. Die Anregungen zu Leistungen resultieren aus (gefällten oder geplanten) Entscheidungen und Forderungen der Adressaten, welche die Mitgliederwirtschaft beeinflussen könnten, und zum Teil aus den Wünschen der Mitglieder, Umweltentscheidungen zu ihren Gunsten zu ändern. Bei der Mitgliederbeeinflussung und den Organisationsleistungen kommen die Anregungen zur Leistungserstellung aus den Bedarfsäußerungen der Mitglieder und der Bedarfsinterpretation durch den Verbandbetrieb (hauptamtliches Verbandsmanagement und Verbandsmitarbeiter).

— Je nach der Bedeutung des Gegenstandes der Leistung treffen die Mitglieder in den Leitungsgremien, das hauptamtliche Verbandsmanagement oder die Verbandsmitarbeiter die Entscheidung, ob die Anregung weiterverfolgt, aufgeschoben oder fallengelassen wird.

— Die Leistungskonzeption der Umweltbeeinflussung wird im allgemeinen durch die ehrenamtlichen Verbandsmanager erarbeitet. Bei der Mitgliederbeeinflussung und den Organisationsleistungen ist das hauptamtliche Management mit dieser Aufgabe betraut. Externe Berater können dabei mitwirken.

— Die Leistungsgestaltung im einzelnen, d. h. die Informationssuche, -verarbeitung und -übermittlung ist bei der Umweltbeeinflussung weitgehend Sache der Mitglieder in den Ausschüssen und im ehren-

---

tausch dient den Teilnehmern zum Vergleich und bei Anwendung möglicherweise zu Leistungssteigerungen oder Kostensenkungen sowie zur „kollegialen Begegnung". Den übrigen Mitgliedern werden von den Arbeitskreisen erstellte Entscheidungshilfen zur Verfügung gestellt.

[173] Vgl. o. V.: Funktionen im Wandel. S. 46 ff.

amtlichen Verbandsmanagement, daneben auch Aufgabe der hauptamtlichen Geschäftsführung, bei der Mitgliederbeeinflussung Aufgabe des Verbandbetriebs und bei der Zusammenarbeit Aufgabe der sich beteiligenden Mitglieder. Organisationsaufgaben werden vom Verbandbetrieb ausgeführt. Einzelne Leistungen können auf Verbandsinstitute und externe Berater ausgegliedert sein.

— Die Leitung der Leistungsgestaltung liegt beim hauptamtlichen Verbandsmanagement.

— Die Verwaltung von Gemeinschaftswerken und verbandsendogene Aufgaben werden vom Verbandbetrieb oder von Verbandsinstituten erledigt.

Hauptamtliche Geschäftsführung (und Verbandsmitarbeiter) begründen ihre einflußreiche Stellung dadurch,

— daß sie maßgeblich an der Erarbeitung der Leistungskonzeption beteiligt sind

— daß sie die Entscheidungen mitvorbereiten

— daß sie fast jederzeit erreichbar sind

— daß sie durch die ständige Beschäftigung mit Problemen der Mitglieder einen Wissensvorsprung gegenüber Mitgliedern und externen Personen erlangen und

— daß sie durch ihre Beteiligung an internen und externen Gremien sowie durch ihre Kenntnis der personellen Beziehungen innerhalb des Verbandes und des Verbandes zur Umwelt vertraut sind.

24. Verbandsleistungen als Leistungen einer Kooperation von Verbänden

Die Fülle unterschiedlicher Verbandsleistungen[174] erfordert im allgemeinen eine entsprechende Verbandsorganisation.

Aufgaben der Umweltbeeinflussung verlangen einerseits nach dem jederzeit möglichen persönlichen Kontakt zu den Entscheidungspersonen, also nach einem adressatennahen Standort, andererseits nach einer möglichst großen Mitgliederzahl, also möglichst nach einem einhundertprozentigen Organisationsgrad. Daher delegieren die Unterverbände (Ortsgruppen) Aufgaben der Umweltbeeinflussung, soweit sie von überlokaler Bedeutung sind, an den Landesverband. Die Landesverbände ihrerseits delegieren Aufgaben von bundesweiter Bedeutung an den Bundesverband. Diese Fachspitzenverbände schließen sich zur einheitlichen Wahrnehmung ihrer gemeinsamen Interessen meist wie-

---

[174] Vgl. unsere Ausführungen in B 13.

der zu Dachverbänden zusammen[175]. Zur Vertretung der Interessen in supra- und internationalen Institutionen vereinigen sich Fachspitzenverbände, aber auch Dachverbände zu internationalen Verbänden. Die Fachspitzenverbände sind meist nicht nur regional, sondern auch fachlich untergliedert. Auf solche „Fachgemeinschaften" sind besondere fachliche Aufgaben der Umweltbeeinflussung und der Mitgliederbeeinflussung delegiert[176]. Die Geschäftsstellen der Bundesverbände sind meist in Frankfurt, Bonn / Bad Godesberg oder Düsseldorf. Wenn sie ihren Standort nicht in Bonn / Bad Godesberg haben, dann unterhalten sie dort wenigstens eine Verbindungsstelle. Alle Leistungen der Umweltbeeinflussung, welche diese Oberverbände erstellen, dienen den Mitgliedern der Unterverbände, den Unternehmen. Daneben erbringen die Oberverbände auch vielfältige Leistungen der Mitgliederbeeinflussung, indem sie vor allem Informationsaustausch in Ausschüssen organisieren und dessen Ergebnisse publizieren, aber auch selbst Informationen sammeln, verarbeiten und weitergeben, Weiterbildungsveranstaltungen durchführen, Kooperationen vermitteln und Gemeinschaftseinrichtungen verwalten.

Die Unterverbände zeichnen sich vor allem durch Mitgliedernähe aus. Ihre Leistungen dienen besonders der Mitgliederbeeinflussung und der Organisation der Zusammenarbeit. Aufgaben, die verschiedene Branchen berühren, werden an Spezialverbände oder außenstehende Experten delegiert. Ein Spitzenverband wird z. B. Mitglied in einem Schutzverband wie dem Bund der Steuerzahler oder der Zentrale zur Bekämpfung des unlauteren Wettbewerbs. Die Delegation von Aufgaben auf Ober- bzw. Spezialverbände bezeichnet *Grochla* als „sekundäre Aufgabendelegation"[177].

Obwohl die Oberverbände meist nur Unterverbände und die Sonderverbände Unternehmen und andere Verbände als Mitglieder besitzen, sind doch ihre Leistungen in erster Linie den Unternehmen zugedacht. Deshalb beziehen wir auch die Leistungen der Verbandsorganisation in unsere Untersuchung mit ein. Die Wirtschaftsfachverbände kooperieren nicht nur in der Verbandsorganisation. Sie unterstützen sich auch ge-

---

[175] Die Spitzenverbände schließen sich nach Wirtschaftsbereichen zusammen. So hat der BDI 39 Industrieverbände als Mitglieder. Der Spitzenverband „Verein Deutscher Maschinenbauanstalten e. V." (VDMA) besitzt 8 Landesgruppen, 30 Fachgemeinschaften, eine zentrale Geschäftsstelle in Frankfurt und eine Verbindungsstelle in Bonn. Vgl. Bundesverband der Deutschen Industrie e. V. (Hrsg.): Organisationsplan. Dezember 1968. Drucksache Nr. 84. Köln 1968, S. 54 ff. Der BDI wiederum ist Mitglied des Gemeinschaftsausschusses der Gewerblichen Wirtschaft. Der BDI hat auch Landesvertretungen.

[176] Vgl. *Grochla*, Erwin: Betriebsverband. S. 211 ff. und *Adels*, Helmut: Wie entscheiden Verbände? S. 61 ff.

[177] *Grochla*, Erwin: Betriebsverband. S. 161.

genseitig bei der Umweltbeeinflussung. Diese Zusammenarbeit erhöht zwar die Erfolgschancen, erschwert aber die Zurechnung des Beeinflussungserfolgs auf die Mitglieder der Koalition. Allerdings ist zu vermuten, daß die jeweils höhere Zusammenschlußstufe größeren Einfluß auf die Adressaten hat als die entsprechenden Unterverbände. Der BDI z. B. kann sich wahrscheinlich leichter durchsetzen als sein Mitglied, z. B. die Arbeitsgemeinschaft Keramische Industrie e. V. Die Einflußchancen der letzteren erhöhen sich vielleicht dadurch, daß ihr Vorsitzender nicht nur im Präsidium des BDI vertreten ist, sondern auch Mitglied des Bundestags und ehemaliger parlamentarischer Staatssekretär beim Bundesministerium für Wirtschaft ist. Die Einflußmöglichkeiten des Verbandes hängen nicht nur vom Integrationsradius, sondern auch von den persönlichen Beziehungen des Verbandes ab. Wahrscheinlich wird unter den Mitgliedern des BDI auch der Verband der Automobilindustrie (VDA) e. V. wesentlich einflußreicher sein als der Verband der Deutschen Lederindustrie e. V. Denn der Anteil seiner Mitglieder und der von ihnen abhängigen Wirtschaftsstufen am Sozialprodukt, am Export, an der Beschäftigtenzahl dürfte den der Lederindustrie bei weitem übersteigen.

Die unterschiedlich verteilten Einflußchancen können einen Anhaltspunkt für die Zurechnung des Erfolgs auf die Mitglieder der Verbandskoalition geben.

3. Bedingungen der Leistungsverwertung

Wir haben einige besondere Eigenschaften der Verbandsleistungen[178] und besondere Bedingungen ihrer Erstellung erkannt[179], welch letztere in der Kooperation verschiedener Personen und Personengruppen begründet sind. Ausgehend von den möglichen Empfängern von Verbandsleistungen sollen im folgenden einige besondere Bedingungen der Leistungsverwertung untersucht werden. Verbandsleistungen müssen beansprucht werden, um nicht unterzugehen oder zu veralten. Beanspruchte Leistungen müssen angewendet werden, wenn außer Bildungszielen auch andere Ziele der Mitgliedsunternehmen erfüllt werden sollen. Beanspruchung und Anwendung sind durch Informationsverarbeitungsprozesse getrennt. Besondere Bedingungen werden auch durch die Solidarität der Mitglieder und das „Prinzip des generellen Entgelts" begründet. Wichtig für die Beurteilung der Erfolgsaussagen von Mitgliedern ist die Tatsache, daß nicht nur der Verband, sondern auch die Mitglieder soziale Systeme darstellen, daß also unterschiedliche Personen die Verbandsleistungen empfangen und beurteilen.

[178] Vgl. unsere Ausführungen in B 1.

[179] Vgl. unsere Ausführungen in B 2.

31. Mögliche Empfänger von Verbandsleistungen

Alle Personen und Gruppen, welche in irgendeiner Weise „Beiträge" *(March - Simon)* an den Verband erbringen, tun dies in der Erwartung, dafür Leistungen oder „Anreize" *(March - Simon)* zu erhalten. Alle diese „Organisationsteilnehmer"[180] oder „Interessenten"[181] können also Leistungsempfänger sein. Die Kerngruppen umfassen die Mitglieder[182], das ehrenamtliche Verbandsmanagement, welches jene Gruppe der Mitglieder repräsentiert, die besonders aktiv an der Willensbildung beteiligt ist, und das hauptamtliche Verbandsmanagement. Die Randgruppen sind die verschiedenen externen Adressaten der Verbandbeeinflussung.

Bei der Mitgliederbeeinflussung und den Organisationsleistungen sind die Mitglieder die unmittelbaren Empfänger der Leistungen, bei der Umweltbeeinflussung die jeweiligen Zielpersonen aus der Umwelt. In allen Fällen soll natürlich das Ergebnis der Leistung den Mitgliedern zugute kommen. Die Empfänger müssen die Leistung beanspruchen und anwenden[183]. Bei der Umweltbeeinflussung können die Ergebnisse im allgemeinen nicht auf die Mitglieder beschränkt werden[184].

311. Externe Empfänger

Die Instanzen der staatlichen Willensbildung erhalten Sach-, Instruktions- und Motivationsinformationen[185] sowie andere Dienstleistungen

---

[180] Der Begriff des Organisationsteilnehmers ist nicht in einem institutionalen, sondern in einem „funktionalen", also in einem ganz weiten Sinn zu verstehen. Er umfaßt nicht nur Mitglieder und Verbandsführung, sondern auch einzelne und Gruppen von Zielpersonen aus der Umwelt, selbst Instanzen der staatlichen Willensbildung. Sie unterscheiden sich nach ihrer Beteiligung am und ihrer Stellung im Willensbildungsprozeß des Verbandes in gleichrangige und ungleichrangige Teilnehmer (symmetrische, asymmetrische Betrachtung), in legitimierte Kern- und nichtlegitimierte, Einfluß suchende Randgruppen sowie in aktive und passive Gruppen *(Cyert - March)* und nach der Häufigkeit der Interaktionen untereinander in interne und externe Organisationsteilnehmer. Vgl. dazu *March,* James G., Herbert A *Simon:* Organizations. New York usw. 1958, S. 89 f. *Cyert,* Richard M., James G. *March:* A Behaviorial Theory of the Firm. Englewood Cliffs 1963, S. 26 ff. *Heinen,* Edmund: Das Zielsystem. S. 199 ff.

[181] Bei *Oettle* werden diese „Personengruppen", welche die Oberziele öffentlicher Betriebe formell oder informell bestimmen bzw. mitbestimmen, als „Interessenten" bezeichnet. Vgl. *Oettle,* Karl: Über den Charakter öffentlich-wirtschaftlicher Zielsetzungen. S. 247 ff.

[182] Die Mitglieder werden hier nicht näher behandelt, weil ihre Beziehungen zum Verband in den nächsten Abschnitten (B 32—34) erörtert werden.

[183] Vgl. a. unsere Ausführungen in B 32.

[184] Vgl. a. unsere Ausführungen in B 33.

[185] Sachinformationen sind erklärende, auf neue Erkenntnisse hinweisende Informationen. Instruktionsinformationen sollen anleiten, wie etwas zu tun ist. Motivationsinformationen sollen anregen, etwas zu tun.

(z. B. Kontakte zu Experten) vom Verband. Die Informationsleistungen verbessern ihren Kenntnisstand über Probleme, Vorstellungen und Erwartungen der jeweiligen Wirtschaftsbereiche. Die „Organisationsleistungen" verschaffen den staatlichen Stellen Auskunfts- und Beratungschancen sowie schnelle Zugriffsmöglichkeiten zu benötigten Informationen. Gutachten, Auskünfte[186], Stellungnahmen, Beeinflussung in Verhandlungen, Anhörungen[187] und Arbeitskreisen[188] usw., Beeinflussung durch Abgeordnete, Minister, Staatssekretäre und Beamte, welche dem Verband nahestehen oder angehören, erleichtern es den jeweiligen Instanzen, Entscheidungen zu finden. Bisweilen erschwert jedoch die Vielzahl der Informationen und Einflußnahmen Entscheidungen. Fehlentscheidungen können also vermieden, aber auch herbeigeführt werden. Zweifellos schaden verbandliche Einflußnahmen vielfach der Erfüllung gesamtwirtschaftlicher Ziele. Auf der anderen Seite muß allerdings festgestellt werden, daß sich Verbände bisweilen durchaus gegen Mitgliederinteressen für gesamtwirtschaftliche Belange einsetzen[189].

---

[186] Vgl. die Beistandspflicht der Wirtschafts- und Berufsverbände bei der Steuerermittlung und -festsetzung nach § 188 Abs. 1 AO und die Hinzuziehung als Sachverständige im Ermittlungs- und Festsetzungsverfahren nach § 206 AO.

[187] Der Verfasser nahm im Frühjahr 1972 an einer nicht-öffentlichen Anhörung über die Modalitäten der Rückzahlung des Konjunkturzuschlags im Bundesministerium für Wirtschaft und Finanzen teil. Die Referenten des Bundes und der Länder ließen sich die Fälle beschreiben, in denen die Verbände Schwierigkeiten auf die Mitglieder zukommen sahen.

[188] Vgl. z. B. den Arbeitskreis Kartellgesetz, der mit Mitgliedern der Bundesministerien für Justiz und Wirtschaft sowie Vertretern des BDI besetzt war: *Bethusy-Huc*, Viola Gräfin von. S. 44.

[189] Die Umfrage von *Schmölders* ergab, daß zwar Unsicherheit bei den Verbandsgeschäftsführungen hinsichtlich der Beurteilung der Übereinstimmung der „engeren Mitgliederinteressen" mit der „staatlichen Wirtschafts- und Sozialordnung" (auf welche *Schmölders* das Gemeinwohl zur besseren Verständlichkeit eingeengt hatte), die „Gefahr der Verdeckungsideologie" und „die Möglichkeit von reinen Lippenbekenntnissen" bestehen, aber auch „vielfach ein tatsächlicher Einsatz für das Gemeinwohl angenommen werden kann": *Schmölders*, Günter. Das Selbstbild. S. 74. Vgl. auch die Ergebnisse auf diese Fragen: S. 167, 196, auf die Fragen nach Beispielen des Einsatzes für das Gemeinwohl: S. 77, 167, 200 (hohe Quote der Befragten, die „keine Angabe" machen!), nach der Einstellung zur sozialen Marktwirtschaft: S. 79 ff. und 219. Als Beispiele des Einsatzes für das Gemeinwohl werden z. B. angegeben: Entwicklungsanleihe, Berlinhilfe (vgl. den Brief Bundeskanzler *Brandts* an *Zeit*-Herausgeber *Bucerius*, wo er auf die Verdienste des BDI-Präsidenten *Berg* bei der Berlinhilfe hinweist: Die *Zeit* 12/71), Förderung der Wissenschaft, der europäischen Integration und maßhaltende Preispolitik.

Blümle unterscheidet nach der Übereinstimmung zwischen Verbandszielen und gesamtwirtschaftlichen Zielen faktisch und formell kongruente und inkongruente Ziele. *Blümle*, Ernst-Bernd: Zur Zielproblematik. S. 354 f.

Der engeren Umwelt der Mitglieder liefern die Verbände z. B. Marktinformationen über die Mitglieder[190] und deren Kunden. Mit „Kunden- und Lieferantenverbänden“ werden einheitliche Lieferungs- und Zahlungsbedingungen[191] ausgehandelt, die Normung von Produkten abgestimmt und ähnliche Absprachen getroffen (Marktabstimmungsleistungen). „Gegnerverbänden“ leisten die Verbände Anerkennung, um sie in ihrer Existenz zu sichern. Viele Verbände benötigen nämlich z. B. für Tarif-, Konditionen- oder Normenvereinbarungen einen „ebenbürtigen“ Verhandlungspartner. Er soll zwar nicht so übermächtig sein wie der Staat, aber auch nicht so schwach, daß seine Mitglieder die Abmachungen nicht einhalten[192]. Er soll möglichst alle Angehörigen des jeweiligen Wirtschaftsbereichs integrieren, zumindest aber diejenigen Unternehmen umfassen, auf deren Verhalten es bei den anstehenden Regelungen ankommt. Die für die Befolgung solcher Vereinbarungen notwendige Solidarität kann aus entsprechenden gemeinsamen Erfolgserlebnissen, aber auch aus gemeinsam in gleicher Weise empfundenen Werten (z. B. selbständiger Unternehmer zu sein) oder aus äußerer Bedrohung (z. B. durch Mitbestimmungsforderungen) entstehen.

Auch den „Meinungsbildnern“ bieten die Verbände sachliche, instruierende und motivierende Informationen sowie andere Dienste (z. B. ständige Auskunftsbereitschaft für Journalisten) an. Sie versuchen — z. B. in Stellungnahmen, Pressenotizen, Pressekonferenzen, durch Mitarbeit bei der Programm- und Lehrplangestaltung sowie durch Vermittlung von Referenten — den „Willensbildnern“ ein Bild von der Situation ihrer Branche und der Unternehmen allgemein zu geben sowie ihre sonstigen Vorstellungen und Wünsche vorzutragen.

Die Verbände gleichen intern[193] und untereinander[194] Gegensätze durch Kompromißlösungen aus[195], die sie im Verhandlungswege gefun-

---

190 Der GDM „verkauft“ Adressenverzeichnisse seiner Mitglieder an interessierte Unternehmen: vgl. Auskunft von Dr. Hanskarl *Schmidt*, GDM, an den Verfasser am 11. Mai 1970 in Düsseldorf.

191 Im Rahmen des § 2 GWB.

192 Vgl. *Hondrich*, Karl Otto. S. 43.

193 Vgl. zu den Ursachen, zum Ausmaß und zu den Verhaltensweisen der Verbände bei innerverbandlichen Interessengegensätzen: *Schmölders*, Günter. Das Selbstbild. S. 104 ff.

194 Vgl. zum zwischenverbandlichen Interessenausgleich: ebd., S. 113 ff.

195 *Jöhr* und *Weippert* sehen im „organisierten Interessenausgleich“ bzw. im „Grundsatz der Vereinbarung“ ein selbständiges Prinzip zur Koordination von Produktion und Bedarf sowie von Gruppeninteressen und Allgemeininteresse. Es steht zwischen der Wirtschaftsordnung der „freien Konkurrenz“ und der „zentralen Leitung“. *Jöhr*, Walter Adolf: Der Kompromiß als Problem der Gesellschafts-, Wirtschafts- und Staatsethik. In: Recht und Staat in Geschichte und Gegenwart. Eine Sammlung von Vorträgen und Schriften aus dem Gebiet der gesamten Staatswissenschaften. Band 208/209. Tübingen

den haben. Sie entlasten damit die Gesellschaft und letztlich den Staat weitgehend von der Lösung dieser Probleme[196], stabilisieren die bestehende Wirtschafts- und Gesellschaftsordnung, und können so zur Erfüllung gesellschafts- und wirtschaftspolitischer Ziele beitragen.

Die Wirtschaftsfachverbände erfüllen daneben auch „sozialpädagogische Aufgaben", wenn sie z. B. Personen aus den Mitgliedsunternehmen aus- und weiterbilden, die Kooperation organisieren und die Mitglieder zur Unterstützung öffentlicher Anliegen anhalten[197]. Die Wirtschaftsfachverbände erbringen für die Gesellschaft Leistungen, indem sie z. B. die Forschung fördern. Sie betreiben selbst technische und wirtschaftliche, besonders angewandte Forschung, finanzieren solche Forschungsaufträge und organisieren die Unterstützung der Forschung durch die Mitglieder[198].

312. Interne Empfänger

Den haupt- und ehrenamtlichen Funktionären verschafft der Verband Kontakte, Anerkennung und Ansehen innerhalb und außerhalb des Verbandes. Er eröffnet ihnen Zugangschancen zu inner- und außer-

---

1958, S. 47 ff. und *Weippert*, Georg: Zum Verständnis der verbandsstrukturierten Gesellschaft. In: Methoden und Probleme der Wirtschaftspolitik. Gedächtnisschrift für H.-J. Seraphim. Hrsg. v. H. Ohm. Berlin 1964, S. 130 und 134.

[196] Vgl. zur Selbstverwaltung der Sozialpartner, zum Kriterium der Subsidiarität für die Verteilung der Verwaltungsaufgaben auf Staats- und Selbstverwaltung und zu den Aufgaben der wirtschaftlichen Selbstverwaltung: *Huber*, Ernst Rudolf: Die Selbstverwaltung der Wirtschaft. Stuttgart 1958, S. 9 ff., 14 f. und 36 ff. Der Staat kann sich darauf beschränken, in den selbst verwalteten Bereichen nur „generelle" Regelungen zu treffen. Über den Vorteilen darf nicht übersehen werden, daß die Selbstverwaltung in einer Marktwirtschaft zur Machtkonzentration, auf dem Arbeitsmarkt z. B. zu einem eingeschränkten bilateralen Monopol führt. Diese Machtballung ruft wieder Forderungen nach Leitlinien wie Lohnleitlinien oder gar nach zentraler Lenkung auf den Plan. Die Institutionen der Selbstverwaltung werden gerne als Organe der zentralen Leitung benützt. Sie erleichtern die Einführung einer Zentralverwaltungswirtschaft. Vgl. die Erfahrungen mit der Wirtschaftslenkung im Dritten Reich: *Esenwein-Rothe*, Ingeborg: Die Wirtschaftsverbände von 1933—1945. In: Wirtschaftsverbände und Wirtschaftspolitik. Hrsg. v. A. Predöhl u. G. Weippert. Schriften des Vereins für Socialpolitik, Gesellschaft für Wirtschafts- und Sozialwissenschaften, NF. Band 37. Berlin 1965, S. 104 ff.

[197] Vgl. *Tuchtfeldt*, Egon: Typen. S. 12 und ders.: Bemerkungen zur Verbandsdiskussion. In: Jahrbuch für Sozialwissenschaft. 13 (1962), S. 81. Vgl. auch *Blümle*, Ernst-Bernd: Zur Zielproblematik. S. 347 f. Vgl. auch den Einsatz der Wirtschaftsfachverbände für das Gemeinwohl: Fußnote 189 in B 311.

[198] Vgl. dazu *Blümle*, Ernst-Bernd: Zur Zielproblematik. S. 349 f. Vgl. auch die Zahlen über die vom Verband der Chemischen Industrie organisierte Forschungsförderung, die er dort angibt.

verbandlichen Machtpositionen[199]. Den hauptamtlichen Funktionären gibt er einen Beruf und eine Lebensstellung. Er sichert ihre Existenz[200]. Neben diesen „sozialen Belohnungen“ erhalten die hauptamtlichen Verbandsmanager ein Gehalt sowie Aufwandsentschädigungen und andere Nebenleistungen[201], die ehrenamtlichen Funktionäre nur Aufwandsentschädigungen.

313. Wege der Zielförderung

Aus der Tatsache heraus, daß zunächst ganz unterschiedliche Personenkreise die Verbandsleistungen erhalten, ergeben sich fünf hauptsächliche Wege, die Ziele der Mitglieder zu fördern. Die Darstellung auf der folgenden Seite geht in der ersten Spalte von primären und sekundären Anregern (in Klammern) von Verbandsleistungen aus. Der Verbandbetrieb ist nicht als Anreger angegeben, weil er in jedem Fall der Initiator sein kann. Im Verbandbetrieb arbeiten Mitgliedervertreter, hauptamtliches Verbandsmanagement und Verbandsmitarbeiter zusammen, um eine Beeinflussungs- bzw. Zielförderungskonzeption zu erstellen und zu verwirklichen[202]. Dahinter sind die unmittelbaren und in Klammern die mittelbaren Adressaten angegeben. Die eingeklammerten Adressaten können als Umwege der Beeinflussung bzw. Zielförderung gesehen werden. Weg 1 und 2 werden zur „Interessenvertretung“ beschritten. Weg 3 dient der „Übersetzung“ von Entscheidungen der Umwelt, vor allem des Staates in die Praxis der Mitglieder. Weg 4 zeigt die Umsetzung von Forschungsergebnissen in den Vollzug. Während bei 3 und 4 die Mitglieder dazu bewegt werden sollen, die übermittelten Informationen anzuwenden, soll über Weg 5 zunächst die Zusammenarbeit einzelner Mitglieder z. B. zum Informationsaustausch herbeigeführt werden. Die dabei gesammelten Informationen können im Verbandbetrieb weiterverarbeitet und dann allen Mitgliedern zugänglich gemacht werden.

---

199 Der „Zugang zu leitenden Positionen der Privatwirtschaft“ und zu öffentlichen Ämtern (Verschränkungsphänomen) führt nicht unbedingt zur „Unterwanderung des Staates“ durch Verbände und der Wirtschaft durch die Gewerkschaften. Bei den in solche Positionen gelangten Funktionären macht sich oft die Rollenerwartung der neuen Stelle bemerkbar und beeinflußt die Rollenauffassung des betroffenen Funktionärs. Vgl. *Hondrich*, Karl Otto. S. 39 f.

200 Vgl. ebenda und *Külp*, Bernhard. S. 36 ff.

201 Vgl. dazu *Bartsch*, Hellmuth: Der Verbandsgeschäftsführer und sein Anstellungsvertrag. In: Die Verbandsgeschäftsführung, 1964, Heft 11, S. 1 ff. Ders.: Das Gehalt des Verbandsgeschäftsführers. In: Die Verbandsgeschäftsführung, 1964, Heft 8, S. 1 ff. Ders.: Nebentätigkeit und Dienstreisen des Verbandsgeschäftsführers. In: Die Verbandsgeschäftsführung, 1964, Heft 9, S. 1 ff.

202 Vgl. unsere Ausführungen in B 23.

Anregung	Erstellung und Anwendung der Beeinflussungskonzeption	unmittelbare und mittelbare Adressaten bzw. Empfänger der Leistung

1. Staatliche oder engere Umwelt → (Mitglieder) → Verband(betrieb) → (Verbündete) → staatliche oder engere Umwelt
→ (Gerichte)

2. Staatliche oder engere Umwelt → (Mitglieder) → Verband(betrieb) → (Verbündete) → („Willensbildner")[a] → („Meinungsbildner")[a] → Öffentlichkeit → staatliche oder engere Umwelt

3. Staatliche oder engere Umwelt → („Meinungsbildner") → Verband(betrieb) → (Verbündete) → Mitglieder

4. Forschung → (Verbündete) → Verband(betrieb) → (Verbündete) → Mitglieder

5. Mitglieder → (Verbandbetrieb) → Mitglieder → Verband(betrieb) → (Mitglieder)

---

a) Zur Unterscheidung „Meinungsbildner" — „Willensbildner": vgl. Fußnote 103 a in B 133.

32. Bereitstellung, Beanspruchung und Anwendung der Verbandsleistungen

Es mag selbstverständlich erscheinen, wenn wir darauf hinweisen, daß Zielerfüllungen durch Verbandsleistungen nur dann eintreten können, wenn die erstellten Leistungen empfangen, angewendet und wirksam werden. Die Zielförderung wird ermittelt, indem man die Konsequenzen der Leistungsanwendung auf die Mitgliederzielerfüllung isoliert, gewichtet und bewertet. Da diese Beurteilung nur sehr schwer möglich ist[203], erscheint es zweckmäßig, mögliche „Verwertungserfolge" (Mitgliederzielerfüllungen) dadurch festzustellen, daß man „Vorerfolge" ermittelt. Nach den Phasen der Erfolgsentstehung könnte man Bereitstellung, Beanspruchung und Anwendung der Verbandsleistungen unterscheiden. Bereitgestellte, beanspruchte und angewandte Leistungen stellen im Hinblick auf die Zielerfüllung der Mitglieder zunehmend konkretisierte Erfolgschancen dar. Beim Bereitstellungserfolg hat der Verbandbetrieb den größten Einfluß auf Qualität und Menge der erstellten Leistungen, so daß wir vom „Verbandbetriebserfolg"[204] sprechen wollen. Hierher rechnen wir auch noch den Beanspruchungserfolg[205], obwohl hier bereits die Zielpersonen weitgehend über den „Erfolg" entscheiden. Hier sind bereits erste „Verwertungserfolge" festzustellen, wenn der Informationsstand der Zielpersonen verbessert wird, d. h. Informationslücken geschlossen, vorhandene unbestimmte und ungewisse Informationen in „bestimmtere" und „gewissere" transformiert werden. Diese Lernerfolge dienen Bildungszielen, der Bestätigung getroffener Entscheidungen, aber auch der Änderung von Entscheidungen von Zielpersonen. Im letzten Falle sind die Lernerfolge erst Vorerfolge für die Anwendung der Verbandsinformationen. Die Anwendung und deren Ergebnis ist der Einflußnahme durch den Verbandbetrieb weitgehend entzogen.

Um also andere Ziele als „Bildungs- und Bestätigungsziele" zu fördern, ist es notwendig, die Verbandsleistungen auch anzuwenden, d. h. die angebotenen Erfolgschancen auszunutzen. Bei den einzelnen Verbandsleistungen zeigen sich hierbei einige Unterschiede. Bei der Beeinflussung staatlicher Maßnahmen ist z. B. zwischen Vorschriften, welche Abgaben an den Staat erzwingen, und solchen, die Ansprüche gegenüber dem Staat und Umweltsystemen gewähren, zu unterscheiden. Bei der Erhebung einer Steuer kommt der Beeinflussungserfolg des Verbandes, der sich z. B. in einer Steuersenkung ausdrücken mag, den

---

[203] Vgl. unsere Ausführungen in C 16, 25 und 35.

[204] Es handelt sich hier nicht um einen Netto-, sondern um einen Bruttoerfolg (output).

[205] Vgl. unsere Ausführungen in D 4.

Mitgliedern zwangsläufig zugute. Es ist keine besondere Initiative zur Beanspruchung und Anwendung nötig[206, 207]. Ähnlich verhält es sich bei den Erfolgen in der Beeinflussung der Öffentlichkeit. Hat der Verband dagegen eine Investitionshilfe erwirkt, bedarf es in der Regel noch eines besonderen Antrags durch das Mitglied, um in ihren Genuß zu gelangen. Dann erst kann sie verwendet werden. Bei der Beeinflussung der engeren Umwelt muß sich das Mitglied ebenfalls entscheiden, ob es die Verbandsleistung in Anspruch nehmen will. Allerdings ist damit die Anwendung gleich verbunden. Das Mitglied kann sich z. B. dafür entscheiden, die von seinem Verband mit einem Verband von Kunden ausgehandelten Lieferbedingungen bei seinen Kunden anzuwenden oder ihnen trotzdem günstigere Konditionen zu gewähren. Dieser Solidaritätsverstoß kann allerdings die vereinbarten Konventionalstrafen auslösen. Sollen bei der Mitgliederbeeinflussung Verwertungserfolge entstehen, müssen die Leistungen in „Empfang" genommen und angewendet werden[208]. Die Auskunfts- und Beratungsbereitschaft muß in Anspruch genommen, die Veranstaltungen müssen besucht und die Publikationen gelesen werden. Die Anwendung der so erhaltenen Informationen muß beschlossen werden. Die Informationen müssen gespeichert und mit anderen verarbeitet werden. Je nach der umgreifenden Bedeutung der vermittelten Informationen (z. B. Änderung der Unternehmenspolitik) wird ein unterschiedlich langer Umstellungsprozeß eingeleitet werden müssen, in dem die Mitarbeiter der Mitgliedsunternehmen durch eigene Leistungen die Verbandsinformationen an die Gegebenheiten anpassen. Die Notwendigkeit der Informationsverarbeitung und die Dauer des Prozesses führen zu der Schwierigkeit, nach Abschluß der Entscheidung bzw. nach Ausführung der Entscheidung den Anteil der Verbandsinformation am Verwertungserfolg zu bestimmen.

Organisation der Zusammenarbeit bedarf der Beteiligung der Mitglieder. Beim Interessenausgleich und bei den Gemeinschaftswerken bedeutet Teilnahme wohl auch gleich Anwendung dieser Leistungen. Beim Informationsaustausch und der Kooperationsvermittlung ist dagegen noch der Anwendungsentschluß bzw. die Entscheidung zur Kooperation und die Anwendung der gemeinsam erstellten Informationsleistung bzw. die Durchführung der beschlossenen Kooperation notwendig.

---

[206] Man kann die Phasen bis zum Eintritt des Umweltbeeinflussungserfolgs ähnlich gliedern wie die Phasen der Entstehung des Verwertungserfolgs: Bereitstellung von Beeinflussungsinformationen durch den Verband, ihre Beanspruchung durch die Adressaten und die Entscheidung der Adressaten, ihnen zu folgen.

[207] Vgl. Gespräch des Verfassers mit Herrn Professor Dr. Ernst-Bernd *Blümle* am 26. August 1970 in Basel.

[208] Vgl. ebd.

Die Beanspruchung von Informations- und Organisationsleistungen hängt u. a. davon ab,

— ob die Zielpersonen eine entsprechende Problemstellung besitzen (Leistungsbedarf),

— diese und das entsprechende Angebot des Verbandes kennen,

— die angebotenen Leistungen „verstehen",

— ihnen „vertrauen"[209] und

— Gelegenheit haben, sie aufzunehmen.

Ob die Informationsleistungen bei Nicht-Beanspruchung „untergehen"[210], hängt von ihrer Speicherfähigkeit ab. Im allgemeien können Informationen wohl aufbewahrt werden[211]. Da jedoch die Gefahr des Veraltens besteht, müssen sie ständig überarbeitet und ausgetauscht sowie zugriffsbereit gehalten werden. Unter bestimmten Voraussetzungen (z. B. große Mitgliederzahlen, große Finanzkraft des Verbandes) könnte man solche Informationssysteme auch als „Time-Sharing-Systeme"[212] organisieren. Während der Betriebszeit könnten die Mitglieder (und übrigen Teilnehmer) jederzeit, ohne sich gegenseitig zu stören, mit diesem System in Kommunikation treten. Wie diese Zugriffsbereitschaft müssen auch die (menschliche) Auskunfts-, Beratungs- und Organisationsbereitschaft für bestimmte Betriebsdauern vorgehalten werden, damit die entsprechenden Erfolgschancen genutzt werden können.

33. Die Mitgliedsrolle

Die Mitgliedsrolle zeichnet sich durch zwei für die Leistungsverwertung und Erfolgsbeurteilung wichtige Merkmale aus. Der Verband ist eine Folge der *Solidarität* der Mitglieder. Sie hat den Zusammenschluß zum Verband gefördert, sie trägt auch zu seinem Fortbestehen bei. Im Laufe des Verbandslebens wird sie durch die „Ideologieproduktion" *(Hondrich)* des Verbandsmanagement unterstützt, d. h. erhalten und gestärkt. Solidarität und das Prinzip der generellen Leistung[212a] sind die Gründe für das *Prinzip des generellen Entgelts*. Die Leistungs-

---

209 Vgl. *Szyperski*, Norbert: Rechnungswesen. Sp. 1516.

210 Vgl. ebd.

211 Vgl. a. unsere Ausführungen in B 122.

212 Vgl. dazu: *Wollesen*, Karl-Heinz: Problemlösung und Entscheidungsfällung in kooperativen Mensch-Maschine-Systemen. In: Management-Informationssysteme. Eine Herausforderung an Forschung und Entwicklung. Hrsg. v. E. Grochla u. a. Betriebswirtschaftliche Beiträge zur Organisation und Automation. Schriftenreihe des Instituts für Organisation und Automation an der Universität zu Köln. Hrsg. v. E. Grochla. Band 14. Wiesbaden 1971, S. 843 ff.

212a Vgl. unsere Ausführungen in B 125.

erstellung im Verband wird im allgemeinen nicht durch (Abnahme-) Preise, sondern durch Beiträge finanziert.

331. Die Solidarität der Mitglieder

Der Zusammenschluß und Zusammenhalt wird nicht nur (zweckrational) durch gemeinsam empfundene äußere Bedrohungen (z. B. Pläne und Forderungen der Umwelt) und gemeinsam empfundene innere Schwächen (z. B. Schwachstellen in der eigenen Leistungserstellung und -verwertung) sowie gemeinsame Erfolgserlebnisse (z. B. ein funktionierendes Gemeinschaftswerk eingerichtet zu haben) bestimmt. In Formulierungen wie „gemeinschaftliche Aufgabenerfüllung" *(Grochla)* oder „Gemeinschaftsaufgaben" klingt bereits ein Zusammenschlußmotiv an, das über das bloß zweckrationale Motiv hinausweist. *Hardach* deutet diesen Sachverhalt an, wenn er darauf abstellt, daß „der Zutritt zum Verband ‚rentieren'" kann, wenn auch „nicht im üblichen Sinn", und daß zur Erfüllung der Verbandsaufgaben „nicht nur Geld", sondern auch „Verantwortung und Gemeinschaftsarbeit" gehört[213]. Neben das zweckrational bestimmte Vereinigungsmotiv der gemeinsam effizienteren Erfüllung bisher bereits wahrgenommener und neuer Aufgaben treten wertrational (emotional, traditional und konventional) gesetzte Motive des Zusammenschlusses und Zusammenhalts. Es sind dies besonders der Wunsch, als Mitglied einer bestimmten Gruppe zu handeln oder behandelt zu werden oder beides und die Überzeugung, daß die eigene Rollenauffassung von den übrigen Mitgliedern geteilt wird[214]. Die Solidarisierung der Unternehmen wurde dadurch gehemmt, daß die Unternehmen untereinander in Konkurrenz standen, daß Unternehmer hinsichtlich sozialer Stellung und Lebensführung äußerst differenzierte Gruppen darstellen und daß die Situation eines jeden Unternehmens in vielfältiger Weise von der aller anderen, selbst denen des gleichen Gegenstands verschieden ist. In der Literatur[215] wurde festgestellt, daß die Arbeitgeberverbände v. a. in Zeiten des Konjunkturaufschwungs entstanden oder sich besonders auf die Solidarität besannen, weil die Gewerkschaften in diesen Konjunkturphasen eher geneigt waren, hohe Lohnforderungen zu stellen und mit Hilfe von Streiks zu erzwingen, während die Wirtschaftsfachverbände eher im Konjunkturrückgang gegründet wurden, wenn man sich von der Ein-

---

[213] *Hardach,* Fritz Wilhelm: Betriebswirtschaftliche Aufgaben. S. 8.

[214] Vgl. dazu: *Weigand,* Karl Heinz. S. 12 f. *Weigand* bezieht sich auf *Newcomb.*

[215] Vgl. *Leckebusch,* Roswitha: Entstehung und Wandlung der Zielsetzungen, der Struktur und der Wirkungen von Arbeitgeberverbänden. Untersuchungen über Gruppen und Verbände. Hrsg. v. G. Weippert. Band 3. Berlin 1966, S. 41 f. und die dort zitierte Literatur.

wirkung auf die staatliche Wirtschaftspolitik Lösung der Branchenprobleme versprach. Insofern erscheint es zwar zutreffend, wenn Arbeitgeber- und Wirtschaftsfachverbände in erster Linie als zweckrationale Verbände bezeichnet werden[216]. Eine Analyse der Verbandsäußerungen ergibt jedoch, daß wertrationale Motive für den Zusammenschluß und den Zusammenhalt eine große Rolle spielen[217]. *Hondrich* hat z. B. nachgewiesen, wie die Unternehmungsverbände (BDI und BDA) die Rolle der Unternehmer in der Gesellschaft sehen[218] und wie sie den Mitgliedern klarmachen, welche Interessen die ihren sind[219]. Diese Funktionen der Ideologieproduktion[220] dienen unmittelbar der Förderung des Zusammengehörigkeitsgefühls (Binnenfunktionen der Ideologieproduktion). Die Außenfunktionen der Ideologieproduktion, die in der „Verdeckung ... eines materiellen Privilegs“[221] und der „Verschleierung von Herrschaftsverhältnissen“[222] bestehen, begünstigen ebenfalls Gefühle des gemeinsamen Bedrohtseins und der Zusammengehörigkeit.

Diese wertrational bestimmte Gemeinschaftsideologie kann im Verbandsleben sehr dominierend werden, so daß eine (zweckrationale) Erfolgskontrolle der (übrigen) Verbandsleistungen erschwert wird. Das kann dazu führen, daß Forderungen aufgestellt und durchgesetzt werden, die, objektiv gesehen, für die Mitglieder Mißerfolge sind, aber als Erfolge gedeutet werden[223]. Einzelne Gruppen von Mitgliedern geben um der „Einheit“ des Verbandes willen Forderungen anderer Gruppen im Verband nach, obwohl die Erfüllung dieser Forderungen für sie selbst nur Nachteile bringt[224]. Die Tatsache, daß Verbandsleistungen

---

[216] Vgl. z. B. *Werner*, Josua: Die Wirtschaftsverbände in der Marktwirtschaft. S. 33.

[217] Vgl. z. B. o. V.: Funktionen im Wandel. S. 10 und 41.

[218] Vgl. *Hondrich*, Karl Otto. S. 61 ff. und 148 ff.

[219] Vgl. ebd., S. 152 ff.

[220] Vgl. die Diskussion des Ideologiebegriffs bei *Hondrich*. S. 48 ff.

[221] Ebd., S. 150.

[222] Ebd., S. 155.

[223] Vgl. z. B. *Ackermann*, Paul. S. 91 ff. Als „Erfolge“ der Gemeinschaftsideologie und Solidarität kann man die Beeinflussungserfolge des DBV bei der Bundesregierung sehen. Der DBV „verkaufte“ seine Zustimmung zu der Senkung der europäischen Getreidepreise 1964 für hunderte von Millionen Subventionen der Bundesregierung.

1971 demonstrierten die deutschen Bauern (unter der Leitung des DBV) für eine zehnprozentige Anhebung der Getreidepreise in der EWG in Bonn und Brüssel. Als sie durch diese Demonstrationen nur geringe Verbesserungen im Angebot des Ministerrats der EWG erreichten, erhielten sie im „Schnellverfahren“ „per Gießkanne“ wieder DM 500 Millionen Agrarhilfen von der Bundesregierung zugesagt. Vgl. dazu Wirtschaftswoche 10/71, HB 59/71, SZ 71, 72/71 und HB 67/71.

[224] Einige Landesverbände des DBV opponierten zuerst gegen die Forderung des Gesamtverbandes, die Subventionen nach der landwirtschaftlichen

weitgehend Leistungen sind, die nur bei Solidarität der Mitglieder erfüllt werden können[225], entzieht sie dem Vergleich mit Konkurrenzleistungen. Das Verhältnis der Mitglieder untereinander und zum Verband unterscheidet sich durch die gemeinsame „Standesideologie" vom Kunden-Lieferanten-Verhältnis. Auf diesen Tatbestand stellt auch die Geschäftsführerkonferenz der BDA ab, wenn sie als „Basis" des Verbands die Solidarität sieht, die von der Ansicht, „in Gemeinschaft stärker zu sein", von der „Bereitschaft, dafür ein Stück betrieblichen Egoismus zu opfern", und von der Überzeugung, dadurch Kraft zur gesellschaftlichen und politischen „Selbstbehauptung" zu gewinnen, getragen wird. Die Solidarität ist daher ihrer Meinung nach nicht nur „zweckrational" zu bewerten, das Handeln der Wirtschaftsverbände „ökonomisch allein nicht meßbar"[226]. Andererseits sehen sich die Verbände mit ihren Leistungen zunehmend als „Objekt des rationalen Kalküls" der Mitglieder, die „ständig nach ihrem praktischen Nutzen für den Betrieb" fragen[227]. Eine Reihe von Verbandsleistungen, wie die Beeinflussung der staatlichen Umwelt und der Öffentlichkeit, kommt zwangsläufig auch den Nicht-Organisierten zugute[228]. Deshalb versuchen die Verbände, alle Branchenangehörigen zum Beitritt, d. h. zur Solidarität zu veranlassen. Bei der Beeinflussung der engeren Umwelt[229] und der Mitgliederbeeinflussung kann der Leistungsempfang auf die Mitglieder begrenzt werden. Das gleiche gilt für die Organisationsleistungen.

332. Das Prinzip des generellen Entgelts

Die Erfolge, die der Verband erzielt, werden von den Mitgliedern durch ihre Beiträge finanziert. Sie finanzieren also auch die Umweltbeeinflussungserfolge für die Nicht-Organisierten mit. Das mindert den Erfolg in der Beurteilung der Mitglieder. Wenn es sich um wichtige und durch hohe Beiträge erzielte Erfolge handelt, können sie deshalb damit

---

Nutzfläche zu verteilen, weil sie Kleinbauern benachteiligt. Sie gaben jedoch aus Solidaritätsgründen nach. Vgl. *Ackermann*, Paul. S. 93.

[225] Vgl. unsere Ausführungen zur Mitwirkung der Mitglieder bei der Leistungserstellung in B 133 und 233.

[226] Vgl. o. V.: Funktionen im Wandel. S. 17.

[227] Ebd., S. 8. Siehe auch unsere Ausführungen in A 32.

[228] Vgl. auch das Gespräch des Verfassers mit Herrn Professor Dr. Ernst-Bernd *Blümle* am 26. August 1970 in Basel.

[229] Eine Ausnahme bilden allgemein verbindlich erklärte oder von Unternehmen, die nicht dem Arbeitgeberverband angehören, anerkannte Tarifverträge. Dadurch kommen die Erfolge der Gewerkschaften auch Nicht-Mitgliedern zugute. Von Zeit zu Zeit fordern die Gewerkschaften deshalb sog. „Solidaritätsbeiträge" von den Nicht-Organisierten oder Ausschluß von den Erfolgen der Gewerkschaften. Vgl. z. B. HB 129/71.

drohen, die Außenseiterposition zu wählen[230]. U. a. auch deshalb erweitern viele Verbände ihr Leistungssortiment um (individuelle) Leistungen der Mitgliederbeeinflussung und um Organisationsleistungen. Wenn sie sich so durch „Problemlösungen für die Sorgen der Unternehmer“ *(Becker)* unentbehrlich machen, erhalten sie sich die Solidarität der Mitglieder und damit ihre Existenz.

Hardach hat die Finanzierung der Leistungen und die Rechnungslegung der Wirtschaftsfachverbände mit der Finanzierung der Staatsaufgaben und der Rechnungslegung des Staates verglichen[231]. Die fixen Mitgliederbeiträge sind, wie die Steuern im Staat, Entgelte für kollektive Leistungen, insbesondere für die Leistungsbereitschaft des Verbandes. Die „Gebühren“ bzw. die „Preise“ sind die Entgelte für (beanspruchte) individuelle Leistungen. Den Einkünften des Staates aus seiner erwerbswirtschaftlichen Betätigung entsprechen die Verbandseinnahmen aus der Leistungsabgabe an Nicht-Mitglieder. *Blümle* unterscheidet die Einnahmenarten der Wirtschaftsverbände einerseits in Beiträge von Mitgliedern und Nicht-Mitgliedern, andererseits in Erlöse aus dem Waren- und Dienstleistungsgeschäft sowie aus dem Vermögen[232].

Für die Erfolgskontrolle erscheint es uns zweckmäßig, die Beiträge der Leistungsempfänger an den Verband danach zu unterscheiden, ob sie für die Mitglieder erfolgsmindernd (eigene Beiträge) oder „erfolgserhöhend“ (Beiträge anderer Leistungsempfänger) wirken, ob und gegebenenfalls inwieweit sie den beanspruchten Leistungen zugerechnet werden können. Beanspruchungs- bzw. frequenzunabhängige Beiträge werden wir auch fixe und beanspruchungs- bzw. frequenzabhängige auch variable Beiträge nennen.

Die erste und wichtigste Gruppe der fixen Beiträge sind die laufenden Halbjahres-, Vierteljahres- oder Jahresbeiträge. Sie können absolut fix sein oder in Prozenten oder Promille einer bestimmten von der Frequenz unabhängigen Bemessungsgrundlage erhoben werden. Solche Bemessungsgrundlagen sind die Lohnsumme, die Beschäftigtenzahl, die Produktionsmenge, der (Verkaufs-)Umsatz, die Bilanzsumme usw. Daneben erheben manche Verbände Eintrittsgelder. Sie fallen nur einmal an. Manche Mitglieder leisten darüber hinaus regelmäßig oder unregelmäßig Spenden. Während es sich bei den laufenden Jahresbei-

---

230 Die Verbandsführungen sehen darin, daß wichtige Erfolge der Verbände auch den Nicht-Organisierten zufallen, den Haupthinderungsgrund für den Verbandsbeitritt. An zweiter Stelle der Nicht-Beitrittsgründe folgt das fehlende Zusammengehörigkeitsgefühl. Vgl. *Schmölders*, Günter: Das Selbstbild. S. 186.

231 Vgl. *Hardach*, Fritz Wilhelm: Betriebswirtschaftliche Aufgaben. S. 10 f.

232 Vgl. *Blümle*, Ernst-Bernd: Zur Finanzierung. S. 42.

trägen um Aufwendungen der passiven Solidarität[233], bei der Beitragsentscheidung um eine Routineentscheidung handeln dürfte, stellen Eintrittsgelder und der erste Jahresbeitrag Aufwendungen aktiver Solidarität dar. Die Beteiligungsentscheidung dürfte in der Regel nämlich eine echte Entscheidung sein. Ebenso dürfte die Spendengewährung eine echte Entscheidung zur aktiven Solidarität sein. Sie kann jedoch zur Routine werden. Aufwendungen aktiver Solidarität sind auch die Zeiten, in denen Unternehmer, Manager und Mitarbeiter ehrenamtliche Aufgaben im Verband wahrnehmen und im eigenen Betrieb dafür ausfallen[234]. Hierher gehören auch die schwer bestimmbaren individuellen Nachteile des verbandskonformen Verhaltens[235]. Das Risiko, Verbandstrafen bis zum Vielfachen des Jahresbeitrags entrichten zu müssen[236], tragen in vielen Verbänden jene Mitglieder, die gegen die Verbandssolidarität verstoßen. Da Situationen, in denen das Mitglied die Verbandssolidarität verletzen wird, kaum vorhersehbar sind, ist auch ungewiß, ob und wann solche Strafen anfallen werden. Der Betrag läßt sich jedoch meist voraussagen. Die laufenden und einmaligen frequenzunabhängigen Beiträge sind die wichtigste Kategorie der „Kosten der Verbandszugehörigkeit“[237]. Sie mindern insgesamt den Erfolg des Verbandes.

Die individuellen Dienstleistungen vieler Verbände für Mitglieder (und Nicht-Mitglieder) werden immer mehr erweitert[238]. Für ihre Inanspruchnahme werden zum Teil individuelle Entgelte verlangt. Für die Teilnahme an Weiterbildungsveranstaltungen werden Gebühren erho-

---

[233] Passive Solidarität bedeutet, daß die Mitglieder die Regeln der Gemeinschaft nicht verletzen, aktive Solidarität bedeutet darüber hinaus, daß sie sich für die Gemeinschaft einsetzen.

[234] Vgl. *Weigand*, Karl Heinz. S. 67 f.

[235] Vgl. ebd., S. 51 und 53. Die Differenz zwischen den Aufwendungen bei solidarischem und bei nicht-solidarischem Verhalten bezeichnet *Weigand* als „Loyalitätskosten“ (Opportunitätskosten der Mitgliedschaft). Die Differenz ist also „unterlassene Gewinnrealisierung“. Das bedeutet, daß die nicht-solidarische Verhaltensweise die gewinngünstigere ist. Wenn die solidarische dagegen gewinngünstiger ist, spart das Mitglied die Mehrkosten der nicht-solidarischen Verhaltensweisen ein, erzielt also durch seine Mitgliedschaft Opportunitätserfolge.

Ebenso sind die Einbußen an Selbständigkeit durch den Verbandsbeitritt als Beiträge zu veranschlagen.

[236] Vgl. *Weigand*, Karl Heinz. S. 52: Die Verbandsstrafen reichen von der Verwarnung über Bußzahlungen und Leistungsentzug auf bestimmte Zeit bis zum Ausschluß aus dem Verband. Schwer bestimmbar sind die Aufwendungen, die durch die Rufschädigung bei einer Verwarnung oder gar bei einem Ausschluß entstehen. Leistungen können nur entzogen werden, soweit es sich um individuelle handelt.

[237] Ebd. S. 50. Vgl. auch *Hardach*, Fritz Wilhelm: Betriebswirtschaftliche Aufgaben. S. 11.

[238] Vgl. *Blümle*, Ernst-Bernd: Zur Finanzierung. S. 45.

ben und Unterbringungs- sowie Verpflegungsaufwand berechnet. Bei Beratungen werden Honorare und Spesen für die Berater geltend gemacht. Publikationen werden gegen Bezugspreise und Portoersatz abgegeben. Bei Vermittlung z. B. von Versicherungen werden Vermittlungsprovisionen erhoben. Diese Beiträge können den einzelnen abgegebenen Leistungen erfolgsmindernd zugerechnet werden. Weiter müßten noch diejenigen Beiträge ermittelt werden, welche die Mitarbeiter aus den Mitgliedsunternehmen aufwenden müssen, um die Leistung in Empfang zu nehmen, so z. B. den Arbeitsplatz verlassen, sich auf die Veranstaltung vorbereiten sowie an- und abreisen, Publikationen lesen und auswerten oder den Berater informieren. All diese Beiträge kann man nur insoweit berücksichtigen, als sie über Beiträge hinausgehen, die üblicherweise für solche Bildungs-, Informations- oder Beratungsleistungen aufgewendet werden müssen. Allerdings bestehen infolge der geringen Konkurrenz der Verbände nur wenig Vergleichsmöglichkeiten. Schwer in ihrem Umfang bestimmbare, aber den Leistungen zurechenbare Beiträge sind die Aufwendungen aktiver und passiver Solidarität, die sich in der Differenz der Ergebnisse bei individuellem Verhalten und beim Verzicht darauf ausdrücken. V. a. Großbetriebe nehmen u. U. Absatzverluste und Gewinneinbußen in Kauf, wenn sie sich an Wettbewerbsregeln, an Normen, an Geschäftsbedingungen und andere Marktregelungen ihres Verbandes halten. Bei der Normung können sie durch Kostenvorteile ausgeglichen werden, bei Wettbewerbsregeln und Geschäftsbedingungen durch das Gefühl der Solidarität und der Sicherheit vor unerwünschten Wettbewerbern.

Eine Minderung der Beitragslast bedeuten die fixen Beiträge anderer Organisationsteilnehmer. Der Staat gewährt z. B. unmittelbar Beiträge wie Subventionen. Daneben ermäßigt er die Steuerlast des Verbandes durch Steuerbefreiungen[239] und die der Mitglieder durch die Abzugsfähigkeit der Beiträge vom Einkommen bzw. den Erträgen[240] sowie die Dritter durch die Abzugsfähigkeit ihrer Spenden, indem er den Verband als gemeinnützig anerkennt[241]. Die Spenden von dritter Seite (von anderen Verbänden, Unternehmen) werden meist in der Erwartung gegeben, daß der Verband dafür Leistungen an den Spender erbringt, z. B. ihn bei der Umweltbeeinflussung unterstützt[242]. Die Erträge aus der Vermögensverwaltung können die Mitglieder ebenfalls in der Zahlung von Beiträgen entlasten. Die Überschüsse aus den Verbandsinstituten werden wohl dort wieder investiert und erbringen so

[239] Vgl. auch unsere Ausführungen in B 125 und 224.

[240] Vgl. § 9 Ziff. 3 EStG.

[241] Vgl. § 10 b EStG.

[242] Vgl. *Blümle*, Ernst-Bernd: Zur Finanzierung. S. 44.

weitere Erträge[243]. Die Beiträge externer Organisationsteilnehmer mindern aber nur dann die Beitragslast der Mitglieder, wenn die dafür erwarteten Leistungen auch ohne die Zuschüsse erstellt werden müßten. Wenn die Leistungen allerdings zu Lasten der Zielerfüllung der Mitglieder gehen, machen sie die Beiträge der Mitglieder wirkungslos. Wenn dieser Sachverhalt droht oder der Spender zu starke Kontrolle ausüben will, werden sich die Wirtschaftsfachverbände dagegen wehren und auf die Zuschüsse verzichten.

Zur letzten Gruppe, zu den variablen Beitragszuschüssen, gehören Subventionen für die Beanspruchung von Verbandsleistungen. Betriebsvergleiche werden mit öffentlichen Mitteln gefördert. Das Bundeswirtschaftsministerium gewährt z. B. Beratungszuschüsse für Kleinbetriebe. Das hat zum Ausbau der Verbandsberatung beigetragen. Die HDE z. B. hat bereits 1952 eine eigene Beratungsgesellschaft, die BBE, gegründet. Einzelhandelsunternehmen mit einem Jahresumsatz bis zu DM 250 000,— erhalten bei einem Tageshonorar von DM 600,— DM 380,— an Subventionen, mit einem Jahresumsatz von DM 250 000,— bis 400 000,— DM 330,— von 400 000,— bis 1 200 000,— DM 220,— und von DM 1 200 000,— bis 2 500 000,— DM 110,— sowie bei den Reisekosten DM 60,— für Nordrhein-Westfalen und DM 90,— für das übrige Bundesgebiet je Tag an Zuschüssen[244]. Auch die Aufwendungen für einzelne Verbandsleistungen sind — wie die fixen Beiträge — Betriebsausgaben und führen zur Einsparung von Ertragsteuern. Diese Subventionen bzw. Steuerersparnisse sind einzelnen beanspruchten Leistungen zurechenbar. Die Gebühreneinnahmen für individuelle Leistungen, die an Nicht-Mitglieder[245] abgegeben werden, entlasten die Mitglieder ebenfalls von Beitragsleistungen, weil die entsprechenden Leistungen zur Auflagendegression der fixen Kosten beitragen und mit Gewinn abgesetzt werden.

Alle Mitgliederbeiträge, vermindert durch die Beitragsermäßigungen und Zuschüsse anderer Organisationsteilnehmer, müssen in eine Erfolgskalkulation der Verbandsleistungen aus der Sicht der Mitglieder einbezogen werden. Allein die variablen Nettobeiträge der Mitglieder können einzelnen Leistungserfolgen zugerechnet und mit den Aufwendungen für entsprechende Erfolge von konkurrierenden Dienstleistungsunternehmen verglichen werden. Nur im Falle der Konkurrenz oder der Eigenerstellung dieser Leistungen und ihrer Erfolge können positive bzw. negative Opportunitätserfolge der Verbandserfüllungen

[243] Vgl. ebd., S. 45.

[244] Vgl. BBE: Gebühren für Unternehmensberatungen ab 1. 4. 1973.

[245] Die individuellen Leistungen werden an Mitglieder meist mit einem Nachlaß abgegeben.

festgestellt werden[246]. Die fixen Nettobeiträge können den Leistungserfolgen nur als unaufteilbarer Block gegenübergestellt werden[247].

34. Die Mitgliedsunternehmung als soziales System

Nicht nur der Wirtschaftsfachverband[248] ist ein produzierendes, dynamisches, relativ offenes, zielgerichtetes soziales System, sondern auch die Mitgliedsunternehmung[249]. Die neuere betriebswirtschaftliche Theorie gibt die Vorstellung auf, daß die Unternehmung ein „organisationsloses Gebilde" sei oder nur eine Organisation habe, d. h. daß die Willensbildung also nur in einer Person, nämlich der des Unternehmers erfolge[250]. Die Unternehmung wird als ein arbeitsteiliges Gebilde mit einer Vielzahl von Organisationsteilnehmern gesehen, zwischen denen formale und informale Kommunikationsbeziehungen und hierarchische Beziehungen bestehen[251]. Diese offenen Systeme nehmen Güteraustauschbeziehungen[252] zur Umwelt auf, z. B. um Bedarf zu decken, damit Einkommen zu erzielen, Besitz zu erwerben, die eigene Existenz zu sichern, Ansehen, Macht und Einfluß zu gewinnen und andere Ziele zu erfüllen. Ein Teil dieser Umwelt ist der Wirtschaftsfachverband[253]. In Systemen wie Unternehmungen und Wirtschaftsfachverbänden, die formal definierte Grenzen besitzen und intern arbeitsteilig differenziert sind, gibt es Organisationsteilnehmer, die für den Austausch von Leistungen zwischen den jeweiligen Systemen verantwortlich sind. Diese „Grenzstellen"[254] repräsentieren ihr System in Obersystemen und gegenüber anderen Umweltsystemen. Sie übermitteln die Erwartungen von Ober- und anderen Umweltsystemen an das eigene System und

---

[246] Vgl. unsere Ausführungen in D 32.

[247] Wenn man die „Erfolge" als Preise der Verbandsleistungen und die variablen Nettobeiträge als die den erfolgverursachenden Leistungen direkt zurechenbaren Aufwendungen betrachtet, könnte man die Differenz, soweit sie sich monetär ausdrücken läßt, als Deckungsbeitrag zum fixen Nettobeitrag betrachten. Vgl. auch *Riebel,* Paul: Deckungsbeitragsrechnung. In: HWR. Hrsg. v. E. Kosiol. Stuttgart 1970, Sp. 383.

[248] Vgl. unsere Ausführungen in B 31.

[249] Vgl. z. B. *Heinen,* Edmund: Das Zielsystem. S. 26. *Ulrich,* Hans. S. 153 ff.

[250] Vgl. dazu *Fässler,* Klaus: Die betriebswirtschaftliche Mitbestimmungsdiskussion im Licht sozialwissenschaftlicher Modelle der Unternehmung. Diss. München 1967, S. 44 f. und 46 ff.

[251] Vgl. *Heinen,* Edmund: Einführung in die Betriebswirtschaftslehre. Wiesbaden 1968, S. 46 ff. und *Ulrich,* Hans. S. 212 ff.

[252] Vgl. *Heinen,* Edmund: Einführung. S. 72 ff. und *Ulrich,* Hans. S. 181 ff. Zum Umfang des Güterbegriffs vgl. B 121 und *Chmielewicz,* Klaus. S. 85 ff.

[253] Der Verband kann sowohl strukturell als Obersystem als auch funktional als unabhängiges Umweltsystem gesehen werden. Vgl. z. B. *Fuchs,* Michael. S. 33 f.

[254] *Fuchs,* Michael. S. 29.

interpretieren sie. Sie erfüllen also Aufgaben der Systemanpassung und sind Elemente von „Zwischensystemen“[255].

341. Die Leistungsempfänger im Unternehmen

In der Beziehung Mitglied-Wirtschaftsfachverband gibt es verschiedene Grenzstellen. Eigentümer- und Manager-Unternehmer übernehmen ehrenamtliche Aufgaben in der Verbandsführung. Eigentümer- und Manager-Unternehmer sowie andere Führungskräfte, zum Teil auch Spezialisten erarbeiten in den Verbandsausschüssen Stellungnahmen für die Umweltbeeinflussung. Sie repräsentieren den Verband bei den Verhandlungen mit den Umweltadressaten. Führungskräfte und Spezialisten erstellen in Arbeitskreisen Musterlösungen, Empfehlungen und Richtlinien für die Funktionserfüllung in den Mitgliedsunternehmen. Eigentümer- und Manager-Unternehmer besuchen die „Unternehmerseminare“ ihrer Verbände, um sich Anregungen zu holen, weiterzubilden und sich mit Kollegen zum Erfahrungs- und Meinungsaustausch zu treffen. Führungskräfte und Spezialisten nehmen an den Weiterbildungsveranstaltungen des Verbands zu bestimmten Sachfragen teil, um sich anregen zu lassen, um den eigenen Informationsstand zu erhöhen und um Kollegen zum Erfahrungs- und Meinungsaustausch zu treffen. Sie lesen die Verbandspublikationen und werten sie aus. Sie fordern Auskünfte an, empfangen und verwerten sie. Sie regen Beratungen an und informieren die Verbandsberater über die anstehenden Probleme, wenn die Unternehmensleitung entschieden hat, die Verbandsberatung in Anspruch zu nehmen. Sie empfangen auch die Beratungsvorschläge zur Anwendung, allerdings über die Unternehmensleitung. Es besteht also nicht nur eine Differenzierung der Empfänger der Verbandsleistungen im Unternehmen, sondern auch eine Trennung zwischen denjenigen, die über die Beanspruchung und zum Teil auch die Anwendung der Verbandsleistungen entscheiden, und denjenigen, welche die Leistung dann auch unmittelbar entgegennehmen, d. h. anwenden.

342. Die Leistungsbeurteilung im Unternehmen

Aus diesen Beispielen geht hervor, daß wohl diejenigen Organisationsteilnehmer der Mitgliedsunternehmung die Verbandsleistungen auf ihren Erfolg hin am besten beurteilen können, die entweder an ihrer Erstellung mitgewirkt oder sie unmittelbar empfangen haben und sie anwenden sollen. Den Erfolg der Umweltbeeinflussung können

---

[255] Vgl. ebd., S. 30.

diejenigen Unternehmer am besten beurteilen, die sich an der Erarbeitung der Stellungnahmen beteiligt und die Verbandsmeinung gegenüber den jeweiligen Adressaten vertreten haben. Die Mitglieder von Arbeitskreisen, welche Informationen ausgetauscht, Musterlösungen und Empfehlungen erarbeitet haben, können wohl am ehesten die unmittelbaren Anwendungsmöglichkeiten und -grenzen sowie die voraussichtlichen Konsequenzen für die Zielerfüllungen beurteilen, weil sie die vorgeschlagenen Lösungen im eigenen Betrieb erprobt haben. Die Teilnehmer von Weiterbildungsveranstaltungen, die Leser der Verbandspublikationen, die Empfänger von Auskünften und Beratungen sind mit den in diesen Verbandsleistungen behandelten Problemen meist täglich als Führungskräfte oder Sachbearbeiter beschäftigt. Sie sind daher mit diesen Problemen vertraut und können daher die unmittelbaren Anwendungsmöglichkeiten ziemlich sicher und genau voraussagen und die Anwendungswirkungen hinterher isolieren. Die Konsequenzen der Anwendung solcher Verbandsleistungen für die Zielerfüllungen kann zutreffend nur die Unternehmensleitung feststellen und bestimmen, weil nur sie den Überblick besitzt und das Zielsystem der Unternehmung kennt. Dazu bedarf sie allerdings interner und/oder externer Berater.

Wenn man die Organisationsteilnehmer als Subjekte mit eigenen Zielen sieht, gehen in die Erfolgsbeurteilung die jeweiligen persönlichen Interessen und Erwartungen mit ein. Das Erfolgsurteil fällt daher nicht immer im objektiven Sinn der Mitgliedsunternehmung aus. Ein ehrgeiziger Mitarbeiter wird den Besuch von Weiterbildungsveranstaltungen als für seinen Aufstieg nützlich erachten. Ein weniger auf Verbesserung seiner sozialen Stellung bedachter Mitarbeiter betrachtet den Besuch eines Verbandsseminars vielleicht als willkommene Abwechslung und „Freizeit". Beide werden dem Seminar wahrscheinlich einen positiven Erfolg zuerkennen, wenn ihnen versprochen oder in Aussicht gestellt wird, bei Verbesserung ihrer Qualifikation befördert zu werden bzw. wenn ihre Erwartungen hinsichtlich Abwechslung und „Freizeit" erfüllt werden. Der objektive Erfolg für das Unternehmen dürfte jedoch im ersten Fall, wenn das Seminar beim Teilnehmer einen positiven Beeinflussungserfolg hervorgerufen hat, größer sein[256] als in dem Fall, in dem der Mitarbeiter bezahlte Freizeit sucht. Die Leistungssteigerungen, die durch das vermehrte Fach- und Methodenwissen, die erhöhte Problemorientierung und Identifizierung mit dem Arbeitsbereich verursacht werden können, kommen dem Unternehmen zugute.

[256] Auch bei nicht den Unternehmungszielen dienlichen persönlichen Zielen des Seminarteilnehmers können im Verbandsseminar positive Beeinflussungserfolge auftreten, da sich der Teilnehmer den Bildungseinflüssen nie gänzlich entziehen kann.

Die Unternehmensleitung, die eigentlich den gesamten Verbandserfolg für die Unternehmung beurteilen können müßte, wenn sie die jährlich wiederkehrende Beitragsentscheidung (Hauptbeitrag) trifft, ist damit häufig überfordert. Wenn die Unternehmer weder an der Mitgliederversammlung teilnehmen noch in den Leitungsgremien vertreten sind, noch in den Ausschüssen mitarbeiten und auch sonst keine Verbandsleistungen empfangen, können sie außer einem gewissen subjektiven Solidaritätserfolg, der durch ihr Gemeinschaftsgefühl bestimmt wird, kaum andere Leistungserfolge[257], geschweige denn den Verbandserfolg beurteilen. Die Beitragsentscheidung wird zu einer Routineentscheidung. Auch die Teilnahme an der Mitgliederversammlung verbessert die Beurteilungsmöglichkeiten kaum. Erst wenn Unternehmer als ehrenamtliche Verbandsmanager tätig werden oder in den Ausschüssen mitarbeiten, können sie die Beeinflussungserfolge bei bestimmten Umweltadressaten bzw. die prospektiven Verwertungserfolge der vorgeschlagenen Musterlösungen beurteilen. Auch dann besteht die Gefahr, daß diese Erfolge repräsentativ für den Verbandserfolg genommen und andere Erfolge bzw. Mißerfolge übersehen werden.

[257] Es können jedoch gewisse „Schwerpunkterfolge", d. h. Erfolge auf Gebieten, die von besonderer Bedeutung für die Mitglieder sind, erkannt werden. Beispiele sind eine nachhaltige Einkommensmehrung der Mitglieder (DBV!), die Sicherung der Existenz und die Wahrung der Unabhängigkeit der Mitglieder.

C. Analyse der Zielförderung der Mitgliedsunternehmen durch den Wirtschaftsfachverband

Das Delegationstheorem der Verbandsaufgaben verlangt, daß der Wirtschaftsfachverband die Erfüllung von Mitgliederzielen fördert[1]. Man kann versuchen, solche Erfolge (Mißerfolge) in der Verbesserung (Verschlechterung) bestimmter (Ober-)Zielerfüllungen direkt festzustellen. Da die Verbandsleistungen aber nur eine unter vielen Teilursachen des Erfolgs (Mißerfolgs) sind, kann in vielen Fällen der Erfolg (Mißerfolg) dem Verband nicht eindeutig zugerechnet werden. Deshalb erscheint es auch sinnvoll, die Leistungserstellung des Verbandbetriebs als Erfolgsmaß heranzuziehen[2]. Die Bereithaltung von Leistungen, die Wirtschaftlichkeit ihrer Erstellung und das „Verhalten" der Mitglieder gegenüber ihnen und dem Verband insgesamt kann man als Erfüllung von Unterzielen (der Oberziele) der Mitglieder betrachten oder als die wichtigsten Teilursachen für die Entstehung von Oberzielerfüllungen. Die Unterzielerfüllungen sind Vorerfolge, die Verwertungserfolge erwarten lassen.

Die Kontrolle des Verwertungserfolgs bzw. der Oberzielerfüllung bei den Mitgliedern wirft eine Reihe schwieriger Probleme auf. Wichtiste Voraussetzung ist, daß ein Beeinflussungserfolg festgestellt und dem Verband zugerechnet werden kann. Bei Umweltadressaten bedeutet das, daß diese eine Information des Verbandes annehmen und wenigstens teilweise im Sinne des Verbandes entscheiden. Bei den Mitgliedern bedeutet das, daß sie eine Information empfangen und anwenden. In Anbetracht der Vielzahl der Umwelteinflüsse, denen Umweltadressaten und Mitglieder ausgesetzt sind, in Anbetracht vielfältiger Überzeugungen und Meinungen der Adressaten ist die Bedeutung der Verbandsleistung für einen Beeinflussungserfolg nur schwer zu beurteilen[3].

Im einzelnen treten dabei folgende Schwierigkeiten auf:

— Ermittlung des Entscheidungsgegenstandes

— Bestimmung der Ausprägung des Entscheidungsgegenstandes vor und nach der Beeinflussung

---

[1] Vgl. unsere Ausführungen in B 111.

[2] Vgl. unsere Ausführungen in D.

[3] Vgl. *Blümle*, Ernst-Bernd: Zur Kontrolle. S. 108.

— Zurechnung der Veränderung des Entscheidungsgegenstandes auf die Einflußnahme des Verbandes
— Bewertung und Gewichtung der Konsequenzen des Beeinflussungserfolgs für die Erfüllung von Mitgliederzielen.

Wir beurteilen die Verwertungserfolge nicht anhand eines vorgegebenen Zielekatalogs, weil wir dann sehr viele Ziele miteinbeziehen müßten und bei vielen Verbandsleistungen Wiederholungen oder Leerstellen zu verzeichnen hätten. Wir verwenden vielmehr jene Ziele, welche wir im zugrundeliegenden Material[4] als angestrebte Ziele vorgefunden haben. Anhand praktischer Beispiele werden wir im folgenden eingetretene und mögliche Beeinflussungs- und Verwertungserfolge untersuchen.

I. Informationen zur Beeinflussung der Umwelt

Die Umweltbeeinflussung soll die Umweltadressaten veranlassen, Entscheidungen im Sinne der Mitglieder zu fällen. Dazu ist es notwendig, daß die Vorstellungen der Umweltadressaten ständig erforscht und die Mitglieder darüber unterrichtet werden. Von den Ausschüssen oder der Geschäftsstelle können dann die notwendigen Informationen gesammelt und die Beeinflussungskonzeptionen (Argumentationen) erarbeitet werden. Die Mitglieder in den Vorstandsgremien und die Geschäftsführung werden diese Konzeptionen von innen (soweit sie oder Nahestehende in den Adressatengremien vertreten sind) oder von außen (in Gesprächen, Verhandlungen, durch Eingaben) gegenüber den Adressaten und ihren Entscheidungsträgern vertreten. Sie werden die Öffentlichkeit und andere Verbände als Verbündete zu gewinnen suchen. Bei günstiger Rechtslage werden sie auch die Hilfe der Gerichte in Anspruch nehmen.

II. Beeinflussung der staatlichen Willensbildung

III. Gewinnung von Subventionen und Steuererleichterungen

Kritiker sprechen von den Verbänden manchmal als „subventionshungrigen Interessentengruppen“, die den Staat belagern. Dies gilt besonders für den DBV. Wie *Bethusy-Huc* nachgewiesen hat[5], erreichte er 1955, indem er Subventionen zur Herstellung der Preisparität mit

---

[4] Unser Material sind wissenschaftliche Untersuchungen über politische Entscheidungsprozesse, Geschäftsberichte, Zeitschriften, Bücher und andere Publikationen der Verbände, Schulungsunterlagen, Erhebungen des Verbandsmanagement in den „eigenen Reihen“ und unter den Mitgliedern, Pressemeldungen usw.

[5] Vgl. *Bethusy-Huc*, Viola Gräfin von. S. 1 ff., insbes. S. 9 f., 26 f. und 32 ff.

den übrigen Wirtschaftszweigen forderte[6], im Landwirtschaftsgesetz ein Gesetz, nach dem in jedem Jahr anhand eines Vergleichs des Ist-Aufwands und Ist-Ertrags aller landwirtschaftlichen Betriebe die etwaige Aufwandsüberdeckung durch Subventionen ausgeglichen wird. Seitdem ergießt sich Jahr für Jahr ein Strom, insbesondere von Einkommenssubventionen über die Landwirtschaft[7]. 1964 hat der DBV seine Zustimmung zur Senkung der europäischen Interventionspreise für verschiedene Getreidearten, welche die Bundesregierung von vornherein nicht verhindern konnte, der deutschen Landwirtschaft Einnahmenausfälle von DM 560 Millionen bis 900 Millionen bereiten sollte[8], Großbetriebe stärker treffen sollte als Kleinbetriebe[9] und Arbeitskräfte freisetzen sollte[10], gegen sichtbare (und unsichtbare) Subventionen von DM 840 Millionen 1965 und DM 1,1 Mrd. 1966 verkauft[11]. 1968 erhielt die Landwirtschaft als Getreidepreisausgleich noch DM 752 Millionen[12]. Hinzu kommen noch die EWG-Subventionen[13]. Die Kanzlerzusicherung wurde auf Betreiben des DBV auch gesetzlich fixiert. Bei der Investi-

---

[6] Als Gründe für die zwangsläufigen Preis- und Lohndiskrepanzen werden die überwiegend naturbestimmten Produktionsbedingungen, die weitgehende Inelastizität der Nachfrage nach landwirtschaftlichen Gütern bei steigendem Einkommen (Engelsches Gesetz) und die gesellschaftliche Minderschätzung der Arbeit in der Landwirtschaft erkannt. Statt eines Strukturprogramms (z. B. Betriebsaufstockung, Ausbau der Produktions- und Absatzgenossenschaften, Umschulung, Flurbereinigung) wurden und werden sichtbare, offene Einkommenssubventionen gefordert.

[7] Seit 1952 erhielt die Landwirtschaft von der Bundesregierung jährlich folgende Summen (in Millionen DM):

1952	1953	1954	1955	1956	1957	1958	1959	1961
738	274	463	591	1247	2408	2136	2141	3223
1962	1963	1964	1965	1966	1967	1968	1969	1970
3021	3222	3284	3635	3274	3798	5296	5571	7516.

Seit 1966 teilten sich diese Subventionen auf „produktivitäts- und absatzfördernde" (p) sowie „einkommensstabilisierende Maßnahmen" (e) wie folgt auf:

	1966	1967	1968	1969	1970
p	1271	1743	1315	1377	921
e	1934	2266	3924	4309	6530.

Der Rest verteilt sich auf Ausgaben für „Verwaltung" und „sonstige Förderungsmaßnahmen". Die Zahlen für 1969 geben das „Haushalts-Soll", die Zahlen für 1970 den „Haushalts-Entwurf" an. *Bundesministerium der Finanzen* (Hrsg.): Finanzbericht 1970. Bonn 1970, S. 198 f. und 206.

[8] Vgl. *Ackermann*, Paul. S. 21.

[9] Vgl. ebd., S. 39.

[10] Vgl. ebd., S. 18 f. Bis 1975 müßten bei einer Senkung des Getreidepreises 900 000, ohne Senkung 600 000 Arbeitskräfte freigesetzt werden, wenn das Arbeitseinkommen in der Landwirtschaft mit der allgemeinen Entwicklung Schritt halten soll.

[11] Vgl. *Ackermann*, Paul. S. 89.

[12] Vgl. *Bundesministerium der Finanzen* (Hrsg.): Finanzbericht 1970. S. 206.

[13] Vgl. *Ackermann*, Paul. S. 90.

tionshilfe im Rahmen dieser Subventionen, welche die Bundesregierung mehr als Strukturhilfe und Produktivitätsförderung sah, setzte der DBV eine Verteilung nach der landwirtschaftlichen Nutzfläche und dem Arbeitskräftestand der Betriebe durch[14], die Großbetriebe bevorzugt. Zum Ausgleich der Aufwertungsverluste der Bauern ab 1969 wurden im Haushalt 1970 DM 920 Millionen Subventionen eingesetzt[15]. Im März 1971 konnte der Bundesernährungsminister in Brüssel die Forderung des DBV nach Erhöhung der Erzeugerpreise um 10 % nicht durchsetzen[16]. Deshalb beschloß das Bundeskabinett ein „nationales Sofortprogramm" zur Ergänzung der Brüsseler Vereinbarungen, das den Bauern „offene" Subventionen in Höhe von DM 302 Millionen beschert. Sie werden wieder nach einem Flächenschlüssel und nach Anbautypen verteilt. Hinzu kommen noch DM 178 Millionen an Zuschüssen für die landwirtschaftlichen Alterskassen, an Zinsverbilligungen und an Beihilfen für die Aufstockung und Aussiedlung landwirtschaftlicher Betriebe[17]. Während der DBV ständig erfolgreich Subventionen erwirkt, sind andere Verbände weniger erfolgreich. So konnte der Verband Deutscher Reeder seinen Wunsch nach Aufstockung der Neubauhilfen von 10 auf 15 % der Anschaffungskosten und nach Zinsverbilligungen nicht durchsetzen[18]. Ebenso konnte er nicht verhindern, daß im Zweiten Steueränderungsgesetz 1971 die Möglichkeiten zu Sonderabschreibungen, die zu „Verlusten" führen, eingeschränkt wurden[19]. Der Rat des Deutschen Handels, in dem die Spitzenverbände des Groß-, Einzel- und Außenhandels zusammenarbeiten[20], und die Spitzenverbände der Kreditwirtschaft[21] kritisieren die sie diskriminierende Vergabepraxis des Bundesministeriums für Wirtschaft und des Bundesamts für Gewerbliche Wirtschaft bei den Investitionszulagen nach dem Steueränderungsgesetz 1969. Bei Errichtung oder Erweiterung einer Betriebsstätte in förderungswürdigen Gebieten werden als Zulage 10 %,

---

[14] Vgl. ebd., S. 93.

[15] Vgl. *Bundesministerium der Finanzen* (Hrsg.): Finanzbericht 1970. S. 206.

[16] Neben dem Einfluß über die Regierungen der Mitgliedsländer stehen den Bauernverbänden auch Einflußmöglichkeiten „von innen" zur Verfügung. Die Europäische Kommission hat die Konsultationen u. a. mit den Bauernverbänden in beratenden Ausschüssen institutionalisiert. Vgl. dazu *Gieseke,* Wilhelm: Die berufsständischen Organisationen in der agrarpolitischen Willensbildung der EWG. In: Agrarpolitik in der EWG. Festschrift für Heinrich Niehaus zum 70. Geburtstag. München usw. 1968, S. 219.

[17] Vgl. dazu: Wirtschaftswoche 10/71, HB 67/71 und Spiegel 16/71.

[18] Vgl. HB 169/70, FAZ 204/70, HB 8, 24/71 und die Welt 11/73.

[19] Voraussetzung dafür, daß Sonderabschreibungen Verlustzuweisungen herbeiführen können, ist ein Mindesteigenkapitalanteil im jeweiligen „Reedereiunternehmen" von 30 %. Vgl. HB 8, 24/71.

[20] Vgl. HB 21/71 und BAG 69, S. 64.

[21] Vgl. HB 27/71.

bei der Umstellung oder Rationalisierung von Betriebsstätten im Zonenrandgebiet eine Zulage von 7,5 % der Investitionssumme gewährt. Das Bundesministerium bzw. das Bundesamt (bei Vorhaben bis zu DM 2 Millionen) müssen der Investition besondere volkswirtschaftliche Förderungswürdigkeit bescheinigen. Das bedeutet besonders, daß die Wirtschaftsstruktur des Gebietes verbessert wird und Dauerarbeitsplätze geschaffen werden. Bisher wurden DM 23 Milliarden Industrieinvestitionen mit knapp DM 2 Milliarden gefördert[21a]. Der Dienstleistungssektor, v. a. der stationäre Einzelhandel und der Energiesektor, v. a. Kraftwerke[21b] wurden bisher kaum bedacht. Nach Auffassung des Ministeriums „exportiert" der Industriesektor seine Leistungen in die wirtschaftsstärkeren Regionen und löst einen Einkommensfluß in die schwächere Region aus, während der Dienstleistungssektor in erster Linie für den regionalen Verbrauchermarkt arbeitet und Kaufkraft abschöpft. Darüber hinaus zieht er Arbeitskräfte von den ansässigen Dienstleistungsunternehmen ab und gefährdet — allerdings nicht nur dadurch — deren Existenz[21c]. Deshalb ist er generell nicht förderungswürdig. Inzwischen haben zahlreiche Antragsteller (405) aus dem Dienstleistungsbereich Widersprüche eingelegt und Klagen vor den Verwaltungsgerichten erhoben. Eine Gruppe von Klägern unter Führung eines großen Einzelhandelsunternehmens setzte sich im Februar 1972 vor dem Verwaltungsgericht Köln durch[21d]. Bis zum Januar 1973 sind insgesamt acht Verfahren, darunter eines mit maßgeblicher Unterstützung durch die BAG, in erster Instanz entschieden worden[21e].

Eine gewährte Subvention wirkt wie eine Steuerrückvergütung, und zwar ertragsverbessernd[21f]. Die gleiche Wirkung hat eine Ermäßigung oder ein Abbau von Steuern, nur daß die Ertragssteigerung schon von vornherein feststeht. 1960 wurde z. B. das schwere Heizöl mit einer Steuer von DM 25 je Tonne und das leichte Heizöl mit DM 10 je Tonne belegt. 1970 erbrachte diese Steuer etwa DM 1 Milliarde Aufkommen. Damit sollte das Heizöl gegenüber der Kohle verteuert und damit im

---

[21a] Vgl. Die Zeit 40/72.

[21b] U. a. wurde die Förderung eines Atomkraftwerks vom Ministerium abgelehnt, weil nur arbeitsintensive Unternehmen Zulagen erhalten sollten. Das Ministerium hatte dabei festgesetzt, daß nur Investitionen bis zu DM 2 Millionen je Arbeitsplatz zulagewürdig sein sollten. Vgl. Auskunft von Herrn *Rometsch*, BAG, am 19. Januar 1973.

[21c] Vgl. Die Zeit 40/72.

[21d] Vgl. Betriebs-Berater, 1972, S. 306.

[21e] Vgl. Auskunft von Herrn *Rometsch*, BAG, am 19. Januar 1973.

[21f] Der Ertrag nach Steuern ist vom Betrag her am größten, wenn die Subvention wie eine Steuerrückzahlung steuerfrei vereinnahmt werden kann. Die Ertragsverbesserung ist endgültig und größer als bei der „erfolgsneutralen" Behandlung der Subvention (vgl. Abschnitt 34 EStR). In diesem Fall mindert sie in der Periode ihres Eingangs den zu aktivierenden Wert und

Wettbewerb benachteiligt werden sowie aus den Einnahmen Schutzmaßnahmen zugunsten der Kohle als Energieträger finanziert werden. Obwohl sie auf drei Jahre befristet war, wurde sie 1963 und 1968 verlängert. Schon lange vor dem Termin des voraussichtlichen Auslaufens (30. April 1971) wünschte die Mineralölindustrie eine Befristung und Degression der Steuer für schweres Heizöl. Der Verband schien bereits zu wissen, daß die Bundesregierung nicht gewillt war, die Steuer gänzlich aufzuheben[21g]. Danach forderten Heizölabnehmer und ihre Verbände wie z. B. der Bundesverband der Deutschen Zementindustrie, die Westdeutschen Kohleverarbeiter, die Vereinigung Deutscher Elektrizitätswerke und die Feldmühle AG die Abschaffung der Steuer[21h]. Der Bund der Steuerzahler, der BDI, der Deutsche Industrie- und Handelstag (DIHT) und andere sprachen sich für eine Degression und Befristung der Steuer aus[21i]. Das Bundesministerium für Wirtschaft schlug vor, die Steuer ab 1. Mai 1971 auf DM 20 je Tonne und ab 1. Mai 1973 auf DM 15 je Tonne herabzusetzen[21j]. Die Bundesregierung beschloß, die Heizölsteuer am 1. Januar 1972 auf DM 20 und am 1. Januar 1973 auf DM 15 je Tonne zu ermäßigen sowie die Geltungsdauer bis Ende 1974 zu verlängern[22]. Der Wirtschaftsausschuß des Bundesrates plädierte zwar noch für eine stärkere Degression[23], doch stimmte der Bundestag dem Regierungsvorschlag zu[24]. Der Bundesrat rief den Vermittlungsausschuß des Bundestages und Bundesrates an, der am 22. April 1971 zusammentrat, um einen Einigungsvorschlag zu erarbeiten[25]. Es blieb bei dem Beschluß der Bundesregierung.

112. Zwischenergebnis

Die Beeinflussungserfolge bei der Gewinnung von Agrarsubventionen dürften ohne Zweifel dem DBV zuzurechnen sein[26]. Die Höhe dieses Beeinflussungserfolgs läßt sich aus den Steigerungsraten der im Finanz-

---

muß während dessen Nutzungsdauer erfolgswirksam aufgelöst werden. Der zu versteuernde Ertragszuwachs wird also auf zukünftige Perioden verteilt, in denen sich der Steuersatz jedoch ändern kann. Die gesamte Ertragssteigerung dürfte aber größer sein als bei „erfolgswirksamer" Einnahme der Subvention, weil sie in diesem Fall als außerordentlicher Ertrag im Zeitraum des Zugangs versteuert wird.

[21g] Vgl. HB 40/70.

[21h] Vgl. HB 155, 192, 195, 202/70.

[21i] Vgl. SZ 270/70 und HB 213, 244/70 sowie HB 62/71.

[21j] Vgl. SZ 270/70.

[22] Vgl. HB 4/71 und SZ 27/71.

[23] Vgl. HB 15/71.

[24] Vgl. SZ 79/71.

[25] Vgl. SZ 90/71. Vgl. zum Verfahren: §§ 10 und 11 der Gemeinsamen Geschäftsordnung des Bundestages und Bundesrates für den Ausschuß nach Artikel 77 des Grundgesetzes (Vermittlungsausschuß) vom 19. April 1951.

[26] Gegen die ablehnende Haltung der unabhängigen Sachverständigen in den Beiräten, der Bank Deutscher Länder und des DIHT, aber mit Unter-

bericht ausgewiesenen Agrarsubventionen ab 1955 deutlich erkennen. Die vorliegenden Unterlagen reichen nicht aus, die genauen Subventionsbeträge, welche der DBV für seine Zustimmung zur Senkung der europäischen Getreidepreise erhielt, aus den im Finanzbericht 1970 angegebenen Zahlen herauszulösen. Die Einnahmenausfälle durch die Aufwertung 1969 sollten jedoch 1970 mit DM 920 Millionen ausgeglichen werden. Auch beim Sofortprogramm 1971 ist die Höhe der zusätzlich gewonnenen Subventionen sofort erkennbar. Der Verband der Reeder konnte nicht mit einem entsprechend großen „Stimmenpaket“ aufwarten und mit Demonstrationen drohen. Er erreichte keine Erhöhung der Subventionen für seine Mitglieder und die „Kommanditisten“ seiner Mitglieder, die Teile ihres Einkommens wegen der hohen Verlustzuweisungen und der dadurch zu erzielenden Steuerersparnisse in Reedereiunternehmen anlegen. Da Ausgangszustand und Forderungen bekannt sind, wäre ein Erfolg noch relativ genau feststellbar gewesen. Auch im Falle der Investitionszulagen für Dienstleistungsbetriebe ist die Höhe des Beeinflussungserfolgs, wenn er eintritt, relativ genau bestimmbar. Da die Bewilligungsbehörden ihre Vergabepraxis auf die Verbandskritik hin nicht geändert haben, dürfte ein etwaiger Erfolg nur auf siegreiche Prozesse der Antragsteller zurückzuführen sein. Die Kläger siegten wohl in der ersten Instanz, doch das Wirtschaftsministerium ging in die Berufung. Die acht Verfahren waren im Januar 1973 beim OVG Münster anhängig. Die Tätigkeit der Verbände in dem vom Verfasser untersuchten Fall[27] konzentrierte sich auf (schriftliche) Eingaben bei und auf (mündliche) Verhandlungen mit den zuständigen Stellen des Ministeriums, auf Stellungnahmen gegenüber der Presse, auf die Abstimmung der Handelsforderungen im Rat des Deutschen Handels sowie auf die Information der Mitglieder, z. B. durch die Verteilung der Prozeßbegründung eines Klägers. Ein Verband verschaffte diesem Kläger auch den Kontakt zu einem Gutachter und einem einschlägig versierten Rechtsanwalt. Der Prozeßerfolg in der ersten Instanz ist in höherem Maße den Bemühungen des klagenden Großunternehmens als dem Einsatz der Verbände zu verdanken. Die BAG unterstützte den Prozeß eines mittleren Einzelhandelsunternehmens, das nicht Mitglied der BAG ist, maßgeblich, u. a. durch die Erstellung eines Gutachtens. Dieser Musterprozeß wurde ebenfalls vom gleichen Gericht zugunsten des Klägers entschieden.

Bei der Heizölsteuer ist die Größe des Beeinflussungserfolgs ebenfalls noch quantitativ feststellbar. Solange der Gesetzgebungsprozeß noch nicht abgeschlossen ist, handelt es sich noch um einen Beeinflus-

---

stützung des BDI setzte sich der DBV beim Landwirtschaftsgesetz durch. Vgl. dazu *Bethusy-Huc*, Viola Gräfin von. S. 16 ff. und S. 26 ff. Vgl. a. *Ackermann*, Paul. S. 87.

[27] Vgl. Fußnote 108 in B 134.

sungsvorerfolg. In diesem Falle kann er eigentlich nur noch verbessert werden. Da sich hier aber eine Vielzahl von unterschiedlich mitgliederstarken und wirtschaftspolitisch bedeutsamen Verbänden für eine Abschaffung bzw. Befristung mit Degression eingesetzt haben, ist es schwer, hier einem Verband seinen Anteil am Beeinflussungserfolg zuzurechnen. Einflußreiche Dachverbände wie z. B. BDI und DIHT dürften wohl mehr zum Erfolg beitragen als der Bundesverband der Deutschen Zementindustrie.

Die relative Größe des Beeinflussungserfolgs hängt vor allem auch von der Einstellung des jeweiligen Adressaten ab. Ist er im Sinne des Verbandes prädisponiert, kann der Verband sein Ziel mit geringerem Aufwand erreichen, als wenn der Adressat entgegengesetzte oder andere Absichten verfolgt. Die Erwirkung einer Subvention, ihrer Erhöhung oder einer Steuererleichterung ist also höher zu bewerten, wenn der Adressat sie gar nicht gewähren oder wenn er sie verringern wollte, sofern sie bereits gewährt wurde. Ein Vergleich der Vorstellungen der Adressaten und der Forderungen der Verbände mit dem endgültigen Ergebnis kann, wenn auch hypothetische, Aufschlüsse über die Höhe des Beeinflussungserfolgs liefern. Hypothetisch sind diese Aussagen deshalb, weil entweder die Vorstellungen der Adressaten oder die der Mitglieder nicht verwirklicht werden und damit nur schwach konkretisierte Bezugsgrößen darstellen.

Das eigentliche Problem der Erfolgskontrolle, die Bewertung der Konsequenzen der Beeinflussungserfolge für die Mitgliederzielerfüllung, scheint bei Subventionen und Steuererleichterungen noch relativ einfach zu sein. Der Subventions- bzw. Steuerermäßigungsbetrag kann für die Gesamtheit der Mitglieder, aber auch für jedes einzelne Mitglied genau bestimmt werden. Die Einkommensmehrungen, Aufwandssenkungen und Ertragssteigerungen, die damit verbunden sind, lassen sich exakt (kardinal) bestimmen[28]. Allerdings erlangen auch Nicht-Mitglieder diese Vorteile. Dadurch können Konflikte unter den Mitgliedern und zwischen ihnen und der Verbandsführung auftauchen. Einen gewissen zeitlichen Vorsprung können Verbandsmitglieder bei beantragungsbedürftigen Subventionen erlangen, weil sie wahrscheinlich eher als Nicht-Mitglieder über die Gewährung der Subvention und ihre Bedingungen informiert werden. Bei Steuererleichterungen können die unmittelbaren Nutznießer die Abnehmer der Mitglieder sein, wenn diese die Ermäßigungen weitergeben. Die Aufwandssenkungen bzw. Ertragssteigerungen bei den Kunden können sich dann in Absatz-, Umsatz- und Ertragssteigerungen bei den Mitgliedern des erfolgreichen Verbandes niederschlagen, wenn die Preiselastizität der Nachfrage größer als eins ist. Subventionen beeinträchtigen oder ver-

[28] Vgl. a. *Blümle*, Ernst-Bernd: Zur Messung. S. 563.

hindern aber den Preiswettbewerb. Sie führen zu Investitionen, die durch die Nachfrage nicht gerechtfertigt sein können[29]. Diese Fehlinvestitionen erhalten Unternehmen am Leben, die im (Preis- und Leistungs-)Wettbewerb nicht bestehen könnten. Gesamtwirtschaftliche, gesellschaftspolitische und politische Erwägungen mögen solche Subventionen rechtfertigen[30]. Die Sprengkraft, die jedoch in solchen Subventionen und ihren Folgen steckt[31], zeigt sich z. B. an den stets neuen Forderungen, Drohungen und Demonstrationen der Bauern[32]. Wenn Subventionen dem technischen Fortschritt, der Rationalisierung und der organisatorischen Umstellung dienen[33], fördern sie auch die Existenzerhaltung. Sie bedürfen dann jedoch der Ergänzung durch Subventionen, welche die Auflösung nicht leistungsfähiger Unternehmen und die Umstellung der Unternehmer und ihrer Mitarbeiter auf andere Erwerbsmöglichkeiten fördern[34].

113. Selbstbeschränkung eines Industriezweigs bei der Werbung anstatt Werbungsverbot

Ein interessantes Beispiel für die Beeinflussung der staatlichen Willensbildung sind die Verhandlungen zwischen der Tabakwarenindustrie und dem Bundesministerium für Jugend, Familie und Gesundheit im Hinblick auf die Zigarettenwerbung. Nach einem Referentenentwurf sollte das Bundesgesundheitsministerium Art, Umfang und Gestaltung der Werbung bei bestimmten Werbeträgern und die Verwendung von Darstellungen oder Äußerungen bestimmter Personen oder Personengruppen mittels Rechtsverordnung verbieten oder beschränken können. Es gelang wohl dem Verband der Hauptbetroffenen, dem Verband

[29] Vgl. die Befürchtungen, daß die stufenweise Übernahme der Agrarmarktpreise der EWG durch die voraussichtlichen neuen Mitglieder Großbritannien, Dänemark, Norwegen und Irland die Produktion dort weiter „anheizen" wird. FAZ 34/72.

[30] Gesamtwirtschaftliche Ziele können die Sicherung einer nationalen Versorgungsreserve (z. B. Kohlebergbau: SZ 21/72), die Unabhängigkeit von Importen (z. B. der Stahlindustrie von Kohleimporten: SZ 21/72) und die Erhaltung von Arbeitsplätzen, gesellschaftspolitische Ziele die Sicherung der „selbständigen" Erwerbstätigkeit in bedrängten Wirtschaftsbereichen (z. B. Landwirtschaft, Mittelstand) sowie die Einkommensumverteilung und politische Ziele die Vermeidung von Unruhen sowie die Erhaltung eines entscheidenden Wählerpotentials (z. B. Landwirtschaft) sein.

[31] Das wirtschaftliche Ziel des Abbaus der Agrarüberschüsse und das gesellschaftspolitische Ziel der Beseitigung der Einkommensunterschiede haben die Subventionen bisher nicht erreicht.

[32] Vgl. Wirtschaftswoche 10/71, HB 59/71, SZ 59, 72/71.

[33] Vgl. z. B. die Erfolge der Maschinenringe: Spiegel 43/71, SZ 34, 35/72.

[34] Die Europäische Kommission hat „Landabgabeprämien" und Renten für ausscheidende Bauern vorgeschlagen: SZ 32/72.

der Cigarettenindustrie[35], das Bundesgesundheitsministerium davon zu überzeugen, daß eine Erweiterung der bereits bestehenden Selbstbeschränkung der Industrie wirkungsvoller als ein Verbot sei[36]. Im Januar 1971 einigten sich Ministerium und Zigarettenindustrie, daß das Ministerium auf ein Werbeverbot verzichtet und die Industrie folgende Richtlinien einhält[36a]: In der Darstellung der Werbebotschaft dürfen keine Personen mitwirken, die jünger als 30 Jahre zu sein scheinen oder vor Jugendlichen als solche wirken. Es dürfen keine Situationen dargestellt werden, die für Jugendliche typisch sind. Die Werbebotschaften dürfen auch keine Darstellungen leistungssportlicher Betätigung sowie sportlicher Freizeitbeschäftigung enthalten. Die Werbeaussagen dürfen nicht gesundheitliche Unbedenklichkeit oder die Steigerung des Wohlempfindens mit dem Rauchen verbinden. Der Umfang der Zigarettenwerbung soll drastisch eingeschränkt werden: Die Fernsehwerbung soll im zweiten Halbjahr 1971 auf die Hälfte ihres bisherigen Umfangs reduziert werden. Ab 1973 soll völlig auf sie verzichtet werden. Dies ist inzwischen auch geschehen. Bei der Plakatwerbung werden ab 1. April 1971 keine Großplakate (sog. „Panoramaplakate" und „Doppelstellenanschläge") mehr verwendet und bestimmte Abstände zwischen den Plakaten eines Herstellers eingehalten[37]. Hinsichtlich der Produktgestaltung hat sich die Industrie verpflichtet, Höchstwerte für Nikotin und Rauchkondensat bei Filterzigaretten festzulegen. Wenn man davon ausgeht, daß die politischen Instanzen ein totales Verbot der Rundfunk- und Fernsehwerbung sowie eine weitgehende Einschränkung der Plakat- und Zeitungs- bzw. Zeitschriftenwerbung für Zigaretten anstrebten, so kann man die Selbstbeschränkung als einen Verzögerungserfolg des Verbands der Cigarettenindustrie betrachten[38]. Die Werbeaufwendungen, die auf dem Zigarettenmarkt wahrscheinlich ein Vielfaches an Erträgen erbringen[39], müssen nicht

---

[35] Auch die Werbewirtschaft meldete sich durch den Zentralausschuß der Werbewirtschaft kritisch zu Worte (vgl. HB 207/70 und 38/71). Die Verleger sowie die Rundfunk- und Fernsehanstalten scheinen sich nicht eingeschaltet zu haben.

[36] Vgl. Spiegel 44/70, HB 207/70 und 5/71.

[36a] Vgl. HB 24, 31/71.

[37] 1970 sollen z. B. von DM 210 Millionen Werbeaufwendungen auf die Fernsehwerbung DM 27 und auf die Plakatwerbung DM 70 Millionen entfallen sein.

[38] Die Solidarisierung der Verbandsmitglieder wurde wahrscheinlich durch die Verbotsdrohung beschleunigt. Im übrigen hat die Branche bereits seit 1965 Erfahrungen in der Selbstbeschränkung. (Vgl. a. HB 207/70.) Die Einhaltung wird mit Verbandsstrafen erzwungen. (Vgl. Spiegel 44/70.)

[39] Die Werbeerfolgskontrolle steht wie die Erfolgskontrolle von Verbandsleistungen „noch vor vielen offenen Fragen". In beiden Fällen handelt es sich um die Erfolgsbeurteilung von Dienstleistungen, deren Beitrag zur Zielerfüllung isoliert werden soll. Die Selbstbeschränkung könnte so zu einem inter-

sofort und abrupt eingestellt werden. Die Zigarettenhersteller haben Zeit gewonnen, neue Werbekonzeptionen mit anderen Werbemitteln und Werbeträgern zu entwerfen[40]. Die „unfreiwilligen" Einsparungen an Werbeaufwand lassen sich im Vergleich zu den Aufwendungen in den Vorjahren ziemlich genau und bestimmt ermitteln. Die möglichen Absatz-, Umsatz- und Gewinneinbußen sowie Verschiebungen der Marktanteile können nur schwer der unterlassenen Werbung zugerechnet werden. Sie können zum Teil auch auf der Aufklärungsarbeit von Behörden, Ministerien und „Meinungsbildnern", wie z. B. bekannten Ärzten, beruhen[41].

Subventionen, Steuersätze und Zölle lassen das Ausmaß des Beinflussungserfolgs noch relativ leicht bestimmen. Auch die Bewertung der Konsequenzen für die Erfüllung monetärer Mitgliederziele wirft keine besonderen Schwierigkeiten auf. Die wesentlichen Tatbestände der fraglichen Entscheidungen sind ja in monetären Größen definiert oder leicht in solche zu transformieren. Die Bewertung der Konsequenzen auf nichtmonetäre Ziele und auf lange Sicht ist nicht mehr eindeutig zu beantworten. Besonders deutlich wird das bei den mittelbaren Folgen der Selbstbeschränkung in der Werbung.

---

essanten Experiment der Werbeerfolgskontrolle werden, allerdings unter lebensnahen Bedingungen. Vgl. zur Werbeerfolgskontrolle: *Bidlingmaier*, Johannes: Kategorien des Werbeerfolgs. S. 711. Die Erfahrungen in Ländern, in denen die Fernsehwerbung für Zigaretten verboten ist (Italien, Schweden, USA), haben gezeigt, daß der Zigarettenkonsum trotzdem steigt (Vgl. SZ 47/72). Diese Tatsache läßt vermuten, daß durch die Fernsehwerbung nur Marktanteile umgeschichtet werden können, d. h. kein Rauchbedürfnis geweckt werden kann. Für die Verbreitung des Rauchens haben u. E. Beispiel, persönliche Empfehlung und Selbsterprobung wesentlich größere Bedeutung.

[40] So werden die Hersteller die Insertionen in Zeitungen und Zeitschriften erhöhen, wie dies bereits in den USA geschehen ist, wo die Produzenten nicht nur ein Verbot der Fernsehwerbung, sondern auch Verpflichtungen zur Gegenwerbung hinnehmen mußten (vgl. HB 38/71, SZ 47/72). Daneben wird wahrscheinlich auch die Direktwerbung intensiviert werden (vgl. HB 38/71). In den USA haben die Hersteller die Zigarre in ihre Produktionsprogramme aufgenommen, weil für sie noch im Fernsehen geworben werden darf (vgl. SZ 47/72). Die Fabrikanten diversifizieren darüber hinaus in ganz andere Produktbereiche, geben den neuen Produkten die Namen ihrer Zigaretten und werben für diese Produkte im Fernsehen. In den USA besteht weiter die Möglichkeit des „sponsoring", bei dem die Produzenten z. B. Sportveranstaltungen finanzieren, die im Fernsehen übertragen werden, und darauf achten, daß ihre Zigarettenmarken häufig gebraucht werden und ins Bild kommen (vgl. HB 38/71).

[41] Die Aufklärungsarbeit der Behörden und Ministerien ist deshalb bemerkenswert, weil sich der Fiskus damit auch einer Einnahmequelle berauben kann. Die Tabaksteuer erbrachte nämlich z. B. 1969 DM 6232 Millionen. Vgl. *Bundesministerium der Finanzen* (Hrsg.): Finanzbericht 1970. S. 39.

Die Meinungsbildner (Ärzte, Presse) treiben insoweit Aufklärung, als sie über medizinische Forschungsergebnisse berichten.

114. Fusionskontrolle und Mitbestimmungsforderungen

Besondere Schwierigkeiten sowohl hinsichtlich der Bestimmung des Beeinflussungserfolgs als auch hinsichtlich seiner Zurechnung auf die Akteure und der Bewertung der Konsequenzen werfen Gesetzeswerke wie die GWB-Novelle oder die Mitbestimmungsforderungen der Gewerkschaften auf. Erstens enthalten solche Projekte ganze Bündel von Entscheidungsgegenständen, die miteinander verknüpft sind. Sie sind meist in naturalen materiellen oder immateriellen Größen beschrieben. Zweitens ist häufig eine Vielzahl verbündeter und gegnerischer Verbände an der Beeinflussung beteiligt, welche die Zurechnung von Erfolgen erschwert. Da die Entscheidungsgegenstände nicht monetär definiert sind, lassen sich auch die unmittelbaren Zielerfüllungen nicht monetär angeben. Diese Erfolge haben jedoch auch Konsequenzen für monetäre Ziele.

Bereits im Herbst 1968 scheiterte ein Referentenentwurf für eine Kartellnovelle, die das Verbot der vertikalen Preisbindung zum Inhalt hatte, u. a. am Widerstand des Mittelstands der CDU im Bundeskabinett[42]. Der zweite Referentenentwurf, der im Frühjahr 1970 vorgelegt wurde, konzentrierte sich auf die Kontrolle marktbeherrschender Unternehmen und Unternehmenszusammenschlüsse[43]. Die Eingriffskriterien für die Mißbrauchsaufsicht des Bundeskartellamtes über ein oder mehrere marktbeherrschende Unternehmen werden gegenüber der alten Fassung des § 22 GWB folgendermaßen konkretisiert: Sie müssen die Möglichkeit haben, Erzeugung und Markt für eine bestimmte Art von Waren oder Dienstleistungen ohne Rücksicht auf Wettbewerber zu beeinflussen. Es wird vermutet, daß Marktbeherrschung in diesem Sinne vorliegt, wenn drei bzw. weniger oder sechs bzw. weniger Unternehmen einen gemeinsamen Marktanteil von 60 oder 80 % besitzen[44]. Für die auflösende, nachträgliche[45] Zusammenschlußkontrolle

---

[42] Vgl. Der Volkswirt 45/69.

[43] Der Gesetzgeber will damit die Verfügungsmacht weniger Unternehmen zur Sicherung der Entscheidungsfreiheit der übrigen beschränken, den Verbraucher vor ungerechtfertigten Preisforderungen und ungenügendem Leistungsangebot schützen sowie die Marktwirtschaft funktionstüchtig erhalten. Vgl. dazu: *Raisch,* Peter: Zur Notwendigkeit einer effektiven Fusionskontrolle aus wettbewerbspolitischer und gesamtwirtschaftlicher Sicht. In: P. Raisch, A. Sölter, W. Kartte: Fusionskontrolle. Für und Wider. Stuttgart usw. 1970, S. 21 f. und *Kartte,* Wolfgang: Fusionskontrolle in der Marktwirtschaft. In: P. Raisch, A. Sölter, W. Kartte: Fusionskontrolle. Für und Wider. Stuttgart usw. 1970, S. 87 ff.

[44] Vgl. o. V.: Dokumentation. In: P. Raisch, A. Sölter, W. Kartte: Fusionskontrolle. Für und Wider. Stuttgart usw. 1970, S. 140.

[45] Der Entwurf stellt es den Unternehmen frei, ob sie das Zusammenschlußvorhaben zur vorherigen (präventiven) oder nachträglichen Prüfung anmelden. Vgl. *Kartte,* Wolfgang. S. 103.

durch den Bundeswirtschaftsminister wurden gegenüber der alten Fassung der §§ 23 und 24 GWB die Liste der Fusionstypen[46] erweitert und die Eingriffstatbestände präzisiert[47]: Der Zusammenschluß muß eine marktbeherrschende Stellung im obigen Sinne erlangen oder verstärken. Ein beteiligtes Unternehmen muß während der letzten zwölf Monate vor dem Zusammenschluß mindestens 10 000 Beschäftigte oder im letzten Geschäftsjahr mindestens DM 1 Milliarde Umsatz gehabt haben *und* die Fusion einen Marktanteil von 40 % erreichen oder ein beteiligtes Unternehmen bereits ohne Zusammenschluß bei der in Frage kommenden Art von Waren oder Diensten oder bei einer anderen einen Marktanteil von 40 % besessen haben. Von der Auflösung des Verbundbetriebs kann in Ausnahmefällen (Wettbewerbsverbesserung, Wettbewerbsfähigkeit gegenüber dem Ausland) abgesehen werden. Fusionen mit Unternehmen mit einem Jahresumsatz unter DM 50 Millionen unterliegen nicht der Fusionskontrolle. Nach der Veröffentlichung des Entwurfs setzte das Bombardement der Verbände ein. Nahezu alle Verbände, insbesondere der BDI, lehnten ihn ab. Die FDP schlug sich auf die Seite der Wirtschaftsverbände und verhinderte damit, daß der Entwurf zur Regierungsvorlage erklärt werden konnte[48]. Nach der Ansicht des Verfassers des Entwurfs wollen die Gewerkschaften eine rein präventive Fusionskontrolle und die Entscheidung durch das Bundeskartellamt, die Industrieverbände und die Gewerkschaften eine Weltmarktklausel und weitere gesamtwirtschaftlich gerechtfertigte Zusammenschlußausnahmen sowie der Handel und das Handwerk die Freistellung der mittelständischen Wirtschaft[49]. Die Überarbeitung des Entwurfs, die im November 1970 vorgelegt wurde und wieder von den Wirtschaftsverbänden und der FDP gestoppt wurde, enthielt folgende Änderungen: Wenn bei einem Zusammenschluß die beteiligten Unternehmen zusammen DM 1 Milliarde Umsatz erreichen, haben sie die Wahl, ihre Fusionsabsicht vor der Ausführung beim Bundeskartellamt anzumelden oder die Fusion zu vollziehen und eine nachträgliche Auflösung zu riskieren (fakultativ präventive Fusionskontrolle). Fusionen zweier Umsatzmilliardäre unterliegen der zwingend präventiven Fusionskontrolle. Der Bundeswirtschaftsminister behält ein Interventionsrecht aus „überwiegenden Gründen der Gesamtwirtschaft und des Gesamtwohls". Die Bagatellklausel (Unternehmen mit Jahresumsatz unter DM 50 Millionen) wurde weggelassen. Inzwischen scheinen die Wünsche der FDP vom Bundeswirtschaftsministerium erfüllt zu werden[50]. Der endgültige Entwurf steht aber noch aus.

---

[46] Vgl. o. V.: Dokumentation. S. 142 f.
[47] Vgl. ebd., S. 144.
[48] Vgl. Capital 11/70.
[49] Vgl. *Kartte*, Wolfgang. S. 110.
[50] Vgl. HB 59/71.

Die Beeinflussungserfolge der Verbände sind bisher noch Vorerfolge, weil der endgültige Beschluß noch aussteht. Bis dahin können noch eine Reihe von Änderungen, insbesondere in den Eingriffstatbeständen vorgenommen werden. Die Größe des Beeinflussungserfolgs kann durch die Einengung oder Erweiterung der Eingriffstatbestände bzw. des Kreises der möglicherweise betroffenen Unternehmen ausgedrückt werden. Die Kombination der Eingriffskriterien in der ersten Fassung des Entwurfs hat zur Folge, daß der Kreis der betroffenen Unternehmen sicher größer ist als die 100 umsatzstärksten Unternehmen[51]. Die zwingend präventive Kontrolle des zweiten Entwurfs träfe nur die 82 Umsatzmilliardäre. Der fakultativ präventiven Kontrolle unterläge etwa der gleiche Kreis von Unternehmen wie in der ersten Fassung des Entwurfs[52].

Die Auswirkungen der Änderungen des Entwurfs zwischen der ersten und zweiten Fassung auf die Zielerfüllung der betroffenen Betriebe sind kaum zu beantworten. So kann man nur generell die Konsequenzen der Fusionskontrolle auf die Mitgliederzielerfüllung bewerten. Je nach der Einengung oder Erweiterung des Kreises der Betroffenen sind eine geringere oder größere Zahl von Unternehmen in ihrer Zielerfüllung beeinflußt. Die Entscheidung durch das Bundeskartellamt dürfte objektiver sein als die des Bundeswirtschaftsministers, weil es nicht so sehr wie der Minister „politischen Pressionen“ ausgesetzt ist[53]. Die Antragsteller dürften in diesem Falle nicht so leicht und infolge des Verfahrenswegs auch nicht so schnell eine Genehmigung erhalten. In jedem Fall — hier könnte nur eine vollständige Verhinderung der Fusionskontrolle abhelfen — wird die Zielerfüllung der Betroffenen beeinträchtigt. Anlehnungs- und Vereinigungsziele können nur unter dem Risiko der nachträglichen Auflösung des Zusammenschlusses verfolgt werden, wenn sie nicht bereits eine Genehmigung beantragt (Zeitverlust!) und erhalten haben. Die Fusionskontrolle kann der internationalen Wettbewerbsfähigkeit abträglich sein[54], wenn man davon ausgeht, daß nur sehr große Unternehmen im Wettbewerb bestehen können. Die betroffenen Unternehmen können nicht die Marktmacht erlangen, die sie anstreben. Sie sind in ihrem Wachstum behindert. Sie können vielleicht auch nicht den technischen Fortschritt im gewünschten Umfang realisieren und nicht die Vorteile der Kostendegressionen bei wachsenden Betriebsgrößen und Auflagen sowie zunehmender Be-

---

[51] Vgl. o. V.: Dokumentation, a.a.O., S. 236 f. und Die Zeit 38/70, SZ 185/70 sowie Capital 9/69.

[52] Voraussetzung ist, daß die Belegschaftsstärke als alternatives Kriterium beibehalten wird.

[53] *Kartte,* Wolfgang. S. 105.

[54] Vgl. HB 20/71 und BDI 69/70, S. 177.

schäftigung nützen. Es entgehen ihnen daher unter Umständen Ertrags- und Gewinnsteigerungen. Finanzierungschancen können nicht wahrgenommen, notwendige Sanierungen nicht vorgenommen werden. Anlehnungs-, Vereinigungs-, Wettbewerbs- und Sanierungsziele können nur nominal, im besten Falle ordinal gemessen werden. Finanzierungs-, Ertrags- und Wachstumsziele können kardinal ausgedrückt werden. Die Feststellung aller dieser Zielerfüllungen ist jedoch sehr unbestimmt, weil die Zurechnung zur Fusionskontrolle nur schwer möglich ist.

Während bei der Fusionskontrolle wohl der Gesetzgeber bzw. die Exekutive die Initiative ergriffen haben, ist die Forderung nach Ausdehnung der qualifizierten Mitbestimmung auf alle Großunternehmen von den Gewerkschaften ausgegangen. Sie wird als eine Forderung für die „Unterprivilegierten" gegen die „Überprivilegierten" gesehen, die mit Hilfe des Staates durchgesetzt werden soll[55]. Der DGB wollte erreichen, daß in allen Kapitalgesellschaften mit mindestens 2000 Arbeitnehmern und DM 75 Millionen Bilanzsumme oder mit mindestens 2000 Arbeitnehmern und DM 150 Millionen Jahresumsatz oder mit mindestens DM 150 Millionen Jahresumsatz und DM 75 Millionen Bilanzsumme ein Arbeitsdirektor bestellt und der Aufsichtsrat, soweit er nicht besteht, eingerichtet und paritätisch mit Arbeitnehmer- und Arbeitgebervertretern sowie einem neutralen Mitglied besetzt wird. Ein Teil der Arbeitnehmervertreter wird von den Gewerkschaften entsandt, ein Teil aus und von der Belegschaft gewählt. Dem Vorstand gehört mindestens ein Arbeitsdirektor an[56]. Die Arbeitgeberverbände — allen voran die Bundesvereinigung der Deutschen Arbeitgeberverbände (BDA) — und die Wirtschaftsfachverbände lassen keine Gelegenheit aus, die Mitbestimmungsforderung anzugreifen. Sie treten statt dessen für eine „Ausschöpfung" des Betriebsverfassungsgesetzes ein[57]. Die Mitbestimmungspläne der SPD fielen der Koalition mit der FDP zum Opfer. Auch den Referentenentwurf zum Betriebsverfassungsgesetz „entschärfte" die FDP, ehe sie ihn zur Regierungsvorlage werden ließ[58]. Inzwischen wurde das neue Betriebsverfassungsgesetz verabschiedet.

---

[55] *Hondrich*, Karl Otto. S. 150 ff.

[56] Vgl. *Sachverständigenkommission zur Auswertung der bisherigen Erfahrungen bei der Mitbestimmung:* Mitbestimmung im Unternehmen. Stuttgart usw. 1970, S. 47. Das Gewerkschaftsmodell entspricht weitgehend dem Entwurf der SPD. Das FDP-Modell weicht davon ab. Vgl. Die Welt 287/72.

[57] Das bedeutet gleichzeitig das Eingeständnis, die Forderungen des Betriebsverfassungsgesetzes bisher nicht ganz erfüllt zu haben.

[58] Vgl. SZ 283/70, Spiegel 49/70 und 5/71. Die Spenden für die FDP scheinen auch wieder zu fließen. Sie waren ausgeblieben, als sie die Koalition mit der SPD gebildet hatte. Die „Bremserdienste" in Sachen Fusionskontrolle, Be-

Obwohl es zweifelhaft ist, ob die Mitbestimmung in dieser Legislaturperiode eine Chance hat, Gesetz zu werden, kann man die möglichen Folgen ihrer Einführung anhand der Untersuchungen der Sachverständigenkommission[59] über die Erfahrungen mit der Montanmitbestimmung abschätzen. Vorauszuschicken ist, daß die Kommission nicht die Wirkungen selbst erhoben hat, sondern die Meinungen[60] von Vorstands-, Aufsichtsrats-, Betriebsratsvorsitzenden und Arbeitsdirektoren über diese Zielwirkungen. Wichtig ist auch der Hinweis, daß im Montanbereich in den letzten zwei Jahrzehnten „exzeptionelle Zustände" herrschten[61]. Die Entscheidungsautonomie kann im Aufsichtsrat durch Kampfabstimmungen, Fraktionsbildung oder Kopplungsgeschäfte beeinträchtigt werden. Entscheidungen und Verhandlungen wegen Fusionen können durch die Forderung der Arbeitnehmervertreter nach Wahrung des Mitbestimmungsbesitzstandes verzögert werden. Die Arbeitnehmer sind zwar auch an Produktivität, Wirtschaftlichkeit und Rentabilität des Unternehmens interessiert. Die stärkere Betonung sozialer Belange kann jedoch auf Kosten der Rentabilität gehen. Der Sozialaufwand kann sich erhöhen. Expansionsbestrebungen dürften eher die Zustimmung der Arbeitnehmervertreter erhalten als Kontraktionsmaßnahmen. Rationalisierungsinvestitionen finden bei Wahrung des sozialen Besitzstands der Arbeitnehmer kaum Widerstand. Sie haben wohl in der Regel auch größeres Interesse an Selbstfinanzierung als an Dividendenausschüttungen. Die Arbeitnehmervertreter in Aufsichtsrat und Vorstand erleichtern Verhandlungen mit den Gewerkschaften, weil sie eher Verständnis für die Lage des Unternehmens bei den Gewerkschaften finden. Die Arbeitnehmervertreter können Einfluß auf die Besetzung der Vorstandsposten nehmen. Es besteht die Gefahr, daß Führungskräften „Beziehungen" zu den Arbeitnehmervertretern wichtiger erscheinen als Qualifikationen. Es können interpersonelle Konflikte im Vorstand auftauchen, wenn ein Arbeitsdirektor in ihn berufen wird. Der Arbeitsdirektor kann selbst (intrapersonalen) Loyalitätskonflikten ausgeliefert sein. Wichtige Entscheidungen werden vielleicht nicht geheim gehalten. Die Arbeitnehmervertreter können Einflüssen durch die Gewerkschaften unterliegen („Fernsteuerung"). Der Zwang zur Absprache in den Leitungsgremien kann die Kooperationsbereitschaft fördern. Die Kapitalüberlassungsbereitschaft der Kapitalgeber

triebsverfassungsgesetz und Mitbestimmung werden wohl von der Wirtschaft honoriert. Vgl. Die Zeit 13/71. Zu den Verbindungen zwischen BDA und FDP: vgl. Die Wirtschaftswoche 16/71.

[59] Vgl. im folgenden: *Sachverständigenkommission:* Mitbestimmung im Unternehmen. S. 54 ff.

[60] Vgl. ebd., S. 73 f. und 87: Hier wird besonders deutlich, daß es sich um Ansichten und Absichten der Befragten handelt.

[61] Vgl. ebd., S. 74.

könnte nachlassen. Bis auf die Einwirkungen auf die Rentabilität können alle diese Zielerfüllungen nur nominal oder bestenfalls ordinal gemessen werden.

Die Verzögerung der GWB-Novelle wie eines etwaigen Mitbestimmungserweiterungsgesetzes ist nicht einem einzelnen Verband zurechenbar. Eine Vielzahl zum Teil verbündeter Verbände hat diese Vorerfolge der Beeinflussung erzielt[62]. Da diese Gesetze kaum monetäre Entscheidungstatbestände enthalten, haben sie auch kaum direkt Einfluß auf die Erfüllung monetärer Ziele. Die Erfüllungen anderer Ziele wie des Anlehnungs- oder Vereinigungsstrebens, der Macht oder der Wettbewerbsfähigkeit lassen sich nur ungenau (ordinal oder nominal) bestimmen. Ihre Auswirkungen auf monetäre Zielerfüllungen sind sehr unbestimmt. Der vorläufige Charakter der Beeinflussungserfolge läßt nur Vermutungen über mögliche Zielerfüllungen zu.

115. Erfolgsbewertung durch Verbandsmanagement und Mitglieder

Während wir bisher Erfolgsurteile über Verbandsleistungen durch die Aussagenanalyse von Texten (Literatur, Archivmaterial der Verbände und ihrer Adressaten sowie Pressemeldungen) gefunden haben, wollen wir im folgenden Erfolgsurteile aus verbalen Bewertungen der Verbandsmanager und Mitglieder, welche eigens zu diesem Zweck abgegeben wurden, ableiten. *Schmölders* hat in seiner Umfrage unter Verbandsfunktionären versucht, Beeinflussungserfolge der Verbände bei Bundesministerien bzw. Landesministerien bzw. Gemeindeverwaltungen und bei Bundestags- bzw. Landtags- bzw. Gemeinderatsausschüssen zu ermitteln[63]. Die Fragen lauteten: „Nennen Sie uns bitte je einen Fall (oder mehrere), in dem Ihre Stellungnahme vom Ministerium[64] wie folgt berücksichtigt wurde! A) Vollständig, B) Zum Teil, C) Nicht". Anschließend wurden die Verbände befragt, was sie unternehmen, wenn ihre Stellungnahme nicht genügend berücksichtigt wurde. Weiter wurden Beispiele erbeten, aus denen hervorgeht, ob die darauf ergriffene Maßnahme Erfolg oder Mißerfolg hatte. Abgesehen davon, daß die Quote der Befragten, die „keine Angabe" machten, sehr groß war[65], zeigen die Ergebnisse nur die Gebiete, auf denen die Funktionäre einen Beeinflus-

---

[62] Dieser Umstand weist auf die Bedeutung der Verbandsleistung „Gewinnung von Verbündeten" gerade bei Gesetzeswerken von größerer Reichweite hin. Vgl. a. C 15.

[63] Vgl. *Schmölders*, Günter: Das Selbstbild. S. 137 ff.

[64] Für jede der genannten Instanzen wurde eine eigene, sonst aber gleichlautende Frage gestellt.

[65] Vgl. *Schmölders*, Günter. Das Selbstbild. S. 208, 210, 216, 224, 226. Die Quoten erreichen zum Teil 100 %.

sungserfolg erzielt zu haben glauben. Die Beurteilung durch das Verbandsmanagement ist subjektabhängig, von seinen Interessen überlagert[66]. Der Beeinflussungserfolg wird nur ordinal beurteilt[67]. Diese globale Beurteilung überläßt es dem Gutdünken des Befragten, welchen Erfolg er als Voll-, Teil- oder Mißerfolg betrachtet. Bei den Beeinflussungserfolgen, die mit diesen Fragen festgestellt werden sollen, kann es sich auch nur um Vorerfolge handeln, weil Ministerien und Ausschüsse im allgemeinen nicht die letzte, endgültige Entscheidung fällen. Später in den Weg der Gesetz- oder Verordnungsgebung eingeschaltete Instanzen können noch Änderungen der Vorentscheidungen vornehmen.

Der schwedische Industrieverband (SI) hat in einer Umfrage im Frühjahr 1971 seine Mitglieder gebeten, seinen Einfluß auf die „wirtschaftspolitische Entwicklung des Landes“ als „sehr groß“, „ziemlich groß“, „sehr gering“ oder „ziemlich gering“ zu beurteilen. Die Ergebnisse waren sehr positiv, zeigten jedoch, daß Großunternehmen (nach Mitarbeiterzahl) gegenüber dem Erfolg der Umweltbeeinflussung des Verbandes wesentlich skeptischer eingestellt sind als kleine Unternehmen[68]. Um die Eignung der „öffentlichen Erklärungen“ des Industrieverbandes zur Beeinflussung der „Regierungspolitik“ zu erfahren, wird danach gefragt, ob die Stellungnahmen zu „aggressiv, geeignet oder zu zahm im Inhalt, Ausdrucksweise und Schreibweise sind“. Obwohl diese Frage zu wenig homogen formuliert ist, lassen die Ergebnisse auf einen positiven Zusammenhang zwischen „Kenntnis der Verbandsleistungen“ und positiver Beurteilung schließen[69].

Da diese Erfolgsbewertungen von Personen u. a. intrasubjektiv sind und intersubjektiv nur beschränkt nachvollziehbar sind, hat eine einzelne solche Beurteilung wenig Aussagekraft. Vielmehr kommt es darauf an, in Umfragen viele solcher Beurteilungen zu erhalten sowie Häufigkeiten und Durchschnitte festzustellen.

---

[66] Die Verbandsfunktionäre finden sich im Konflikt zwischen den Interessen der Mitglieder, die Erfolge sehen wollen, ihren gleichlaufenden Interessen nach Sicherung der beruflichen Stellung, des Einkommens und ihres Ansehens sowie ihres Einflusses einerseits und der weitgehend verbandskritischen Einstellung der Öffentlichkeit andererseits.

[67] Wir wollen nicht die Schwierigkeiten der kardinalen Beurteilung des Beeinflussungserfolgs verkennen. Sie ist nur in Ausnahmefällen möglich. Vgl. die vorangegangenen Ausführungen.

[68] Vgl. *Haglund*, Birgitta: Betriebsleiteruntersuchung des SAF und SI. Hektographierte Übersetzung eines Berichts über eine Mitgliederumfrage des schwedischen Arbeitgeber- und Industrieverbands. O. O. (Frankfurt), o. J. (1971), S. 2 f.

[69] Vgl. ebd. S. 3 f.

12. Beeinflussung der engeren Umwelt der Mitglieder

Die engere Umwelt der Mitglieder umschließt Haushalte und Unternehmen sowie deren Verbände, die dem Verband zumindest formal gleichberechtigt gegenüberstehen und welche er ohne Zuhilfenahme von Legislative bzw. Exekutive[70] oder von Gerichten[71] unmittelbar, z. B. durch Verhandlungen, zu beeinflussen sucht. Meinungsbildner und Öffentlichkeit sowie andere Verbände, die als Verbündete gewonnen werden sollen, behandeln wir getrennt[72]. Die Bedeutung der Beeinflussung der engeren Umwelt könnte man danach beurteilen, wieviele Verbände in der *Schmölders*-Umfrage „häufige“ bzw. „fallweise“ Interessengegensätze mit anderen Verbänden[73] angeben. Das Ergebnis, daß nur eine geringe Zahl von Verbänden ausgesprochene Gegenverbände zu besitzen glaubt und eine große Zahl „keine Angabe“ macht[74], stimmt mit der relativ geringen Nennung der interverbandlichen Auseinandersetzungen als Haupt- oder Nebenaufgabe[75] überein. Wahrscheinlich wollen die Verbände ihre Gegner nicht „verärgern“ und ihre Verhandlungen mit ihnen nicht erschweren. Das Ergebnis spricht aber auch dafür, daß die Verbände die Interessengegensätze nicht zum Ausbruch kommen lassen wollen.

121. Verhandlungen um Skontoerhöhung

Wie bei der Beeinflussung der staatlichen Willensbildung gibt es auch bei der Beeinflussung der engeren Umwelt Entscheidungsgegenstände, die sich auf monetäre Größen beziehen. Als der Einzelhandel bei der Einführung der Mehrwertsteuer 1968 ein „Absinken seiner Skontoerträge“ und damit eine „Schmälerung seines Besitzstandes“ befürchtete, forderte z. B. der Gemeinsame Konditionenausschuß des Handels[76] von den Konditionenkartellen der Textilindustrie eine einheitliche Erhöhung der Eilskontosätze. Bei einem Zahlungsziel von 10 Tagen sollte der Satz von 3,5 auf 4 % und bei einem Ziel von 30 Tagen von 2 auf 2,25 % erhöht werden. Bei einem Ziel von 60 Tagen sollte wie bisher kein Nachlaß gewährt werden[77]. Bereits 1967 einigte man sich mit der Wirker- und Strickerkonvention auf diese neuen Sätze. Anfang 1968 konnte man auch mit der Kartellvereinigung der

---

[70] Vgl. unsere Ausführungen in C 11.

[71] Vgl. unsere Ausführungen in C 14.

[72] Vgl. unsere Ausführungen in C 13 und 15.

[7] Vgl. *Schmölders*, Günter: Das Selbstbild. S. 121 f.

[74] Vgl. ebd., S. 172 und 202 f.

[75] Vgl. ebd., S. 199.

[76] Vgl. BAG 67, S. 61.

[77] Vgl. ebd., S. 62.

Bekleidungsindustrie (und ihren 9 Fachkartellen) die gleichen Skontosätze vereinbaren. 1968 übernahmen auch die Konventionen der Deutschen Seidenstoff- und Samtfabrikanten, Deutscher Futterstoffwebereien und Stoffdrucker die gleiche Regelung. Einige andere Konventionen erklärten sich bereit, sich den neuen Skontobedingungen anschließen zu wollen[78]. Allerdings wird später nur noch von der Konvention der Deutschen Heimtextilienindustrie berichtet, daß sie die Skontosätze angehoben hat[79]. Inzwischen haben alle Konditionenkartelle diese Skontosätze akzeptiert[80]. Ein ähnlicher Beeinflussungserfolg wie der geschilderte liegt dann vor, wenn es der BAG gelingt, mit der GEMA[81], wie beabsichtigt, um 10 bis 20 % niedrigere Tarife für die Musikwiedergabe bei Modeschauen in Kauf- und Warenhäusern auszuhandeln[82].

Der Beeinflussungserfolg ist sowohl bei der Konditionenverbesserung als auch bei der Tarifermäßigung in seiner Höhe eindeutig bestimmbar. Bei den Konditionen ist er allerdings nur dem Gemeinschaftsausschuß, solange man nicht die Dominanz eines Mitgliedsverbands feststellen kann, bei der Tarifänderung dagegen wohl der BAG zuzuschreiben. In der Konditionenfrage ist der Beeinflussungserfolg für den gesamten Einzelhandel mit Textilien um so größer, je mehr Lieferantenkartelle sich je eher der neuen Regelung anschließen. Der Beeinflussungserfolg ist vollkommen, wenn alle Kartelle sie übernommen haben.

Die möglichen Ertragsverbesserungen bei den Mitgliedern der BAG lassen sich in beiden Fällen genau bestimmen. Die Ausnützung der Eilskonti bedeutet andererseits eine besondere Anspannung der Liquidität. Dazu sind ein sich schnell umschlagendes Lager und umfangreiche Barverkäufe notwendig.

122. Normungsvereinbarungen

Schwieriger ist die Erfolgsbestimmung, wenn z. B. der Gemeinsame Konditionenausschuß des Handels dem Hauptverband des Spielzeug-, Korbwaren- und Kinderwagen-Einzelhandels Hinweise gibt, wie die Lieferungs- und Zahlungsbedingungen der Kinderwagen-Industrie den Einheitskonditionen der Textilwirtschaft angeglichen werden können[83].

---

78 Vgl. ebd., S. 62.

79 Vgl. BAG 69, S. 43 f.

80 Vgl. Auskunft von Herrn Rechtsanwalt Werner *Schweitzer-Faust*, Hauptgeschäftsführer des Bundesverbands des Deutschen Textil-Einzelhandels e. V. (BTE) am 1. Februar 1972 in Köln.

81 Gesellschaft für musikalische Aufführungs- und mechanische Vervielfältigungsrechte, Berlin.

82 Vgl. BAG 69, S. 57.

83 Vgl. ebd., S. 44.

Offensichtlich sind die Konditionen der Textilwirtschaft günstiger als die der Kinderwagen-Industrie. Wenn die Beeinflussung der Handelsverbände Erfolg haben sollte[83a], hat das für die Kinderwagen-Industrie wahrscheinlich größere Aufwendungen zur Folge, aber auch den Vorteil, daß man kein Mitglied zum Nachteil der anderen ohne Folgen (d. h. wohl Strafen) von diesen Konditionen abweichen lassen wird[83b]. Für den Textilhandel, der auch Kinderwagen führt, hat eine solche Normungsvereinbarung den Vorteil, bessere Skonti als bisher zu erlangen, Lieferrisiken eventuell auf die Industrie abwälzen zu können u. ä. Die Einheitlichkeit und damit die Transparenz der Konditionen ersparen beiden Seiten Aufwendungen bei der Bestellung, Rechnungsstellung, Verpackung und Versand, Bezahlung, Eingangskontrolle und Reklamation. Sie machen Zahlungseingänge und -ausgänge besser vorhersehbar. Sie erhöhen die Rechtssicherheit. Prozesse und andere Auseinandersetzungen werden vermieden.

Bei jeder Normung sind zwei Stufen der Leistung bzw. des Erfolgs zu unterscheiden. Im Wege des intraverbandlichen Interessenausgleichs muß die Solidarisierung der Mitglieder erreicht werden[84]. Im interverbandlichen Interessenausgleich müssen vor- und nachgelagerte Wirtschaftsstufen zur Annahme der von den Mitgliedern vereinbarten Normung bewegt werden. *Hardach* spricht von „horizontaler Entwicklung" und „vertikaler Ausdehnung"[85]. Allerdings soll in dem von uns beschriebenen Fall der Wunsch der Handelsverbände nach interverbandlichem Interessenausgleich den intraverbandlichen Interessenausgleich der Kinderwagenhersteller herbeiführen.

Typische Beispiele für die Beeinflussung anderer Wirtschaftsbereiche zur Normung ihrer Lieferungs- und Zahlungsbedingungen sowie ihrer Erzeugnisse sind die Bestrebungen der Handelsverbände, die Industrie zur Normung zu veranlassen. In Ausschüssen und Arbeitsgemeinschaften, in Marktgesprächen, durch Reklamationen, durch Mitwirkung bei der Erarbeitung von RAL-Vereinbarungen, DNA-Normen und CEN-Normen[86] versuchen sie, ihre Vorstellungen über die Normung der Produkte und ihrer Eigenschaften durchzusetzen. So wirkte die BAG bei

---

[83a] Nach Auskunft des Hauptgeschäftsführers des BTE, Herrn Rechtsanwalt Werner *Schweitzer-Faust* sind die Verhandlungen noch immer nicht abgeschlossen. (16. April 1973).

[83b] Vgl. unsere Ausführungen in C 31.

[84] Vgl. unsere Ausführungen in C 31.

[85] *Hardach*, Fritz Wilhelm: Betriebswirtschaftliche Aufgaben. S. 62 und 63.

[86] RAL: Ausschuß für Lieferbedingungen und Gütesicherung beim DNA, Frankfurt.
DNA: Deutscher Normenausschuß, Berlin.
CEN: Comité Européenne de Normalisation, Paris.

der Definition von Begriffen von Produkten, Güte- und Behandlungsvorschriften (Materialzusammensetzung, Pflegekennzeichnung), Größenbezeichnungen, Standardisierung von Körpermaßen für Ober- und Unterbekleidung sowie von Legemaßen und an Sortimentsklassifikationen mit[87]. Für den Handel ergeben sich bei der Annahme der Normung durch die Industrie Rationalisierungen in der Bestellung (Transparenz), Lagerung (Platzeinsparung) und im Verkauf (Transparenz für Verkaufspersonal). Der Umschlag kann beschleunigt werden. Umsätze und Erträge steigen.

123. Vereinbarung von Import-Selbstbeschränkungen

Ein uns bekannter Verband erreichte bei der konkurrierenden japanischen Industrie eine freiwillige Selbstbeschränkung im Export nach Deutschland[88]. Da die Exporte nach Deutschland jährlich gestiegen waren, setzte man die Quote zunächst für drei Jahre auf dem Niveau des Jahres vor der Absprache fest. Die Beschränkung ist in Millionen Produkteinheiten, also natural festgelegt. Nach Ablauf der ersten drei Jahre wurde sie auf erhöhtem Stand für drei Jahre verlängert. Zur Zeit wird sie ohne besondere Vereinbarung von den Japanern eingehalten. Der Beeinflussungserfolg ist nicht ganz leicht zu bestimmen, denn die Exportzuwächse der Japaner nach Deutschland ohne diese Beschränkung sind nur schwer zu schätzen. Nach den Auskünften ist er eindeutig dem deutschen Verband zuzurechnen.

Die Selbstbeschränkung verhindert, daß das Angebot am deutschen Markt die Nachfrage noch mehr übersteigt als bisher. Sie läßt die Preise nicht so schnell sinken, wie es wahrscheinlich ohne sie der Fall wäre. Die Ertrags- und Gewinneinbußen der Mitglieder halten sich in Grenzen. Sie sichert wenigstens vorübergehend die Existenz vieler Mitglieder. Sie gibt den Unternehmen die Chance, sich durch Produktgestaltung und Diversifizierung oder durch Rationalisierung auf die neue Marktlage nach Auslaufen der Selbstbeschränkung einzustellen. Sie wird sich nämlich nicht auf die Dauer halten lassen. Bei den Produkten dieser Branche entspricht der Neu- und Ersatzbedarf nicht den vorgehaltenen Kapazitäten. Der Ausleseprozeß, der bereits im Gange ist, wird sich noch beschleunigen.

---

[87] Vgl. BAG 67, S. 51 ff., BAG 68, S. 33 ff. und BAG 69, S. 40 ff.

[88] Die prekäre Lage der Branche und die Gefahr der „Entstehung von Unruhe" unter den Mitgliedern haben die Verbandsführung dazu bewegt, nicht einmal die Mitglieder über diesen Erfolg zu informieren.

124. Gemeinschaftswerbung

Als besondere Aufgabe von Wirtschaftsfachverbänden wird häufig die Gemeinschaftswerbung genannt[89]. Daß die Gemeinschaftswerbung eine typische Verbandsleistung ist, beweisen zahlreiche Zeitungsmeldungen und Verbandsgeschäftsberichte. Der Fachverband Faltschachtelindustrie betreibt seit 18 Jahren[90], die Europäische Teppichgemeinschaft seit 13 Jahren[91], das Informationszentrum Glasverpackung seit 1954[92] und der Verband der Lebensversicherungsunternehmen seit Jahren[93] Gemeinschaftswerbungen. Gemeinsam werben auch die Mitglieder des Industrieverbands Papierverpackung[94], des Deutschen Zigarren-Instituts[95], der Beratungsstelle für Stahlverwendung[96] und anderer Verbände oder verbandsartiger Institute. In den Geschäftsberichten der BAG wird laufend davon berichtet, daß sich ihre Mitglieder und der Verband selbst an Gemeinschaftswerbungen von Industrie- und Handelsverbänden beteiligen[97]. Eine Umfrage des RKW und BDI 1967 bei 130 Werbegemeinschaften ergab bei 64 Antworten, daß in 31 Fällen Verbände die Gemeinschaftswerbung angeregt hatten, in 24 Fällen mehrere und in 29 ein Verband an der Gemeinschaftswerbung mitwirkten[98]. Die Gemeinschaftswerbung kann zwar innerhalb des Verbandes vorgenommen werden, ohne daß die Steuerfreiheit des Verbandes verloren geht[99]. Meist wird jedoch eine Gesellschaft mit beschränkter Haftung, eine Gesellschaft des bürgerlichen Rechts oder ein nicht rechtsfähiger Verein gegründet, insbesondere wenn mehrere Verbände beteiligt sind, wenn Beiträge von dritter Seite vereinnahmt werden und Außenseiter eine bedeutende Rolle spielen[100]. Meist ist sie

---

[89] Vgl. *Hardach,* Fritz Wilhelm: Betriebswirtschaftliche Aufgaben. S. 39 und 74 ff., *Grochla,* Erwin: Betriebsverband. S. 161, *Benisch,* Werner. S. 291 f., *Buchholz,* Edwin: Die Wirtschaftsverbände. S. 230 ff. *Schmölders* fragte die Wirtschaftsverbandsführungen, ob sie Gemeinschaftswerbungen vornehmen: *Schmölders,* Günter: Das Selbstbild. S. 167 und 198.

[90] Vgl. HB 12, 212/70.

[91] Vgl. HB 192/70: die Teppichwerbung ist allerdings nur auf den deutschen Markt beschränkt.

[92] Vgl. HB 131/70.

[93] Vgl. HB 197/70.

[94] Vgl. HB 231/70.

[95] Vgl. HB 167/70.

[96] Vgl. HB 3/71.

[97] Vgl. BAG 67, S. 57, BAG 68, S. 36 und BAG 69, S. 38.

[98] Vgl. *Bundesverband der Deutschen Industrie, Rationalisierungskuratorium der Deutschen Wirtschaft* (Hrsg.): Auswertung einer Fragebogenaktion Gemeinschaftswerbung, o. O. (Köln, Frankfurt), o. J. (1967), S. 3 (Zitierweise: BDI, RKW: Gemeinschaftswerbung).

[99] Vgl. zu den Bedingungen: *Benisch,* Werner. S. 293 f.

[100] Vgl. BDI, RKW: Gemeinschaftswerbung. S. 8 f.

anonyme Werbung für eine Warengattung[101]. Werden die Namen der Werbungtreibenden genannt und gehören sie einer Branche an, spricht man auch von „Gruppenwerbung“[102], sind verschiedene Branchen beteiligt, von „Sammelwerbung“, handelt es sich um Hersteller (und Händler) bedarfskomplementärer Güter, von „Verbundwerbung“[103]. Bei Gruppen-, Sammel- und Verbundwerbung wird der Verband meist nur als Anreger tätig, weil es sich meist schon mehr um Einzelwerbung handelt und er solche nicht ausführen darf.

Gemeinschaftswerbung ist oft ein Kind der Not. Wenn z. B. ein Produkt wie die Baumwolle oder die Glasverpackung durch Substitution[104] von Kunstfasern oder Blech- und Kunststoffverpackung bedroht ist[105] oder die Umsätze aufgrund von Wandlungen der Verbrauchs- oder Gebrauchsgewohnheiten zurückgehen bzw. stagnieren, wie z. B. in der Bettenindustrie und im Bettenhandel[106] oder in der Landwirtschaft[107], dient die Gemeinschaftswerbung der Absatz- und Umsatzerhaltung. Voraussetzung für eine erfolgreiche Gemeinschaftswerbung ist, daß es sich um eine relativ homogene Produktgruppe handelt. Sonst läßt sich kaum eine gemeinsame Werbebotschaft entwickeln. Für manche nicht oder nur schwer differenzierbare Güter (z. B. landwirtschaftliche Produkte) läßt sich dagegen fast nur kollektiv werben. Daneben dient die Gemeinschaftswerbung dazu, neue Produkte oder „Problemlösungen“ bekannt zu machen, Vorurteile abzubauen und in neue Kundenkreise vorzustoßen, wie es z. B. der Verband der Lebensversicherer mit seiner Kampagne „Vermögensbildung durch Lebensversicherung“ versuchte[108]. Die Imagewerbung des Bundesverbands Deutscher Banken und der Güterfernverkehrsverbände[109] kann ebenfalls markt- und absatzerweiternd wirken.

---

[101] Vgl. *Keller*, Arthur Fred: Die kooperative Durchführung der Werbung. In: Handbuch der Werbung. Hrsg. v. K. Ch. Behrens. Wiesbaden 1970, S. 489. *Keller* nennt diese Art der kooperativen Werbung auch „Verbandswerbung“.

[102] Vgl. ebd., S. 488.

[103] Vgl. ebd., S. 488 f. *Nieschlag* u. a. unterscheiden zwischen Kollektivwerbung mit namentlicher Nennung der Beteiligten („Sammelwerbung“) oder anonyme Kollektivwerbung („Gemeinschaftswerbung“): *Nieschlag*, Robert, *Dichtl*, Erwin, *Hörschgen*, Hans. S. 271.

[104] Vgl. *Hardach*, Fritz Wilhelm: Betriebswirtschaftliche Aufgaben. S. 78 ff.

[105] Vgl. HB 131/70.

[106] Vgl. HB 142/70 und Spiegel 34/70.

[107] Vgl. HB 192/70.

[108] Vgl. HB 197/70: Unter Ausnützung der „Vermögensbildung“ durch das 624-Mark-Gesetz möchten die Lebensversicherungsunternehmen sich neue Kundengruppen erschließen. Vgl. auch *Hardach*, Fritz Wilhelm: Betriebswirtschaftliche Aufgaben. S. 76 f.

[109] Vgl. a. C 13.

Der Beeinflussungserfolg ist im Fall der Gemeinschaftswerbung gleichzeitig auch unmittelbare Zielerfüllung. Bei der Kontrolle der Absatz- und Umsatzwirkungen der Kollektivwerbung treten zur Erfolgskontrolle der Alleinwerbung zusätzliche Probleme auf. So sind zunächst die Absatz- und Umsatzveränderungen für die gesamte Branche zu ermitteln. Man kann den Absatz und Umsatz der Branche vor und nach der Gemeinschaftswerbung oder zu bestimmten Zeitpunkten während der Laufzeit der Gemeinschaftswerbung feststellen. Voraussetzung ist, daß die Mitglieder ihre Werbe- und sonstigen Absatzanstrengungen quantitativ und qualitativ möglichst nicht ändern. Schwierig wird es, die Absatz- und Umsatzveränderungen im einzelnen Unternehmen auf die Gemeinschaftswerbung und die Absatzbemühungen des Unternehmens aufzuteilen. Die Veränderungen sind der Gemeinschaftswerbung zurechenbar, wenn das Unternehmen seine Maßnahmen in gleicher Art und gleichem Umfang wie bisher fortführt. Die nicht-werblichen Einflußfaktoren müssen ebenfalls konstant bleiben. Der „Zeitvergleich" als Methode der Werbeerfolgskontrolle ist nur unter den genannten Voraussetzungen sinnvoll[110]. Die Gemeinschaftswerbung kann helfen, Absatzschwankungen auszugleichen, wenn sie antizyklisch eingesetzt wird[111]. Wenn auch manchmal die Meinung vertreten wird, daß die Gemeinschaftswerbung konkurrierende Branchen nicht angreifen solle[112], so ist die Auseinandersetzung gerade mit den Herstellern von Substitutionsgütern nicht zu umgehen[113]. Die Wirkung auf die Konkurrenzumsätze ist durch einen Vergleich der Periodenumsätze beider Branchen intern und untereinander vor, während und nach der Gemeinschaftswerbung erkennbar. Allerdings können die absatzpolitischen Anstrengungen der konkurrierenden Branche die Wirkungen der Gemeinschaftswerbung ausgleichen. Werden die Ziele der Absatz- und Umsatzerhaltung, -ausweitung oder -umlenkung erfüllt, können die Wachstumsziele der Branche und einzelner Unternehmen gefördert werden. Absatz- und Kapazitätswachstum lassen sich kardinal natural messen. Umsatzwachstum kann monetär kardinal ermittelt werden. Einzelwerbung, die diesen Zwecken dienen sollte, bedürfte erheblicher finanzieller Mittel[114], denn sie müßte eine bestimmte Mindestquali-

---

[110] Zur Kritik des Zeitvergleichs als Methode der Werbeerfolgskontrolle vgl. *Bidlingmaier*, Johannes: Die Kontrolle des wirtschaftlichen Werbeerfolgs. In: Handbuch der Werbung. Hrsg. v. K. Ch. Behrens. Wiesbaden 1970, S. 777. Vgl. auch seine Darstellung der indirekten und direkten Methoden der Kontrolle der Umsatzwirkungen der Werbung: S. 780 ff.

[111] Vgl. *Benisch*, Werner. S. 290 und HB 131/70.

[112] Vgl. HB 192/70.

[113] Vgl. ebd. sowie HB 123, 131/70.

[114] Aber auch die Werbeetats vieler Gemeinschaftswerbungen sind so gering, daß die Wirkung der damit finanzierten Werbung sehr bezweifelt

tät und -intensität (Wiederholung) erreichen, um die Wirkungsschwelle zu überschreiten. Die Wirkung der eigenen Werbung hängt in erster Linie von der Qualität und Intensität der Konkurrenzwerbung ab. Die Werbebudgets können also entgegen einer weit verbreiteten Übung nicht immer in einem festen Prozentsatz des Umsatzes geplant werden. Kleinbetriebe müßten daher oft einen viel größeren Teil ihres Umsatzes in die Werbung investieren, wenn sie in der Werbekonkurrenz bestehen wollten[115]. Wenn nicht die Möglichkeit der Gemeinschaftswerbung bestünde, müßten viele kleine finanzschwächere Betriebe völlig auf wirkungsvolle Werbung verzichten. Wegen der Partizipationseffekte empfiehlt es sich wahrscheinlich nicht, dann Gemeinschaftswerbung zu treiben, wenn viele Kleinbetriebe mit einem oder einigen Großbetrieben konkurrieren. Wenn die Branche aber ziemlich homogen besetzt ist[116], haben die Mitglieder die Chance, mit einem relativ geringen Beitrag die beschriebenen Erfolge der Gemeinschaftswerbung zu erzielen. Sie können dann die gegenüber der kostspieligeren Alleinwerbung eingesparten Beträge für die Produktgestaltung und andere absatzpolitische Maßnahmen einsetzen und ihren Erfolg noch steigern.

13. Beeinflussung der Meinungsbildner und der Öffentlichkeit

Bei der Umweltbeeinflussung gehen die Verbände meist nicht allein vor. Sie suchen unter anderem die Unterstützung der Massenmedien, der übrigen Bildungsinstitutionen, kurz der Öffentlichkeit.

131. Das Vier-Stufen-Theorem der Meinungsentstehung und -verbreitung

Die Öffentlichkeitsarbeit erfolgt gewöhnlich auf zwei Stufen oder zwei Ebenen. Die Verbände versuchen, sowohl durch ihre Vertreter „persönlichen Einfluß" auf die Willensbildner in den Bildungsinstitutionen zu gewinnen als auch durch Public-Relations-Aktionen und -Kampagnen größere Gruppen und die Öffentlichkeit im Sinne des

---

werden muß. Vgl. BDI, RKW: Gemeinschaftswerbung. S. 5. Diese Zweifel werden noch durch den verschwindend geringen Anteil der Gemeinschaftswerbungen am Gesamtwerbeaufwand der Wirtschaft bestärkt. Vgl. dazu HB 192/70, BDI 69/70, S. 87 und *Zentralausschuß der Werbewirtschaft e. V.* (Hrsg.): Werbung 1969. Bonn - Bad Godesberg 1970, S. 39.

[115] Die einfachere Methode ist allerdings, sich bei den „Großen anzuhängen". Diese Partizipation an den Absatz- und Werbeanstrengungen der Konkurrenz ist als „spill-over-effect" bekannt geworden. Vgl. dazu: *Nieschlag,* Robert, *Dichtl,* Erwin, *Hörschgen,* Hans. S. 335.

[116] Die Homogenität des Teilnehmerkreises wird häufig gefordert. Vgl. dazu: BDI, RKW: Gemeinschaftswerbung. S. 4, *Benisch,* Werner. S. 291 und *Keller,* Arthur Fred. S. 495 f.

Verbandes und der Mitglieder zu beeinflussen. Man könnte so von einer Vier-Stufen-Theorie der Entstehung und Verbreitung von Meinungen sprechen:

1. Einzelne Personen, Unternehmen und Verbände erzeugen Informationen.
2. Sie liefern diese Information an die Willensbildner in den Bildungsinstitutionen (Redakteure, Journalisten, Lehrplangestalter, Lehrer, Geistliche).
3. Die publizierten geschriebenen, gelehrten und gepredigten Meinungen beeinflussen die Meinungsführer in der Öffentlichkeit[117].
4. Die Meinungsführer beeinflussen diejenigen Gruppen, denen sie angehören bzw. welche sie als Vorbild ansehen[118].

132. Der „persönliche Einfluß" auf die Willensbildner

Die Wirtschaftsverbände haben erkannt, daß die persönliche Einflußnahme auf Redaktion, Sende- und Lehrplangestaltung, Lehre und Verkündigung mit begrenztem Aufwand „multiplikative" Beeinflussungserfolge erwarten läßt. Redaktion und Lehrplangestaltung bestimmen die grundsätzliche Berichterstattung und Lehre der Meinungsbildner. Journalisten, Lehrer und Geistliche gestalten die Berichterstattung, Lehre und Verkündigung im einzelnen. Die Überzeugungen und Meinungen dieser Willensbildner werden durch ihre Veröffentlichung „vervielfältigt". Um auf diese Zielgruppen einzuwirken und die beschriebenen „Multiplikatoreffekte" zu nützen, suchen die Wirtschaftsverbände bei der Unterrichts- und Programmgestaltung von Berufsschulen, Fach- und Ingenieurschulen, Volkshochschulen, kirchlichen Einrichtungen, Einrichtungen des Christlichen Jugenddorfs und des Jugendsozialwerks, der Bundeswehr und von gewerkschaftlichen Einrichtungen mitzuwirken. Sie übernehmen Vorträge bei diesen Institutionen und vermitteln ihnen Referenten. Sie veranstalten „Gesellschaft-

---

[117] *Katz* und *Lazarsfeld* stellen z. B. fest, daß sich die Verbreitung von Meinungen in zwei Stufen vollzieht: Die Meinungsführer beziehen ihre Überzeugungen und Ansichten von den Massenmedien. Sie beeinflussen die weniger aktiven Gruppen der Öffentlichkeit. *Katz* und *Lazarsfeld* stellen weiter fest, daß bei bestimmten Entscheidungsgegenständen, wie Politik, Einkauf, Kinobesuch, persönliche Einflüsse von Meinungsführern häufiger Meinungsänderungen zustande brachten als Werbung, Berichte in Zeitungen und Zeitschriften sowie im Rundfunk, daß aber die Meinungsführer mehr Zeitungen und Zeitschriften sowie Bücher lesen als Nicht-Meinungsführer. Vgl. *Katz,* Elihu und *Lazarsfeld,* Paul F.: Personal Influence. The Part Played by People in the Flow of Mass Communication. New York 1955, S. 31 ff., 175 ff. und 309 ff.

[118] Ebd.

liche Studientage" für Unternehmer und Pädagogen[119], organisieren Betriebspraktika[120] und Betriebsbesichtigungen für Lehrer, Studenten, Schüler, Ärzte, Geistliche und Journalisten. Sie gründen Arbeitskreise „Schule — Wirtschaft", „Bundeswehr — Wirtschaft", „Student — Wirtschaft" und „Kirche — Wirtschaft"[121]. Die Mitgliedschaft in den Programmbeiräten der Rundfunk- und Fernsehanstalten ermöglicht es den Arbeitgeberverbänden, Sendepläne mitzubestimmen[122].

Neben der Beeinflussung von innen in gemeinsamen Arbeitskreisen und anderen Veranstaltungen beeinflussen die Verbände die Willensbildner in den Bildungsinstitutionen auch von außen. Sie stellen Lehr- und Anschauungsmaterial zur Verfügung. Journalisten und Redakteure erhalten unaufgefordert Pressemeldungen, Pressedienste, Einladungen zu Pressekonferenzen und Informationsgesprächen[123].

133. Zwischenergebnis

Diese Formen der aktiven Öffentlichkeitsarbeit sollen nicht nur vermeiden helfen, daß sich der Journalist irgendwo, nur nicht beim betroffenen Betrieb oder Verband erkundigt[124], sondern auch verhindern, daß Entgegnungsansprüche durchgesetzt werden müssen[125]. Die Zielgruppen in den Bildungsinstitutionen sollen unter anderem davon überzeugt werden, und wenn sie es schon sind, darin bestärkt werden, daß unsere „freiheitliche" Wirtschafts- und Gesellschaftsordnung allen Beteiligten einen größeren Wohlstand verschafft als eine „nicht-freiheitliche" Ord-

---

[119] Vgl. z. B. BDA 1966, S. 103 f., BDA 1967, S. 92 und BDA 1968, S. 99 f.

[120] Sie sollen die Schüler „zur Wirtschafts- und Arbeitswelt hinführen" und Lehrern die „Fakten und Zusammenhänge aus Wirtschaft und Betrieb ... für die Umsetzung im Schulunterricht nahebringen". Neben der unmittelbaren Beeinflussung von Schülern und Lehrern sollen solche Praktika und Betriebserkundungen auch in die Lehrpläne aufgenommen werden. Vgl. BDA 1968, S. 101 f. Vgl. auch *Baethge*, Martin. S. 130 ff.

[121] Vgl. dazu *Bundesvereinigung der deutschen Arbeitgeberverbände* (Hrsg.): Dienstleistungen der Verbände. Fragebogen und Ergebnisse. O. O. (Köln), o. J. (1967), Frage 704—722 und 726—737.

[122] Vgl. z. B. BDA 1965, S. 127, BDA 1966, S. 130 ff., BDA 1967, S. 116 und BDA 1968, S. 126.

[123] Vgl. z. B. BDA 1968, S. 125 ff. und 148 ff. Die BDA sucht Kontakte zu kritischen Presseorganen. Die Zielgruppen sind z. B. Fernsehjournalisten und Redakteure der Gewerkschaftspresse. Sie werden zur Geschäftsführerkonferenz eingeladen: vgl. Wirtschaftswoche 13/71.

[124] Vgl. o. V.: Funktionen im Wandel. S. 23.

[125] Vgl. zu den Voraussetzungen und zur Durchsetzung des Entgegnungsanspruchs nach § 11 Reichspressegesetz: *Bartsch*, Hellmuth: Das Recht der Verbände zur öffentlichen Entgegnung auf Presseveröffentlichungen. In: Die Verbandsgeschäftsführung, 1961, Heft 6, S. 1 ff. und Heft 7, S. 10 ff. Der Inhalt des § 11 Reichspressegesetz wurde in die Landespressegesetze übernommen. Zur urheberrechtlichen Argumentation: vgl. Spiegel 53/70.

nung, daß daher z. B. das Alleinbestimmungsrecht der Unternehmer gegenüber den Mitbestimmungsansprüchen der Gewerkschaften erhalten bleiben müsse, daß das Selbstbestimmungsrecht z. B. zum Zusammenschluß (!) nicht eingeengt werden dürfe, daß Fusionskontrolle und Steuerfluchtbekämpfung die Investitionsneigung der Unternehmer dämpfe oder daß an den Preissteigerungen die hohen Löhne und die ständigen Lohnforderungen der Gewerkschaften schuld seien.

Inwieweit die persönliche Beeinflussung Erfolge hat, läßt sich nur schwer feststellen. Die Adressaten des Einflusses können bei sich selbst Meinungs- und Überzeugungsänderungen beobachten. Meist werden sie jedoch die Beeinflussungen nicht bewußt erleben und sich daher auch nur ungenau, wenn überhaupt, erinnern. Diese Sachverhalte lassen auch bei Befragungen nur ungenaue, wenig zuverlässige und objektive Ergebnisse erwarten. Die Befragten sind wahrscheinlich nicht nur in ihrem Erlebnis- und Erinnerungsvermögen, sondern zudem auch in ihrem Ausdrucksvermögen überfordert. Den Beeinflussungserfolg bei den Willensbildnern in den Bildungsinstitutionen könnte man vielleicht danach beurteilen, wie oft Verbandsvertreter nach der Beeinflussung[126] zu Interviews, Podiumsdiskussionen, „Fernseh-Hearings", zur Vorbereitung von Artikeln und Sendungen eingeladen oder um Aufsätze und andere Beiträge gebeten werden. Ein indirektes Maß des Beeinflussungserfolgs könnte auch die zugestandene Redezeit oder der eingeräumte Spaltenraum sein. Mittels qualitativer und quantitativer Aussagenanalysen könnte man feststellen, wie oft Verbandsvertreter und Verbandspresse zitiert werden. Man könnte die Berichterstattung und Kommentierung auf ihre verbandsfreundliche Einstellung und auf ihr Wohlwollen gegenüber den Anliegen der Mitglieder untersuchen[127].

Die Beeinflussung der Meinungsbildner und der Öffentlichkeit kann bereits ein Oberziel der Mitglieder sein, so daß der Beeinflussungserfolg gleichzeitig einen Verwertungserfolg darstellt. Konsequenzen dieser Erfolge für andere Zielerfüllungen sind meist beabsichtigt, aber nicht immer feststellbar.

134. Public-Relations-Kampagnen von Verbänden

Neben dem Umweg über die Willensbildner versuchen die Verbände die Öffentlichkeit unmittelbar zu beeinflussen. Sie kaufen Sendezeiten

---

[126] Bei kontinuierlicher Beeinflussung kann man diese Erhebungen zu verschiedenen Zeitpunkten während des Beeinflussungsprozesses vornehmen.

[127] Vgl. z. B. die für die Einzelhandelsverbände negativen Kommentare in der SZ gegen die Verteidigung des Ladenschlußgesetzes durch Einzelhandelsverbände (und Gewerkschaften) „Das Zwangskartell gegen den Verbraucher hält" (SZ 28/72) und „‚König', der abends nichts mehr gilt" (SZ 179/72).

im Werbefernsehen und „Seiten“ in Zeitungen und Zeitschriften, stellen Werbefilme her[128] und fördern die Produktion von Industriefilmen[129]. 1971 startete der Bundesverband des Deutschen Güterfernverkehrs (BDF) eine neue Public-Relations-Kampagne. In Fernsehspots, Zeitungs- und Zeitschriftenanzeigen, mit einer Informationsschrift und mit Aufklebeschildern für Autos wirbt der Verband um Sympathie für seine Mitglieder[130]. Die Benützer der Straßen, insbesondere der Autobahnen, sollen von der Unentbehrlichkeit der Lastkraftwagen für den Transport und die Unvermeidbarkeit gewisser Unannehmlichkeiten für die übrigen Verkehrsteilnehmer überzeugt werden. Dabei wird auf den hauptsächlichen Vorteil des Transports mit Lastkraftwagen hingewiesen: die individuelle Bedienung der Kunden[131]. Gleichzeitig will sich der Güterfernverkehr mit Lastkraftwagen als „Institution“ gegenüber den „nationalen Institutionen“ Deutsche Bundesbahn und Deutsche Lufthansa profilieren. Da die letzte Kampagne eine zu „negative“ Konzeption hatte und in der Öffentlichkeit auch negativ aufgefaßt wurde[132], versucht man dieses Mal eine neue „positive“ Konzeption zu verwirklichen. Die heitere Werbefigur „Brummi“ soll helfen, das Klima auf den Straßen zu verbessern, d. h. eine Brücke des Verständnisses zwischen den Verkehrsteilnehmern schaffen. Eine Untersuchung hat nämlich kürzlich ergeben, daß Lastkraftwagen als „lebensgefährliche Ungeheuer“ empfunden und diese Gefühle auf die Fahrer übertragen werden, die bei vielen als „Rüpel“, als aggressiv, rücksichtslos und gewalttätig gelten. Ebenso wurde festgestellt, daß die Fahrer selbst Haßgefühle gegen ihren Lastkraftwagen entwickeln. Die Kampagne richtet sich also auch an die Fahrer. Eine ähnliche Kampagne veranstaltete 1970 und 1972 der Bundesverband Deutscher Banken in einer Reihe von Publikums- und Fachzeitschriften[133]. Die Unkenntnis über Tätigkeit und Funktion der Banken macht seiner Auffassung nach die Selbstdarstellung notwendig. In den Anzeigen wird mit verbaler Argumentation versucht, die Öffentlichkeit z. B. von der größeren Effizienz des

---

[128] Vgl. z. B. BDA 1968, S. 124 f.

[129] Vgl. z. B. BDA 1967, S. 117 und BDA 1968, S. 130 f.

[130] Vgl. HB 3/71 und Spiegel 3/71.

[131] Die Chance, gleich bis ans Ziel, d. h. gleich bis ans „Fließband“, bis vors „Geschäft“ oder bis an die „Baustelle“ fahren zu können, wird herausgehoben.

[132] Das Hinweisschild „Dieser Lastzug zahlt jährlich 20 000 Mark Steuern“ wurde von der Bevölkerung zum Teil so aufgefaßt, daß der genannte Betrag an der Ausrüstung, d. h. an der Sicherheit des Fahrzeugs, eingespart worden sei. Vgl. Spiegel 3/71.

[133] Vgl. HB 249/69.

Universalbanksystems gegenüber dem Spezialbanksystem[134], von der Unerläßlichkeit des Sachverstands unternehmerisch denkender Bankenvertreter in den Aufsichtsräten[135], von der geringen Bedeutung der Bankbeteiligungen als Quellen der Bankenmacht, von der Begrenzung ihrer Macht durch den Wettbewerb, von der hohen Qualität der Bankausbildung[136], von der Notwendigkeit der freien Entscheidung der Sparer über ihre Vermögensbildung[137] und von den angemessenen Gewinnen der Banken zu überzeugen. In der Kampagne 1972 forderten sie u. a. „Stabilität" in der Wirtschaftspolitik für den Sparer, rechtfertigten die Einführung von Kontoführungsgebühren und traten gegen die Überforderung des Kapitalmarktes v. a. durch die „öffentlichen Hände" ein.

Eine Kampagne etwas anderer nicht ganz so systematischer Art führten der Ring und der Verband Deutscher Makler. Sie werden vom Zentralverband der Deutschen Haus- und Grundeigentümer unterstützt[138]. Angesichts der Preissteigerungen auf dem Wohnungs- und Grundstücksmarkt und angesichts der kritischen Kommentierung des Geschäftsgebarens vieler Immobilienmakler haben sie erkannt, daß das Image ihrer Mitglieder „ins Zwielicht" geraten ist. In Pressemeldungen, lancierten Artikeln der Verbandsmanager[139], Pressekonferenzen, in Interviews, Leserbriefen und Fernsehdiskussionen versuchen sie, die Argumente der Angreifer zu entkräften, die verbandlichen Gegenmaßnahmen darzustellen und öffentliche Maßnahmen zu fordern. Man beruft sich vordergründig auf die Preisbildung durch Angebot und Nachfrage und übersieht dabei geflissentlich den heterogenen Charakter und die beschränkte Vermehrbarkeit der Immobilien. Die Maklerverbände stellen Berufsgrundsätze und Wettbewerbsregeln auf, haben eine Maklerschule gegründet und gehen gegen „unseriöse" Mitglieder mit Strafanzeigen vor. Manche Makler kooperieren mit Banken und versuchen so, ihr Image zu verbessern. Sie haben ein Maklerzulassungsgesetz erreicht[140] und schlagen die Einrichtung von Volkswohnungswerken vor, lehnen aber städtische Wohnungsvermittlungszentralen ab.

---

[134] Die Kritik behauptet nämlich, daß das Universalbankprinzip, das Depotstimmrecht und die stillschweigenden Absprachen eine „Omnipotenz" der Banken begründen. Vgl. Spiegel 4/71.

[135] Die Bankenvertreter wählen sich mit der Vollmacht der Aktionäre „selbst" in die Aufsichtsräte.

[136] Nachwuchswerbung kann der gewollte Nebeneffekt sein.

[137] Die Gewerkschaften sollen nicht in Tarifverträgen die Art der Vermögensanlage und das Bankinstitut bestimmen können, meint der Verband.

[138] Vgl. z. B. HB 190, 193, 199, 203, 204/70, 10, 21/71 und SZ 34/71.

[139] Vgl. z. B. HB 199/70.

[140] Danach werden Zuverlässigkeit und Vermögensverhältnisse eines Bewerbers überprüft. SZ 238/72.

135. *Anwendung der Methoden der Werbeerfolgskontrolle*

Solche Kampagnen richten sich zwar unmittelbar, jedoch nicht „persönlich" an die Meinungsbildner in der Öffentlichkeit. Zur Erforschung der Werbewirkungen hat die Werbeerfolgskontrolle eine Reihe subjektiver und objektiver Verfahren[141] entwickelt. Mittels repräsentativer Leser-, Hörer- und Zuschaueranalysen[142] kann man versuchen, (ex post) erlebte und erinnerte Einflußerfolge zu erheben. Die Befragten können angeben, ob sie auf die Werbebotschaft aufmerksam wurden, ob sie sie wiedererkennen, ob sie sich an sie erinnern, ob sie ihr Interesse gefunden hat und ob sie sie überzeugt hat. Sie können auch zu den entsprechenden Erfolgen der gesamten Kampagne befragt werden. Mit Expertenbefragungen und Aussagenanalysen kann man (ex ante) die Eignung der Werbebotschaften, Beeinflussungswirkungen zu erzielen, untersuchen. Daneben besteht die Möglichkeit, in „objektiven", „psychotechnischen" Tests (ex ante) die psychischen Wirkungen bei den Zielpersonen ermitteln[143]. Die Ergebnisse dieser subjektiven und objektiven Prüfverfahren helfen bei der wirksamen Gestaltung der Werbemittel und bei ihrer optimalen Streuung auf die Werbeträger. Die Werbeforschung hat nämlich erkannt, daß Beeinflussungserfolge um so nachhaltiger sind, je „gestaltfester", d. h. je „prägnanter" die Werbemittel sind und nicht je häufiger sie eingesetzt werden[144]. Beeinflussungserfolge sind weiter um so größer, je genauer die Werbebotschaft auf die Meinungsführer in den Zielgruppen gestreut ist[145].

Die besonderen Probleme der Werbeerfolgskontrolle — wie allgemein der Erfolgskontrolle von Informationsleistungen — bestehen unseres Erachtens in den Schwierigkeiten der Zuordnung von Werbemitteln und Werbewirkungen sowie in der unvollkommenen Meßbarkeit der Beeinflussungserfolge.

Schmölders ist aufgrund seiner Untersuchung zu der Überzeugung gelangt, daß die Öffentlichkeitsarbeit für die Verbandsgeschäftsführungen „keine so große Bedeutung" hat, obwohl sie sehr häufig als Verbandsaufgabe genannt wird[146]. Er führt seine Ansicht darauf zurück, daß die Verbände Leistungen für die Öffentlichkeitsarbeit angeben, die in ihrer Wirkung vor allem auf die Mitglieder beschränkt sind, und daß viele Verbandsführungen glauben, die Öffentlichkeit sei gegenüber dem Verbandswesen allgemein und ihrem Verband(sbe-

---

141 Vgl. *Nieschlag*, Robert, *Dichtl*, Erwin, *Hörschgen*, Hans. S. 525 f.

142 Vgl. ebd., S. 533 ff.

143 Vgl. ebd., S. 526.

144 Vgl. ebd., S. 286.

145 Vgl. ebd., S. 288 f.

146 Vgl. *Schmölders*, Günter: Das Selbstbild. S. 199 sowie 172, 219 und 230.

reich) im besonderen positiv eingestellt[147]. Unseres Erachtens geht es aber bei der Öffentlichkeitsarbeit der Verbände in erster Linie um das Verständnis für die Probleme der Mitglieder (mit der Umwelt) und um die Unterstützung bei der Lösung dieser Probleme sowie um ein positives Bild vom Unternehmer allgemein und erst in zweiter Linie um die Anerkennung der Verbände. Auf dem ersten Gebiet bleibt — trotz der zum Teil recht positiven Einstellung zum Unternehmer in der Bundesrepublik[148] — für die Verbände noch viel zu tun[149].

14. Rechtsberatung und Prozeßvertretung

Rechtsberatung und Prozeßvertretung sind Leistungen bzw. Teilleistungen, mittels derer eine bestimmte Rechtslage herbeigeführt werden soll, die Umweltadressaten und Mitarbeiter der Mitgliedsunternehmen zu einem für die Mitglieder günstigen Verhalten verpflichten kann.

141. Gesetzliche Regelung

Rechtsbesorgung durch Verbände auf berufsständischer oder ähnlicher Grundlage bedarf keiner besonderen Erlaubnis[150]. Rechtsbesorgung umfaßt Rechtsberatung und Rechtshilfe, d. h. Aufklärung in Rechtsfragen, Hinweis auf rechtliche Konsequenzen eines bestimmten Verhaltens, Empfehlungen zu einem bestimmten Verhalten, Hilfe bei Vertragsentwürfen, Mahnschreiben, Schriftsätzen und Eingaben an Gerichte und Behörden, Erarbeitung von Einheitsverträgen und Einheitskonditionen sowie Sammlung von Unterlagen für die rechtliche Durchsetzung von Ansprüchen[151]. Die Rechtsbesorgung durch Prozeßvertretung ist dagegen grundsätzlich den Rechtsanwälten vorbehalten[152]. Im Verfahrensrecht sind Ausnahmen kodifiziert[153].

---

[147] Vgl. ebd., S. 157. Vgl. auch die Ergebnisse auf die entsprechende Frage auf S. 173, 221 und 231.

[148] Vgl. *Schmölders*, Günter: Das Bild vom Unternehmer in der Bundesrepublik Deutschland. In: Der Unternehmer im Ansehen der Welt. Hrsg. v. G. Schmölders. Bergisch Gladbach 1971, S. 15 f. und 17 ff.

[149] Die Unternehmer fühlen sich „auf der Anklagebank" der öffentlichen Meinung (vgl. z. B. Wirtschaftswoche 3/72). Sie suchen nach einem neuen Selbstverständnis, das die Grundlage ihrer ganzen Public-Relations-Arbeit werden soll: Unternehmer üben „Dienstleistungsfunktion innerhalb der Gesellschaft" aus. (Vgl. Wirtschaftswoche 3/72). Die Unternehmer befinden sich u. a. deshalb „im Zerrspiegel", weil die Veröffentlichungen ihrer Verbände „seit Jahr und Tag durch negative Einstellungen gekennzeichnet" sind (Vgl. SZ 177/72).

[150] Vgl. Art. I § 7 Rechtsberatungsmißbrauchsgesetz.

[151] Vgl. *Bartsch*, Hellmuth: Rechtsberatung durch Verbände. In: Die Verbandsgeschäftsführung. (1961), Heft 12, S. 7 f.

[152] Vgl. § 157 ZPO.

Eine zusätzliche Möglichkeit, sich für ihre Mitglieder einzusetzen, haben die Verbände in der Beistandspflicht im Steuerermittlungs- und -festsetzungsverfahren als „Berufsvertretung" für den Steuerpflichtigen (§ 188 AO) und als „Sachverständige" der Finanzbehörden (§ 206 AO)[154]. Mit diesen Vorschriften werden nicht nur die „Selbstverwaltung" der Wirtschaft anerkannt, sondern auch den Wirtschaftsverbänden Einflußmöglichkeiten zugunsten ihrer Mitglieder eingeräumt. Interessenstandpunkte sind oft schwer vom Allgemeinwohl zu unterscheiden[155]. Die Verbände unternehmen auch alles, um ihren Standpunkt in Übereinstimmung mit gesellschafts- und wirtschaftspolitisch anerkannten „höheren Werten" darzustellen[156].

142. Rechtsberatung und Rechtsvertretung

Rechtsberatung und Prozeßvertretung spielen bei den Arbeitgeberverbänden[157], aber auch bei den Wirtschaftsfachverbänden eine große Rolle[158]. Während es sich bei den Arbeitgeberverbänden meist um Rechtshilfe und Rechtsvertretung gegenüber Arbeitnehmern, Betriebsräten und Gewerkschaften handelt, werden die Mitglieder von den Wirtschaftsfachverbänden hauptsächlich in Rechtsfragen gegenüber Konkurrenten und anderen Wirtschaftszweigen beraten und vertreten[159]. In beiden Fällen muß es sich um grundsätzliche Fragen handeln.

[153] Vgl. § 11 Arbeitsgerichtsgesetz, § 73 Sozialgerichtsgesetz, § 107 a AO, § 62 Verwaltungsgerichtsordnung, § 62 Finanzgerichtsordnung und § 12 Mieterschutzgesetz. Zu juristischen Einzelfragen vgl. *Bartsch*, Hellmuth: Prozeßvertretung durch Verbände. In: Die Verbandsgeschäftsführung. (1962), Heft 2, S. 13 ff. und Heft 3, S. 21 ff., ders.: Prozeßkostenerstattung bei Prozeßvertretung durch Verbände. In: Die Verbandsgeschäftsführung. (1962), Heft 8, S. 1 ff. und ders.: Spezialprobleme der Prozeßkostenerstattung bei Prozeßvertretung durch Verbände. In: Die Verbandsgeschäftsführung. (1962), Heft 9, S. 10 ff.

[154] Vgl. auch *Bartsch*, Hellmuth: Die Mitwirkung der Verbände im Steuerrecht. In: Die Verbandsgeschäftsführung. (1964), Heft 12, S. 2 ff. Die praktische Bedeutung dieser Vorschriften zeigt sich darin, daß im Reformentwurf der AO die Beistandspflicht der privatrechtlichen Verbände entsprechend § 188 AO nicht mehr vorgesehen ist (§ 120 Entwurf) und daß diese Verbände bzw. ihre Vertreter als Sachverständige (entsprechend § 206 AO) nicht mehr erwähnt werden (§ 108 Entwurf). Vgl. *Arbeitskreis für die Reform der Reichsabgabenordnung und ihrer Nebengesetze:* Reform der Reichsabgabenordnung. Schriftenreihe des BMF. Heft 13, Bonn 1970, S. 111 f. und 105 f.

[155] Vgl. *Bartsch*, Hellmuth: Die Mitwirkung, S. 8.

[156] Vgl. *Hondrich*, Karl Otto. S. 125 ff. und 161 ff.

[157] Vgl. die Ergebnisse der BDA-Umfrage auf die Fragen nach den Hilfen der Mitgliedsverbände beim Abschluß von Einzelarbeitsverträgen, Betriebsvereinbarungen und anderen Verträgen sowie nach der Übernahme der Prozeßvertretung. BDA (Hrsg.): Dienstleistungen der Verbände, Frage 301—318.

[158] Vgl. dazu z. B. die Geschäftsberichte der BAG von 1964 bis 1969.

[159] Vgl. z. B. die Rundschreiben der HDE vom 29. Mai 1970 zum Problemkreis „Ladenschlußgesetz", in dem anhand einer Urteilssammlung und anhand

Die Verbände liefern allgemeine Rechtsinformationen und führen vor allem Grundsatzprozesse[160]. Die Rechtsberatung reicht von der Herausgabe wissenschaftlicher Zeitschriften, wie der Sammlung arbeitsrechtlicher Entscheidungen der BDA, aktueller Informationsdienste zur Interpretation von Rechtsetzung und Rechtsprechung, von Merkblättern zu bestimmten Rechtsfragen[161] über die Bereitstellung von Musterverträgen und Erarbeitung von einheitlichen Konditionen bis zur persönlichen Beratung der Mitglieder bei Prozessen. Bei der Rechtsberatung und -vertretung muß man mehrere Stufen von Beeinflussungserfolgen unterscheiden. Bei der Beratung müssen die Informationen von den Mitgliedern erst noch angewendet werden, damit sie bei den jeweiligen Umweltadressaten Beeinflussungserfolge erzielen können. Angewendet werden sie erst, wenn man sich mit einem Adressaten auseinandersetzen muß. Bis dahin kann dieser Beeinflussungserfolg nur als ein potentieller Erfolg (Verwertbarkeit) festgestellt werden. Man kann die Rechtsinformationen einer (qualitativen) Inhaltsanalyse hinsichtlich ihrer Neuheit, Dringlichkeit, Verständlichkeit und ihrer Suffizienz unterziehen[162]. Der aktuelle Beeinflussungserfolg kann nur durch eine Analyse von Verträgen und Urteilen, die mit einer Befragung der Mitglieder verbunden ist, ermittelt werden. Nur so kann man in etwa erkennen, welche Vertragsbestimmungen oder Urteilsbestandteile auf Verbandsinformationen zurückgehen. Der Beeinflussungserfolg bei der Prozeßvertretung ist zuerst der Erfolg vor Gericht und die damit erzwingbare Verhaltensänderung bestimmter Adressaten.

Die Bewertung dieser Beeinflussungserfolge hinsichtlich der Folgen für die Mitgliederzielerfüllungen hängt von der Bedeutung des Gegenstands des Vertrags oder Urteils für die Mitgliederziele ab. So kann z. B. der Staat zu einer Steuererleichterung, zur Gewährung einer Subvention[163], zu einer Schadensersatzleistung[164] oder die Konkurrenz zu einem „lauteren" Verhalten gezwungen werden.

---

von Leitsätzen den Mitgliedern die Möglichkeit gegeben werden soll, die Verstöße der Konkurrenz gegen das Ladenschlußgesetz zu beurteilen, und ein ähnliches Rundschreiben vom 11. Oktober 1971 betreffend sog. „Kaffeefahrten" des ambulanten Einzelhandels.

[160] Vgl. *Becker*, Horst: Marketing. S. 16. Vgl. a. eine entsprechende Auskunft von Herrn Dr. Jürgen *Creutzig*, HDE, am 4. Februar 1972 in Köln.

[161] Die BAG forderte ihre Mitglieder z. B. auf, Rechtsverstöße der Verbrauchermärkte festzustellen und an die Geschäftsstellen mitzuteilen. In einem Merkblatt wurden die Möglichkeiten für die Verfolgung solcher Rechtsverletzungen zusammengestellt. Vgl. BAG 1968, S. 46.

[162] Vgl. a. unsere Ausführungen in C 231. Suffizienz bedeutet, daß zur Anwendung der Information keine weiteren Informationen benötigt werden.

[163] Vgl. die von den Einzelhandelsverbänden unterstützten, in der ersten Instanz erfolgreichen Bemühungen eines Einzelhandelsunternehmens zur Gewährung von Subventionen nach dem Investitionszulagengesetz. Vgl. Fußnote 108 in B 134 und unsere Ausführungen in C 112.

143. Die Betreuung von Grundsatzprozessen

Bei den folgenden Beispielen von Grundsatzprozessen ging aus den Unterlagen nicht immer eindeutig hervor, welche Rollen der Verband dabei übernommen hat, ob er nur informiert und beraten hat oder ob er auch die Prozeßvertretung übernommen hat. In einigen Fällen wurde der Grundsatzprozeß dazu benützt, Vorstöße zur Änderung von Gesetzen und Verordnungen zu führen.

Mit großer Sicherheit sind die Konsequenzen eines Verfassungsgerichtsurteils von 1965, das sich gegen den Fiskus richtet, zu bewerten. Mitglieder der BAG hatten offensichtlich mit deren Unterstützung eine Verfassungsbeschwerde angestrengt, die bewirken sollte, daß § 17 GewStG, die sog. „Zweigstellensteuer", als verfassungswidrig, weil gegen den Gleichheitsgrundsatz verstoßend, erklärt werden sollte. 1965 wurde er in seiner Geltung für Wareneinzelhandelsunternehmen für nichtig erklärt[165]. Die Opportunitätserlöse für das einzelne Mitglied (aber auch Nicht-Mitglied) ergeben sich aus der Differenz der Gewerbesteueraufwendungen mit und ohne Urteil. Da der Hebesatz für Zweigstellen bis zu drei Zehnteln über dem Hebesatz der übrigen Gewerbebetriebe in der jeweiligen Stadtgemeinde[166] liegen konnte, entsprach der eingesparte Aufwand maximal diesen drei Zehnteln vom Steuermeßbetrag. Bei einem Zeitvergleich des Gewerbesteuerbetrags vor und nach dem Urteil müßten Veränderungen des Gewerbekapitals und Gewerbeertrags konstant gehalten werden.

Der Deutsche Städtetag gab die Rückzahlungsverpflichtungen seiner Mitglieder insgesamt mit etwa DM 183 Millionen an. Diese Verpflichtungen hatten deshalb einen solchen Umfang angenommen, weil die Beschwerdeführer seit mehr als zehn Jahren Rechtsmittel eingelegt hatten. Den Mitgliedern der BAG war dieses Vorgehen wahrscheinlich von dieser empfohlen worden. Die laufenden Ausfälle schätzte der Deutsche Städtetag auf jährlich etwa DM 50 bis 60 Millionen[167]. Anfang

---

[164] Ein Bezirksverband des Einzelhandels regte den Grundsatzprozeß eines Mitglieds gegen seine Gemeinde an, in dem es um den Schadensersatz für die durch den Bau einer Untergrundbahn erlittenen Verluste ging. Der Verband beriet das Mitglied während der Dauer des Prozesses und sicherte die Prozeßführung finanziell ab. Nach sechseinhalb Jahren siegte der Einzelhändler, nachdem die Entscheidung durch alle Instanzen gegangen war, weil auch der Deutsche Städtetag die Streitfrage grundsätzlich geklärt haben wollte. Der Sieger erhielt einen Teil der geforderten Entschädigung. (Vgl. Auskunft von Herrn Dr. Jürgen *Creutzig*, HDE, am 4. Februar 1972.)

[165] Vgl. BAG 1965, S. 44.

[166] Es kommen wohl nur Städte als Standorte für Waren- und Kaufhäuser in Frage.

[167] Vgl. BAG 1965, S. 62 f.

Januar 1973 waren immer noch nicht alle Beträge erstattet, weil einige Fragen hinsichtlich der Höhe des Erstattungsanspruchs und der Rückzahlungsweise höchstrichterlich noch nicht entschieden waren[167a].

Gegen die Konkurrenz richteten sich die Bemühungen der BAG um die Abschaffung des § 6 Rabattgesetz. Diese Vorschrift bestimmte, daß Warenhäuser, Einheits-, Klein- und Serienpreisgeschäfte und Werkskonsumanstalten keinen Barrabatt in Höhe von 3 % vom Verkaufspreis gewähren durften. Diese von der BAG als „nationalsozialistische Kampfnorm" apostrophierte Bestimmung diskriminierte nach ihrer Meinung die genannten Handelsformen und war durch die Wettbewerbslage nicht mehr gerechtfertigt (Zusammenschlüsse des mittelständischen Einzelhandels). Sie wurde vom Bundesverfassungsgericht 1967 auch für nichtig erklärt[168].

Daß dieser Beeinflussungserfolg wohl zu keinen Konsequenzen für die Erfüllung von Mitgliederzielen geführt hat, mag daran liegen, daß die Waren- und Kaufhäuser, um die es hier im wesentlichen geht, in ihren Nettopreisen meist die entsprechenden Preise des übrigen Einzelhandels unterboten hatten. Sie sahen wohl daher keine Veranlassung, durch weitere Ertragsminderungen Kunden und Umsätze an sich zu ziehen. Nur bei preisgebundenen Artikeln konnte und kann der Barrabatt sichtbar werden. Seine Gewährung dürfte keine „spürbaren" Wettbewerbsvorteile[169] gebracht haben noch bringen, weil die Reaktionselastizität der Nachfrager auf diesen Preisnachlaß gering einzuschätzen ist. Infolge des allgemein gestiegenen Einkommens haben derartige Rabatte keine allzu große Bedeutung für die verfügbare Kaufkraft.

Schwierigkeiten bei der Bewertung von Beeinflussungserfolgen treten auf, wenn diese Erfolge sich nicht monetär ausdrücken lassen und der Kläger nur Teilerfolge erzielt. Der lokale Einzelhandel in Hannover hat z. B. 1964 über einen Verein zur Förderung des lauteren Wettbewerbs das Großhandelsunternehmen Ratio wegen eines Verstoßes gegen die Zugabeverordnung verklagt. Ratio gab an seine Kunden, Einzelhandelskaufleute, Kaufkarten aus, die sie an ihre Kunden weitergeben sollten. Durch diese Ausweise wurden die Verbraucher berechtigt, bei Ratio einzukaufen. Die Einzelhändler erhielten von den Umsätzen ihrer Kunden mit Ratio 4 % Provision[170]. Die Gerichte waren nicht der Auffassung, daß es sich dabei um eine verbotene Zugabe han-

---

[167a] Vgl. Auskunft von Herrn Hans Jürgen *Henkel*, Karstadt AG, am 19. Januar 1973.

[168] Vgl. BAG 1964, S. 59 ff. und BAG 1967, S. 77.

[169] Vgl. BAG 1967, S. 77.

[170] Vgl. BAG 1965, S. 63 f.

delte[171]. In einem weiteren Grundsatzprozeß hat dieser Verein Ratio vorgeworfen, daß bei der Kaufscheinausgabe der Kundenkreis sachlich keine fest umgrenzte Gruppe sei, deshalb ein Verkauf an jedermann vorliege und Ratio auch an die Ladenschlußzeiten gebunden sei. Das Bundesgericht lehnte diese Klage ab, verlangte jedoch, daß der Inhaber des Unternehmens dafür Sorge tragen müsse, daß kein „Verkauf an jedermann“ stattfinde[172]. Das Bundesgericht betonte jedoch auch, daß eine willkürliche Abgrenzung des Kundenkreises die Bindung an das Ladenschlußgesetz nicht aufhebe. Die BAG bemühte sich dann darum, das Ladenschlußgesetz hinsichtlich des Auswahlkriteriums der Kunden nach ihrer Stellung im Prozeß der Warenversorgung zu präzisieren[173]. Von verschiedenen Länderregierungen ergingen entsprechende Erlasse. Ausnahmeregelungen vom Ladenschlußgesetz in den Erlassen wurden bekämpft[174]. Inzwischen hat die Rechtsprechung eine Reihe von Abgrenzungskriterien für den „Verkauf an jedermann“ bzw. an eine „fest abgegrenzte Gruppe“ herausgearbeitet[175]. Sie bestätigen weitgehend die Auffassung der Einzelhandelsverbände über die Anwendung des Ladenschlußgesetzes auf Verbrauchermärkte.

Beeinflussungserfolge, wie sie in den beschriebenen Prozessen erzielt worden sind, können nur nominal gemessen werden. Entweder ist das Kaufscheinsystem ein Verstoß gegen die Zugabeverordnung oder nicht, entweder ist eine bestimmte Personengruppe willkürlich abgesteckt oder nicht[176]. Entweder muß sich der Verbrauchermarkt an die Ladenschlußregelung halten oder nicht.

Große Bedeutung haben solche Grundsatzprozesse nicht deshalb, weil damit ein Mitglied „sein Recht erhält“ und seine Prozeßführung verbilligt, sondern weil damit die Kriterien zukünftiger Entscheidungen von Zielpersonen und Zielgruppen fixiert werden. Da solche Erfolge allen Mitgliedern (aber auch Nicht-Mitgliedern) zugute kommen, ist es gerechtfertigt, daß alle Mitglieder die Aufwendungen der Prozeßführung tragen.

Wenn der Verband eine günstige Entscheidung für die Mitglieder erstreiten will, ist der Erfolg um so größer, je schneller der Prozeß siegreich durch alle Instanzen gebracht wird. Ist der Verband in der Verteidigung, weil die bestehende Regelung die Mitglieder begünstigt,

---

[171] Vgl. ebd., S. 46.

[172] Vgl. ebd., S. 45.

[173] Vgl. BAG 1966, S. 46.

[174] Vgl. BAG 1968, S. 48 f. und BAG 1969, S. 53 f.

[175] Vgl. die von der HDE aus der Rechtsprechung abgeleiteten Grundsätze: Rundschreiben „Ladenschlußgesetz“ vom 29. Mai 1970.

[176] Vgl. die Beispielsammlung: ebd.

und hat er nur geringe Aussicht auf Erfolg, so ist der Erfolg um so größer, je länger sich das endgültige negative Urteil hinauszögern läßt. Damit gewinnen die Mitglieder Zeit, sich auf die neue Lage umzustellen. Die teilweisen Mißerfolge und die Zeitverluste durch die über Jahre sich erstreckenden Verfahren gegen Ratio führten wahrscheinlich dazu, daß gerade den mittleren und kleineren Einzelhändlern in Hannover, welche nicht bei Ratio einkauften, Kunden und Umsätze verloren gingen. Gewinnschmälerungen dürften eingetreten sein. Allerdings läßt sich nicht feststellen, welche Beträge an Umsätzen und Gewinnen vorübergehend und für dauernd aufgrund der Konkurrenz von Ratio abgezogen wurden.

15. Gewinnung von Verbündeten

Die Koalitionsbildung mit Zielpersonen und Zielgruppen vor allem aus der engeren Umwelt des Verbandes ist eine wichtige Vorleistung für die Beeinflussung der übrigen Umwelt und von Mitgliedern. Die Beeinflussungserfolge, die hier erzielt werden, erleichtern die Beeinflussung der übrigen Umweltadressaten und der Mitglieder. Allerdings steht hinter dem Bündniserfolg nicht wie beim Rechtsberatungs- oder Rechtsvertretungserfolg die Möglichkeit, die Hilfe des Staates in Anspruch zu nehmen, um ihn zu verwirklichen. Dazu müßten Bündnisverträge geschlossen und bei Nichterfüllung eingeklagt werden. Hinter dem Beeinflussungserfolg „Koalitionsbildung" steht also nur die faktische Durchsetzungsmacht der Koalitionsteilnehmer. Die Verbände haben erkannt, daß ihre Beeinflussungsversuche leichter Erfolg haben (und vielleicht auch einen größeren Erfolg erbringen), wenn andere Verbände das gleiche fordern oder Experten gewonnen werden, die ihr Wissen zur Verfügung stellen. Es treten ähnliche multiplikative Beeinflussungserfolge auf wie bei der Öffentlichkeitsarbeit.

151. Formen der Koalitionsbildung

Beeinflussungsstrategien können bewußt aufeinander abgestimmt werden. Dazu werden z. B. die relativ losen Dachverbände, wie der Rat des Deutschen Handels, oder Arbeitskreise, wie der Arbeitskreis Spendenwesen[177], benützt. Geschäftsstellengemeinschaften und informelle Kontakte der Verbandsführer untereinander fördern die Koalitionsbildung. Oft ergibt sich ein koordiniertes Vorgehen auch dadurch, daß eine Entscheidung eines Umweltadressaten mehrere Gruppen be-

---

[177] Er gibt ein sog. „Spendenalphabet" heraus, in dem Spenden suchende Organisationen und Vorhaben hinsichtlich ihres Wirkens und ihrer Förderungswürdigkeit beurteilt werden. Es soll die Unternehmen vor „unzweckmäßigen" Spenden bewahren. Vgl. BAG 1967, S. 85 und BDA 1968, S. 26.

trifft und die jeweiligen Verbände im gleichen Sinne tätig werden, ohne sich vorher abzusprechen.

Die Zurechnung des Erfolgs der Koalition bei der Umwelt- oder Mitgliederbeeinflussung bereitet Schwierigkeiten. Nur selten läßt sich ermitteln, ob der Beeinflussungserfolg ohne Koalition nicht eingetreten wäre. Zur Zurechnung des Beeinflussungserfolgs auf einzelne Koalitionsmitglieder könnte man die Bedeutung der einzelnen Teilnehmer heranziehen. Vermutlich ist nämlich eine Koalition, an der ein Bereichsspitzenverband, wie der BDI, oder ein Verband, dessen Branche für Beschäftigung und Wachstum einer Volkswirtschaft von entscheidender Bedeutung ist (z. B. VDMA, VDA), teilnimmt, erfolgreicher bei der Beeinflussung von Adressaten als ein Bündnis von in dieser Hinsicht unbedeutenden Verbänden.

Die Bewertung des Erfolgs der Koalition für die Mitgliederzielerfüllung hängt, wie bei der Prozeßvertretung vom Prozeßgegenstand, vom Objekt der abgestimmten Einflußnahme und seiner Bedeutung für die Erfüllung von Mitgliederzielen ab (z. B. Erlangung einer Subvention).

Wenn die Hauptarbeitsgemeinschaft des Deutschen Landmaschinenhandels und die Vereinigung der Landmaschinenhersteller feststellen müssen, daß die Schlepperzulassungen stetig zurückgehen[177a], weil immer mehr Bauern ihren Betrieb einstellen, liegt die Erkenntnis auf der Hand, sich zu wenig um das Schicksal der einzigen Kunden gekümmert zu haben. Man bedauert, die Forderungen des DBV, die ja lange Zeit danach gingen und auch heute noch danach gehen, jedem Bauern seinen Bauernhof zu erhalten, nicht unterstützt zu haben. Jetzt werden die Forderungen der Bauern durch Eingaben unterstützt[178]. Die Unterstützung der Bauernverbandsforderungen durch diese Verbände dürfte jedoch keine große Bedeutung gehabt haben[179]. Sie besitzen keine großen Mitgliederzahlen (Wählerstimmen). Während die Erfüllung der Einkommensziele ihrer Mitglieder weitgehend von der Investitionsneigung der Landwirte abhängt, sind keine bedeutenden Wirtschaftszweige von ihnen abhängig. Der Anteil der Branche am Sozialprodukt[180] und ihre Bedeutung für die Beschäftigung und andere wirtschaftspolitische Ziele dürfte sehr gering sein. Wenn der DBV und die Bauern-

---

177a Im zweiten Halbjahr 1972 scheint sich die Lage gewendet zu haben. Im Januar und Februar 1973 war ein starker Anstieg der Schleppernachfrage zu verzeichnen. Vgl. SZ 71/73.

178 Vgl. HB 11/71.

179 Diese Unterstützung war wohl nicht entscheidend für die Verhandlungsergebnisse in Brüssel und in Bonn. Vgl. S. 94 f. dieser Arbeit

180 Vgl. HB 11/71. Die Branche hat 1970 nach Schätzungen etwa DM 3,7 Milliarden umgesetzt. Der Anteil am Bruttosozialprodukt dürfte etwa bei 0,5 % liegen.

verbände in Europa die Strukturverbesserungspläne der Kommission der Europäischen Gemeinschaften abwenden und statt dessen weiterhin immer höhere Einkommenssubventionen erreichen könnten, würde das natürlich bedeuten, daß viele Bauernhöfe „wider die wirtschaftliche Vernunft“ erhalten blieben. Das hätte für die Landmaschinenbranche die Folge, daß der Absatz und damit Umsatz, Ertrag und Gewinn nicht so schnell sinken würden wie vielleicht bisher. Auf die Dauer dürfte sich jedoch wegen der bekannten Kostenvorteile eine Strukturveränderung in Richtung auf größere Betriebseinheiten und auf „Maschinenringe“ durchsetzen. Es erscheint durchaus möglich, daß dann vielleicht weniger, dafür aber leistungsfähigere und neuartige Landmaschinen benötigt würden. So wäre wahrscheinlich eine Strukturveränderung auch für die Landmaschinenbranche von Vorteil.

152. Koalitionen zur Umweltbeeinflussung

Eine Koalition gegenüber dem DGB geht die Union der Leitenden Angestellten mit der BDA ein. Nach dem Motto „divide et impera“ unterstützt die BDA die Forderung dieser Union nach eigenen Sprecherausschüssen neben dem Betriebsrat. Der DGB will nämlich die leitenden Angestellten[181] als Arbeitnehmer betrachten und sie durch den Betriebsrat vertreten lassen. Die BDA empfiehlt ihren Mitgliedern, die Bildung eigener Sprechergruppen zu unterstützen, wo dies gewünscht wird. Bei der Ruhrkohle AG wurden bereits solche Ausschüsse gebildet, jedoch auf den Widerstand des DGB hin aufgelöst[182]. Diese Koalition sollte die Interessen der leitenden Angestellten gegenüber dem DGB unterstützen. Ihre Privilegierung z. B. durch eigene Sprechergruppen bedeutet, sie fester an die Unternehmen zu binden und die Einflußmöglichkeiten für die Unternehmensleitungen zu wahren. Wenn auch die Gründung von Sprecherausschüssen fehlschlug, so verdanken es die leitenden Angestellten der BDA und ihrem Einfluß auf die FDP, daß im Regierungsentwurf keine Bestimmung aufgenommen wurde, daß die leitenden Angestellten durch den Betriebsrat vertreten werden[183]. Wie im Betriebsverfassungsgesetz 1952 findet auch das entsprechende Gesetz von 1972 keine Anwendung auf leitende Angestellte (§ 5 Abs. 3 BetrVG).

Die Koalition zwischen Verlegern und Buchhändlern bzw. zwischen ihren Verbänden ist notwendig, um eine möglichst lückenlose Bindung

---

[181] Zu den Abgrenzungsschwierigkeiten der leitenden Angestellten vgl. Wirtschaftswoche 17/71.

[182] Vgl. SZ 41, 43/71 und HB 34, 37, 50, 52/71. In 15 anderen Unternehmen sollen bereits Sprecherausschüsse der leitenden Angestellten arbeiten. Vgl. Wirtschaftswoche 17/71 und Manager-Magazin, 4/73, S. 71.

[183] Vgl. Spiegel 5/71 und Wirtschaftswoche 17/71.

der Einzelhandelspreise und die Einhaltung einheitlicher Geschäftsbedingungen zu garantieren. Im GWB sind Konditionenkartelle vom generellen Kartellverbot (§ 2) und die vertikale Preisbindung von Verlagserzeugnissen vom Verbot sonstiger Wettbewerbsbeschränkungen ausgenommen (§ 16). Bis zum Inkrafttreten des GWB überwachte der Börsenverein des Deutschen Buchhandels, ob die Einheitskonditionen sowie die horizontale und vertikale Preisbindung, wie sie in der Verkehrs- und Verkaufsordnung des Buchhandels niedergelegt worden waren, eingehalten wurden[184]. Danach durfte er nicht mehr marktregulierend tätig sein. Deshalb wurde ein rechtlich selbständiges Konditionenkartell gegründet[185] und die Überwachung der Sammelpreisbindungsverträge zwischen Verlegern und Buchhändlern auf ein Treuhandbüro übertragen[186]. Das vom Bundeskartellamt geduldete Sammelreverssystem bedeutet faktisch auch eine horizontale Preisbindung. Das Treuhandbüro sammelt Informationen über Verstöße, gibt sie öffentlich und auf Anfrage bekannt, verwarnt den verstoßenden Buchhändler, veranlaßt eine Buchprüfung, verhängt die Vertragsstrafen und kann eine einstweilige Verfügung auf Unterlassung erwirken. Der Verleger kann die Lieferungen an den Buchhändler einstellen[187]. Die für die weitgehend lückenlose Einhaltung dieser Vereinbarungen unerläßliche Abstimmung zwischen Verlegerverband und Börsenverein[188] wird dadurch erleichtert, daß viele Verleger in ihrer Eigenschaft als Händler auch Mitglied des Börsenvereins sind[189]. Die Kooperation zwischen Verlegern und Händlern bringt beiden Seiten Vorteile. Sie erhält den Verlegern die Autonomie in der Preispolitik, erschwert aber Preisänderungen (Anmeldeverfahren). Die Preisverhandlungen mit den Buchhändlern konzentrieren sich auf die Preisnachlässe. Hersteller und Händler können Preise und Umsätze genau berechnen. Sie können sich also rasch einen Überblick über Umsätze und Gewinne verschaffen. Die Höhe der Gewinne ist eine Frage der Verhandlungsmacht und der Wirtschaftlichkeit der Leistungserstellung. Bestellung, Rechnungsstellung und Buchhaltung werden vereinfacht. Die Spannen, die diese gebundenen Preise gewähren, erhalten einer Vielzahl von Buchhänd-

---

[184] Vgl. *Franzen*, Hans, *Schwartz*, Gustav: Preisbindungsfibel für den Buchhandel. München usw. 1966, S. 63.

[185] Vgl. ebd. S. 6.

[186] Vgl. ebd. S. 40 f.

[187] Vgl. ebd. S. 46 f.

[188] Vgl. ebd. S. 57 ff.

[189] Vgl. o. V.: Der Börsenverein des Deutschen Buchhandels. Organisation, Aufgaben, Tätigkeit. Schriftenreihe des Börsenvereins des Deutschen Buchhandels, Band 1, Frankfurt 1968, S. 23.

lern[190], aber auch Verlegern die wirtschaftliche, selbständige Existenz. Ökonomisch gesehen ist es nicht sinnvoll, einer Reihe von Verlegern und etwa zwei Dritteln aller Buchhandlungen, die kaum rentabel arbeiten können, die Existenz zu sichern. Kulturpolitisch ist es aber wünschenswert, daß Verleger auch Mittel zur Verfügung haben, schwierige Titel aufzulegen, daß also ein reichhaltiges Angebot bereitsteht und die Handelsdichte erhalten bleibt. Die Buchhandlung wird als Informationszentrum mit einem reichen Sortiment an zusätzlichen Leistungen („individuelle Beratung") gesehen[191]. Alle diese Zielerfüllungen können konstatiert werden. Ihr Umfang könnte nur dann genau bestimmt werden, wenn das Institut der vertikalen Preisbindung aufgegeben würde, weil dann mindestens die Hälfte bis zwei Drittel aller Buchhandlungen aus dem Markt ausscheiden dürfte, denn dann können nur noch Bücher und Zeitschriften gedruckt werden, die hohe Auflagen versprechen. Damit würden die Informationschancen vieler Menschen beschränkt werden. Die befürchteten Konsequenzen haben die Koalition der Verleger und Händler bisher gegen alle Angriffe mehr ökonomisch denkender Verleger und Händler[192] zusammengehalten.

Die Schneidwaren-, die Glas- und die Porzellanindustrie sind durch das gemeinsame Spülmaschinen- und Spülmittelproblem zur Kooperation in der „Arbeitsgemeinschaft Geschirrspülmaschine" veranlaßt worden. Ihre Produkte, Bestecke, Glas- und Porzellanwaren, „sitzen" gemeinsam in der Geschirrspülmaschine und sind der Gefahr der Korrosion durch die Spülmittel bzw. des Bruchs und des Verkratzens ausgesetzt. Diese Koalition hat gegenüber den Herstellern von Spülmaschinen und Spülmitteln einen gemeinsamen Großversuch durchgesetzt, bei dem alle Spülgüter gleichzeitig beteiligt sind[193]. Es wird eine gemeinsame Lösung des Spülproblems erarbeitet. Das ist der Bündniserfolg. Inzwischen ist ein damit bezweckter Umweltbeeinflussungserfolg erreicht worden. Korrosionsfördernde Spülmittel sind vom Markt verschwunden[194].

Die Bewertung dieses Erfolgs, z. B. für die Ziele von Schneidwarenherstellern, ist nur ungenau möglich. Ihre Kunden werden zufriedener sein. Die Schneidwarenhersteller brauchen nicht mehr korrosionsunempfindliche Legierungen zu suchen. Forschungsaufwand kann eingespart bzw. die Mittel können für andere Forschungszwecke bereit-

[190] Etwa ein Drittel von 3368 Buchhändlern hat einen Jahresumsatz unter DM 100 000 und ein weiteres Drittel zwischen DM 100 000 und 250 000. Vgl. HB 184/70.

[191] Vgl. HB 184/70.

[192] Vgl. z. B. HB 122/70.

[193] Vgl. FSI 1969, S. 21.

[194] Auskunft von Herrn Hermann *Pyro*, FSI, am 12. Mai 1970 in Solingen.

gestellt werden, zumal das Forschungsinstitut der Schneidwarenindustrie bereits versucht hat, zusammen mit der Edelstahlindustrie eine geeignete Stahllegierung zu finden[195].

153. Gewinnung von Experten zur Mitgliederbeeinflussung

Die Verbände suchen nicht nur Verbündete zur Beeinflussung der Umwelt, sondern auch zur Beeinflussung der Mitglieder. Sie verschaffen ihren Mitgliedern Informations- und Beratungschancen, indem sie ihnen „vertrauenswürdige“ Berater empfehlen[196]. Die BAG lädt z. B. regelmäßig Mitarbeiter des Instituts für Handelsforschung der Universität Köln ein, als Gäste an den sie interessierenden Sitzungen ihrer Arbeitskreise teilzunehmen[197]. Dadurch gewinnt sie potentielle Referenten für ihre Seminare und andere Weiterbildungsveranstaltungen, Sachverständige für Umfragen und andere Untersuchungen bei den Mitgliedern, Anreger und Berater für die eigene Arbeit und für die der Mitglieder. Dieser Bündniserfolg kann anhand der für verschiedene Fachbereiche zur Verfügung stehenden Zahl von freiberuflichen Mitarbeitern und Beratern beurteilt werden. Die Empfehlung durch den Verband kann das Vertrauen des Mitglieds in den jeweiligen Experten stärken, besonders wenn dem Mitglied keine sonstigen Beurteilungsmöglichkeiten zur Verfügung stehen. Die Empfehlung erspart die Aufwendungen für die Suche nach einem geeigneten Berater.

Ein besonderer Fall der Kooperation zwischen Verbänden zur Mitgliederzielförderung ist der „Freundschaftsvertrag“ zwischen der HDE und der Bundeskammer der Steuerbevollmächtigten. Die Beratungsgesellschaft der HDE, die BBE, empfiehlt ihren „Kunden“, ihre Finanzbuchhaltung über die elektronische Datenverarbeitung der Bundeskammer der Steuerbevollmächtigten abwickeln zu lassen. Die BBE verzichtet auf die Errichtung einer eigenen Anlage. Die Steuerbevollmächtigten weisen ihre Klienten aus dem Einzelhandel auf die Beratungsdienste der BBE hin. Die EDV-Anlage der Bundeskammer der Steuerbevollmächtigten wird in Genossenschaftsform betrieben, 5400 Steuerbevollmächtigte sind bereits Genossen. 200 000 Betriebe haben ihre Finanzbuchhaltung schon auf diese Genossenschaft ausgegliedert. Die Kapazität der Anlage soll bis 1972 auf 400 000 Betriebe ausgebaut werden. Man rechnet mit 10 000 Genossen[198]. Eine ähnliche Kooperation besteht zwischen dem Fachverband Deutscher Eisenwaren- und Hausrathändler und einem EDV-Zentrum in Krefeld[199].

---

[195] Vgl. FSI 1969, S. 22 f.

[196] Vgl. *Adels*, Helmut: Betriebswirtschaftliche Verbandsarbeiten. S. 19.

[197] Vgl. BAG 1967, S. 95 und BAG 1969, S. 74 f.

[198] Vgl. HB 242/70 und SZ 6/71.

[199] Vgl. HB 26/71.

Die Ausgliederung der Finanzbuchhaltung erspart den Mitgliedern Aufwendungen. Die Opportunitätserfolge sind in der Differenz zwischen dem Aufwand bei interner und externer Buchhaltung zu sehen. Der Zeitvergleich der Aufwendungen vor und nach der Ausgliederung wird dadurch erschwert, daß die Ergebnisse der Finanzbuchhaltung nach der Umstellung wahrscheinlich schneller und fehlerloser zur Verfügung stehen dürften. Die Umstellung auf elektronische Datenverarbeitung führt zwangsläufig auch zu einem Überdenken und eventuell zu einer Verbesserung des Systems der Finanzbuchhaltung. Neue Auswertungen der Finanzbuchhaltung werden ohne großen zusätzlichen Aufwand erschlossen. Der Informationsstand der Unternehmensführung wird verbessert.

154. Zwischenergebnis

Bei der Gewinnung von Verbündeten ist man versucht, nicht die unmittelbaren Bündniserfolge zu ermitteln, sondern gleich auf die durch die Koalition erzielten Umwelt- und Mitgliederbeeinflussungserfolge zu schließen. Der Bündniserfolg könnte zunächst darin gesehen werden, welche und wieviele der möglichen und erwünschten bzw. notwendigen Partner gewonnen worden sind. Die Partner könnte man nach ihren Überzeugungschancen, z. B. nach ihren Fähigkeiten und nach ihren Durchsetzungschancen, d. h. nach ihren sozialen Kontakten, nach ihren Mitgliederzahlen, nach ihrer Bedeutung für die Wirtschaftspolitik und nach ihren Privilegien beschreiben. Eine solche Analyse könnte Ansatzpunkt für die Zurechnung von Beeinflussungserfolgen auf die Mitglieder der Koalition sein.

16. Die besonderen Probleme der Erfolgsbeurteilung der Umweltbeeinflussung

161. Das Stufentheorem des Erfolgs

Die Analyse der Umweltbeeinflussung hat gezeigt, daß die Verbandsleistungen fast immer nur eine *Teilursache* für Beeinflussungserfolge und daß diese Erfolge nur Teilursachen für Erfüllungen verschiedener Mitgliederziele sind. Voraussetzung ist dabei natürlich, daß die Adressaten bzw. die Zielpersonen die Informationen des Verbandes aufnehmen (Beanspruchungserfolg)[199a] und verarbeiten. Dieser Erfolg muß bei allen Verbandsleistungen eintreten, wenn Beeinflussungs-

---

[199a] Obwohl dieser Erfolg von dem Informationsbedarf der Zielpersonen und der Beurteilung des Informationsangebots durch die Zielpersonen abhängt, betrachten wir ihn als Vorerfolg des Verbandbetriebs. Vgl. a. unsere Ausführungen in D 41.

erfolge erreicht werden sollen[199b]. Es haben sich also grundsätzlich *drei Erfolgsstufen* ergeben, die final miteinander verknüpft sind. Die Konsequenzen des Beeinflussungserfolgs sollen in erster Linie Ziele der Mitglieder fördern[200]. Je nach der Beeinflussungsstrategie treten unterschiedliche *Beeinflussungsvorerfolge* auf, die in instrumentaler Beziehung zum letztlich gewollten Beeinflussungserfolg stehen. Solche Erfolge sind die Überzeugungserfolge bei den Zielpersonen in den Bildungsinstitutionen, „Werbungserfolge" in der Öffentlichkeit, Überzeugungserfolge vor Gerichten und Bündniserfolge. Je mehr solcher Vorerfolge notwendig sind, um den „eigentlichen Beeinflussungserfolg" zu erreichen, um so „teurer" wird der Erfolg bezahlt. Von der *Bewertung der möglichen Konsequenzen* dieses Erfolgs für die Mitgliederziele hängt es ab, wieviel man sich diesen Erfolg „kosten" läßt.

Um den Beitrag der Verbandsleistungen zu diesen Zielerfüllungen beurteilen zu können, müssen folgende Feststellungen getroffen werden:

— Adressat, Entscheidungsgegenstand und dessen Meßfähigkeit
— Interessen der Mitglieder, der Adressaten und der Konkurrenten des Verbandes bei der Beeinflussung
— Durchsetzungsmacht des Verbandes und seiner Konkurrenz sowie Beeinflussungswiderstand der Adressaten
— Zurechnung des Beeinflussungserfolgs auf die Beteiligten
— Beginn und Ende des Beeinflussungsprozesses
— Bewertung der Konsequenzen für die Mitgliederziele und Dauer der Wirkung
— Ausschluß von Nicht-Mitgliedern bei der Nutzung der Erfolge.

162. Adressaten der Verbandsbeeinflussung, Entscheidungsgegenstände und Meßfähigkeit der Entscheidungsgegenstände

Adressaten des Verbandseinflusses sind z. B. Abgeordnete, Minister, der Kanzler, Beamte, haupt- und ehrenamtliche Manager anderer Verbände, Redakteure, Journalisten, Lehrer und Geistliche. Entscheidungsgegenstände sind die einzelnen Tatbestände z. B. in Gesetzen, Verordnungen, Erlassen, Empfehlungen, anderen Entscheidungen und Verträgen sowie das „Wohlverhalten" gegenüber den Verbandsmitgliedern. Es gilt diejenigen Tatbestände bzw. Kombinationen von Tatbeständen sowie Verhaltensweisen zu bestimmen, welche die Zielerfüllungen der Mitglieder tangieren. Zum Teil sind diese Entscheidungs-

---

[199b] Vgl. a. unsere Ausführungen in C 251 und C 351.

[200] Daneben dienen die Folgen des Erfolgs z. B. auch den Zielen des Verbandsmanagement. (Vgl. a. unsere Ausführungen in B 312)

objekte kardinal, wie z. B. bei Steuersätzen, zum großen Teil sind sie nur nominal formuliert, z. B. die Entscheidung, ob die leitenden Angestellten im Betriebsrat vertreten sein sollen oder nicht. Bei solchen Entscheidungen sind aber eine Reihe von Kompromißlösungen zwischen diesen beiden Extremen denkbar. Im vorgenannten Falle handelt es sich dann um die Entscheidung für ein „Mehr- oder Weniger-Vertretensein“ (ordinale Formulierung). Solche Entscheidungsgegenstände sind aber auch die Entscheidungen von Journalisten, eine Verbandsmeinung zu übernehmen und entsprechend zu kommentieren bzw. „wohlwollend“ zu berichten, oder die Entscheidungen von Redakteuren, dem Verband Spalten oder Sendezeiten zur Selbstdarstellung zu überlassen, oder die „verbandsfreundliche“ Einstellung der öffentlichen Meinung oder ein angestrebtes Gerichtsurteil oder die Entscheidung von Experten oder anderen Verbandsführungen, mit dem Verband zusammenzuarbeiten. Die entsprechenden Überzeugungserfolge können weitgehend nur nominal (d. h. Erfolg eingetreten oder nicht) und ordinal (z. B. in der engeren Zusammenarbeit als vor der Beeinflussung) gemessen werden. Eine kardinale Bewertung ist nur beschränkt möglich (z. B. Zusammenfassung ordinal formulierter Meinungen von Befragten zur „Meinung“ einer Gruppe oder der Öffentlichkeit).

Häufig sind auch Entscheidungsgegenstände so aneinander gekoppelt, daß gleichzeitig Erfolg und Mißerfolg entsteht. Adressaten knüpfen bisweilen ihr Zugeständnis in einer Frage an das Zugeständnis des Verbandes in einer anderen Frage (Paketierungsproblem).

163. Die Interessen der Mitglieder, Konkurrenten und Adressaten als Vergleichsgrößen

Nach der Beeinflussung kann man nur dann Erfolge feststellen, wenn man die Interessen der Adressaten, Konkurrenten und Mitglieder kennt. Die Mitglieder verfolgen bekanntlich unterschiedliche Zielsysteme. Sie vertreten daher meist auch unterschiedliche Beeinflussungsinteressen. Für eine erfolgreiche Einflußnahme aber ist ein interner Interessenausgleich in aller Regel in Form eines Kompromisses notwendig. An diesem „Verbandsinteresse“[201] werden die Beeinflussungserfolge gemessen. Auf entsprechende Weise gleichen auch die Konkurrenten des Verbandes und die Adressaten die Interessen ihrer Organisationsteilnehmer aus. In keinem Fall bleibt ausgeschlossen, daß einzelne Mitglieder ihre abweichenden Interessen öffentlich artikulieren und ihrer Institution damit die Beeinflussung oder den Widerstand

---

[201] Gegenüber der hier vertretenen Auffassung wird das Verbandsinteresse auch als das „eigenständige“ Ziel der Institution Verband, „in der Zeit zu überdauern“, gesehen. Vgl. *Hondrich*, Karl Otto. S. 14 f.

erschweren. Mit dem Vergleich von Verbands- und Adressatenabsichten ist die grundsätzliche Methode der Erfoglsermittlung gegeben. Die Konkurrenzpläne müssen deshalb untersucht werden, weil sie die Verbandsbeeinflussung erschweren können. Die Schwierigkeiten der Erhebung dieser Interessen und Absichten liegen in ihrem flüchtigen Charakter, weil sie selten schriftlich fixiert werden, weiter in den vielfältigen Möglichkeiten, sie unterschiedlich zu interpretieren, und in der Diskretion, mit der sich die Beeinflussung durch die Verbände großenteils abspielt, sowie in ihrer teilweise schnellen Wandelbarkeit. Ein Problem der Erfolgsbeurteilung liegt auch darin, daß das Erreichte immer mit etwas nicht Erreichtem verglichen werden muß. Man geht dabei von der unseres Erachtens problematischen Hypothese aus, daß sich die Vorstellungen der Konkurrenten und/oder der Adressaten durchgesetzt hätten, wenn der Verband nicht beeinflussend tätig geworden wäre.

Der Beeinflussungserfolg kann durch den Unterschied zwischen dem Entscheidungsgegenstand nach und vor der Beeinflussung ausgedrückt werden. Wird eine Verbesserung des gegenwärtigen Zustandes angestrebt, so ist der Erfolg um so größer, je größer die „Differenz" zwischen der Ausprägung des Gegenstands nach und vor der Beeinflussung ist. Soll der Verband eine Verschlechterung der Lage verhindern, so ist der Erfolg um so größer, je kleiner der Abstand zwischen dem Entscheidungsgegenstand nach und vor der Beeinflussung ist. Oft sind jedoch Entscheidungen bestimmter Adressaten (wie vor allem staatlicher Instanzen) gar nicht zu verhindern. Dann konzentrieren sich die Bemühungen der Verbände, wie haupt- und ehrenamtliche Verbandsmitarbeiter dem Verfasser bestätigten[202], darauf, möglichst frühzeitig von anstehenden Vorhaben (z. B. Verordnungsentwurf) zu erfahren. So können sie auf die Gestaltung der Vorschrift in der Weise einwirken, daß die Mitglieder diese möglichst einfach und aufwandsgünstig handhaben können.

164. Die Durchsetzungsmacht des Verbandes und seiner Konkurrenten sowie der Beeinflussungswiderstand der Adressaten

Wichtig für die Beurteilung eingetretener und die Prognose möglicher Beeinflussungserfolge ist die Durchsetzungskraft der Verbände und ihrer Konkurrenten sowie die Widerstandskraft der Zielpersonen und -gruppen. Die Durchsetzungsmacht des Verbandes steigt im allgemeinen[203]

---

[202] Vgl. die Gespräche des Verfassers mit Herrn *Rometsch*, BAG, und Herrn H. Jürgen *Henkel*, Fa. Karstadt AG, im Frühjahr 1972.

[203] Dieser — sicherlich nicht vollständige — Katalog soll keine Rangord-

— mit zunehmender Qualität der Argumente
— mit zunehmendem Verhandlungsgeschick der Verbandsrepräsentanten
— mit zunehmendem Integrationsradius (zunehmende Mitgliederzahlen, zunehmende Integrationsstufe[204], abnehmende Zahl der Außenseiter, funktionierender Interessenausgleich)
— mit zunehmendem Anteil der Verbandsmitglieder (bzw. der Unternehmen, die von der Umwelt dem Verband(sbereich) zugeordnet werden) am Sozialprodukt, d. h. mit zunehmender Bedeutung des Verbandsbereichs für Beschäftigung, Wachstum, Export und Unabhängigkeit einer Volkswirtschaft (von anderen Volkswirtschaften) sowie für andere wirtschaftspolitische Ziele
— je mehr vor- und nachgelagerte Wirtschaftsbereiche vom Verbandsbereich abhängen (Angebots- und Nachfragemacht)
— je mehr Sanktionsmöglichkeiten dem Verbandsbereich zur Verfügung stehen (Demonstrationen, Boykotts u. ä.)
— je mehr Unterstützung er von der öffentlichen Meinung und anderen Verbänden sowie unabhängigen Beratern erfährt.

Das Widerstandsvermögen der Adressaten ist im allgemeinen um so größer
— je stärker ihre öffentlich-rechtliche Stellung ist, d. h. je unabhängiger sie von Gruppeninteressen sind
— je weniger sie der „Beratung" durch den Verband bedürfen
— je uneiniger die Mitglieder des Verbandes sind
— je mehr die beeinflussenden Verbände sich gegenseitig kontrollieren
— je politisch wachsamer die Meinungsbildner und die Öffentlichkeit sind.

165. Die Zurechnung des Beeinflussungserfolgs auf die Beteiligten

An verschiedenen Stellen dieser Untersuchung wurde bereits deutlich, daß eine Vielzahl von Personen und Institutionen in unterschied-

---

nung von „Erfolgsdeterminanten" darstellen. Zu den Bestimmungsfaktoren der Wirksamkeit der Verbandsbeeinflussung vgl. a. *Werner*, Josua: Die Wirtschaftsverbände in der Marktwirtschaft. S. 120 ff.

[204] Bei der Beschaffung von Unterlagen, z. B. zur Vorbereitung von Gesetzentwürfen sollen nur Verbände herangezogen werden, deren Wirkungskreis sich auf das ganze Bundesgebiet erstreckt. (§ 23 Abs. 3 Gemeinsame Geschäftsordnung der Bundesministerien. Besonderer Teil [GGO II], Stand 1968) Damit ist eine entscheidende Privilegierung der Spitzenverbände z. B. im Vergleich zu unabhängigen Beratern (Forschern) gegeben *(Hennis)*.

licher Weise an der Umweltbeeinflussung beteiligt ist[205]. Zusammen mit den Tatsachen, daß die Interessen der Mitglieder, Konkurrenten und Adressaten nur selten manifest sind, sondern vielmehr meist verborgen und flüchtig sind, damit der Interpretation unterliegen, und daß auch die Verbandsleistungen weitgehend immaterieller Natur sind, führt die Mitwirkung vieler Personen dazu, daß Beeinflussungserfolge, selbst wenn sie ermittelt werden können, kaum den Beteiligten zugeordnet werden können (Zurechnungsproblem). Um die Anteile der einzelnen Beteiligten zu isolieren, könnten die Kriterien der Durchsetzungs- und Widerstandsmacht herangezogen werden.

166. Beginn und Ende des Beeinflussungsprozesses

Um feststellen zu können, wie lange es gedauert hat, bis der Beeinflussungserfolg eingetreten ist, und um den Beeinflussungsprozeß im Griff zu behalten, ist es notwendig, Beginn, Verlauf und Ende des Beeinflussungsprozesses zu ermitteln. Die Beeinflussung kann bereits vor dem Beginn des Entscheidungsprozesses beim Adressaten einsetzen, wenn der Verband ein Anliegen seiner Mitglieder aufgreift. Ergreift der Adressat oder ein Verband die Initiative, ist es für den Verband wichtig, möglichst frühzeitig davon zu erfahren, um alle Einflußchancen zu wahren. Die These, daß die Erfolgswahrscheinlichkeit um so größer sei, je früher der Verband z. B. von den Gesetzgebungsplänen erfährt[206], leuchtet ein, weil die Chancen der gründlichen Vorbereitung und gegebenenfalls Anpassung der Beeinflussungskonzeption an wechselnde Situationen größer sind als bei späterer Information. Oft besteht allerdings für den Verband von vornherein keine Möglichkeit, die Adressaten von ihren Vorhaben abzubringen[207]. Bei früher Information kann er dann erfolgreich, weil gründlich vorbereitet, bei der Gestaltung der Einzelheiten und bei der Interpretation einer Vorschrift mitwirken.

Die These, daß die Kosten der Beeinflussung um so geringer sind, je früher der Verband im Entscheidungsprozeß einen Erfolg erzielt[208], gilt nur unter der Voraussetzung, daß dieser Vorerfolg nicht mehr abgeändert wird. Selbst bei Vorerfolgen, die man als gesichert betrachtet, werden sich die Verbände laufend über den Fortgang des Entschei-

---

[205] Vgl. unsere Ausführungen in B 231.

[206] Vgl. eine entsprechende These *Blümles*, welche er im Seminar für das Management in den Verbänden des Handels und der Industrie am 27. November 1971 in Rüschlikon aufstellte.

[207] Vgl. Fußnote 202 in C 163.

[208] Vgl. eine entsprechende These *Blümles*, die er im Seminar für das Management in den Verbänden des Handels und der Industrie am 27. November 1971 in Rüschlikon aufstellte.

dungsprozesses informieren und wahrscheinlich auch bisweilen „Erinnerungswerbung“ betreiben müssen.

167. Die Bewertung der Konsequenzen für die Erfüllung von Mitgliederzielen und die Dauer der Wirkung

Die Erörterung der wichtigsten Frage, nämlich nach der Bewertung der Konsequenzen der Umweltbeeinflussungserfolge für die Erfüllung der Mitgliederziele steht noch aus. Zunächst ist festzuhalten, daß nicht der auf den einzelnen Verband zugerechnete Anteil am Beeinflussungserfolg Folgen für die Zielerfüllung der Mitglieder hat, sondern der gesamte, von allen Beteiligten erzielte Erfolg[209]. Beeinflussungserfolge, deren Gegenstände sich monetär ausdrücken lassen, stehen in unmittelbarem Zusammenhang mit monetären Zielen. Die Auswirkungen von Steuer- und Zolländerungen sowie von Subventionen zeigen sich unmittelbar bei Umsatz- und Gewinnzielen. Die Wirkungen treten nach Inkrafttreten der Entscheidung bzw. nach Beantragung — zeitlich gesehen — sofort auf. Von den kurzzeitigen Wirkungen (Einnahmenänderungen) sind die langzeitigen zu trennen (Existenzerhaltung u. ä.). Letztere sind allerdings nicht mehr so eindeutig zurechenbar[210]. Während hier die Zielförderung bei den einzelnen Mitgliedern genau angegeben werden kann, ist das z. B. bei einer Gemeinschaftswerbung kaum möglich. Mit einiger Präzision dürfte nur der Umsatzzuwachs der Branche zu errechnen sein. Die Bekanntheit und der gute Ruf der Produkte einer Branche läßt sich bei einzelnen Befragten nur ordinal oder nominal messen. Durch die Zusammenfassung der Einzelaussagen kann die Meinung einer Gruppe kardinal gemessen werden. Die Werbewirkung tritt nicht sofort ein, weil die Werbebotschaft aufgenommen und verarbeitet werden muß. Die Dauer der Werbewirkung wird um so länger sein, je gestaltfester das Werbemittel ist und je genauer es gestreut ist. Die Ziele, welche durch eine Beeinflussung der Fusionskontrolle oder Mitbestimmungsforderungen angesprochen werden, lassen sich kaum monetär ausdrücken. Selbst- und Alleinbestimmungsziele, können vom einzelnen nur ordinal beurteilt werden. Die Verzögerung beider Gesetzesprojekte ist zwar nicht allein auf den Einfluß der Wirtschaftsfachverbände zurückzuführen, hat jedoch den Mitgliedern die Entscheidungsfreiheit zu Zusammenschlüssen und in der Personalpolitik im bisher üblichen Umfang erhalten. Die Dauer dieser Verschie-

---

[209] Die Ermittlung des Erfolgsanteils des Verbandbetriebs und des Verbandsmanagement ist zu deren Kontrolle durch die Mitglieder (Beteiligungsentscheidung!) und zur Selbstkontrolle des Verbandsmanagement notwendig.

[210] Diese Wirkungen haben jedoch ihre besondere wirtschafts- und gesellschaftspolitische Problematik.

bung ist nicht abzusehen. Für die Wirkungen der Öffentlichkeitsarbeit gelten die Aussagen über die Werbewirkungen analog. Die Dauer der Werbewirkung dürfte bei vermittelten Meinungen mit der intensiven geistigen Auseinandersetzung zunehmen.

Die Kontakte der Verbandsführung zur Umwelt dienen nicht nur der Beeinflussung und damit der Zielerfüllung, sondern auch der frühzeitigen Information der Mitglieder über neue Vorschriften und ihre Interpretation. Damit können sich die Verbandsmitglieder — und vor ihnen noch die Mitglieder, welche Mitarbeiter in die ehrenamtliche Verbandsführung delegieren[211] — vor den Nicht-Mitgliedern einen Informationsvorsprung verschaffen. Umstellungen können beschleunigt, vereinfacht und verbilligt werden. Die mittels der Kontakte zu den Adressaten erlangte Auslegung neuer Vorschriften erhöht die Entscheidungssicherheit, weil finanziell bedeutsame Risiken (z. B. Steuernachzahlungen) und persönliche Risiken (z. B. Rechenschaft über Fehlinterpretation einer Vorschrift, eventuell Strafen) vermieden werden können.

168. Die beschränkte Möglichkeit, Nicht-Mitglieder von der Nutzung der Beeinflussungserfolge auszuschließen

Letztlich können Umweltbeeinflussungserfolge und ihre Konsequenzen nicht nur auf die Mitglieder beschränkt werden. Auch die Nicht-Mitglieder zahlen niedrigere Steuern, wenn der Verband eine Steuerermäßigung durchgesetzt hat. Den Verbänden sind die „Trittbrettfahrer“ ein Dorn im Auge, weil sie, ohne Beiträge zu zahlen, an den Erfolgen partizipieren[212].

2. Informationen zur Beeinflussung der Mitglieder

Dabei handelt es sich um Informationen, die der Verbandbetrieb selbst erzeugt oder aus verbandsfremden Quellen übernimmt und verarbeitet. Ihnen stehen die Informationen gegenüber, welche die Mitglieder untereinander austauschen[213]. Diese Informationen dienen entweder der Unterrichtung, der Instruktion oder der Motivierung der Mitglieder. In der Literatur werden sie nach „Gebieten“[214] bzw. nach

---

[211] Vgl. die Gespräche des Verfassers mit Herrn H. Jürgen *Henkel*, Fa. Karstadt AG, der ehrenamtliche Funktionen in der BAG wahrnimmt, im Frühjahr 1972 in Köln und Essen.

[212] Die Gewerkschaften versuchen immer wieder, die Außenseiter entweder zu Solidaritätsbeiträgen zu zwingen oder die Gewerkschaftsmitglieder tariflich besser zu stellen als die Nicht-Organisierten. Die Überprüfung eines für die Gewerkschaften negativen Urteils des Bundesarbeitsgerichts ist derzeit beim Bundesverfassungsgericht anhängig. (Vgl. z. B. HB 129/71)

[213] Vgl. v. a. unsere Ausführungen in C 32.

[214] Vgl. *Hardach*, Fritz Wilhelm: Betriebswirtschaftliche Aufgaben. S. 40 ff.

„Funktionsbereichen“[215] beschrieben. In Geschäftsberichten werden sie auch nach den Zielgruppen in den Unternehmen dargestellt. Wir unterteilen diese Informationen nach dem Medium der Kommunikation (Form), nach dem Umfang der vermittelten Informationen und nach dem Grad ihrer generellen Widmung an die Mitglieder in:

— Mündliche und schriftliche Einzelinformationen. Sie werden auf Anfrage oder regelmäßig in sog. Informationsdiensten mitgeteilt.
— Mündliche und schriftliche Informationen zu einem bestimmten Themenkreis. Dazu werden Vorträge und Seminare für bestimmte Zielgruppen aus den Mitgliedsunternehmen benutzt.
— Schriftliche Informationen zu einem bestimmten Problem(-kreis). In regelmäßiger oder unregelmäßiger Folge erhalten alle Mitglieder oder bestimmte Zielgruppen in den Unternehmen Publikationen mit systematischen Abhandlungen.
— Mündliche (und schriftliche) Beratung. Auf Anfrage werden bestimmte Funktionsbereiche oder das ganze Unternehmen auf Probleme und ihre Ursachen hin analysiert und Vorschläge zur Abhilfe unterbreitet. Der Verbandsberater ist dabei im Betrieb anwesend, regt an, die vorgeschlagenen Maßnahmen zu verwirklichen und nimmt an der Kontrolle ihrer Ausführung teil.

Die Bewertung der Konsequenzen der Informationen für die Zielerfüllung von Mitgliedern mittels mathematischer Modelle (sog. „Ertragsbewertung“)[216] führt solange nicht zu befriedigenden Lösungen, solange nicht die in das Modell eingehenden Zielgrößen inhaltlich gefüllt worden sind[217]. Deshalb erscheint es uns sinnvoll, den Bedarf an Verbandsinformationen und das entsprechende Angebot nach den gleichen Merkmalen zu beschreiben und vergleichen. Dabei könnte man z. B. ein „Komponentenschema“ verwenden, wie es *Wild* jüngst für die „Nutzenbewertung von Informationen“ vorgestellt hat[218]. Bei der Wirkungsanalyse müssen allerdings auch die Eigenschaften der Verwender und Verwendungssituationen sowie die Prozeßphasen, in denen

---

[215] Vgl. *Buchholz*, Edwin: Die Wirtschaftsverbände. S. 147 ff.

[216] Als „Ertragswert“ oder „Erlöswert“ werden die „Nettoauszahlungen“ oder der „Erwartungswert der Gewinne“ aufgrund der Information gesehen (*Marschak, Radner* u. a.). Vgl. *Bössmann*, Eva: Die ökonomische Analyse von Kommunikationsbeziehungen in Organisationen. Habilitationsschrift. Berlin 1967, S. 123 ff. Zum Stand der Ertragsbewertung vgl. *Wild*, Jürgen: Input-, Output- und Prozeßanalyse von Informationssystemen. S. 53 f. *Zur Nieden*, Manfred: Zur Anwendbarkeit von Informationswertrechnungen. In: ZfB, 42 (1972), S. 493 ff.

[217] Vgl. a. *Kosiol*, Erich: Zur Problematik der Planung in der Unternehmung. In: ZfB, 37 (1967), S. 78.

[218] *Wild*, Jürgen: Zur Problematik der Nutzenbewertung von Informationen. In: ZfB, 41 (1971), S. 326 ff.

die Informationen eingesetzt werden sollen, einbezogen werden. Nach der Unmittelbarkeit der Informationswirkung kann man Lernerfolge, Anwendungserfolge und Verwertungserfolge unterscheiden. Sie können bereits eingetreten sein (Erfolgskontrolle). Daneben kann man auch mögliche Erfolge untersuchen (Erfolgsprognose). Zur Beurteilung der Effizienz der Planung schlagen *Berthel / Moews* vor, den Lernerfolg am „Informationsübermittlungsquotienten"[219], den Anwendungserfolg am „Informationsverwendungsquotienten"[220] und die Qualität der Informationsverarbeitung am „Informationsverarbeitungsquotienten"[221] zu messen. Diese Maßstäbe setzen voraus, daß die Informationen quantitativ faßbar sind. Quantitativ können Informationen nur als Zeichen ausgedrückt werden. Für die Entstehung von Verwertungserfolgen sind jedoch Inhalt (semantische Komponente) und Bedeutung der Information für den Empfänger (pragmatische Komponente) wichtiger.

21. Auskünfte und Informationsdienste

Auskünfte und Ratschläge sind einzelne Informationen, welche den Mitgliedern auf Anfrage, bei Gesprächen mit Verbandsmanagern, aus anderen Anlässen oder in regelmäßig oder unregelmäßig erscheinenden Informationsblättern mitgeteilt werden. Auskünfte haben wir unter anderem deshalb den Weiterbildungsveranstaltungen, Publikationen und Beratungen vorausgestellt, weil es sich um isolierbare einzelne Informationen handelt. Damit ist eine wichtige Voraussetzung für die Erfolgskontrolle gegeben: Die Möglichkeit, ihnen potentielle und aktuelle Verwertungserfolge zuzurechnen, ist größer als bei Informationen, die in „Bündeln" abgegeben werden.

211. Ratschläge

Typische Beispiele sind Ratschläge, wie sie uns ein Verbandsmanager berichtete[222]. Ein Unternehmer, Mitglied des Besteckverbandes, hatte

---

[219] Absoluter Übermittlungsgrad: Verhältnis der beim Entscheidenden vorhandenen zu den für die Entscheidung notwendigen Informationen.

Relativer Übermittlungsgrad: Verhältnis der beim Entscheidenden vorhandenen zu den in der Unternehmung vorhandenen Informationen: Vgl. *Berthel,* Jürgen, *Moews,* Dieter: Information und Planung in industriellen Unternehmungen. Eine empirische Studie. Betriebswirtschaftliche Forschungsergebnisse. Hrsg. v. E. Kosiol u. a. Band 44. Berlin 1970, S. 41.

[220] Verhältnis der vom Entscheidenden verwendeten Informationen zu den bei ihm vorhandenen Informationen: ebd. S. 45.

[221] Verhältnis der vom Entscheidenden verwendeten zu den für die Entscheidung notwendigen Informationen: ebd. S. 46.

[222] Vgl. Gespräch mit Herrn *Hermann Pyro,* FSI, am 12. Mai 1970 in Solingen.

eine neue Kindernagelschere entwickelt. Bei einem Gespräch[223] gab ihm der Verbandsmanager den Tip, diese Schere an verschiedene Eltern-Zeitschriften zur Besprechung in deren Einkaufsrubriken zu schicken. Das Mitglied befolgte den Rat. Obwohl keine systematischen Nachforschungen angestellt wurden, erhielt das Mitglied Kenntnis von vier positiven Besprechungen. Der Verfasser bat den Verbandsmanager, bei diesem Mitglied anzufragen, an wieviele Zeitschriften es seine Schere geschickt hatte und wieviele Bestellungen auf Besprechungen Bezug genommen hätten bzw. welche Umsatzveränderungen auf diese Besprechungen wohl zurückzuführen seien. Das Unternehmen konnte diese Erfolge nur global mit „gut ins Geschäft gekommen" beurteilen[224]. Die entsprechenden Erhebungen wurden wahrscheinlich nicht vorgenommen, weil das Unternehmen damit überfordert war und der praktische Sinn dieser Erkundung wohl auch nicht eingesehen wurde.

Die Erfolge einer solchen isolierten Information sind an sich recht genau zu ermitteln. Man kann feststellen, ob das Mitglied Muster an die Zeitschriften verschickt hat. Man kann die Ausgaben dieser Zeitschriften einige Zeit verfolgen, die positiven und negativen Besprechungen registrieren und diese auf verschiedene Argumente hin analysieren. Man kann die Besteller bitten, anzugeben, aus welchen Gründen sie sich zum Kauf entschlossen haben. Man kann auch unmittelbar nach den Besprechungen fragen. Zum Teil werden solche Bestellungen von sich aus schon auf die Besprechungen Bezug nehmen. Man kann die Umsätze, die auf solche Besprechungen zurückgehen, errechnen und auf den Gesamtumsatz beziehen. Ist der Aufwand für diese Artikel bekannt, kann auch der Beitrag zum Gewinn ermittelt werden. Alle diese Erfolge, der Anwendungserfolg beim Mitglied (Anwendung des Ratschlags, hier Versand der Scheren an Zeitschriftenredaktionen), der Beeinflussungserfolg bei den Zeitschriften und der Verwertungserfolg für das Mitglied, können am besten durch einen externen Beobachter festgestellt werden, der wie der Verbandsmanager die Lage des Unternehmens kennt, das Vertrauen des Mitglieds besitzt und Zugang zu den Unterlagen erhält.

Wenn man annimmt, daß das Unternehmen allein wohl nicht auf die „Idee" gekommen wäre, sein neu entwickeltes Produkt auf diese „billige" Weise bekannt zu machen, und wenn man davon ausgeht, daß es sich keine teure Werbekampagne hätte leisten können[225], ist es nicht

---

[223] Interessant für die Erfolgskontrolle ist auch, ob das Gespräch in dieser Sache auf Anregung des Mitglieds oder anläßlich einer anderen Gelegenheit geführt wurde.

[224] Vgl. ein Schreiben von Herrn *Hermann Pyro*, FSI, an den Verfasser vom 4. August 1970.

[225] Es handelte sich um einen Kleinbetrieb.

sicher, ob das Unternehmen dieses Produkt überhaupt auf dem Markt hätte einführen können. Zumindest wäre es nicht so schnell und billig geglückt, da die Händler ein neues Erzeugnis in der Regel erst dann bereitwillig ins Sortiment aufnehmen, wenn es bereits „nachgefragt" wird.

212. Rundschreibendienste

Die meisten Fachverbände geben „Informationsblätter" heraus. Sie erscheinen zum Teil nach Bedarf, zum Teil regelmäßig. Oft sind sie nach Gebieten oder Funktionsbereichen getrennt. So wird z. B. auf die Auslegung von Gesetzen, Verordnungen und Erlassen, insbesondere in Steuerfragen, hingewiesen sowie in Versicherungsfragen und Wettbewerbsproblemen aufgeklärt. Technische Neuheiten werden bekanntgemacht, Bezugsquellen empfohlen, Marktinformationen gegeben und neue Literatur besprochen. Eigene und fremde Veranstaltungen werden angekündigt und ihr Besuch angeraten. Diese Informationsblätter zielen zum größten Teil von vornherein auf bestimmte Mitarbeitergruppen[226]. Vor allem kleinere Unternehmen, die ihren Steuerberater nicht regelmäßig und häufig konsultieren können, werden z. B. aus einer „Aktuellen Steuerrundschau", wie der des GDM, Informationen erhalten, wie sie Steuervergünstigungen ausnützen können. Sie werden daran erinnert, daß Steuertermine nahen, Anträge gestellt und Unterlagen eingereicht werden müssen. Besondere Aufklärungsarbeit leisteten v. a. die mittelständisch strukturierten Verbände vor und bei der Umstellung auf die Mehrwertsteuer[227]. Die Verwertungserfolge kann man in den eingesparten Steuerbeträgen, vermiedenen Mahnungen und Säumniszuschlägen sehen. Unnötige Aufwendungen in den Verhandlungen mit den Behörden werden eingespart, weil die Unterlagen rechtzeitig und vollständig beigebracht sowie aussichtslose Anträge erst gar nicht gestellt werden.

Ein Beispiel für einen regelmäßigen Informationsdienst mit unterschiedlichen Tips und Hinweisen ist das Rundschreiben des Besteckverbands. Die Ausgabe 5/70 enthielt z. B. eine (detaillierte) Statistik der Besteckproduktion für 1969 und für das erste Quartal 1970, einen

---

[226] So wurden z. B. in der BDA-Umfrage die 335 Mitgliedsverbände gefragt (Antwortquote in Klammern), ob sie besondere Informationsdienste für Firmenchefs (32 %), Chefsekretariat (1), Personalleiter (17), Meister (3), Ausbilder (14), Betreuer ausländischer Arbeitnehmer (5), Sozialfürsorger (1), Leiter von Betriebsküchen (10) und andere Mitarbeitergruppen zur Verfügung stellten. Vgl. BDA (Hrsg.): Dienstleistungen der Verbände, Frage 507—514.

[227] Vgl. BAG 1967, S. 69 f. Die Umstellung wurde nicht nur durch Auskünfte, sondern auch durch Veranstaltungen, Publikationen und Beratungen erleichtert.

Bericht über die Messe in Hannover mit einer groben Beurteilung des Messegeschäfts durch die ausstellenden Mitglieder, einen Hinweis auf Vorträge der Verbandsmitarbeiter vor Hausfrauen über Kennzeichnung, Pflege und Spülmaschineneignung von Bestecken, einen Hinweis auf einen Bezugsquellennachweis, Mitteilungen, daß ein Mitgliedsunternehmen Produktionsräume zu mieten sucht, ein anderes Mitglied Maschinenkapazitäten zur Auslagerung von Schleifarbeiten sucht und ein anderes einen Kleincomputer verkaufen möchte sowie das Angebot einer Verbandsgemeinde im Hunsrück, Industriegelände zur Errichtung von Produktionsstätten bereitzustellen, wobei besonders auf die verlorenen Investitionszuschüsse und die fachlich qualifizierten Arbeitskräftereserven hingewiesen wird.

213. Umfrage zu einer Absatzinformation

Die Ausgabe des erwähnten Rundschreibens enthielt auch eine Nachricht über die Ergebnisse eines Einkaufspanels der Jugendzeitschrift Bravo im Hinblick auf die Ausgaben junger Leute für Bestecke. Es wurde auch die Bezugsquelle der Publikation mitgeteilt. Die Geschäftsführung des Besteckverbandes gestattete dem Verfasser, eine Umfrage über den Erfolg dieser Information zu veranstalten. Der Fragebogen[228] wurde an die Ausgabe 8/70 des Rundschreibens angeheftet, das alle 60 Mitglieder des Verbandes erhalten. Da die Antwortquote nur gering war (27 %) und nicht alle Fragen beantwortet wurden, können die Ergebnisse nur zur Illustration herangezogen werden[229]. Die Fragen waren als Behauptungen mit überwiegend geschlossenen Antwortmöglichkeiten formuliert.

Zuerst versuchten wir festzustellen, ob die Nachricht als *inhaltlich neu* registriert worden war (11 von 16 Antwortenden). Die Wahrnehmung der Information als Neuheit ist eine unerläßliche Voraussetzung für ihre Anwendung und für Verwertungserfolge. Soweit der Inhalt der Information *bereits bekannt* war, wollten wir wissen, ob er als so bedeutsam betrachtet worden war, daß bereits absatzpolitische *Maßnahmen eingeleitet* worden waren (12 von 16). Damit wird die pragmatische

[228] Vgl. Anhang.

[229] Auch nach Rücksprache mit der Verbandsführung konnten die geringe Antwortquote und die Ergebnisse der Umfrage nur durch Vermutungen erklärt werden. Die Befragten könnten fachlich (z. B. hinsichtlich der Einsicht in den eigenen Entscheidungsprozeß) und zeitlich überfordert gewesen sein. Die Einstellung der Mitglieder könnte auch mehr produktionsorientiert als absatzorientiert sein. Die Schätzungen des Marktanteils der jungen Leute schwankten nämlich zwischen 11 und 50 %. Allerdings weicht auch die Berechnung des Verbandsmanagement (40 %) erheblich von den Ergebnissen des Panels (13 %) ab (Vgl. ein Schreiben von Herrn Hermann *Pyro*, FSI, an den Verfasser vom 1. September 1970).

Bedeutung der bereits bekannten Information und ihre motivierende Wirkung erkundet. Soweit die Information erst durch das Rundschreiben *bekannt geworden* war, wollten wir erfahren, welche *motivierende Wirkungen* sie gehabt hatte. Wir wollten wissen, ob sie die Unternehmung *bestärkt* hatte, etwas zu unternehmen oder nichts zu tun (9 von 16), ob die Information an zuständige Mitarbeiter weitergeleitet worden war (9 von 19), ob die Suche von weiteren Informationen (1 von 19)[230] und die Vorbereitung von Vorschlägen eingeleitet (5 von 19) sowie ob bereits absatzpolitische Maßnahmen[231] veranlaßt worden waren (7 von 16). Da die Befragung zwei Monate nach der Veröffentlichung der Information stattfand, würden die Ergebnisse auf die letzte Frage eine ungewöhnliche Schnelligkeit der Entscheidung bedeuten. Die Befragten denken aber wahrscheinlich auch an bereits ohne die Information gefällte Entscheidungen (s. oben) oder betrachten ihr bisheriges Verhalten als solchen Entscheidungen entsprechend. Mit der Frage nach der Suche von weiteren Informationen ist bereits der Problemkreis der *Instruktionswirkung* der Information angeschnitten. Die Information war so gehalten, daß unbedingt noch weitere Informationen notwendig waren, um Maßnahmen einzuleiten. So sind auf jeden Fall z. B. weitere Informationen über die Marktanteile der jungen Käufer, ihre Produkt- und Gebrauchsvorstellungen notwendig, um absatz- und vielleicht auch produktionspolitische Maßnahmen treffen zu können. Wir fragten deshalb nach den Gründen, warum noch keine Entscheidung gefällt worden war. Das Fehlen von Instruktionsinformationen wurde nur einmal erwähnt. Daß die Unternehmung eine andere Absatzpolitik verfolgt bzw. bereits Maßnahmen aufgrund früherer Kenntnis des Sachverhalts eingeleitet hat, wurden überraschenderweise nur selten als Gründe genannt[231a].

Um zu erfahren, wer im Unternehmen die *Informationen liest bzw. verarbeitet*, fragten wir nach der Stellung des Mitarbeiters, an den der erste Empfänger sie weitergeleitet hatte. Es kam jedoch keine Antwort. Das kann daran liegen, daß die ersten Empfänger auch für die Aufnahme und Verarbeitung der Information zuständig waren oder daß sie diese Frage übersehen haben.

Wir wollten ursprünglich auch „Prognosen" des Verwertungserfolgs erfragen. Wir ließen dann jedoch diese Fragen weg, weil uns der Zeit-

---

[230] Bei der entsprechenden Frage gestatteten wir Mehrfachnennungen. Deshalb kamen mehr als 16 Antworten zustande.

[231] Beispiele für absatzpolitische Maßnahmen waren in der Formulierung der Frage enthalten (vgl. Anhang).

[231a] Überraschend erschien uns das Ergebnis deshalb, weil bereits vorher 75 % der Antwortenden angegeben hatte, die Information schon gekannt und Maßnahmen getroffen zu haben.

punkt der Befragung dafür zu früh erschien; denn solche Erfolge treten nicht sofort nach der Entscheidung ein. Selbst wenn man die Befragung zu einem späteren Termin vorgenommen oder wiederholt hätte, wäre diese Frage kaum zu beantworten gewesen. Mit zunehmender zeitlicher Entfernung von der Informationsveröffentlichung wird es nämlich immer unwahrscheinlicher, daß der Anwender die Bedeutung der Information für seine Entscheidung (Beeinflussungserfolg) und deren Ergebnisse (Verwertungserfolg) isolieren kann und der Nicht-Anwender die Information noch aufgrund des Verbandsrundschreibens entdeckt. Ob die Information später überhaupt noch einen Anregungswert besitzt, hängt davon ab, wie schnell sich der Gegenstand der Information ändert. Der Marktanteil der jungen Leute beim Besteckkauf z. B. dürfte sich jedoch nur langfristig verändern, so daß diese Information nicht so schnell veraltet wie z. B. eine Modeinformation oder der Hinweis auf einen Termin. Da veraltete Informationen für Entscheidungen aber weitgehend wertlos sind, muß der Verband ständig auskunftsbereit sein und seine Informationsdienste in rascher Folge herausgeben.

214. Zwischenergebnis

Während in der Literatur vorgeschlagen wird, den Erfolg einer Information am Entscheidungsergebnis, also am Unterschied zwischen der Zielerfüllung mit und ohne Verwendung dieser Information zu messen[231b], haben unsere Untersuchungen und unsere Gespräche mit Verbandsführern und -mitgliedern gezeigt, daß nicht nur die *Entscheidungsänderung,* sondern auch die *Entscheidungsbestätigung* mit der Information erstrebt werden. Die Informationen können aber auch in Prozeßphasen Verwendung finden, die der Entscheidung vor- oder nachgelagert sind[232]. Dann dienen sie mittelbar (d. h. der Vorbereitung sowie der Durchsetzung und Kontrolle) der Entscheidung. Aber auch in der jeweiligen Verwendungsphase sollen sie u. E. (Unter-)Entscheidungen herbeiführen, nämlich Informationen zu lernen und gelernte Informationen anzuwenden. Die quantitativen Modelle der Ertragsbewertung von Informationen vernachlässigen, daß die Informationen in den Verwendungsstufen bis zur Zielerfüllung gefiltert[233] und daß Zielerfüllungen nur der Gesamtheit des angewandten Wissens zugerechnet werden, die Beiträge der Einzelinformationen nicht herausgelöst werden können[234]. Da eine unmittelbare Bewertung der Konsequenzen der

[231b] Vgl. Fußnote 216 auf S. 144. Vgl. auch die Literatur, welche *Wild* angibt: *Wild,* Jürgen: Zur Problematik der Nutzenbewertung von Informationen. S. 322 f.

[232] Vgl. ebd., S. 323.

[233] Vgl. ebd., und S. 332.

[234] Vgl. ebd., S. 333.

Informationen für die Zielerfüllungen nicht möglich ist, erscheint es uns sinnvoll, die unmittelbaren Lern- und Anwendungserfolge zu untersuchen und von diesen auf Verwertungserfolge zu schließen. Wichtigstes Hilfsmittel einer analytischen Erfolgsbewertung ist ein Komponentenschema der Informations-, Verwender- und Situationseigenschaften sowie der Verwendungsphasen, wie wir es für unsere Befragung grob skizziert haben und wie es kürzlich *Wild* in differenzierter Form vorgeschlagen hat[235].

215. Die Ermittlung von zusammenfassenden Urteilen

Wir benützten die Gelegenheit der Umfrage auch, um die Leser die Leistung „Rundschreiben" bewerten zu lassen. Wir fragten, ob sie das Rundschreiben regelmäßig lesen würden. Alle Antwortenden bejahten. Weiter wollten wir wissen, ob es (d. h. sein Inhalt) als unentbehrlich für die Arbeit (1 von 16), als große (5 von 16) oder recht gute Hilfe bei der Arbeit (9 von 16) oder als entbehrlich (1 von 16) empfunden wird. 1966 ließ der Gießerei-Verband (GDM) die Mitglieder in einem „Interessentest" seine Informationsdienste nach folgender Skala bewerten: „Ausweitung, Weiterführung wie bisher, Einschränkung". Die überwiegende Mehrheit war für eine Weiterführung in der bisherigen Art und im bisherigen Umfang[236]. In den Bemerkungen der Antwortenden wurden Änderungswünsche besonders im Hinblick auf die „Verdichtung" und „Verkürzung" der Informationen geäußert[237]. Vorschläge für zusätzliche Informationen bezogen sich vor allem auf produktionswirtschaftliche und marktliche Fachfragen der Gießereiindustrie sowie steuerliche und rechtliche Probleme[238]. In einer Fünf-Punkt-Skala wurden die Informationsdienste zusammen überwiegend mit gut beurteilt[239].

Die globale Beurteilung der Verbandsauskünfte ist ungenau. Sie läßt auch nicht erkennen, ob sich die Mitglieder bei der Beurteilung an erlebte Verwertungserfolge bzw. Lernerfolge erinnern oder an die Erfolgschancen denken, die ihnen diese Informationen verfügbar machen. Um präzisere Aussagen zu erhalten, müssen Beurteilungskriterien angegeben werden, nach denen die Befragten bewerten sollen. Eine Frage „Wie beurteilen Sie den Informationsdienst x ?" läßt den Befragten zu große Assoziationsspielräume. Besser ist etwa folgende Fragestellung:

---

[235] Vgl. ebd., S. 326 ff.

[236] Vgl. GDM: Auswertung des Interessentests von 1966. Düsseldorf 1967, S. 1 ff.

[237] Vgl. ebd., S. 3 f.

[238] Vgl. ebd., S. 4 f.

[239] Vgl. ebd., S. 1.

„Wie beurteilen Sie die Verwendbarkeit der Informationen des Rundschreibens x für ihre tägliche Arbeit?“, wobei man die „tägliche Arbeit“ noch präzisieren kann. Solche globalen Bewertungen sind subjektabhängig. Nur durch Zusammenfassung von Einzelaussagen zu Aussagen von Gruppen läßt sich eine gewisse Objektivität erreichen.

22. Vorträge und Seminare

Den Unternehmerverbänden werden bisweilen Versäumnisse in der Bildungsforschung und Bildungsarbeit[240] und Versuche, das Bildungswesen so zu erhalten bzw. zu gestalten, daß die bestehenden Machtpositionen der Unternehmer gesichert werden[241], vorgeworfen. Aus der Sicht mancher Bildungspolitiker mag es sich durchaus um Versäumnisse und „Dysfunktionen“ handeln. Aus der Sicht der Mitglieder sind es — zumindest vordergründig — Erfolge, wenn es den Verbänden z. B. gelingt, die Vorbeugung gegen und die Beseitigung von Automationsfolgen (Umschulung, Anpassungshilfen) auf den Staat abzuschieben[242] oder die bestehende Gliederung des Bildungswesens zu erhalten[243], die Lehrerbildung[244] und die Lehrinhalte betriebsbezogener als bisher zu gestalten[245] sowie die Betriebsgebundenheit der Berufsausbildung zu erhalten[246]. Wir wollen die Bildungsarbeit der Verbände nicht nach übergeordneten bildungspolitischen Zielen beurteilen, sondern die unmittelbaren Bildungsleistungen der Verbände für die Mitarbeiter der Mitgliedsunternehmen untersuchen. Gerade die Arbeitgeberverbände, aber auch die Fachverbände, hier besonders die Handelsverbände[247], haben bedeutsame Aus- und Weiterbildungseinrichtungen[248] geschaffen und betreuen umfangreiche Veranstaltungsprogramme[249].

---

[240] Vgl. *Buchholz*, Edwin: Die Wirtschaftsverbände. S. 212 f.

[241] Vgl. *Baethge*, Martin. S. 249 ff.

[242] Vgl. BDA 1968, S. 121 f.

[243] Vgl. *Baethge*, Martin. S. 251 f., 115 f. und 117 ff.

[244] Vgl. ebd., S. 130 ff.

[245] Vgl. ebd., S. 135 ff. und 224 ff.

[246] Vgl. ebd., S. 167 ff.

[247] Vgl. *Schmölders*, Günter. Das Selbstbild. S. 198 f. und 65. Vgl. auch HB 13/69, 205, 220/70.

[248] Als Beispiele mögen das Bildungswerk des AGA, das „Haus Friedrichsbad“ der Landesvereinigung der industriellen Arbeitgeberverbände Nordrheinwestfalens, die elf Berufsheime der Landesverbände der HDE (HB 205, 220/70) und die Fachschulen des Fachverbandes Deutscher Eisenwaren- und Hausrathändler (HB 125/70) und des Verbandes Deutscher Drogisten dienen.

[249] Vgl. z. B. die Veranstaltungsprogramme des AGC: Fortbildung 1970 und 1971. Wiesbaden, o. J. (1970) und (1971).

221. Beispiel eines Veranstaltungsprogramms

Als Beispiel für die Spannweite der Bildungsarbeit eines Verbandes wollen wir das Programm Frühjahr 1971 des AGA heranziehen[250]. Es bietet 164 Veranstaltungen an. Sie reichen von abendlichen Vorträgen bis zu sechstägigen Seminaren. Die Entgelte staffeln sich von DM 15,— bis DM 740,— (ohne Unterkunft und Verpflegung). Mitglieder des veranstaltenden Instituts erhalten einen Nachlaß von 10 %, Verbandsmitglieder zahlen die angegebenen Preise, Nicht-Mitglieder dazu einen Aufschlag von 20 %. Gegenstände der Veranstaltungen sind „Wirtschaft und Gesellschaft", „moderne Unternehmensführung", „Markt und Absatz", „Verkaufsleistung — Verkaufstraining", Finanzierung, Investition, Fertigung, Einkauf, Lager, Transport, Organisation, Datenverarbeitung, Rechnungswesen, „Personalpraxis", „Personalförderung", Arbeitstechnik für Führungskräfte, Sekretariatsaufgaben, Wirtschaftsrecht, Steuerfragen und Sprachen. Zielgruppen sind Lehrlinge, Sachbearbeiter, Führungskräfte und Unternehmer. Das Referentenverzeichnis enthält 92 Namen von Universitätsprofessoren, Universitätsassistenten, von Unternehmensberatern, anderen Praktikern und Lehrern. Der AGA bzw. das Institut stellen nur drei Referenten, erfüllen also in der Hauptsache Organisationsaufgaben.

Für die Erfolgsbeurteilung unterscheiden wir vier Arten von Veranstaltungen. Die erste Gruppe soll den Teilnehmern *allgemeines Faktenwissen* vermitteln. Sie sollen einen Überblick über bestimmte Problembereiche und Lösungsmöglichkeiten erhalten und motiviert werden, weiterführende, mehr in die Tiefe gehende Veranstaltungen zu besuchen bzw. zu veranlassen, daß andere Mitarbeiter dorthin entsandt werden. Die zweite Gruppe von Veranstaltungen dient vor allem der Übermittlung von *speziellem Faktenwissen und dem Erlernen überwiegend manueller Fertigkeiten.* Die dritte Gruppe soll neben Faktenkenntnissen besonders *Lösungstechniken für gedankliche Probleme* vermitteln. Die Teilnehmer sollen neue Arbeitsmethoden kennenlernen und dazu geführt werden, sie anzuwenden. Die Informationen, welche Teilnehmer der letzten Gruppe von Vorträgen und Seminaren erhalten, sollen bewirken, daß sie ihr *Verhalten gegenüber anderen Personen,* so vor allem ihren Vorgesetzten, Unterstellten und Gleichgestellten sowie gegenüber Vertretern von Kunden, Lieferanten, Banken und sonst für das Unternehmen wichtigen Personen *ändern,* soweit dies aus

---

250 Das Bildungswerk wird von einem eigens dafür gegründeten Institut getragen. Das Angebot an Veranstaltungen richtet sich auch an Nicht-Mitglieder. So werden z. B. Seminare für Industrie-Meister angeboten und dafür in der Wirtschaftswoche ganz allgemein geworben. Vgl. auch Fußnote 148 in B 224.

allgemein menschlichen und betrieblichen Erwägungen heraus notwendig ist, oder in dem angestrebten Verhalten *gefestigt* werden, sofern sie es bereits üben. In diesen Veranstaltungen werden auch *Konzeptionen für die Unternehmenspolitik* und *Führungsstile* vorgestellt und für ihre Umsetzung in die Praxis geworben. Es besteht folgender Zusammenhang: Tatsachen- und Methodenwissen ist im allgemeinen mit Anwendungsmotivation verknüpft. Motivierung bedarf aber der Faktenkenntnisse über die Methoden und das Verhalten, die praktiziert werden sollen, und Kenntnisse darüber, wie sie verwirklicht werden können.

222. Die Vermittlung allgemeinen Faktenwissens

Zur ersten Gruppe von Vorträgen und Seminaren gehören Veranstaltungen wie die folgenden: „Unternehmensführung in der neuen Wirtschaftsentwicklung — Rückwirkungen und Probleme der staatlichen Wirtschaftspolitik", „Der norddeutsche Wirtschaftsraum — Wirtschafts- und Verkehrsplanung", „Der selbständige Unternehmer in der modernen Wirtschaft" oder „Neue Chancen auf den Ostmärkten? Auswirkungen der deutschen Ostverträge".

Um zu erkennen, wie sich der Informationsstand der Teilnehmer durch den Besuch der Veranstaltung und in deren Verlauf verbessert hat, müßte man sie vor, während und nach dem Seminar oder Vortrag danach testen, welche Kenntnisse sie über den jeweiligen Problembereich haben (schriftliche, mündliche Prüfungen). Das Testbewußtsein spielt dabei keine besondere Rolle, weil an das Ergebnis im allgemeinen keine (rechtlichen) Konsequenzen geknüpft sind. Man kann die Teilnehmer auch bitten, die vermittelten Informationen zu beurteilen, wie neu bzw. informativ, instruktiv oder motivierend (anregend) sie sie empfinden, welchen Wert sie ihnen für ihre Arbeit, ihre Bildung usw. beimessen. Man wird sie auch bitten, das Seminar oder den Vortrag insgesamt zu bewerten. Soweit man noch keine Erfahrungen über die möglichen Antworten besitzt, wird man Fragebogen mit offenen Fragen verwenden. Eine von uns vorgenommene Inhaltsanalyse der Beurteilungen von 25 Teilnehmern an einem Seminar für junge Akademiker, das vor allem Naturwissenschaftler in „Führungsfragen des betrieblichen Alltags" einführen und ihnen einen Überblick über wirtschaftspolitische Fragen geben sollte[251], brachte z. B. folgendes Ergebnis: Etwa die Hälfte hob hervor, daß sie Anregungen erhalten, Kontakte zu Kollegen aus anderen Unternehmen gewonnen und ihren „Horizont

---

[251] Vgl. AGC (Hrsg.): Beurteilungen der Teilnehmer am 10. Seminar für junge Akademiker in den Wochen vom 23. bis 29. April und 4. bis 11. Juni 1967 in Rech. O. O. (Wiesbaden), o. J. (1967).

erweitert" hätte. Einige betrachteten das Seminar als einen nicht näher spezifizierten „Gewinn". Ein Drittel wünscht die Fortsetzung in einem „Aufbautreffen". Einige lobten die Referenten, die Mehrheit die Zusammenstellung der Themen, die Organisation der Unterkunft und des geselligen Teils. Solche offenen Bewertungen haben den Nachteil, daß nur schwer zu beurteilen ist, zu welchen Zielerfüllungen die Teilnehmer Stellung beziehen wollen. Die Formulierungen müssen auf ihren gemeinsamen Inhalt hin untersucht und die Resultate „genormt" (verschlüsselt) werden, damit man sie zu einem „Gruppenurteil" zusammenfassen kann. Es bestehen also Interpretationsprobleme. Es kann sein, daß kein Befragter oder nur wenige zu einem Problem Stellung nehmen, welches das Verbandsmanagement interessiert. Die Aussagen sind meist auch sehr allgemein. Andererseits hat der offene Fragebogen eine wichtige heuristische Funktion. Es werden Aspekte von Problemen aufgedeckt, die mit einer geschlossenen Fragestellung nicht gefunden werden könnten. Hat man mit solchen offenen Fragebogen die Antwortmöglichkeiten entdeckt, kann man bei späteren Befragungen nach ähnlichen Veranstaltungen geschlossene Fragestellungen verwenden. Ein einfaches Beispiel ist die Befragung der Teilnehmer eines Meistertreffens, in dem vor allem ein Überblick über wirtschafts- und sozialpolitische Fragen, über Grundsätze der Unfallverhütung und der Personalführung gegeben werden[252]. Jedes Thema des Treffens soll der Befragte in folgende Skala einstufen: „wertvoll für die praktische Arbeit, besonders interessant, sollte ausführlicher behandelt werden, könnte wegfallen". Danach wird gefragt, welche Themen vermißt worden seien, welche Anregungen die Teilnehmer sonst noch für Planung und Durchführung geben könnten und wie sie das Treffen zusammenfassend beurteilen. Um die Ziele zu erkennen, welche die Teilnehmer mit dem Besuch der Veranstaltung verfolgen, könnte man sie nach den Beteiligungsmotiven und ihrer Erfüllung befragen. Wenn auch die Gefahr besteht, daß rationale Ziele vorgeschoben werden, könnten die Ergebnisse doch gewisse Aufschlüsse über mögliche Teilnehmerziele und ihre Erfüllung geben. Die Verbesserung des Informationsstandes kann man mit Tests vor und nach der Veranstaltung ziemlich genau bestimmen. Entsprechend der allgemeinen Zwecksetzung der Veranstaltungen lassen sich die Instruktions- und Motivationserfolge mit offenen und einfachen geschlossenen Fragen zwar allgemein, aber zutreffend ermitteln. Bei anderen Seminaren kann man die Teilnehmer bitten, mitzuteilen, welche Veranstaltung zu ihrem Entschluß, diese Veranstaltung zu besuchen, beigetragen hat. Bei den „allgemeinen Veran-

---

[252] Vgl. AGC (Hrsg.): Befragung der Teilnehmer am 48. Aufbautreffen für Meister der chemischen Industrie in der Zeit vom 18. bis 23. Mai 1968 in Seebruck. O. O. (Wiesbaden), o. J. (1968).

staltungen" kann man als Oberzielerfüllungen also gewisse Lern- bzw. Bildungserfolge feststellen. Weitergehende Zielerfüllungen lassen sich kaum bestimmen.

223. Die Vermittlung speziellen Faktenwissens und manueller Fertigkeiten

Die zweite Gruppe von Veranstaltungen, die besonders der Übermittlung von Faktenkenntnissen und technischen Fertigkeiten dienen, umfaßt z. B. Kurse in Stenographie, Maschinenschreiben, rationellem Lesen oder im Programmieren. Mittels eines Tests vor, während und nach der Veranstaltung lassen sich die Fortschritte an der Zahl der geschriebenen Silben, Anschläge, gelesenen und verstandenen Texteinheiten oder vollzogenen Programmschritte je Zeiteinheit erkennen[253]. Diese Ausbildungserfolge müssen auf die Fehlerzahlen bezogen werden; denn die Schnelligkeit kann nicht der einzige Erfolgsmaßstab sein. Die Beschleunigung und Fehlerlosigkeit dieser Tätigkeiten hat auch unmittelbare Konsequenzen für die Erfüllungen anderer Mitgliederziele. Die Kapazitäten der Mitarbeiter werden erweitert, der Aufwand je Leistungseinheit sinkt. Bei Sprachkursen läßt sich der Ausbildungserfolg relativ einfach feststellen. Man kann die Teilnehmer vor, während und nach der Veranstaltung Übersetzungen anfertigen lassen und sie in Konversation prüfen. Konsequenzen für andere Zielerfüllungen sind schwer anzugeben. In die zweite Gruppe von Veranstaltungen fallen auch solche, in denen z. B. Einkäufern besondere Produktkenntnisse oder Sachbearbeitern im Rechnungswesen besondere Kenntnisse in Steuer- und Versicherungsfragen, Sachbearbeitern im Personalwesen Spezialkenntnisse in Rechtsfragen vermittelt werden. In Tests, insbesondere mit geschlossenen Fragestellungen (z. B. Multiple-Choice-Test) und der Bearbeitung von gestellten Fällen läßt sich der Informationsstand vor und nach der Veranstaltung ziemlich genau feststellen.

Da es bei dieser zweiten Gruppe von Veranstaltungen um die Vermittlung von Informationen geht, die nur für bestimmte, ziemlich genau umrissene Aufgaben verwendet werden können, ist es für die Teilnehmer auch einfacher als bei allgemeinbildenden Veranstaltungen mögliche Zielerfüllungen, insbesondere Aufwandseinsparungen zu schätzen. Bei späteren Befragungen kann man auch versuchen, festzustellen, welche Verwertungserfolge wirklich eingetreten sind.

224. Die Vermittlung von Problemlösungstechniken

Die dritte Gruppe von Bildungsveranstaltungen soll den Teilnehmern vor allem Methodenkenntnisse (Instruktion) vermitteln und sie anre-

[253] Vgl. *Blümle*, Ernst-Bernd: Zur Kontrolle. S. 115.

gen, diese Verfahren im Betrieb anzuwenden. Seminare über Deckungsbeitragsrechnung, Offene-Posten-Buchhaltung, Diversifikation, Netzplantechnik oder „Methoden der Ideenfindung und Entscheidungsvorbereitung" gehören in diese Gruppe.

Auch hier kann in Vor- und Nachtests mit den geschilderten Methoden der Anfangs- und Endinformationsstand und damit der Ausbildungserfolg ermittelt werden. Während manuelle Fertigkeiten ohne weiteres angewandt werden können, ist die Anwendung neuer Problemlösungstechniken mit Schwierigkeiten verbunden. Die Methodenkenntnissse werden mit der Aufforderung vermittelt, die praktizierten Problemlösungsstrategien und -verfahren zu überdenken und zu verbessern. Das bedeutet teilweise Neueinführung von Methoden. Die Durchsetzung solcher Verfahren stellt meist hohe Anforderungen an die Veranstaltungsteilnehmer, weil sachliche und persönliche Umstellungsprobleme im Unternehmen auftauchen. Die Einführung und Verwirklichung neuer Verfahren kann der Teilnehmer meist auch gar nicht allein beschließen. Besonders bei um- oder übergreifenden Methoden läßt sich der Anwendungserfolg in der Unternehmung am leichtesten isolieren. Aufwandserhöhungen infolge der Umstellung, später eintretende Aufwandssenkungen und Ertragssteigerungen können in etwa zugerechnet werden. Die Teilnehmer können daraufhin beurteilt werden, wie geschickt sie die erlernten Methoden in die Praxis umsetzen. Verschiedene Beurteiler (Vorgesetzte, Unterstellte, Kollegen) können zu einer relativ objektiven Bewertung der Leistung des Teilnehmers beitragen. Dabei muß man auch die Schwierigkeiten in Rechnung stellen, die der Veranstaltungsteilnehmer hat, die neuen Methoden zu verwirklichen, da Vorgesetzte, Kollegen und Mitarbeiter, die das Verbandsseminar nicht besucht haben, Widerstand leisten können[254], weil sie die Vorteile der neuen Verfahren nicht einsehen.

225. Die Vermittlung von Konzeptionen für die Unternehmens- und Personalführung

Die Veranstaltungen der letzten Gruppe sollen die Teilnehmer zu bestimmten Verhaltensweisen erziehen. Methoden der Unternehmensführung wie die Vorgabe von Zielen, management by exception oder marktorientiertes Management, Methoden der Menschenführung und Personalführung wie bestimmte Führungsstile, Delegationsbereitschaft oder regelmäßige, systematische Mitarbeiterbeurteilung sowie Verkäuferverhalten werden gelehrt.

---

[254] Vgl. ebd.

Man kann durch Tests wohl die Verbesserung des Informationsstands ermitteln. Der Motivationserfolg, der in Verhaltensänderungen besteht, kann jedoch nur durch Beobachtung und Befragung im Unternehmen festgestellt werden. Die Bereitschaft zu Verhaltensänderungen kann den Teilnehmer nämlich wieder verlassen, wenn er in die gewohnte Umgebung des Betriebes zurückkehrt. Dort erwarten ihn vielleicht Schwierigkeiten, mit denen während der Schulung nicht gerechnet wurde, so daß er darauf nicht vorbereitet ist. Das Seminar kann auch nur einen Anstoß liefern. Eine Verhaltensänderung bedarf langer Übung im Betrieb und der Unterstützung durch Vorgesetzte und Mitarbeiter. Als Verhaltensweisen lassen sich z. B. beobachten und erfragen: die Sorgfältigkeit der Informationssuche, die Informationsabgabebereitschaft, die Schnelligkeit der Informationsabgabe, die Delegationsbereitschaft, die Durchführung einer systematischen, offenen Mitarbeiterbeurteilung, die Bereitschaft, Mitarbeiter anzuhören und sich mit ihnen zu besprechen. Der Motivationserfolg, der sich in der Entscheidungsbestätigung, also in der Sicherheit der Entscheidung äußert, kann nur durch Befragungen festgestellt und nur ordinal gemessen werden. Die Konsequenzen dieser Ausbildungserfolge für andere Mitgliederzielerfüllungen lassen sich vermuten, aber nicht genau bestimmen. Der Informationsfluß kann beschleunigt, die Entscheidung aber verlangsamt werden (z. B. bei kooperativem Führungsstil). Die Entscheidungsqualität kann verbessert, d. h. das Risiko von Fehlentscheidungen vermindert werden. Entscheidungen können stabiler werden, wenn sie von allen Beteiligten getragen werden. Der Umgangston im Betrieb kann sich verbessern. Die Arbeits-, Vorgesetzten- und Betriebszufriedenheit aller Beteiligten kann sich erhöhen. Alle diese Erfolge sind jedoch der Schulungsleistung durch den Verband kaum noch zuzurechnen; denn inzwischen haben die Teilnehmer und die übrigen Mitarbeiter eigene Leistungen erbracht. Sie sind von der Verbandsleistung kaum noch abzutrennen. Die Verhaltensänderung, die durch das Verkaufstraining ausgelöst werden kann, läßt sich am ehesten in Oberzielerfüllungen, insbesondere in Umsatzveränderungen messen. Aber auch hier besteht das beschriebene Zurechnungsproblem.

226. Zwischenergebnis

Bildungs- und Schulungsleistungen der Verbände können also zu *Lernerfolgen* führen. Sie erhöhen das Faktenwissen (Informationserfolg), das Methodenwissen (Instruktionserfolg) und bewirken Verhaltensänderungen bzw. festigen bestimmte Einstellungen und Verhaltensweisen (Motivationserfolg). Auch bei der Vermittlung von Fakten- und Methodenkenntnissen ist die Vermittlung von Anwendungsmotivation notwendig, bei der Vermittlung von Motivation ist auch die Vermittlung von Kenntnissen, welches Verhalten praktiziert werden soll (Faktenwissen) und wie es praktiziert werden kann (Instruktionswissen), notwendig. Die Anwendbarkeit der vermittelten Informationen könnte man durch eine Inhaltsanalyse feststellen *(Erfolgsprognose der Anwendung)*. Die Verbesserungen des Informationsstandes können mit all den Demonstrationstests, schriftlichen und mündlichen Prüfungen ermittelt werden, welche die Didaktik entwickelt hat[255]. Um Ausgangsstand und Fortschritte der Teilnehmer zu erkennen, sind solche Tests vor, während und nach den Veranstaltungen vorzunehmen. Die Aussagen über die eingeschränkte Gültigkeit (Repräsentanz, Genauigkeit), Zuverlässigkeit (Methoden-, Zeitunabhängigkeit) und Objektivität (Beurteilerunabhängigkeit) dieser Prüfungen[256] gelten bei ihrer Übernahme zur Kontrolle des Ausbildungserfolgs der Verbandsschulung in gleichem Maße. Insbesondere — und hier besteht ebenfalls eine Parallele zu schulischen und akademischen Prüfungen[257] — lassen sich nur schwer Aussagen machen über die Anwendung des Erlernten durch den Geschulten *(Problem der Bewährungsprognose)* und die Zielerfüllungen *(Prognose der Zielerfüllung)* die durch diese Anwendung eintreten können. Der Vorteil des Tests ist die ziemlich genaue Ermittlung der Verbesserung des Informationsstands. Seinen Nachteil, nämlich die mangelnde Eignung zur Prognose der Anwendung kann man dadurch auszugleichen versuchen, daß man die jetzigen oder früheren Teilnehmer nach der Anwendbarkeit bzw. Anwendung der vermittelten Informationen befragt. Solche Befragungen liefern im allgemeinen nur ordinale Beurteilungen und sind nicht so gültig und zuverlässig wie Testergebnisse, in denen Tatsachen geprüft und nicht Bewertungen und schwer isolierbare Erfahrungen erfragt werden. Nur in Ausnahmefällen (technische Fertigkeiten, Verkaufstraining) lassen sich bei Anwendung des Erlernten unmittelbar auf die Verbandsschulung zurechenbare Konsequenzen für andere Mitgliederzielerfüllungen isolieren (Aufwandssenkung, Umsatz- und Ertragssteigerungen). Die Anwendung technischer Fertigkeiten und neuer Problemlösungsmethoden läßt sich auch durch Beobachtung der Teilnehmer im Betrieb feststellen. Entsprechende Oberzielerfüllungen lassen sich ebenfalls teilweise beobachten.

---

[255] Vgl. z. B. *Schütz*, Mathias, *Skowronek*, Helmut, *Thieme*, Werner (Hrsg.): Prüfungen als hochschuldidaktisches Problem. Blickpunkt Hochschuldidaktik, Heft 1. O. O. (Hamburg) 1969, S. 22 f.

[256] Vgl. *Sader*, Manfred, *Clemens-Lodde*, Beate, *Keil-Specht*, Heike, *Weingarten*, Andrea: Kleine Fibel zum Hochschulunterricht. Überlegungen, Ratschläge, Modelle. Beck'sche Elementarbücher. München 1970, S. 94 ff.

[257] Vgl. ebd., S. 97 f.

Während die Oberzielförderung durch Verbandsschulung ein Problem der Zurechnung auf die Leistungen der Beteiligten ist, sind die Anwendung des Erlernten wie das Lernen selbst Probleme der Person und der Organisation. Die Teilnehmer an Verbandsveranstaltungen haben und verfolgen mit der Beteiligung Ziele, die mit den Entsendungszielen der Unternehmung kongruent sind und solche, die davon abweichen. Die Veranstaltungen fördern beide. Die privaten Bildungsziele der Teilnehmer sind meist auch im Sinne der entsendenden Unternehmung. Die Entsendung hat zudem die Wirkung, daß sich der Teilnehmer anerkannt fühlt und sein Selbstwertgefühl steigt. Seine Zufriedenheit mit seinem Vorgesetzten und mit seiner Arbeit kann sich erhöhen. Er fühlt sich dem Unternehmen verpflichtet. Kollegen, Unterstellte und Vorgesetzte werden mit ihm zufrieden sein. Der bei solchen Veranstaltungen entstehende Erfahrungsaustausch zwischen Kollegen aus verschiedenen Unternehmen ist in den meisten Fällen sowohl von der Unternehmung als auch vom Teilnehmer gewünscht. Den Nebeneffekten der eventuellen Preisgabe von Geschäftsgeheimnissen und der Abwerbung wird meist keine so große Bedeutung wie beim Erfahrungsaustausch beigemessen. Ebenso wird dem Wunsch des Teilnehmers nach bezahlter Abwesenheit vom Arbeitsplatz, der den Zielen der entsendenden Unternehmung widerspricht, keine große Bedeutung zukommen, weil die Unternehmung die Möglichkeit hat, die Teilnehmer auszuwählen, die sie zur anschließenden Berichterstattung zwingen kann. Außerdem nimmt man an, daß sich der Teilnehmer nicht völlig den Bildungseinflüssen entziehen kann. Das Risiko, daß der Teilnehmer seine erlernten Kenntnisse nicht im Betrieb anwenden will, ist ebenfalls gering, es sei denn der Teilnehmer erwartet Widerstände von seinen Vorgesetzten, Unterstellten oder Kollegen. Damit sind wir beim Problem der Organisation. Wenn die neuen Problemlösungen auf andere Unternehmensbereiche übergreifen oder sie umgreifen, werden andere Mitarbeiter mitentscheiden müssen, ob die neuen Methoden eingeführt werden oder nicht. Aus vielerlei Gründen, persönlichen und nicht zuletzt auch sachlichen Gründen können sie die Anwendung der neuen Erkenntnisse verhindern oder modifizieren. Bedeutende sachliche Anwendungshindernisse sind die Vorteile der bisher praktizierten Problemlösungen. In der Organisation führen sie u. a. zur bekannten Tendenz, erprobte Methoden beizubehalten. Die möglichen Erfolge neuer Verfahren sind nämlich nur beschränkt vorherzusehen und vorherzubestimmen. Bei manchen Organisationsteilnehmern mag auch eine grundsätzliche Abneigung gegen Veränderungen bestehen.

Weitere Schwierigkeiten, Verwertungserfolge festzustellen, ergeben sich daraus, daß Anwendungsentschlüsse — je nach dem Entscheidungsgegenstand — unterschiedlich schnell verwirklicht werden können.

Faktenwissen und Fertigkeiten lassen sich unmittelbar anwenden und erfüllen — vielleicht nach einigen Anfangsschwierigkeiten — sofort Unterziele der Unternehmung. Methoden und Verhaltensweisen bedürfen dagegen längerer Umstellung. In weiterführenden Veranstaltungen kann man die Teilnehmer motivieren, die Umstellung trotz Anpassungsschwierigkeiten durchzuhalten. Wegen der zum Teil langwierigen Umstellungsprozesse werden sich wohl zuerst Aufwandssteigerungen und erst später Aufwandssenkungen (Rationalisierungserfolge) oder Ertragssteigerungen ergeben.

23. Publikationen

231. Beispiele für Verbandsveröffentlichungen

Die Wirtschaftsfachverbände produzieren eine Vielfalt von Veröffentlichungen[258]. Die aktuellen Informationsdienste und Rundschreiben haben wir bereits untersucht[259]. Daneben publizieren die Verbände meist regelmäßig, in kurzen Abständen erscheinende Zeitschriften, wie z. B. die zweimonatlich erscheinenden BAG-Nachrichten, in denen in Aufsätzen und Notizen verbandsexterne (Umweltbeeinflussung) und verbandsinterne Fragen (Mitgliederbeeinflussung, Organisationsprobleme) behandelt werden. Zum Teil sind diese Zeitschriften für bestimmte Mitarbeitergruppen in den Mitgliedsunternehmen bestimmt, wie die „Blätter für Vorgesetzte“ und „Informationsbriefe für Führungskräfte der chemischen Industrie“ des AGC oder der „Unternehmerbrief“ des Deutschen Industrieinstituts. Periodisch erscheinen auch die Geschäftsberichte und Jahrbücher der Verbände. Sie enthalten meistens Rechenschaftsberichte der Verbandsführung, Berichte über die Wirtschafts- und Branchenlage und Aufsätze zu bestimmten Problemen des Verbands sowie seiner Mitglieder. Diese Berichte sind meist nach Beeinflussungsobjekten gegliedert. In den Geschäftsberichten der BAG z. B. wird ihre Tätigkeit ausgehend von Berichten über die allgemeine Wirtschaftslage und die Entwicklung des Einzelhandels im besonderen nach folgenden Objekten eingeteilt: Wirtschafts- und Sozialpolitik, Marktfragen im Konsumgüterbereich, Recht, Steuern und Versicherung, Betriebswirtschaft, Förderung des unternehmerischen Nachwuchses (Juniorenarbeit), Güterverkehr und Tarife, Städtebau und Verkehr, Öffentlichkeitsarbeit, EWG-Politik. Innerhalb dieser Punkte werden die Verbandsleistungen für verschiedene Adressaten und dabei erledigte Verrichtungen geschildert. Zum Teil werden Beeinflussungs- und Verwertungserfolge angegeben. Weiter wird über die Sitzungen der

---

[258] Vgl. *Adels*, Helmut: Betriebswirtschaftliche Verbandsarbeiten. S. 41 ff.
[259] Vgl. unsere Ausführungen in C 21.

Organe der BAG, über die Entwicklung des Mitgliederstandes und die Besetzung des Vorstands sowie der Geschäftsführung berichtet.

Neben den periodischen Publikationen geben die Verbände unregelmäßig nach Bedarf und Anfall Sonderveröffentlichungen heraus. Es sind dies auf verbandsexternem Material basierende Forschungsberichte[260] und Untersuchungen in Mitgliedsbetrieben. Eine große Rolle spielen auch die zum großen Teil von den Mitgliedern in Ausschüssen und Arbeitskreisen erarbeiteten Musterlösungen (z. B. Formblätter), Merkblätter (z. B. Organisationsanleitungen) und Branchenrichtlinien (z. B. Kostenrechnungs- und Buchhaltungsrichtlinien)[261].

Zur Erfolgsbeurteilung der Publikationen stehen uns grundsätzlich zwei Methoden zur Verfügung. Mit der Inhaltsanalyse oder Aussagenanalyse[262] können wir den möglichen Verwertungserfolg, die Anwendbarkeit der Informationen feststellen (Erfolgsprognose). Mit der Leseranalyse können wir wirkliche, für spätere Verwertungserfolge notwendige Vorerfolge wie Aufmerksamkeit, Interesse, Verarbeitungsentscheidung, Speicherungs- und Verarbeitungsvorgänge, also aktuelle Anwendungs- und Verwertungserfolge ermitteln (Erfolgskontrolle).

232. *Aussagenanalysen zur Erfolgsprognose*

Für unsere Aussagenanalyse kommt Formanalysen oder quantitativen Fragestellungen[263], wie z. B. nach der Zahl der Zeichen, dem beanspruchten Raum, der Plazierung bestimmter Zeichen auf einzelnen Seiten, Art und Größe der Drucktypen, der Verwendung von Bildern im Vergleich zu qualitativen Fragestellungen sowie der Verwendung textabhängiger im Vergleich zu textunabhängigen Analysekategorien[264], geringere Bedeutung zu. Analysekategorien einer Aussagenanalyse, welche die mögliche Anwendbarkeit und Verwertungserfolge ermitteln soll, müssen vor allem Inhalt und Bedeutung der Informationen für die potentiellen Empfänger sein. Die Textanalyse muß also aus der Sicht der möglichen Verwender der Informationen (Empfängeranalyse) ergänzt werden. Entsprechende Kategorien sind vor allem die Novität

---

[260] Vgl. z. B. die Sonderveröffentlichungen des VDMA, in der betriebswirtschaftliche Dissertationen erscheinen.

[261] Vgl. *Adels*, Helmut: Betriebswirtschaftliche Verbandsarbeiten. S. 44 und die Liste der Veröffentlichungen dort auf S. 59 ff. Vgl. auch die Schriftenreihe der BAG „Fortschritt im Betrieb".

[262] Die Aussagenanalyse kann als Oberbegriff für Text-, Bild- und Tonanalysen gesehen werden. Vgl. *Bessler*, Hansjörg: Aussagenanalyse. Die Messung von Einstellungen im Text der Aussagen von Massenmedien. In: Gesellschaft und Kommunikation. Eine Schriftenreihe. Hrsg. v. P. R. Hofstätter u. a. Band 4. Bielefeld 1970, S. 29 ff.

[263] Vgl. ebd., S. 35 ff.

[264] Vgl. ebd., S. 19.

(Originalität), Verständlichkeit, Anwendungsoperationalität und Notwendigkeit (Dringlichkeit) der Informationen. Man kann wieder Unterkategorien bilden, wie z. B. Objekt oder Gebiet, verbale, mathematische oder bildliche Darstellung, Umfang der Darstellung, Suffizienz und „Unmittelbarkeit der Zielwirkung" der Informationen[265]. Gerade bei der Zielunmittelbarkeit bestehen große Probleme, für welche Zielerfüllungen bestimmte Informationen gedacht sind. Hier bestehen oft noch lange Ketten von Vorwirkungen oder Vorerfolgen, die eintreten müssen, ehe ein Verwertungserfolg entstehen kann.

Wir haben den Inhalt eines Heftes der BAG-Nachrichten[266] zu analysieren versucht. Es enthält auf 40 DIN-A-4-Seiten 45 Aufsätze, Berichte und kleine Informationen. Die Beiträge sind folgendermaßen gegliedert: „Zur Jahreswende 1967/1968" (1 Beitrag), „Handel und Industrie" (10), „Städtebau und Verkehr" (2), „Betriebswirtschaft" (1), „Recht" (9), „Neue Literatur" (10), „Aus Verbänden und Unternehmungen" (11), und „Statistik" (1). Daneben finden sich je zwei ganzseitige, halbseitige, viertelseitige, eine einspaltige und eine Streifenanzeige verbandsfremder Unternehmen, die jedoch zum Teil in Zusammenhang mit dem redaktionellen Teil stehen.

Der Einleitungsartikel enthält Bemerkungen über den „Konjunkturrückgang 1967" und über Ansätze zur „Wiederbelebung", beschwört das Gesamtinteresse, hinter dem das Gruppeninteresse zurückstehen müsse, und fordert von der Bundesregierung, daß sie den Plan, eine Ergänzungsabgabe zur Einkommen- und Körperschaftsteuer fallen lassen, eine „antizyklische Konjunktur-, Haushalts- und Finanzpolitik" betreiben, auf Steuererhöhungen verzichten, die Eigenkapitalbildung der Unternehmen fördern, die Finanzreform vorantreiben und die Gewerkschaften zur Mäßigung veranlassen solle. Die Mittel- und Großbetriebe des Einzelhandels würden zusammen mit der Industrie und der übrigen Wirtschaft schon „ihren Beitrag zu einer zielstrebigen und verantwortungsbewußten Wirtschaftspolitik leisten".

Diese Informationen sind natürlich nicht dazu gedacht, von den Mitgliedern angewendet zu werden. Die BAG erwartet sicher auch nicht, daß die Bundesregierung und der Bundestag nur aufgrund ihrer — noch dazu sehr allgemeinen — Forderungen entsprechend handelt. Diese Forderungen sollen wahrscheinlich das Konzert der Verbandsforderungen vervollständigen und die Mitglieder in ihren teilweise unbewußten, teilweise unartikulierten Wünschen an den Staat bestätigen bzw. sie davon überzeugen, daß die BAG sich für sie einsetzt.

---

[265] Für die Aussagenanalyse könnte man auch das Komponentenschema *Wilds* heranziehen. Vgl. *Wild*, Jürgen: Zur Nutzenbewertung. S. 326 ff.

[266] Heft 6 vom Dezember 1967.

Der Aufsatz über die „Feuerschutzmaßnahmen in deutschen Warenhäusern“ ist eine Reaktion auf den Warenhausbrand in Brüssel vom Mai 1967, bei dem mehr als 300 Menschen ums Leben kamen.

Er soll die Mitglieder zunächst beruhigen und darauf hinweisen, wie gut nach den Bau- und Betriebsvorschriften in Deutschland gegen solche Unglücksfälle vorgesorgt ist[267]. Offensichtlich sollen aber auch Inhaber kleiner und älterer Waren- und Kaufhäuser dazu bewegt werden, Feuerschutzanlagen einzurichten und organisatorische Maßnahmen (z. B. Hausfeuerwehr) zu treffen. Dazu wird eine Reihe von rechtlichen Vorschriften bekannt gemacht. Es wird auf Gerätetypen und Hersteller (Bilder, Anzeigen) hingewiesen. Weiter werden organisatorische Anleitungsinformationen (z. B. Gestaltung einer Brandschutzordnung) gegeben. Ob die Informationen ausreichen, die entsprechenden Maßnahmen einzuleiten, läßt sich kaum beurteilen. Das dürfte vom Organisationsgeschick der jeweiligen Mitarbeiter in den Mitgliedsbetrieben abhängen. In dem gleichen Heft wird einer Versicherungsgesellschaft die Gelegenheit eingeräumt, auf die Schäden im Falle einer Betriebsunterbrechung durch eine Brandkatastrophe (Vernichtung der Waren, Wiederaufbauaufwand, Schäden an Nachbargebäuden, Umsatz- und Gewinnausfälle, Kundenabwanderung) hinzuweisen, vor Unterversicherung zu warnen und eine Methode anzubieten, nach der man die gestiegenen Wiederaufbaukosten berechnen kann. Die Gesellschaft plazierte auch eine viertelseitige Anzeige, in der sie ihre Dienste anbietet. Diese Information dürfte wie jene über die Feuerschutzmaßnahmen angesichts des geschilderten Unglücks, das noch mit eindringlichen Zahlen unterstrichen wird, einen hohen Motivationswert aufweisen. Zumindest werden manche Unternehmen ihre entsprechenden Maßnahmen überprüft haben, ob sie den Verhältnissen noch entsprechen. Die „Versicherungsinformation“ bedarf unseres Erachtens noch weiterer Informationen über die Berechnung möglicher Schadensgrößen und natürlich der Einholung und des Vergleichs verschiedener Angebote von Versicherungsunternehmen, damit die Mitglieder entscheiden können. Ein kleiner Beitrag über eine ministerielle Überprüfungsaktion der Schutzmaßnahmen für Arbeitnehmer im Einzelhandel bei Brandgefahr berichtet von im ganzen „zufriedenstellenden Ergebnissen“ und von einigen Mängeln. Auch dieser Beitrag dient „Bestätigungsfunktio-

[267] Im Geschäftsbericht der BAG 1967 wird auf S. 87 f. dagegen berichtet, wie es der BAG gelang, „die Gefahr der Verschärfung (der Warenhausverordnung: d. Verf.) im wesentlichen zu bannen“, „beträchtliche zusätzliche finanzielle Belastungen von den Mittel- und Großbetrieben abzuwenden“ und einen „wesentlichen Beitrag zur Herstellung gleicher Startbedingungen im Wettbewerb mit anderen Vertriebsformen (Verbrauchermärkte, Einkaufszentren: d. Verf.) zu leisten“. Diese Erleichterungen für die Mitglieder gehen zu Lasten der Sicherheit.

nen". Die Mitglieder sollen beruhigt werden, indem ihnen durch eine neutrale Stelle versichert wird, wie gut sie vorgesorgt haben.

Zwei Beiträge über den Handel im Städtebau berichten davon, daß unter Regierungssprechern, Professoren und anderen Experten Einigkeit besteht, daß bei der Sanierung von historischen Stadtzentren und der Gestaltung neuer Stadtzentren Städte und Einzelhandel eng zusammenarbeiten müssen. Weiter wird darauf hingewiesen, daß diese Kooperation in Deutschland über das von den Spitzenverbänden des Handels gegründete „Institut Gewerbebetriebe im Städtebau" nach Anfangsschwierigkeiten eingeleitet und erfolgreich ausgebaut wurde[268]. Das Institut schlägt in seinen Gutachten „kraftverkehrsfreie Geschäftsbereiche" in den innerstädtischen Zentren den Ausbau der Nahverkehrsmittel und eine „Hierarchie von Versorgungszentren" vor, welche die willkürliche Gründung von Einkaufszentren einschränken helfen soll. Der Konkurrenz von Shopping-Centers und Verbrauchermärkten galt und gilt das besondere Augenmerk der BAG und ihrer Mitglieder.

Diese Berichte sollen wohl nicht Informationen liefern, welche die Mitglieder unmittelbar verwenden können. Die Informationen sollen den Mitgliedern das Gefühl geben, daß ihre traditionellen Standorte in den Zentren gesichert sind und daß neue Zentren nur unter ihrer Mitwirkung geplant werden, sie also die Einrichtung von Konkurrenzbetrieben mitbestimmen können.

Beiträge, in denen über Normen von Verpackungsmaßen für Hausrat und Eisenwaren sowie für Größenbezeichnungen von Handschuhen berichtet wird, welche der Handel gemeinsam mit der jeweiligen Industrie erarbeitet hat, sollen wohl die Mitglieder auf die Arbeit der BAG hinweisen und sie veranlassen, die entsprechenden Waren nur in dieser genormten Form zu verlangen. Bestellung, Transport, Lagerung und Abrechnung können damit rationalisiert werden.

In den Rechtsinformationen werden z. B. die Tatbestände geklärt, die bei Abschnittsschlußverkäufen und sonstigen Sonderangeboten, bei kommunalen Bebauungsplänen, bei Räumungsverkäufen und bei verschiedenen Problemen des Arbeitsrechts vorliegen müssen. Das Verfahren der Scheckkarte und die Vorteile für den Einzelhandel werden dargestellt. Diese Informationen räumen Unsicherheiten aus und geben

---

[268] Das Institut hat in den letzten Jahren zahlreiche Gutachten für öffentliche (Kommunen, Landkreise, Länder und Planungsverbände), halböffentliche (Kammern) und private Auftraggeber (Verbände, Baugesellschaften, Handelsunternehmen) erstellt und damit dafür gesorgt, daß berechtigte Interessen des Handels bereits bei der Vorbereitung von städtebaulichen Maßnahmen berücksichtigt wurden. Vgl. BAG 1967, S. 106, BAG 1968, S. 91, BAG 1969, S. 105 und BAG 1970, S. 105 f.

genaue Instruktionen, wie z. B. mit solchen Schecks in Zukunft zu verfahren ist.

In einer Notiz werden die Möglichkeiten aufgeführt, Mitarbeiter für die Verleihung von Bundesverdienstorden vorzuschlagen. Diese Information dürfte sicher einem Teil der Mitglieder unbekannt sein. Indem sie so Kenntnis davon erlangen, erhalten sie eine Möglichkeit, ihre Mitarbeiter bei deren Versetzung in den Ruhestand ehren zu lassen und sich bei den übrigen Mitarbeitern und potentiellen Mitarbeitern (soweit die Verleihung bekannt wird) das „Image" eines „guten" Arbeitgebers zu verschaffen.

In einem Aufsatz werden verschiedene Verfahren der Reinigung von konventionellen Büroräumen, Großraumbüros und Verkaufsräumen verbal und bildlich dargestellt, Anleitungen zur Umorganisation in den Mitgliedsbetrieben gegeben und die Aufwandseinsparungen dadurch vorgerechnet. Sicher sind für die Einführung solcher Verfahren noch weitere Informationen über die verwendeten Betriebsmittel und Organisationsverfahren notwendig, doch lassen sich die laufenden Einsparungen an Aufwendungen bei Anwendung eines solchen neuen Reinigungsverfahrens ziemlich genau bestimmen. Der Umstellungsaufwand könnte auf die Nutzungsdauer des Verfahrens verteilt und von den laufenden Einsparungen abgezogen werden. Man könnte auch auf Verteilung des Umstellungsaufwands verzichten und dagegen ermitteln, ab wann die „Umstellungsinvestition" aus den Einsparungen „amortisiert" ist.

Die Buchbesprechungen, die das Heft enthält, sind kaum aussagekräftig, so daß es sich nur um Hinweise auf neue Buchtitel handelt. Die Berichte über Firmenjubiläen und persönliche Festtage dienen vor allem dem Ansehen des jeweiligen Unternehmens bzw. der gewürdigten Person.

Im Auftrag des Verbands der Chemischen Industrie haben *Marx*[269] und *Hudelmaier*[270] verbandseigene bzw. verbandsempfohlene Buchführungs- und Kostenrechnungsrichtlinien einer Inhaltsanalyse unterzogen. Obwohl sie nicht den Verwertungserfolg für die Mitglieder der Verbände im Auge hatten, lassen sich doch einige ihrer Ergebnisse als Erfolgsurteile interpretieren.

---

[269] Vgl. *Marx*, August: Verbandseigene Buchführungs- und Kostenrechnungsrichtlinien. Ein kritischer Vergleich mit den Einheitsrichtlinien des BDI und den Einheitsregelungen 1937/39. I. Teil: Kontenrahmen und Buchführungsrichtlinien. Wiesbaden 1965.

[270] Vgl. *Hudelmaier*, Gerhard: Verbandseigene Buchführungs- und Kostenrechnungsrichtlinien. Ein kritischer Vergleich mit den Einheitsrichtlinien des BDI und den Einheitsregelungen von 1937/39. II. Teil: Kostenrechnungsrichtlinien. Wiesbaden 1967.

Marx verglich die Gemeinschaftsrichtlinien des BDI von 1950 und 22 verbandseigene Kontenrahmen[271] mit den Buchführungsrichtlinien von 1937. Sein Untersuchungsprogramm war, „Gleichheiten und Unterschiede" („Neuerungen und Verbesserungen" gegenüber 1937), allgemeine betriebswirtschaftliche und „branchentypische" Gestaltungsprinzipien der Kontenrahmen festzustellen und zu prüfen, ob der Gemeinschaftskontenrahmen des BDI die Anforderungen, die an einen solchen zu stellen sind, erfüllt und welche Form er haben müßte, wenn er die neueren betriebswirtschaftlichen Erkenntnisse und die Erfordernisse eines europäischen Kontenrahmens berücksichtigen soll[272]. Was das Untersuchungsprogramm bereits andeutet, wird durch die Ergebnisse[273] bestätigt. Es werden zahlreiche syntaktisch-semantische Unterschiede, Gleichheiten und Mängel festgestellt, diese aber zu wenig aus den Bedürfnissen der Unternehmen erklärt. Die „festgestellten Unterschiede sind selten branchenbedingt[274], sondern auf die Anwendung unterschiedlicher Kontensysteme, verschiedener Gliederungsprinzipien und eigenwilliger Lösungen zurückzuführen". Der Erlaßkontenrahmen von 1937 und der Gemeinschaftskontenrahmen des BDI „lassen eine gewisse Starrheit und Einseitigkeit erkennen, die ihre gleichwertige Brauchbarkeit für alle Kontensysteme, Rechnungstechniken und Branchen schmälert"[275].

Solche Kontenrahmen müssen unseres Erachtens aber gar nicht „allen" Anforderungen genügen. Ihre „Erfolge" liegen darin, daß sie die Aufstellung branchentypischer Kontenrahmen anregen, daß sie den Mitgliedern der Verbände helfen, die in ihren Betrieben begründeten Besonderheiten für die Gestaltung ihres Kontenrahmens zu erkennen sowie möglichst viele Teile ihres Kontenrahmens zu standardisieren, und daß sie damit einen Beitrag zur Vereinheitlichung des Rechnungswesens allgemein leisten.

Hudelmaier vergleicht 28 verbandseigene Kostenrechnungsrichtlinien untereinander und mit den Gemeinschaftsrichtlinien für die Kosten- und Leistungsrechnung des BDI von 1951 und untersucht, „ob sie den Anforderungen, die an ein modernes Rechnungswesen gestellt werden, genügen". Darunter versteht er den einheitlichen und für die Erfüllung der traditionellen Hauptaufgabe der betrieblichen Kostenrechnung,

---

271 *Marx* unterscheidet drei Typen: Kontenrahmen mit Buchführungsrichtlinien, solche mit Erläuterungen und solche ohne Richtlinien und Erläuterungen. Sie können verbandseigen und verbandsempfohlen sein.

272 Vgl. ebd., S. 17 f.

273 Vgl. ebd., S. 52 ff., 82 ff., 106 ff., 121 f., 131 f., 155 ff., 167 f. und 169 ff.

274 *Marx* scheint das Einkreissystem für die Bauindustrie und den Schiffbau zweckmäßiger zu sein als das Zweikreissystem. Vgl. ebd., S. 170.

275 Ebd., S. 169.

nämlich der Ermittlung der Vollkosten, zweckmäßigen Aufbau. Weiter soll die Kostenrechnung Entscheidungen finden helfen[276]. Die Kostenrechnungsrichtlinien sollen ohne große Änderungen von einer Vielzahl von Unternehmen angewendet werden können. Fortschritte im Grundsystem führen dann zwangsläufig zu Verbesserungen im betrieblichen Rechnungswesen der Unternehmen. Die Ausbildung der Mitarbeiter kann vereinfacht werden. Der Rechnungsgang läßt sich schematisieren und wird automatischer Bearbeitung zugänglich. Betriebsvergleiche werden erleichtert[277].

„In formeller Hinsicht" (Gliederung, Benennung, Inhalt)[278] vergleicht *Hudelmaier* Kostenarten-, Kostenstellen- und Kostenträgerbegriffe. Er stellt fest, daß die „Bezeichnungen für Kostenartengruppen und Kostenarten ... ein erhebliches Maß an Gliederungswillkür verraten". Die Kostenstellengruppen weisen „ein erfreuliches Maß an Gliederungseinheitlichkeit" auf. Ein Teil der Kostenstellenbegriffe wird abgelehnt, weil sie kaum von den Kostenartenbegriffen zu unterscheiden sind, von einem Teil der Kostenstellenbezeichnungen glaubt *Hudelmaier*, daß sich der zuständige Mitarbeiter „nach einer gewissen Einarbeitungszeit" die jeweilige Kostenstelle vorstellen kann, einen Teil akzeptiert er, weil die Benennung eine Ortsbezeichnung zum Ausdruck bringt. Damit sind Aussagen über die syntaktische und semantische Verständlichkeit gemacht. Für die Kostenträgerbegriffe stellt *Hudelmaier* die Übereinstimmung mit der betriebswirtschaftlichen Literatur fest. „In materieller Hinsicht"[279] prüft er, ob die Richtlinien die Erfassung aller in der Praxis anfallenden Kosten für die Vollkostenrechnung ermöglichen. Die Untergliederung der Personalkosten erfolgt sehr uneinheitlich. Als Gründe werden vor allem rechtliche und soziale angeführt. Die Gliederung der Materialkosten ist ebenfalls uneinheitlich. Bei den Kapitalkosten kritisiert er besonders das LSÖ- bzw. LSP-Denken (Verrechnung von Zusatzkosten, Abschreibung über die übliche Nutzungsdauer hinaus) und die uneinheitliche Einteilung. Bei der Bildung der Kostenstellen bemängelt er die Unterschiede in den Auffassungen, welche Prinzipien dabei angewandt werden sollen. Er vermißt die Entwicklung von Stellengemeinkostensätzen zur Verrechnung der innerbetrieblichen Leistungen. Bei der Kostenträgerrechnung kritisiert er allgemein die Schwächen der Vollkostenrechnung. Diese Kritik könnte man dahingehend auf die Richtlinien übertragen, daß sie zwar das Gemeinkostenverrechnungsproblem nicht lösen können, trotz-

---

[276] Vgl. *Hudelmaier*, Gerhard. S. 17 ff.

[277] Vgl. ebd., S. 19.

[278] Vgl. ebd., S. 25 ff.

[279] Vgl. ebd., S. 35 ff.

dem nur zaghaft daraus Konsequenzen ziehen. Die Vollkostenrechnung versagt nämlich in den meisten Fällen als Kontroll- und Lenkungsinstrument.

Gliederungsuneinheitlichkeiten, Überschneidungen und verwirrende Bezeichnungen erschweren die Verständlichkeit der Richtlinien. Sie beeinträchtigen die Anwendbarkeit. Uneinheitliche Untergliederungen und -bezeichnungen erschweren die Erfassung der Kosten, uneinheitliche und unklare Prinzipien für die Bildung von Kostenstellen und Gemeinkostensätzen verringern die Chancen einer zutreffenden Kostenzurechnung.

Hudelmaier versäumt es unseres Erachtens vor allem, branchenbedingte Unterschiede in den Richtlinien herauszuarbeiten. Gerade der Gegenstand der Unternehmen, das Produktionsprogramm und das Produktionsverfahren (technisch, organisatorisch) dürften jedoch für wichtige Unterschiede verantwortlich sein.

Für eine Erfolgsbeurteilung aus der Sicht der Mitglieder müßten Betriebs- oder doch Branchenbedingtheiten der Buchführung und Kostenrechnung ermittelt und untersucht werden, inwieweit die Richtlinien ihnen Rechnung tragen[280].

233. Leseranalysen zur Erfolgskontrolle

Während die Inhaltsanalyse nur Aussagen über mögliche Lern-Anwendungs- und Verwertungserfolge liefern kann, gibt die Leser- und Verwenderanalyse Aufschlüsse über eingetretene Lern-, Anwendungs- und Verwertungserfolge.

Der AGC veranstaltet regelmäßig solche Umfragen unter den Empfängern seiner „Blätter für Vorgesetzte" und „Informationsbriefe für Führungskräfte". Im Dezember 1967 und Januar 1968 wurden z. B. 60 Bezieher der „Blätter für Vorgesetzte" befragt. 41 antworteten[281]. Nach einigen Fragen zum Leseverhalten[282] wurden die Befragten gebeten, den „Blättern für Vorgesetzte" eine „Gesamtnote" zu geben. Zur Auswahl waren fünf Noten vorgegeben: sehr gut, gut, mittelmäßig, schlecht und sehr schlecht. Nahezu alle Antwortenden (38) halten die „Blätter für Vorgesetzte" für gut oder sehr gut. Ebensoviele empfingen

---

280 Die Buchführung ist weitgehend rechtlichen Bestimmungen unterworfen, die Kostenrechnung dagegen nur in besonderen Fällen (z. B. öffentliche Aufträge). Bei den Buchführungsrichtlinien dürften daher weniger Branchenbesonderheiten auftauchen als bei den Kostenrechnungsrichtlinien.

281 Vgl. AGC (Hrsg.): Leserbefragung „Blätter für Vorgesetzte". O. O. (Leverkusen), o. J. (1968).

282 Vgl. a. unsere Ausführungen in D 41.

„Anregungen für die Praxis". Allerdings bleibt offen, ob nicht realisierte (Lernerfolge) oder realisierte Anregungen (Anwendungserfolge) gemeint sind. Die Tatsache, daß der überwiegende Teil der Antwortenden (35) die „Blätter für Vorgesetzte" „als Nachschlagewerk für in der Praxis auftretende Fragen" benutzt, läßt vermuten, daß die Informationen so gültig sind, daß sie nur langsam veralten. Daneben kann aber auch der „Sammeltrieb" dazu führen, daß solche Nachschlagewerke entstehen. Die Antworten auf die Frage, ob sich die Leser „durch ein Zuviel an Lesestoff belastet" fühlen, lassen auf die Redundanz der angebotenen Informationen schließen. Da sich nur ein kleiner Bruchteil (6) belastet fühlt, könnte man annehmen, daß nur geringe Redundanz vorliegt. Abschließend versucht man zu erfahren, welchen Wert die Leser den verschiedenen in den „Blättern für Vorgesetzte" behandelten Themenbereichen[283] im Hinblick auf die Zukunft beimessen. Sind sie so wichtig, daß sie verstärkt bearbeitet werden sollen? Sind sie nützlich und sollen sie behandelt werden wie bisher oder sind sie so unwichtig, daß sie wegfallen können? Fast alle Antworten sind für Ausweitung oder Weiterführung wie bisher. Diese summarischen Antworten müssen in jedem Fall durch die freien Bemerkungen der Befragten interpretiert werden. Daher wurde um Anregungen gebeten. Es waren wohl Hinweise für die inhaltliche und formale Gestaltung der Zeitschrift erwartet worden. Die Frage wurde jedoch mißverstanden. Es wurden Anregungen für eine andere Verbandsleistung gegeben.

In einer Befragung von Managern verschiedener Mitgliedsunternehmen des AGC über den Wert der „Informationsbriefe für Führungskräfte" antworteten 638 Befragte[284]. So beurteilten die „Informationsbriefe" in ihrer Gesamtheit als „sehr gut" 5 % der Antwortenden, als „gut" 66 %, als „befriedigend" 24 %, als „ausreichend" 4 % und als „ungenügend" 1 %. Die Ergebnisse fallen u. a. deshalb so positiv aus, weil die Bewertungsskala mit vier positiven und einer negativen Antwort zu einseitig ist. Die Skala bei der Leserbefragung zu den „Blättern für Vorgesetzte" dagegen ist mit zwei positiven, zwei negativen und einer neutralen Alternative ausgewogen. Bei dieser Umfrage wird auch die Besetzung einiger Eigenschaften ermittelt, welche wichtige Voraussetzungen für das Eintreffen von Lern- und Anwendungserfolgen darstellen. So wollte man die „Anschaulichkeit" (90 % positiv) und „Prägnanz" der Darstellung (84 %) erforschen. Die Befragten sollten weiter

[283] Die „Blätter für Vorgesetzte" enthalten im allgemeinen Informationen zu folgenden Themenkreisen: Menschenführung, Arbeitsrecht, Wirtschaftskunde, Sozialpolitik, chemische Industrie, betriebspraktische Fragen sowie Unfallverhütung.

[284] Vgl. AGC (Hrsg.): Leserbefragung „Informationsbriefe für Führungskräfte der chemischen Industrie". O. O. (Wiesbaden), o. J. (1967).

angeben, ob die „Informationsbriefe“ mit „zuviel Zahlen“ belastet sind (78 % verneinten) und ob sie mehr Graphiken enthalten sollten (50 % nein). Die empfundene „Penetranz des Arbeitgeberstandpunktes“[285] wollte man mit der Frage erkunden, ob sich die „Informationsbriefe“ erfolgreich um Sachlichkeit bemühen (52 %) oder zu einseitig sind (36 %). Zu jeder der Rubriken der „Informationsbriefe“ wollte man wissen, ob sie „besonders“ oder „weniger“ interessieren. Aus den Ergebnissen auf eine solche Frage[286] könnte man zumindest auf ein „Bildungsinteresse“ (ein „Informiert-sein-wollen“), unter Umständen auch auf die Dringlichkeit der dort angebotenen Informationen für die Problemsituation der Leser schließen. Um genaueren Aufschluß darüber zu gewinnen, müßte die Frage jedoch differenzierter gestellt werden. Wie bei den „Blättern für Vorgesetzte“ wurde um Anregungen gebeten. Weiter wurde danach gefragt, welche Themen vermißt worden seien, welche zukünftig ausführlicher behandelt werden sollten. Die Analyse dieser Antworten weist darauf hin, daß die positiven Antworten bei den geschlossenen Fragen vor allem hinsichtlich der Verständlichkeit, Operationalität und Dringlichkeit der angebotenen Informationen für die Leser zu relativieren sind.

Abgesehen davon, daß die in den Umfragen angesprochenen Eigenschaften noch differenziert und präzisiert werden müßten, sind sie fast nur ordinal oder nominal meßbar. Hinzu kommt, daß bei Fragen, in denen mehrere Ausgaben einer Zeitschrift oder bestimmte Rubriken über viele Nummern hinweg zusammen beurteilt werden, die Befragten unterschiedliche Wertempfindungen gedanklich zusammenfassen müssen. In dieses Urteil gehen dann nicht abtrennbare Bewertungen von Vorerfolgen (z. B. die Zugriffschancen zu den gesammelten „Informationsbriefen“: Bereithaltungserfolg), Lern-, Anwendungs- und Verwertungserfolgen ein. In diesem Urteil mischen sich selbst erlebte und von anderen berichtete Erfolge. Manche erfahrenen Erfolge oder Mißerfolge werden auch nicht mehr erinnert. Dieser gedankliche Konsolidierungsvorgang ist für Außenstehende nicht einsehbar und auch nicht einsehbar zu machen. Deshalb kommt es — wie schon gesagt — sehr auf die Differenzierung der Fragegegenstände an. Dann tritt jedoch für den Befragten das Problem auf, die einzelnen Fragegegenstände zu unterscheiden.

---

[285] Die Penetranz des Arbeitgeberstandpunktes ist ambivalent. Manche Befragte sehen vielleicht gerade in der Vertretung des Arbeitgeberstandpunktes ein Bemühen um Sachlichkeit, manche werden sie sogar, selbst wenn sie unsachlich ist, als nützliches Pendant zu Gewerkschaftsstandpunkten positiv bewerten, während andere eine neutrale, objektive Beurteilung der dargebotenen Sachverhalte vermissen.

[286] Die Ergebnisse waren im übrigen durchweg positiv.

234. Zwischenergebnis

Inhalts- und Leseranalyse sollten unseres Erachtens für eine Erfolgsprognose und Erfolgskontrolle möglichst identisch aufgebaut sein.

Für die Inhaltsanalyse müssen Annahmen über die Leser und Verwender, die möglichen Verwendungssituationen und Verwendungsphasen[287] getroffen werden. Dann kann die Inhaltsanalyse

— die Neuheit und Dringlichkeit des Informationsgegenstands

— seine Prägnanz (z. B. Kürze, Genauigkeit, Klarheit)

— seine Anschaulichkeit (z. B. „Mathematisierungsgrad", Einbau von Graphiken, Übersichtlichkeit)

— seine Verständlichkeit (z. B. Satzbau, Verwendung von Fremdwörtern)

— seine Operationalität (z. B. Vorhandensein von Sach-, Anleitungsinformationen)

— seine mögliche anregende Wirkung

— und die möglichen Verwertungserfolge, die aus einer Anwendung der Information entstehen können, feststellen.

Mittels einer entsprechend gestalteten Leseranalyse kann man ermitteln, wie die Leser die Eigenschaften der angebotenen Informationen beurteilen, welche Ziele sie verfolgen, welche Probleme, welchen Informationsbedarf, welche Informationsverarbeitungsfähigkeiten und -möglichkeiten sie besitzen und in welchen Entscheidungsphasen sie die Informationen benötigen. Die Leser beurteilen so mögliche Anwendungs- und Verwertungserfolge aus ihrer Sicht und geben durch ihre Antworten auch Einblick in die aufgrund der „Veröffentlichungen" erzielten Lernerfolge. Die Lernerfolge können sowohl in der Erkenntnis der Eignung als auch der Nicht-Eignung der vermittelten Informationen für die Unternehmen liegen. In der Leseranalyse kann man auch versuchen, die Anwender von angebotenen Informationen zu finden, sie die Eigenschaften der angewandten Informationen und bisherige Verwertungserfolge bzw. -mißerfolge beurteilen lassen. Hier treten jedoch große Zurechnungsprobleme auf. Die Information kann schon vor langer Zeit gegeben worden sein. Im Entscheidungsprozeß ist sie wahrscheinlich auch durch vielfältige andere Informationen modifiziert worden. Man kann die Faktoren aufzählen lassen, welche die Anwendung hemmten bzw. förderten, und versuchen, die Kräfte herauszufinden, welche der Verband beeinflussen konnte. So könnte man sich dem Anteil der Verbandsinformation am Verwertungserfolg nähern. Diese

---

[287] Vgl. *Wild*, Jürgen: Zur Problematik. S. 327.

Kräfteanalyse könnte auch dazu dienen, die Verbandsinformationen zu verbessern. Ein gewisses Problem stellt — vor allem bei Leseranalysen — die Abgrenzung der regelmäßigen Publikationen dar. Das Urteil der Leser wird sich selten auf eine oder mehrere Ausgaben, z. B. einer Zeitschrift, beschränken lassen. Jüngere Ausgaben werden wahrscheinlich besser erinnert als ältere, Ausgaben, welche Informationen enthielten, die zur Anwendung kamen, wahrscheinlich besser als die übrigen.

24. Beratungen

In jüngster Zeit wird die Beratung der Mitglieder als neues Leitbild der Verbandsarbeit propagiert[288]. Die Beratung wird hier als Einzelberatung verstanden. Sie vermittelt also individuelle Informationen bzw. Informationskomplexe an das Management der Mitgliedsunternehmen[289].

241. Funktionen der Beratung

Zur Beratung ist eine Untersuchung (Diagnose) der Probleme des ratsuchenden Unternehmens notwendig. Dazu ist der Berater im allgemeinen im Betrieb anwesend. So kann ein relativ enger Kontakt zwischen Unternehmer und Managern einerseits sowie Berater andererseits entstehen. Unternehmer und Manager vertrauen häufig in die Sachkunde, Objektivität und Integrität des Beraters[290], jedoch findet man unseres Erachtens sehr oft auch mangelndes Vertrauen in die Qualifikation von Beratern und ein generelles Mißtrauen gegenüber dem Beratungswesen. Der Berater befreit jedoch Unternehmer und

---

[288] Vgl. *Adels*, Helmut: Betriebswirtschaftliche Verbandsarbeiten. S. 18 f. O. V.: Funktionen im Wandel. S. 10 ff., 15 f. und 22 f. BDA (Hrsg.): Dienstleistungen der Verbände. Frage 129, 130, 134 bis 139: Hier wird gefragt, ob die Mitgliedsverbände ihre Mitglieder regelmäßig oder nur aus akutem Anlaß beraten, ob und welche Sachverständige (Mitglieder, Anwälte, Berater oder andere Fachleute) sie dabei zuziehen. Die große Bedeutung der Beratung ergab sich auch in der Umfrage von *Schmölders*. Bei den Industrieverbänden nahm sie den dritten Platz, bei den übrigen Wirtschaftsverbänden den sechsten Platz als Hauptaufgabe ein. Vgl. S. 47 dieser Arbeit. Vgl. auch *Becker*, Horst: Marketing. S. 12.

[289] Vgl. *Dahl*, Edgar. S. 4 f.

[290] Vgl. ebd., S. 25. Nach *Hammerschmidt* konstituiert das „Vertrauensverhältnis" ein „Treueverhältnis". *Hammerschmidt*, Jost. S. 3 f. *Becker* übertreibt, wenn er die Stellung des Beraters als die eines „Beichtvaters" kennzeichnet. *Becker*, Horst: Marketing. S. 5. Vgl. auch die Argumente, mit denen die BBE für ihre Beratungen wirbt: „Diskretion", Einzelhandelserfahrung seit 17 Jahren, Branchenspezialisierung auf den Einzelhandel, kein „wissenschaftlicher oder lehrmeisterlicher Dünkel", pragmatische Orientierung der Berater. Vgl. BBE: Katalog der Problemlösungen. Köln o. J. (1970).

Management aus einer gewissen Isolierung; denn Unternehmer, aber auch das Management haben oft nicht die geeigneten Gesprächspartner, die zwar nicht mit ihnen konkurrieren, aber doch ihre Probleme verstehen[291]. Der Berater hat Verantwortung für die Entscheidung, welche Vorschläge er unterbreitet, jedoch nicht für ihren Vollzug[292]. Er kann jedoch bei der Verwirklichung mithelfen[293]. *Hammerschmidt* klammert die Betriebsberatung durch Verbände aus seiner Untersuchung aus, weil sie zwar rechtlich-institutionell, aber nicht wirtschaftlich-funktionell selbständig ist[294]. Uns erscheint für diese Untersuchung die geistige Unabhängigkeit als Abgrenzungskriterium ausreichend. Die Beratung erfüllt direkte Funktionen in der Unternehmung[295] und direkte Funktionen zwischen Unternehmung und Umwelt[296]. Zu den direkten Funktionen in der Unternehmung gehören

— die „interne Kommunikationsfunktion“ (Berater können Informationen im Unternehmen erheben, die das Management nicht erhalten würde),
— die „Innovationsfunktion“,
— die Ergänzung der Routinearbeit (Berater können sich eher als die Manager ständig über neue wissenschaftliche und praktische Erkenntnisse informieren und informiert sein),
— die „objektive Beobachtung und Beurteilung“,
— die „interne Koordinationsfunktion“ (Berater können leichter Spannungen unter den Mitarbeitern ausgleichen) und
— die „Selektions- und Schulungsfunktion“ für das Management (Suche von Nachwuchs, Ausbildung des Nachwuchses, Weiterbildung des Management).

Zu den direkten Funktionen zwischen Unternehmen und Umwelt zählen

— die „externe Kommunikationsfunktion“ (Herstellung von Kontakten zu Behörden und anderen Unternehmen),
— die „Funktion der externen Zielorientierung“ (Orientierung der Unternehmensentscheidungen an den Verhältnissen auf dem Markt und in der sonstigen Umwelt) und
— die „externe Koordinationsfunktion“ (Organisation von zwischenbetrieblicher Kooperation und Interessenverbänden)[297].

---

291 Vgl. *Dahl*, Edgar. S. 23 f.

292 Vgl. ebd., S. 27 f.

293 Vgl. *Hammerschmidt*, Jost. S. 4 f. Die Ausführungsfunktionen sind Nebenfunktionen.

294 Vgl. ebd., S. 37.

295 Vgl. *Dahl*, Edgar. S. 29 ff.

296 Vgl. ebd., S. 42 ff.

Die Betriebsberatung kommt als Gesamtberatung für das ganze Unternehmen oder als Spezialberatung für Funktionsbereiche oder Teilprobleme vor[298].

Die Betriebsberatungsgesellschaft der HDE, die BBE, wurde 1953 gegründet[299]. Heute bietet sie neben Veröffentlichungen, EDV-Programmen und Seminaren sowie der Betreuung von Erfahrungsaustauschgruppen[300] folgende Beratungen an[301]:

— Markt- und Standortanalysen
— Marketingberatung
— Personalberatung
— Ausbildungsberatung
— Finanzierungsberatung
— Unternehmernachfolge
— Projektplanung
— Gewerbe- und Zentrenplanung[302]
— „Bau und Einrichtung“[303].

Die BBE nimmt ständig Erfolgskontrollen ihrer Beratungen vor.

1. In jedem Jahrbuch wird von „Betriebsanalysen“[304] beratener Betriebe berichtet. Sie werden vor und nach der Beratung auf bestimmte quantitative, meist monetäre Zielerfüllungen hin untersucht.
2. Bisweilen werden die Analyseergebnisse einer Gruppe von Betrieben gewissermaßen zu einer „kollektiven Betriebsanalyse“ zusammengefaßt.
3. Diese Ergebnisse werden mit den Ergebnissen des Betriebsvergleichs des Instituts für Handelsforschung der Universität Köln verglichen.
4. Dem fördernden Staat wird vorgerechnet, wie sich seine Zuschüsse in erhöhten Steuerzahlungen „amortisieren“.

---

[297] Berater organisieren wohl zwischenbetriebliche Kooperation, aber nicht Interessenverbände, wie sie Gegenstand dieser Untersuchung sind.

[298] Vgl. *Hammerschmidt*, Jost. S. 14 ff.

[299] Vgl. BBE 1968, S. 75.

[300] Vgl. z. B. BBE 1969, S. 62 ff. und BBE 1970, S. 23 ff.

[301] Vgl. BBE (Hrsg.): Geschäftsbericht 1972, S. 12.

[302] Die BBE bietet hier den Kommunen ihre Dienste für die „Erneuerung, Weiterentwicklung und Neuplanung von Einkaufszentren“ an. Vgl. a. BBE (Hrsg.): Gewerbe- und Zentrenplanung, Köln, o. J. (1972).

[303] Es handelt sich um die äußere und innere Gestaltung von Ladenbauten. Vgl. BBE (Hrsg.): Geschäftsbericht 1972, S. 12.

[304] Vgl. zur Betriebsanalyse: *Schnettler*, Albert: Betriebsanalyse, 2. Aufl., Stuttgart 1960, insbesondere S. 92 ff.

5. Die beratenen Unternehmen werden in gewissen Abständen befragt, wie sie den Erfolg der Beratung beurteilen.
6. Der mögliche Verwertungserfolg von Formularsystemen und Rechenformeln wird getestet.

242. Betriebsanalysen

1962 legte der Leiter der BBE, *Leihner,* „Ergebnisse und Erfahrungen aus der Betriebsberatung im Einzelhandel" vor. Er schildert darin Betriebsanalysen von vier Unternehmen vor und nach der Beratung durch die BBE[305].

In einem ländlichen Gemischtwarengeschäft, das vom Inhaber und seiner Frau geführt wurde, wurde das Warenlager bereinigt und neu geordnet. Dadurch konnten „netto 8000,— DM Lagerkapital" freigesetzt werden. „Die verbesserte Liquidität" führte zum ersten Male zu Skontoerträgen. Die Umsatzsteigerungen hielten sich zwar in Grenzen[306], doch führten sie zusammen mit der Kostensenkung, die mit der gestiegenen Umschlagsgeschwindigkeit verbunden war, in den ersten zwei Jahren nach der Beratung zu erheblichen Steigerungen des Reingewinns[307].

In einem Papier- und Schreibwarengeschäft war die räumliche Kapazität völlig ausgeschöpft. Erweiterungsmöglichkeiten bestanden nicht. Das Sortiment wurde teilweise auf Waren des gehobenen Bedarfs umgestellt und neue, qualifiziertere Mitarbeiter eingestellt. Damit erhöhten sich zwar die „Kosten", aber auch der Umsatz und die „Personalumsatzleistung", die Umschlagshäufigkeit, der Bruttoertrag und der Reingewinn. Daß die verbesserten Zielerfüllungen erst im zweiten und im dritten Jahr eintraten, ist unseres Erachtens eine Folge davon, daß Änderungen der Sortiments- und Personalpolitik nicht von heute auf morgen ins Werk gesetzt werden können und daher auch nicht sofort positive Zielerfüllungen verursachen[308]. Im Vergleich zum Zwei-Personen-Betrieb (Fall 1) verzögern sich die positiven Zielerfüllungen. Im ersten Jahr kommt es sogar zu Verschlechterungen. Im ersten Fall kam es bei der Änderung der „Betriebspolitik" (Lagergestaltung) nur auf das Verhalten von zwei Personen an, während es im zweiten Fall

[305] Vgl. *Leihner,* Emil: Ergebnisse und Erfahrungen aus der Betriebsberatung im Einzelhandel. In: Internationales Gewerbearchiv, 10 (1962), S. 108 ff.

[306] Der Inhaber der Einzelhandlung entwickelte besonderes Geschick bei der Durchführung der Sortiments- und Lagerkontrolle, baute das Lager aber zu stark ab, so daß die Umsatzentwicklung im zweiten und dritten Jahr etwas gebremst wurde.

[307] Ähnliche Beispiele werden in den Jahrbüchern 1967, 1968 und 1970 gegeben: BBE 1967, S. 106 ff., BBE 1968, S. 132 ff. und BBE 1970, S. 27 f.

[308] Vgl. unsere Ausführungen in B 32.

bereits auf das Verhalten des angestellten Personals und der Kunden (Sortimentspolitik) ankam. Des weiteren hängt die Verbesserungsmöglichkeit auch vom Ausgangszustand der Funktionserfüllung im Unternehmen ab. Je schlechter die Ausgangslage ist, desto größer ist grundsätzlich die Verbesserungschance. Daß es dabei u. a. besonders auf die Qualität der Unternehmensführung ankommt, beweist der dritte Fall. Der Inhaber des Geschäfts „hat die Vorschläge des Beraters mit Umsicht, Fleiß und Beharrlichkeit in die Tat umgesetzt"[309]. In den zwei Jahren nach der Beratung zeigten sich beträchtliche Verbesserungen im Umsatz, in der Personalumsatzleistung, im Eigenkapitalanteil, in der Lieferantenkreditdauer, in der Lagerumschlagshäufigkeit, im Bruttoertrag und im Reingewinn. Der Unternehmer muß dabei erhebliche Eigenleistungen erbringen und vor allem Ausdauer zeigen[310].

Im vierten Fall konnten durch eine vom Berater vorgeschlagene Filialgründung und intensive Werbung der Umsatz in fünf Jahren mehr als verdoppelt und der Umsatz je beschäftigte Person nahezu verdoppelt werden. Allerdings stiegen auch die Kosten, wenn auch nicht ganz so stark wie der Umsatz. Da der Betrieb die Beratung jedes Jahr in Anspruch nahm, konnten eine Sortiments-, Lager-, Filial- und Kostenkontrolle eingeführt werden. Insgesamt brachte die Beratung erhebliche Senkungen der Lieferantenkreditdauer und der Geldeingangsdauer. Die Dauerberatung zeitigte im einzelnen die in der Übersicht auf S. 178 dargestellten Ergebnisse:

Aufgrund seiner Erfahrungen stellt *Leihner* fest, daß der (Verwertungs-)Erfolg der Beratung im Einzelhandel im wesentlichen vom Problembewußtsein der Unternehmensführung und von ihrer Bereitschaft, sich Rat zu holen und anzunehmen, abhängt. Für das Ausführen und Durchhalten der eingeleiteten Maßnahmen kommt es entscheidend auf die Qualität der Unternehmensführung (vor allem Entwicklungsfähigkeit) an[311]. Weiter erkennt *Leihner*, daß die Wirkungen der Be-

---

[309] *Leihner*, Emil. S. 110.

[310] Vgl. unsere Ausführungen in B 32.

[311] Vgl. *Leihner*, Emil. S. 103 ff. Eine im Auftrag der Bundesregierung von der Prognos AG in Basel erstellte Studie über die Auswirkungen öffentlicher Förderungsmaßnahmen auf die wirtschaftliche und strukturelle Entwicklung kleiner und mittlerer Unternehmen kam zu dem Ergebnis, daß der Erfolg dieser Unternehmen entscheidend von der Fähigkeit und Bereitschaft der Unternehmer, Informationen zu suchen, aufzunehmen und zu verarbeiten, abhängt. Vgl. SZ 19/72. Untersuchungen von *Klein - Blenkers* bestätigen, daß die Qualität der Unternehmensführung der wesentliche „Differenzierungsgrund der Leistung — d. h. des Erfolgs: d. Verf. — bei gleichgearteten Einzelhandelsbetrieben" *(Zopp)* ist. Bei einer Analyse der Ergebnisse des Kölner Betriebsvergleichs fand er, daß Handelsbetriebe mit „guter Unternehmerleistung" die 1,9fache Personalabsatzleistung, die 2,2fache Raumabsatzleistung, den 1,6fachen Lagerumschlag und den zweifachen steuerli-

Erfüllung von Ober- und Unterzielen	Letztes Jahr vor der Beratung	Nach der Beratung				
		1. Jahr	2. Jahr	3. Jahr	4. Jahr	5. Jahr
Umsatz (in DM)	325 095	438 310	492 948	567 815	656 195	816 131
Umsatzentwicklung	100	135	152	175	202	251
Umsatz je beschäftigte Person (in DM)	29 550	41 600	41 100	45 400	47 600	52 300
Eigenkapital (in % der Bilanzsumme)	51,8	59,8	51,9	52,3	58,7	68,8
Durchschnittliche Lieferantenkreditdauer (in Tagen)	43	22	18	16	16	16
Durchschnittliche Geldeingangsdauer (in Tagen)	20	15	13	10	8	9
Lagerumschlagshäufigkeit	6,9	8,2	6,7	6,1	6,5	6,4
Gesamtkosten (in % vom Umsatz)	25,6	24,7	26,6	24,7	27,4	28,2
Personalkosten Umsatz) (in % vom	9,6	9,5	9,8	9,2	10,6	11,9
Bruttoertrag (in % vom Umsatz)	31,3	31,7	31,3	34,5	35,5	38,1
Reingewinn (in % vom Umsatz)	5,7	7,0	4,7	9,8	8,1	9,9

triebsberatung weit über den unmittelbaren Wirkungszeitraum hinausreichen, weil sie die Fähigkeiten des Unternehmers und der leitenden Manager zur Führung erhöhen (Bildungseffekt)[312].

---

chen Reingewinn der schlecht geführten Betriebe aufwiesen. Vgl. BBE 1969, S. 27 ff. Vgl. entsprechende eigene Untersuchungen der BBE: BBE 1969, S. 31 ff.

[312] Vgl. *Leihner*, Emil. S. 111.

Ein besonderer Fall der Erfolgskontrolle oder „Betriebsanalyse“ wird im Jahrbuch 1967 durch zwei Photographien veranschaulicht[313]. Schaufenster und Ladeneinrichtung einer Drogerie werden vor und nach der Ladenbau-Beratung gezeigt. Vor der Umgestaltung zeigt das Bild eine veraltete Fassade, die mit Werbeschriften und Plakaten überladen ist. Die Schaufenster sind klein und gewähren keinen Einblick in den Laden. Nach dem Umbau sind die kleinen Fenster und das Mauerwerk einer breiten Fensterwand gewichen, die einen ungehinderten Einblick in den Laden ermöglicht und den Blick auf eine großzügige, aufgelockerte Ladeneinrichtung und Warenpräsentation freigibt. Damit wirbt der ganze Laden. Es kann also auf eine repräsentative Schaufensterdekoration verzichtet werden. Der Eingang ist zwanglos in die Fensterwand mit einbezogen. Das Schaufenster hat auch ein Vordach erhalten, das die Betrachter vor Regen und die Ware vor zu starker Sonneneinstrahlung schützt. Die Werbewirkungen, die diese Umgestaltung ausgelöst haben dürfte, sind wohl kaum genau erfaßbar, gleichwohl aber offensichtlich.

Die von der BBE angeführten Beispiele sind zwar sehr illustrativ, doch ist der Verdacht nicht von der Hand zu weisen, daß sehr erfolgreiche Beratungen („Paradepferde“) ausgesucht wurden.

Von Beratern und Beratenen wird übereinstimmend festgestellt, daß meist geraume Zeit notwendig ist, ehe die eingeleiteten Maßnahmen Verwertungserfolge zeitigen. Bis dahin müssen erst Beanspruchungs-, Lern-, Entscheidungs- und Anpassungsphasen durchlaufen werden. In der Anpassungsphase müssen Produktionsfaktoren umgestellt und angeschafft werden. Das führt zu vorerst negativen Verwertungserfolgen. Manche Produktionsfaktoren lassen sich nämlich nicht sofort abbauen. Selbst wenn es zu Aufwandssenkungen kommt, wird zuerst das „Remanenzphänomen“ zu beobachten sein. Den „Investitionsaufwand“ für die Umstellung auf ein neues Verfahren kann man auf die Nutzungsdauer des Verfahrens verteilen und von den laufenden Aufwandseinsparungen aufgrund dieses Verfahrens absetzen. Da jedoch die Nutzungsdauer meist nicht bekannt ist[314], empfiehlt es sich den Umstellungsaufwand als Block den laufenden Aufwandseinsparungen gegenüberzustellen und zu beobachten, wann diese Einsparungen die „Investition“ „amortisiert“ haben.

243. Eingruppenvergleiche von Betrieben

Bis 1963 hat die BBE Betriebsanalysen von 100 Unternehmungen vor und nach der Beratung vorgenommen und die erhobenen Zielerfüllun-

[313] Vgl. BBE 1967, S. 124 f.

[314] Man kann vermuten, daß die Nutzungsdauern immer kürzer werden, denn der wissenschaftliche Fortschritt beschleunigt sich immer mehr.

gen in Durchschnittswerten dargestellt[315]. Es wurden nur Betriebe einbezogen, bei denen im Zeitpunkt der Nachschau-Untersuchung „etwa 1 bis 2 Jahre nach der Erstberatung verstrichen waren“[316]. 90 % der Betriebe hatten im Zeitpunkt der Beratung einen Jahresumsatz von weniger als DM 1 Million. Sie gehören verschiedenen Handelsbranchen an[317]. Nach Umsatz, Mitarbeiterzahlen und Eigenkapitalanteil am Gesamtkapital handelt es sich um Kleinbetriebe, sog. „Mittelstand“. Die spärlichen Angaben, die die Verfasser des Berichts über das Auswahlverfahren machen, rechtfertigen in keinem Fall ihre Behauptung, daß es sich um eine Zufallsauswahl handle[317a]. Die Statistik stellt jedenfalls wesentlich strengere Anforderungen an Zufallsstichproben. Es handelt sich offenbar auch nicht um eine Vollerhebung[317b]. Bei der Kontrolle einzelner Zielerfüllungen werden aus den 100 Betrieben bewußte Unterstichproben gezogen. Die Betriebe dieser Stichproben wurden danach bestimmt, wo Mängel in der jeweiligen Zielerfüllung vor der Beratung festgestellt worden waren[318]. Von den 100 untersuchten Betrieben wurden z. B. 28 bzw. 17 Betriebe, die vor der Beratung einen rückläufigen Umsatz aufgewiesen hatten, im Vier- bzw. Dreijahresvergleich auf ihre Umsatzentwicklung hin beobachtet[319]. Als Vergleichsgruppe wären u. E. auch die beratenen Betriebe interessant, die keine Mängel in der jeweiligen Zielerfüllung aufweisen.

Unter diesen Voraussetzungen wurden die Entwicklung des Umsatzes, des Umsatzes je beschäftigte Person (Personalumsatzleistung) sowie die Entwicklung der Personalkosten, der Gesamtkosten, des Bruttoertrags und des (steuerlichen) Reingewinns in Prozenten vom Umsatz, die Entwicklung des Eigenkapitalanteils an der Bilanzsumme, der durchschnittlichen Lieferantenkreditdauer, der Lagerumschlagshäufigkeit und des Anteils des kurzfristigen Fremdkapitals an der Bilanzsumme ermittelt[320].

[315] Vgl. BBE (Hrsg.): Entwicklung und Wirkung der Betriebsberatung im Einzelhandel. Köln, o. J. (1963), S. 69 ff. Bei diesem Zeitvergleich einer Gruppe von Einzelhandelsbetrieben handelt es sich um einen sog. „Eingruppenvergleich“. Vgl. dazu *Endres,* Walter: Betriebsgruppenvergleiche im Dienst betriebswirtschaftlicher Forschung und Lehre. In: ZfB, 41 (1971), S. 724.

[316] Es werden keine genaueren Angaben gemacht. Vgl. BBE (Hrsg.): Entwicklung und Wirkung der Betriebsberatung im Einzelhandel. S. 88.

[317] Neben den Jahresumsatzgrößen und Branchen werden auch die Ortsgrößenklassen und die Geschäftslagen nach Standorten angegeben, die Ergebnisse jedoch nicht danach dargestellt. Ebd., S. 89 ff.

[317a] Vgl. ebd., S. 88.

[317b] Vgl. ebd., S. 90.

[318] Vgl. ebd., S. 70.

[319] Vgl. ebd., S. 71. Beim Vierjahresvergleich liegen Daten für zwei Perioden vor und nach der Beratung, beim Dreijahresvergleich liegen Angaben für zwei Perioden vor und eine Periode nach der Beratung vor.

Der Umsatz stieg im ersten Jahr nach der Beratung sehr stark und glich die Rückgänge des Vorjahres ziemlich genau aus. Im zweiten Jahr nach der Beratung war nur noch ein abnehmender Zuwachs zu verzeichnen. Der Umsatz je beschäftigte Person stieg im ersten Jahr sehr stark, nachdem er im Jahr vor der Beratung stagniert hatte. Für das zweite Jahr nach der Beratung lagen keine Angaben vor. Der in den Jahren vor der Beratung leicht zunehmende Bruttoertrag stieg im ersten Jahr sehr viel stärker, im zweiten Jahr war der Zuwachs noch sehr groß, aber bereits geringer als im Vorjahr. Der Reingewinn, der vor der Beratung sinkende Tendenz aufwies, stieg im ersten Jahr nach der Beratung sehr stark, im zweiten Jahr schwächte sich dieser Anstieg jedoch schon wieder ziemlich ab. Die Personal- und Gesamtkosten nahmen im ersten Jahr nach der Beratung im Vergleich zum Vorjahr wesentlich langsamer zu und fielen im zweiten Jahr nach der Beratung ebenso stark, wie sie im ersten Jahr noch gewachsen waren. Während der Eigenkapitalanteil an der Bilanzsumme vor der Beratung stark abgenommen hatte, stieg er im ersten Jahr nach der Beratung stärker, als er im Vorjahr gesunken war. Im zweiten Jahr nahm er noch einmal kräftig zu. Die bereits vor der Beratung leicht zurückgehende durchschnittliche Lieferantenkreditdauer verringerte sich im ersten Jahr nach der Beratung etwas, im zweiten Jahr jedoch beträchtlich. Der sich vor der Beratung verlangsamende Lagerumschlag wurde im ersten Jahr danach stabilisiert und im zweiten Jahr leicht verbessert. Der Anteil des kurzfristigen Fremdkapitals an der Bilanzsumme, der vor der Beratung gleichbleibende Tendenz aufwies, wurde im ersten wie im zweiten Jahr sehr stark verringert.

Während sich alle Zielerfüllungen im ersten Jahr nach der Beratung stark verbessern, verbessern sich die Personalkosten, die Gesamtkosten, die Lieferantenkreditdauer sowie die Umschlagsgeschwindigkeit nur leicht. Da der Handel sehr personalintensiv ist und Mitarbeiter nicht so schnell ausgewechselt (Kündigungsfristen) und eingearbeitet werden können, gehen wohl die Personal- und Gesamtkosten erst im zweiten Jahr stärker zurück (Kostenremanenz im ersten Jahr). Die Lieferantenkreditdauer vermindert sich im ersten Jahr wohl deshalb nicht so stark, weil die verbesserten liquiden Mittel für andere Zwecke (Investitionen, Umstellungsaufwand) ausgegeben wurden. Für die Umschlagsgeschwindigkeit, welche sich im ersten Jahr nach der Beratung im Vergleich zum schwach rückläufigen Trend zuvor stabilisiert und damit leicht verbessert, mag gelten, daß Sortiments- und Lagerbereinigungen Zeit brauchen, um durchgesetzt und von den Kunden akzeptiert zu werden.

---

[320] Vgl. ebd., S. 71 ff.

244. *Mehrgruppenvergleiche von Betrieben*

Um konjunktur- oder branchenbedingte Einflüsse auf die Ergebnisse zu isolieren und die Lage der beratenen Betriebe mit der „allgemeinen wirtschaftlichen Situation des Einzelhandels" zu vergleichen, wurden die oben beschriebenen Ergebnisse den Ergebnissen des vom Institut für Handelsforschung der Universität Köln veranstalteten Betriebsvergleichs gegenübergestellt[321]. Bei der Umsatz-, Kosten-, Reingewinnentwicklung und der Umschlagsgeschwindigkeit werden den Ergebnissen der untersuchten Betriebe die Betriebsvergleichswerte entsprechender Branchen[322], bei der Eigenkapitalentwicklung werden die Ergebnisse der untersuchten Betriebe denen des ganzen Einzelhandels gegenübergestellt[323]. Während im Dreijahresvergleich in den Vergleichsbetrieben der Umsatz während der Erhebungszeit ziemlich konstant bleibt, liegt der Umsatz der untersuchten Betriebe vor und nach der Beratung unter diesem Niveau. Allerdings sinkt er vor der Beratung sehr stark und steigt nach der Beratung ebenso stark, erreicht jedoch nicht ganz das allgemeine Niveau. Im Vierjahresvergleich ist in den ersten Jahren die Situation ähnlich der im Dreijahresvergleich, nur steigt der Umsatz der untersuchten Betriebe im ersten Jahr nach der Beratung über den der Vergleichsbetriebe. Im zweiten Jahr nach der Beratung steigt der Umsatz der beratenen Betriebe im gleichen Maße wie der der Vergleichsbetriebe, jedoch von höherem Niveau aus. In der Kostenentwicklung liegen die untersuchten Betriebe vor und nach der Beratung deutlich über dem Niveau der Vergleichsbetriebe. Allerdings beginnt die Kostenentwicklung der untersuchten Betriebe sich im ersten Jahr nach der Beratung gegenüber dem Anstieg vor der Beratung zu stabilisieren, d. h. die Kosten wachsen nicht mehr oder nur geringfügig. Im zweiten Jahr sinken die Kosten, während sie bei den Vergleichsbetrieben zunehmen. Der Reingewinn liegt bei den Vergleichsbetrieben auf einem wesentlich höheren Niveau als bei den untersuchten Betrieben und bleibt während des ganzen Erhebungszeitraumes ziemlich gleich. Der vor der Beratung abnehmende Reingewinn der untersuchten Betriebe steigt jedoch im ersten Jahr sehr stark und stabilisiert sich auf höherem Niveau, allerdings ohne das Niveau des übrigen Einzelhandels zu erreichen. Die Entwicklung des Eigenkapitalanteils an der Bilanzsumme ist während des ganzen Erhebungszeitraums bei den

[321] Vgl. ebd., S. 92 ff. Bei dieser Gegenüberstellung handelt es sich um sog. „Mehrgruppenvergleiche": *Endres*, Walter: Betriebsgruppenvergleiche. S. 724.

[322] Vgl. BBE (Hrsg.): Entwicklung und Wirkung der Betriebsberatung im Einzelhandel. S. 92, 95, 96 und 98.

[323] Vgl. ebd., S. 97 f.

Vergleichsbetrieben durch keine nennenswerte Zunahme gekennzeichnet. Bei den untersuchten Betrieben ist auf wesentlich tieferem Niveau nach der Beratung eine leichte Besserung erkennbar. Die Umschlagsgeschwindigkeit ist bei Vergleichsbetrieben und untersuchten Betrieben im Dreijahresvergleich ziemlich gleichbleibend und gleichlaufend, nur bei den untersuchten Betrieben auf weit tieferem Niveau. Während die untersuchten Betriebe im Dreijahresvergleich eine sich stabilisierende Entwicklung erkennen lassen, steigt bei den Vergleichsbetrieben die Umschlagsgeschwindigkeit etwas. Im Vierjahresvergleich besteht bei den Vergleichsbetrieben eine leichte Tendenz zur Verringerung der Umschlagsgeschwindigkeit, bei den untersuchten Betrieben eine ebenso leichte Tendenz zur Erhöhung.

Im Jahrbuch 1969 werden drei beratene Betriebe aus verschiedenen Branchen im Hinblick auf sechs Zielerfüllungen vor und nach der Beratung untersucht und mit dem Bundesdurchschnitt verglichen[324]. Die „Ziele" sind „Marktbedeutung, Betriebsleistung, Warensortiment, Rentabilität, Liquidität und Krisenfestigkeit". Gemessen werden sie in der Umsatzentwicklung gegenüber dem Vorjahr, in dem Umsatz je beschäftigte Person in DM, in der Lagerumschlagsgeschwindigkeit, im Reingewinn in Prozenten des Umsatzes, in den Skontoerlösen in Prozenten des Umsatzes und im Anteil des Eigenkapitals am Gesamtkapital. Bis auf die Krisenfestigkeit übersteigen fast alle Zielerfüllungen bei allen drei Betrieben nach der Beratung den Bundesdurchschnitt.

Der Einfluß von Konjunktur- und Branchenentwicklungen dürfte die Erfolge der Betriebsberatung wenig abschwächen oder verstärken. Wenn man davon ausgeht, daß die in Frage kommenden Unternehmen (vor allem Kleinunternehmen) kaum aus eigener Kraft ihre Zielerfüllungen verbessern können, daß sie kaum entsprechende andere Beratungsdienste als jene der BBE in Anspruch nehmen[325] und daß das Niveau der Zielerfüllungen der beratenen Betriebe im allgemeinen weit unter dem des vergleichbaren Einzelhandels liegt, könnte man den *auf lange Sicht* erstrebten Erfolg der Beratung darin sehen, inwieweit es ihr gelingt, das Niveau der Zielerfüllungen dem Vergleichsniveau zu nähern bzw. das Vergleichsniveau zu übertreffen. *Auf kurze Sicht*

[324] Vgl. BBE 1969, S. 18 ff.

[325] Freie Berater sind für diese Einzelhandelsunternehmen meist zu teuer. Steuerberater sind häufig in Absatz-, Organisations- und Personalfragen nicht so erfahren. Die „Beratung" durch den Hersteller dient vor allem seiner „Verkaufsförderung" (Verteilung von Werbematerial, „Schulung" des Einzelhändlers für den Verkauf der Produkte des Herstellers, Aufstellung von „Gondeln" usw.: vgl. *Nieschlag*, Robert, *Dichtl*, Erwin, *Hörschgen*, Hans. S. 303 ff.). Mit diesen Maßnahmen führen viele Hersteller den Konkurrenzkampf um die Regale. Zum Teil werden sich die Wirkungen dieser „Beratungen" gegenseitig aufheben. Sie sind auch weitgehend nicht im (objektiven) Sinne der Einzelhändler.

ist es daher notwendig, nicht nur das Steigungsmaß der Zielerfüllung vor der Beratung, sondern auch jenes der Vergleichsbetriebe zu übertreffen. Als Beispiel möge die Entwicklung des steuerlichen Reingewinns dienen[326]:

	Jahre vor der Beratung		Jahre nach der Beratung	
	vorletztes Jahr	letztes Jahr	erstes Jahr	zweites Jahr
Betriebsvergleich	8,2	8,0	8,3	8,9
Beratene Betriebe	4,8	3,9	6,6	6,7

Die Betriebsberatung hat offensichtlich eine nachhaltige Niveaubesserung bewirkt. Die Veränderungen gegenüber dem Vorjahr in Prozenten stellen sich wie folgt dar:

	vorletztes auf letztes Jahr vor der Beratung	vorletztes Jahr auf erstes Jahr nach der Beratung	erstes auf zweites Jahr nach der Beratung
Betriebsvergleich	– 2,4	+ 3,8	+ 7,2
Beratene Betriebe	– 18,7	+ 69,2	+ 1,5

Die besonderen Steigerungen der Zielerfüllung gegenüber den Vergleichsbetrieben im ersten Jahr nach der Beratung sind wohl auf die Betriebsberatung zurückzuführen. Im zweiten Jahr fallen die beratenen Betriebe wieder stark zurück, wenngleich sie das erreichte Niveau halten. Die Steigerungsrate im ersten Jahr nach der Beratung wird noch wertvoller, wenn man sie mit der „Abnahmerate" im letzten Jahr vor der Beratung vergleicht.

Bei den Betriebsanalysen[327], Eingruppenvergleichen[328] und auch hier bei den Mehrgruppenvergleichen wird stillschweigend vorausgesetzt, daß sich die Zielerfüllung ohne Beratung in gleicher Weise fortsetzen würde, wie sie zuvor verlief, also weiter mit dem gleichen Steigungsmaß zunehmen oder abnehmen bzw. gleichbleiben würde. Unter den

[326] Der Reingewinn ist in Prozenten des Umsatzes ausgedrückt. Vgl. zu den Zahlen: BBE (Hrsg.): Entwicklung und Wirkung der Betriebsberatung im Einzelhandel. S. 96 f.

[327] Vgl. unsere Ausführungen in C 242.

[328] Vgl. unsere Ausführungen in C 243.

Voraussetzungen, wie wir sie vorhin beschrieben haben, ist diese Annahme jedoch plausibel.

Blümle behauptet, daß „der Betriebsvergleich zwischen verbandlich organisierten und nichtorganisierten Unternehmen ... nicht selten als Erfolgsnachweis der verbandlichen Tätigkeit genutzt" wird[329]. Mit „verbandlicher Tätigkeit" meint er hier wohl „die Änderung des Marktmilieus"[330]. Außer den Vergleichen, welche die BBE vornimmt, sind uns keine entsprechenden Vergleiche bekannt geworden.

245. *„Amortisation von Beratungshonoraren"*

Die Beratung bringt nicht nur den Beratenen, sondern auch dem Staat Vorteile, der die Beratung durch Zuschüsse[331] fördert. So zeigt *Leihner* mittels einer Auswertung von 27 Betriebsanalysen, daß der durchschnittliche Reingewinn im ersten Jahr nach der Beratung im Vergleich zum Vorjahr um DM 7050,— gestiegen ist. Davon zieht er den Anteil am durchschnittlichen Beratungsaufwand (651,—) ab, den der Betrieb übernehmen muß (437,—), und erhält einen Mehrgewinn von DM 6613,—. Aus diesem Betrag erhält der Staat Einkommen- und Gewerbesteuer. Als Einkommen- und Gewerbesteuerbetrag errechnet er etwa DM 1500,—. Wenn man davon die Zuschüsse von DM 214,— subtrahiert, erhält der Staat innerhalb von zwei Jahren als Nettoeinnahme das Sechsfache seiner Ausgabe zurück[332]. Für die Beratung der drei Betriebe, von denen oben berichtet wurde, wurden je etwa DM 600,— Zuschüsse gewährt. In vier Jahren erbrachten die Mehrgewinne dem Staat das 239fache, 54fache bzw. 84fache seines Zuschusses an Einkommen- und Gewerbesteuermehreinnahmen[333].

Gleichzeitig rechnen *Leihner* und die BBE den Beratenen wie den Beratungsbedürftigen vor, wie schnell sie durch Gewinnsteigerungen ihren eigenen Aufwand für die Beratung verdienen können[334].

246. *Umfragen*

Neben den Betriebsanalysen und Vergleichen führte die BBE 1963, 1966 und 1967 auch Umfragen unter den beratenen Betrieben durch[335].

---

[329] Vgl. *Blümle*, Ernst-Bernd: Zur Kontrolle S. 112. Zum Betriebsvergleich vgl. *Schnettler*, Albert: Betriebsvergleich. Grundlagen und Praxis zwischenbetrieblicher Vergleiche. 3. Aufl., Stuttgart 1961, insbesondere S. 153 ff. und *Blümle*, Ernst-Bernd: Der Verbandbetriebsvergleich.

[330] *Blümle*, Ernst-Bernd: Zur Kontrollc. S. 109.

[331] Vgl. dazu unsere Ausführungen auf S. 87.

[332] Vgl. HB 213/66.

[333] Vgl. BBE 1969, S. 22 f.

[334] Vgl. HB 213/66 und BBE 1969, S. 22.

[335] Vgl. BBE 1969, S. 59.

So richtig es ist, die „objektiven" Ergebnisse der Betriebsanalysen und Vergleiche durch Befragung der Beratenen nach ihrer „subjektiven" Erfolgsbeurteilung zu ergänzen, so wichtig wäre auch eine Befragung der Betriebe, die sich trotz eines Angebots nicht zur Inanspruchnahme einer Beratung entschließen konnten. Der „objektive" Beratungsbedarf ist sicher ziemlich genau schätzbar[336], eine repräsentative Befragung der Nicht-Beratenen könnte über den „subjektiven" Beratungsbedarf Aufschluß geben, Beratungswiderstände und Möglichkeiten zu ihrer Überwindung aufzeigen.

Bei zwei Befragungen wurden 459 bzw. 380 beratene Unternehmen angeschrieben. Auswertbare Antworten kamen von 234 (etwa 51 %) bzw. 168 (etwa 44 %) Befragten[337]. Die Fragen suchten zu erkunden, ob die Beratung die Erwartungen in jeder Hinsicht, teilweise oder nicht erfüllt und ob die Durchführung den Vorstellungen entsprochen habe oder nicht. Die Verständlichkeit des Beratungsberichts äußert sich danach in der Kürze, im einfachen Ausdruck und in der Beschränkung auf das Wesentliche. Die Anwendbarkeit der Vorschläge ist vor allem eine Frage der Suffizienz der Informationen: Die Vorschläge sollen „ohne fremde Hilfe" verwirklicht werden können.

Die überwiegende Mehrheit der Antwortenden empfindet die Berichte als „gerade richtig", die Minderheit als „zu ausführlich" oder „zu kurz". Obwohl die Befragung nur etwa sechs Monate nach der Beratung stattfand, glaubten bereits über die Hälfte der Antwortenden, „günstige Auswirkungen" feststellen zu können. Einige wiesen jedoch darauf hin, daß die Zeit seit der Beratung noch zu kurz sei, „als daß sich schon merkliche Verbesserungen hätten zeigen können". Die Ergebnisse auf die Frage, in welchen „betrieblichen Bereichen (Ertrags-, Finanzlage, Betriebsleistung, Leistungsfähigkeit der Nebenbetriebe)" sich die Beratung „besonders nutzbringend" ausgewirkt habe, liefert Ergebnisse, die angesichts der kurzen Frist zwischen Beratung und Befragung unglaubhaft wirken. Der Zwiespalt der Frager, der einerseits darin liegt, daß die Befragten die Wirkung der Beratung immer schlechter erkennen und zurechnen können, je weiter die Befragung vom Beratungszeitpunkt entfernt ist, und andererseits darin, daß die BBE einen Erfolgsnachweis vorzeigen möchte, mag dazu führen, daß eine solche Frage gestellt wird. Man könnte die Frage vorsichtiger formulieren, indem man nach den Erfolgsprognosen der Beratenen fragt, und dabei das gleiche Ergebnis erzielen. Weiter wird danach gefragt, ob die Beratungsgebühr im Vergleich zur Beratungsleistung als angemessen, relativ niedrig oder zu hoch empfunden wird. Die zuschußbe-

336 Vgl. BBE 1967, S. 48 f.

337 Vgl. BBE 1968, S. 94 ff. und BBE 1969, S. 59 ff.

rechtigten Betriebe werden gefragt, ob sie die Beratung auch in Anspruch nehmen würden, wenn sie keine Zuschüsse erhielten. Die Erfolgseinschätzung dürfte in den Antworten auf diese Frage zutreffender zum Ausdruck kommen als in den Antworten auf die direkten Fragen nach dem Erfolg. Das gleiche gilt auch für die Frage, in welcher der Wunsch nach erneuter und nach regelmäßiger Beratung erkundet wird.

Die Landesgruppen des RKW, das den Beratungsdienst industrieller Kleinbetriebe (BIK) betreut, befragten in ähnlicher Form wie die BBE die beratenen Betriebe[338], ob die Qualität der Beratung den Erwartungen voll, größtenteils, teilweise oder nicht entsprochen habe. Weiter wurde nach den Bereichen der Beratung gefragt, wobei 13 Gebiete vorgegeben waren. In offenen Fragen wurde nach den durchgeführten und eingeleiteten Maßnahmen und nach den eingetretenen Verbesserungen gefragt. Am Ende stand die Frage, ob die Beratenen an einer weiteren Beratung interessiert sind.

Eine Analyse der angegebenen „Maßnahmen" und „Verbesserungen" ergibt, daß die Befragten Maßnahmen und Wirkungen nicht unterschieden haben. Zum Teil läßt sich aber auch die Zielerfüllung nur nominal als „durchgeführte Maßnahme" angeben. Es wird bisweilen auch angedeutet, daß die Wirkungen der Maßnahmen erst sehr viel später eintreten und deshalb noch keine Angaben gemacht werden können. Zum Teil werden zuerst negative Zielerfüllungen wie Aufwandssteigerungen und Ertragssenkungen bemerkt, die auf Umstellungen zurückzuführen sind. Einige Befragte geben auch Gründe an, warum die Vorschläge des Beraters nicht verwirklicht wurden. Differenzen in der Unternehmensführung, unvorhergesehene Zwischenfälle und der in den Augen der Unternehmensführung „utopische" Charakter der Vorschläge sind die Hauptgründe. Bisweilen geben die Befragten an, daß sie die Beratung deshalb beansprucht hätten, um sich bestätigen zu lassen, daß sie bereits die richtigen Lösungen gefunden haben[339]. BBE und RKW fragen bewußt fast nur nach positiven Wirkungen. Man will die Beratenen nämlich nicht auf Probleme stoßen und sie verunsichern, zumal diese Institutionen positive Erfolgsnachweise für sich selbst und für den Staat benötigen, damit die Betriebsberatung weiterhin gefördert wird.

---

[338] Vgl. RKW-Landesgruppe Bayern (Hrsg.): Fachliche Berichte zu den Projekten Nr. F 9/66 und F 9/67 des Bundeswirtschaftsministeriums, Bonn: „Beratungsdienst industrieller Kleinbetriebe (BIK)". München 1967 und 1968.

[339] Vgl. auch BBE 1967, S. 97.

247. Tests von Organisationsmitteln und Rechenverfahren

Die BBE wendet auch das Experiment als Methode der Erfolgsprognose bzw. der Erfolgskontrolle an[340]. Aufgrund von Beratungserfahrungen wurde für den Lebensmitteleinzelhandel ein Inventur-Formular-System entwickelt. Es wurde 1963 in sieben Unternehmen, also in „biotischen“[341] und nicht in künstlich geschaffenen Situationen erprobt. Es wurden dabei Arbeitszeiteinsparungen von 40 bis 50 % im Vergleich zu vorher erzielt. Die Konsequenzen für die Aufwands- und Ertragslage lassen sich relativ leicht daraus ableiten. Die Einzelhandlungen erlangten mit diesem System gleichzeitig ein Instrument der Sortiments- und Lagerkontrolle. Sie konnten ihr Sortiment von langsam sich umschlagenden Artikeln bereinigen. Verbesserungen der Liquidität und der Ertragslage sind die Folge. Nach diesen Erfolgen wurde das System von zwei Kettengroßhändlern für ihre Anschlußkunden übernommen. Die BBE nahm es in ihr Beratungsprogramm auf.

Sie entwickelte auch eine Formel zur schnellen Errechnung des Bruttoertrages für Betriebe, die keine elektronische Datenverarbeitungsanlage besitzen oder mitbenützen können[342]. Die Formel wurde auf ihre Richtigkeit geprüft, indem der Bruttoertrag nach der herkömmlichen Methode und mit Hilfe der Formel über die elektronische Datenverarbeitung errechnet wurde. Abweichungen ergaben sich erst in der zweiten Stelle hinter dem Komma.

Die Zeitersparnis bei der Berechnung mittels der Formel gegenüber der traditionellen Methode beträgt pro Warengruppe und Monat mindestens 5 Minuten, also bei 10 Warengruppen bereits 50 Minuten im Monat. Die Aufwandseinsparungen sind offensichtlich. Die Abkürzung des Rechengangs vermindert die Gefahr von Rechenfehlern, erhöht also die Sicherheit des Ergebnisses. Dadurch erhalten auch Betriebe, die sich infolge Personalmangels keine kurzfristige Erfolgsrechnung leisten können, die Möglichkeit, sich dieser Entscheidungshilfe zu bedienen.

25. Die besonderen Probleme der Erfolgsbeurteilung der Mitgliederbeeinflussung

Die Analyse der Zielförderung der Mitglieder durch Informationsleistungen hat grundsätzlich ähnliche Erkenntnisse geliefert wie die Analyse der Zielförderung durch die Umweltbeeinflussung[343]. Der

---

[340] Vgl. BBE 1967, S. 102 ff.

[341] *Spiegel,* Bernt: Werbepsychologische Untersuchungsmethoden. Experimentelle Forschungs- und Prüfverfahren. Berlin 1958.

[342] Vgl. BBE 1970, S. 109 ff.

[343] Vgl. auch unsere Ausführungen in C 16.

hauptsächliche Unterschied liegt darin, daß bei der Mitgliederbeeinflussung die Zielerfüllungen direkt und bei der Umweltbeeinflussung indirekt über Entscheidungen externer Adressaten gefördert werden sollen.

251. Das Stufentheorem des Erfolges

Die Informationen zur Mitgliederbeeinflussung sind ebenfalls wie jene zur Umweltbeeinflussung nur Teilursache für verschiedene Mitgliederzielerfüllungen. Wie die Zielpersonen aus der Umwelt erbringen auch die Mitarbeiter in den Mitgliedsunternehmen Teilleistungen, wenn sie die Informationen beanspruchen (Beanspruchungserfolg) und verarbeiten. Auskünfte und Beratungen müssen angefordert, Publikationen gelesen sowie Veranstaltungen besucht und die jeweiligen Gegenstände aufgenommen werden. Wenn die aufgenommenen Informationen Entscheidungen auslösen, ist ein Beeinflussungs- oder Anwendungserfolg zustande gekommen. Der Entschluß kann zur Änderung und zur Bestätigung bisher praktizierter Problemlösungen führen. Die Verbandsinformation kann solche Entschlüsse in verschiedenen Phasen des Entscheidungs- und Realisierungsprozesses bewirken[344]. Die dabei eintretenden Lernerfolge sind das unmittelbare, „immaterielle“ Ergebnis des Informationseinsatzes. Die letzte Stufe des Erfolges, das mittelbare, „materielle“ oder „immaterielle“ Ergebnis der Informationsverwendung ist die Zielförderung der Mitglieder, der Verwertungserfolg. Bis es dazu kommt, treten Informationsverluste durch „Filterung“[345] und Informationsumformungen durch die Verarbeitung mit Informationen anderer Personen ein.

252. Adressaten der Verbandsbeeinflussung, Entscheidungsgegenstände und Meßfähigkeit der Entscheidungsgegenstände

Die Informationen zur Mitgliederbeeinflussung sind je nach Gegenstand an die Unternehmensführung, an die Mitglieder verschiedener Managementebenen und Managementbereiche (Fachbereiche) sowie an die Spezialisten der verschiedenen Arbeitsgebiete gerichtet. Diese Zielpersonen sollen veranlaßt werden, vom Verband vermitteltes Wissen über Fakten und Methoden anzuwenden und bestimmte Verhaltensweisen zu üben. Das führt zur Bestätigung bzw. zur Veränderung getroffener Entscheidungen. Oft ziehen die Zielpersonen in den Mitgliedsunternehmungen die Bestätigung praktizierter Problemlösungen der Anregung neuer Problemlösungen vor, denn mit der Umstellung

---

[344] Vgl. *Wild*, Jürgen: Zur Problematik. S. 330 f.

[345] Vgl. ebd., S. 326 und 332.

sind Arbeit, Aufwand und Risiken des Mißlingens sowie daraus sich ergebende Unsicherheit und Ungewißheit verbunden. Gegenstände solcher Entscheidungen sind Unterzielerfüllungen in allen Funktionsbereichen des Unternehmens. Die Bestätigung der Entscheidung ist nur nominal meßbar, die Veränderung der Entscheidung dagegen je nach Gegenstand auch ordinal oder kardinal (z. B. Investitionsentscheidung).

253. Die Entscheidungen der Mitglieder „ohne Verbandsinformation" als Vergleichsgrößen

Die möglichen Entscheidungen der Zielpersonen in den Mitgliedsunternehmen geben — wie die Pläne der Umweltadressaten und der Konkurrenten der Verbandsbeeinflussung — eine Vergleichsbasis für die Größe des Anwendungserfolgs ab. Wenn sich die Mitarbeiter nicht überzeugen ließen, würden die Entscheidungen wahrscheinlich anders ausfallen. Die Differenz zwischen dem Entscheidungsgegenstand bei Anwendung der Information und ohne ihre Anwendung ergibt den Umfang des Anwendungserfolgs. Ist der Entscheidungsgegenstand quantitativ formuliert, läßt sich seine Größe genau angeben. Weil jedoch die Vergleichsgröße „ohne Verbandsleistung" hypothetisch ist — ähnlich den Forderungen der Umweltadressaten und Konkurrenten, die wir bei der Bestimmung der Höhe des Umweltbeeinflussungserfolgs als Vergleichsbasis heranziehen mußten — ist der Anwendungserfolg auch eine hypothetische Größe. Das gleiche gilt auch dann, wenn kein Anwendungserfolg eingetreten ist. Die hypothetische Größe ist dann die Situation „mit Verbandsleistung".

254. Kriterien für die Anwendung der Verbandsinformationen

Da Umweltadressaten und Verband bzw. Mitglieder meist unterschiedliche Ziele verfolgen, kommt es für den Beeinflussungserfolg vor allem auf die Durchsetzungsmacht des Verbandes bzw. die Widerstandskraft der Zielpersonen an. Da die Ziele der Mitglieder und des Verbandes grundsätzlich in die gleiche Richtung gehen, hängen Anwendungserfolge in erster Linie davon ab,

— wie dringlich der Bedarf nach bestimmten Informationen ist und wie geeignet die Verbandsinformationen sind, diesen Bedarf zu decken,

— ob die Informationen des Verbandes ausreichen und operational genug sind,

— ob die Verbandsinformationen verstanden werden,

— ob die Mitglieder, d. h. die Zielpersonen und die übrigen Entscheidungsträger in den Unternehmen ihnen vertrauen[346] und nicht obstruieren und

— ob vergleichbare Informationen billiger „auf dem Markt verfügbar" sind[347].

Die Verbände versuchen sich gegenüber ihrer Konkurrenz, den unabhängigen Beratungsinstituten, durch eine Leistungskonzeption der „kontinuierlichen Betreuung" (Mitgliedschaftsverhältnis) unersetzbar zu machen[348].

255. *Die Zurechnung des Anwendungserfolgs auf die Beteiligten*

Wie bei der Bestimmung des Beeinflussungserfolgs von Zielpersonen und -gruppen aus der Umwelt ist es auch bei der Bestimmung des Anwendungserfolgs wichtig, zu erkennen, wer die Anwendung angeregt und wer sie durchgesetzt hat. Da es sich bei den Einsatzinformationen um immaterielle Güter handelt, die in den verschiedenen Phasen des Informationsverarbeitungsprozesses Verwendung finden, kann man sie nach der Transformation meist nicht mehr erkennen und ihren Anteil an der Entscheidung (Anwendung) isolieren. Darüber hinaus steuern die Zielpersonen und andere Personen in den jeweiligen Unternehmen sowie externe Berater Informationen aufgrund ihrer Ausbildung, ihrer beruflichen Erfahrung und ihrer Befaßtheit mit den entsprechenden Problemen in den verschiedenen Phasen des Bearbeitungsprozesses bei. Sie können die Verwendung der Verbandsinformationen fördern, verzögern oder vereiteln. Es kommt wesentlich auf ihre Aufgeschlossenheit und Entschlußkraft, ihr Durchsetzungsvermögen sowie auf ihre Beharrlichkeit an, ob und wie die Verbandsinformation angewendet wird. Die Personen, welche die Informationen anwenden und ihren Wert beurteilen sollen, haben oft nicht die Fähigkeit, die Zeit und die Bereitschaft, den Einfluß der Verbandsinformationen auf die Erfüllung von Aufgaben zu beobachten, zu erinnern und zu beschreiben. Häufig läßt sich so die Bedeutung der Verbandsinformationen für die Entscheidungen kaum isolieren.

---

[346] Vgl. auch die bei *Wild* beschriebenen „Informations-, Verwender- und Situationseigenschaften": ebd., S. 326 ff.

[347] Vgl. *Blümle*, Ernst-Bernd: Zur Kontrolle. S. 113. Konkurrenzangebote geben die Möglichkeit, die Verbandsleistungen mit den alternativen Aufwendungen des „Fremdbezugs" zu vergleichen. Dieser Vergleich, der positive bzw. negative Opportunitätserfolge des Verbandsbezugs gegenüber dem Fremdbezug von Leistungen ermitteln soll, setzt jedoch die Bestimmung der Zielerfüllung, die wir hier untersucht haben, voraus. Wir werden den „Alternativaufwandsvergleich" als Methode der Erfolgskontrolle in D 32 erörtern.

[348] Vgl. o. V.: Funktionen im Wandel. S. 16.

256. Beginn und Ende des Anwendungsprozesses

Der Beginn des Anwendungsprozesses kann wohl nur bei Verbandsinformationen festgestellt werden, welche technische Fertigkeiten und Faktenkenntnisse vermitteln sowie bedeutsame Entscheidungen ausgelöst haben[349]. Bei den anderen Informationen läßt sich der Beginn der Anwendung kaum feststellen. Das Ende der Anwendung ist schwer vorauszubestimmen, weil im allgemeinen unbekannt ist, wann neue Informationen auftreten, die geeignet sind, die Einführung neuer Problemlösungen zu beschließen.

257. Die Bewertung der Konsequenzen für die Erfüllung von Mitgliederzielen

Eine Bewertung der Konsequenzen der Verbandsinformationen für die Erfüllung von Mitgliederzielen ist nur dann möglich, wenn Anwendungserfolge festgestellt werden können. Bei der Vermittlung von Faktenkenntnissen und technischen Fertigkeiten z. B. kann die durch die Anwendung verbesserte Aufgabenerfüllung unmittelbar als Unterzielerfüllung zu verschiedenen Oberzielen dargestellt werden. Verbesserte Schreibleistungen aufgrund von Schreibmaschinenkursen des Verbandes führen ceteris paribus zur Aufwandssenkung je Leistungseinheit (z. B. geschriebener Brief). Bessere Verkaufsleistungen durch ein Verkaufstraining des Verbandes steigern ceteris paribus den Umsatz und den Ertrag. Schwieriger ist es, wenn durch die Verbandsleistung neue Verfahren im Betrieb eingeführt werden. Dabei werden Umstellungsinvestitionen notwendig, welche aus den positiven Verwertungserfolgen „amortisiert" werden sollen. Positive Verwertungserfolge sind die Überschüsse der laufenden Erträge und Aufwandseinsparungen über die laufenden Aufwendungen und Ertragseinbußen. Diese Verwertungserfolge sind genauer feststellbar als die Nettoerfolge, die eine Verteilung der fixen Umstellungsaufwendungen auf die Anwendungsdauer erfordern[350]. Bei den laufenden Aufwendungen des neuen Verfahrens könnte man noch die Aufwendungen in Abzug bringen, welche üblicherweise auch beim alten oder einem anderen („normalen") Verfahren anfielen. Das Problem des Vergleichs mit hypothetischen Größen hat also auch beim Verwertungserfolg Bedeutung. Wie beim Anwendungserfolg kommt es auch beim Verwertungserfolg auf die Entschlußkraft, vor allem aber auf die Ausdauer der jeweiligen Zielpersonen an, ob sich nachhaltige positive Zielerfüllungen einstellen oder nicht.

---

[349] Vgl. z. B. die Einführung eines Inventur-Formular-Systems: C 247.

[350] Vgl. unsere Ausführungen auf S. 166 und 179.

258. Leistungsempfang von Nicht-Mitgliedern

Im Vergleich zu den Leistungen der Umweltbeeinflussung lassen sich die Informationen zur Mitgliederbeeinflussung und ihre Erfolge relativ leicht auf die Mitglieder beschränken. Im allgemeinen will man auch Nicht-Mitglieder als „Kunden" ausschließen, weil sonst die Steuerfreiheit des Verbandes verloren geht. Daneben bestehen jedoch Tendenzen, die individuellen Dienste über selbständige Verbandsinstitute auch Nicht-Mitgliedern anzubieten und so die Mitglieder in ihren Beitragszahlungen zu entlasten[351].

3. Organisation der Zusammenarbeit unter den Mitgliedern

Während Informationen zur Mitgliederbeeinflussung individuelle Verbesserungen oder Erweiterungen der Aufgabenerfüllung der Mitgliedsunternehmen bewirken sollen, bedeuten die „Organisationsleistungen" kollektive Funktionsergänzungen und -ausweitungen[352], weil sie „Kollektivbedürfnisse"[353] befriedigen. Diese Leistungen können von den einzelnen Mitgliedern nicht allein erstellt werden. Die Leistungen des Verbandes bestehen darin, daß er den Bedarf nach Interessenausgleich, Informationsaustausch, Kooperation und Zentralisation bestimmter Verwaltungsaufgaben in „Gemeinschaftswerken" erforscht[354] und für sie wirbt. Der Verband stellt seine Mitarbeiter, seine Räume und Anlagen (Telefon, Fernschreiber, Archive usw.) für Aussprachen, Arbeitskreise, Verhandlungen und ähnliche Zwecke zur Verfügung.

31. Interessenkoordination

Indem die Mitglieder ganz oder teilweise auf die Erfüllung von Zielen verzichten, die mit einem gemeinsamen Ziel konkurrieren (interner Interessenausgleich), solidarisieren sie sich.

311. Solidarisierung als Oberziel

Die dadurch zustande gekommene Solidarität kann ein Oberziel der Mitglieder und ein wichtiges Vereinigungsmotiv[355] sein. Das Wesent-

---

[351] Vgl. unsere Ausführungen in B 125 und B 224.

[352] Vgl. auch unsere Ausführungen in B 114.

[353] *Hardach*, Fritz-Wilhelm: Betriebswirtschaftliche Aufgaben. S. 5.

[354] In seinem Interessentest 1966 erforscht der GDM nicht nur den Bedarf der Mitglieder nach Informationen, sondern auch nach Zusammenarbeit: So wird z. B. zu erkunden versucht, was zur Verbreitung des Kooperationsgedankens unter den Mitgliedern getan werden könnte und auf welchen Gebieten sich die Mitglieder von einer Kooperation eine Verbesserung der Wettbewerbsfähigkeit versprechen.

[355] Vgl. unsere Ausführungen in B 331.

liche an der Solidarisierung ist, daß die Mitglieder selbst sie erbringen müssen. Das Verbandsmanagement kann für sie werben und Gelegenheiten für Aussprachen und Absprachen bereitstellen. Es koordiniert und organisiert.

Das Zusammengehörigkeitsgefühl wird allein schon durch die Existenz des Verbandes gefördert. Dazu müssen in der Regel aber auch Umwelt- und Mitgliederbeeinflussungserfolge und entsprechende Verwertungserfolge erzielt werden[356]. Daneben wird das Zusammengehörigkeitsgefühl durch „Ideologieproduktion" gefördert. Die Mitglieder werden „überzeugt", daß sie sich in Übereinstimmung mit allgemein anerkannten Werten befinden. Die Forderungen von Gegnern oder von Adressaten werden gern zum „Popanz" verzerrt und in ihrer Gefährlichkeit für den „Besitzstand" der Mitglieder „enthüllt". Die eigenen Forderungen werden als sachlich und wirtschaftlich „zwangsläufig" sowie dem Gemeinwohl dienend dargestellt[357]. Die Mitglieder werden von ihrer eigenen wirtschaftlichen Bedeutung für das Allgemeinwohl überzeugt. Ihr Selbstwertgefühl erhöht sich. Sie fühlen sich im Verband sicherer als allein. Sie werden davon überzeugt, daß ihre Interessen dort gut aufgehoben sind.

Diese Zielerfüllungen können wahrscheinlich nur mit psychologischen Motivtests gültig und zuverlässig erhoben werden. Als indirekte Maßstäbe für die Zielerfüllung Solidarisierung könnte man auch die Entwicklungen der Konflikthäufigkeit unter den Mitgliedern, der Frequenz der Mitgliederversammlung, der Mitwirkungsbereitschaft von Mitgliedern in den Leitungs- und Fachgremien und des Organisationsgrades heranziehen. Die Konsequenzen solcher positiver Erfolge sichern u. a. das Fortbestehen des Verbandes und die berufliche Existenz des hauptamtlichen Verbandsmanagement.

312. Solidarisierung als Mittel zur Mitglieder- und Umweltbeeinflussung

Die Solidarisierung kann auch instrumentale Funktionen für andere Verbandsleistungen erfüllen. Meist soll die Solidarisierung dazu führen, daß kein Mitglied Wettbewerbsvorteile vor den anderen genießt[358]. Die Solidarität wird aber auch gegen Verbandsaußenseiter eingesetzt. Wichtig ist die Einigung auf eine einheitliche Politik vor allem aber

---

[356] Die Verbände sind zur (unmittelbaren und) mittelbaren Zielförderung der Mitglieder gegründet. (Vgl. B 111). Deshalb erwarten die Mitglieder auch Beeinflussungserfolge bei der Umwelt und Anwendungserfolge im eigenen Betrieb.

[357] Zur „Dramaturgie der Verbandsideologien" vgl. *Hondrich,* Karl Otto. S. 127 ff.

[358] Vgl. *Schmölders,* Günter: Das Selbstbild. S. 107, 109 und 191 f.

gegenüber den Verbänden der Konkurrenten der Mitglieder und anderer Wirtschaftsstufen. Bei der Zusammenarbeit in gemeinsamen Ausschüssen und anderen Institutionen und bei Verhandlungen mit Gegenverbänden ist die „einheitliche Front" der Mitglieder[359] entscheidend für die faktische Durchsetzungsmacht des Verbandes. Bei der Beeinflussung staatlicher Instanzen ist die Solidarisierung ebenfalls wichtig. Sie führt ein vertretbares und durchsetzbares, einheitliches Interesse herbei. Die Solidarität der Mitglieder ist besonders auch für den Informationsaustausch notwendig.

Die schwächste Form der Solidarisierungsbemühungen sind Appelle und Empfehlungen[360]. Verbände empfehlen ihren Mitgliedern, die von ihnen erarbeiteten Normen anzuwenden. Die Mitglieder können damit die bekannten Rationalisierungsvorteile (Kostendegressionseffekte) in der Produktion, in der Beschaffung und im Absatz ausnützen[361]. Verbände rufen ihre Mitglieder auf, sich an bestimmte Gewohnheiten und Rechtsvorschriften zu halten. Z. B. appelliert die HDE an ihre Mitglieder (und wohl auch Nicht-Mitglieder), die Karenzzeit zwischen Weihnachten und dem Winterschlußverkauf einzuhalten. Die Landesverbände werden „ermuntert", Verstöße gegen das Preisherabzeichnungsverbot in dieser Zeit „sofort und unnachgiebig zu verfolgen". Mit Mahnbriefen, Klagedrohungen und Klagen, bei denen empfindliche Geldstrafen drohen, versucht man die Durchbrechung der Schlußverkaufsbestimmungen zu bekämpfen[362]. Die Solidarisierung verhindert in dieser Zeit Umsatz- und Ertragseinbußen für die Mitglieder, die sich an die Schlußverkaufsbestimmungen halten wollen.

Ähnliche Zwecke verfolgen Wettbewerbsregeln nach §§ 28 ff. GWB. Sie sollen den „lauteren Wettbewerb" fördern. Preisklarheit und -wahrheit, Verpflichtung zur Führung von Preislisten und zu ordnungsgemäßer Kalkulation, Einhaltung von Rabattbedingungen, Lockvogelangebote, Preisunterbietungen und die Unzulässigkeit von Zugaben sind u. a. schon Gegenstand von Wettbewerbsregeln gewesen, die Verbände beim Bundeskartellamt angemeldet haben[363]. Die Mitglieder müssen sich vertraglich zur Einhaltung verpflichten. Bei Verstoß können die Wettbewerbsregeln Verwarnungen und Strafen sowie die Möglichkeit, ein Schiedsgericht anzurufen[364], vorsehen[365].

---

359 Vgl. ebd., S. 118 ff., 171 f. und 201 ff.

360 82 % aller antwortenden Arbeitgeberverbände fördern die Solidarität ihrer Mitglieder gegen die Abwerbung von Mitarbeitern. Vgl. BDA (Hrsg.): Dienstleistungen der Verbände. Frage 414.

361 Vgl. die Beispiele in C 122.

362 Vgl. HB 10/71 und SZ 21/71.

363 Vgl. *Benisch*, Werner. S. 329 ff.

364 Schiedsgerichte haben gegenüber den ordentlichen Gerichten den Vor-

Diese Regeln sollen diejenigen Mitglieder, die sich an den „lauteren Wettbewerb“ halten wollen, vor zeitlich begrenzten oder dauernden Umsatz-, Ertrags- und Gewinneinbußen zugunsten (meist weniger) Konkurrenten schützen und ihnen (im Extrem) die Existenzfähigkeit erhalten. Die vermeidbaren oder vermiedenen „Verluste“ bzw. die entgangenen oder entgehenden sind allerdings kaum zu ermitteln.

Einen Solidarisierungserfolg, dessen Konsequenzen sich als besonders „ertragreich“ erwiesen, erzielte die Wirtschaftsvereinigung Eisen- und Stahlindustrie[366]. Sie erreichte, daß sich 31 Stahlerzeuger bis auf drei Außenseiter, von denen einer noch bedeutsam werden sollte, in vier Syndikaten zusammenschlossen. Seit Anfang der sechziger Jahre war die Stahlindustrie in Schwierigkeiten gekommen. Die hohen Herstellungskosten[367] hatten hohe Stahlpreise und eine Verlagerung der Nachfrage auf billige Importe aus dem Ausland zur Folge. Die deutschen Stahlhersteller traten in den Preiskampf ein und verzeichneten seit 1960 sinkende Umsätze und Gewinne[368]. Gleichzeitig verlangten hohe Überkapazitäten Auslastung. Angesichts dieser Lage genehmigte der Bundeswirtschaftsminister und die Kommission der Europäischen Gemeinschaften die von der Stahlindustrie gewünschten Walzstahlkontore. Der Bundeswirtschaftsminister sah sie als „Trainingszentralen für Fusionen“, die er zur Stärkung der deutschen Stahlindustrie im internationalen Wettbewerb für notwendig erachtete[369]. Die Kontore nahmen die Aufträge zentral an, setzten Preise fest und bestimmten, welches Unternehmen des Kartells liefert. Im März 1967 wurde die erste Preisliste veröffentlicht. Wer die „Preistreue“ brach, mußte den doppelten Listenpreis als Buße zahlen. Das führte zu einer für die deutsche Stahlindustrie ungewohnten Preisdisziplin[370]. Die Wirtschaftsvereini-

---

zug, daß sie meist von Fachleuten besetzt sind, die schneller ein sachgerechtes Urteil fällen können. Solche Schiedssprüche sind aber nicht unbedingt „billiger“ als die Urteile der ordentlichen Gerichte, weil die Schiedsrichter oft hohe Spesen beanspruchen. Das Vertrauen in den Sachverstand der Schiedsrichter kann nicht immer ganz den Wert der völligen Neutralität des ordentlichen Gerichts ausgleichen. Zu den juristischen Fragen der Schiedsgerichtsbarkeit vgl. *Dietz*, Ferdinand: Schiedsgerichtsbarkeit im Verbandswesen. In: Die Verbandsgeschäftsführung, 1962, Heft 3, S. 12 ff.

[365] Vgl. *Benisch*, Werner. S. 524.

[366] Vgl. im folgenden: Capital, 7/70, S. 69 f. Dort wird dem Geschäftsführer der Wirtschaftsvereinigung Eisen- und Stahlindustrie eine maßgebende, wenn nicht gar die entscheidende Rolle zugeschrieben. (Vgl. a. Industriemagazin, 7/72, S. 25.)

[367] Die Stahlindustrie mußte die teure Ruhrkohle in der Produktion einsetzen.

[368] Thyssen, Mannesmann und Hoesch sollten sogar die Vorauszahlungen auf die Körperschaftsteuer eingestellt haben. Capital, 7/70, S. 69.

[369] Auch der Vorsitzende der Wirtschaftsvereinigung ist dieser Meinung. Vgl. HB 8/70.

[370] Vgl. Capital, 1/71, S. 14.

gung wachte darüber, welche Walzstahlkunden wieviel Importstahl bezogen. Als sich die Preise des ausländischen Stahls erhöhten und diese Kunden wieder bei den deutschen Herstellern kaufen wollten, erhielten sie nicht mehr Stahl, als sie in den „Referenzperioden" bei der deutschen Stahlindustrie bezogen hatten[371].

Diese Solidarisierung brachte den deutschen Stahlherstellern stabile Preise und kalkulierbare Umsätze. Je nach Kostensituation waren unterschiedlich hohe Gewinne geradezu garantiert. Die zentrale Auftragsverteilung sorgte für eine möglichst kostenoptimale Beschäftigung. Für eine Erfolgskontrolle wäre es wichtig zu wissen, wie sich die Preise, Umsätze und Kosten ohne die Kartelle entwickelt hätten. Die Kontore wurden nämlich von einem „weltweiten Nachfrageboom" unterstützt. Wie wir schon mehrfach festgestellt haben[372], ist die Vergleichsgröße „Nachfrage-, Preis-, Umsatz- und Kostenentwicklung ohne Kontore" hypothetisch und kaum zu schätzen. Die Kartelle wurden allerdings wie erwartet nicht zu Vorbereitern von Fusionen. Nur zwei Werke im Norden und Westen schlossen sich zusammen.

Die ersten Probleme traten auf, als ein Kartellaußenseiter den Preiskampf aufnahm. Als er seinen Marktanteil im Bereich des Stahlkontors Süd stark ausweitete und er für seine Lieferungen nach Norddeutschland ein neues Werk errichten wollte, senkte das Kontor West seinen Listenpreis unter die Herstellkosten des Außenseiters. Als die Kommission der Europäischen Gemeinschaften einzuschreiten drohte, wurde der Listenpreis wieder erhöht. Der Nachfrageüberhang ermöglichte es den Kontoren, ihre Preise sehr stark anzuheben. Es formierte sich jedoch auch der Widerstand der Stahlverarbeiter, der Gewerkschaften und mancher Politiker gegen eine Verlängerung der Stahlkartelle über den 30. Juni 1971 hinaus. Die Kommission der Europäischen Gemeinschaften genehmigte die Übernahme der Röhrenwerke von Thyssen durch Mannesmann und der Walzstahlproduktion von Mannesmann durch Thyssen nur unter der Auflage, daß Thyssen am 30. Juni 1971 aus dem Walzstahlkontor West ausscheiden müsse. Damit wäre das West-Syndikat zerschlagen gewesen[373]. Als diese Entscheidung zu erwarten war, begann die Wirtschaftsvereinigung Eisen- und Stahlindustrie die Vorstände der Stahlhersteller davon zu überzeugen, daß eine Verlängerung der Stahlkartelle gar nicht erst angestrebt, sondern daß vier „Rationalisierungsgruppen" gebildet werden sollten, in denen die Erzeugung und die Investitionen der Mitglieder auf der Basis von Produktionsquoten aufeinander abgestimmt werden, während der

[371] Vgl. die Klagen süddeutscher Stahlverarbeiter: HB 6/70.
[372] Vgl. unsere Ausführungen in C 163 und C 253.
[373] Vgl. HB 13/70.

Verkauf freigegeben werden sollte. Dies wurde dem Bundeswirtschaftsminister mitgeteilt[374]. Die Erfolge der ersten Solidarisierung haben diesen zweiten Solidarisierungserfolg der Wirtschaftsvereinigung zustande bringen helfen[375]. Die Wirtschaftsvereinigung argumentiert, daß nur durch Fusionen eine befriedigende Beschäftigung erreicht und die notwendige Kapitalbeschaffung bewältigt werden kann[376]. Die Rationalisierungsgruppen, die nach den Absichten der Wirtschaftsvereinigung solche Fusionen vorbereiten sollten, wurden Ende Juli 1971 von der Europäischen Kommission — allerdings nicht auf der Basis von Produktionskontingenten, sondern von Spezialisierungsvereinbarungen und Produktionsverzichten — genehmigt[377].

Trotz des 1970 ausgebliebenen Nachfragezuwachses[378] und trotz der Freigabe der Preise ab Juli 1971 dürften die Stahlproduzenten die Preisdisziplin inzwischen gelernt haben. Durch die Spezialisierungsvereinbarungen und Produktionsverzichte werden die Preise nicht mehr direkt, sondern indirekt über die Kosten bestimmt. Es werden die gleichen Verwertungserfolge wie beim ersten Solidarisierungserfolg zu erwarten sein, vorausgesetzt, daß die Nachfrage entsprechend wächst. Die Zusammenschlußziele werden voraussichtlich stärker gefördert werden.

Daß der Verband der Cigarettenindustrie ein vom Bundesgesundheitsministerium geplantes Verbot der Zigarettenwerbung verhindern konnte, ist unter anderem darauf zurückzuführen, daß sich die Mitglieder einigen konnten, ihre bereits bestehende Selbstbeschränkung noch zu erweitern[379]. Die Solidarisierung versuchen auch der Ring und der Verband Deutscher Makler einzusetzen, um ihr in der Öffentlichkeit angegriffenes Image zu verbessern[380]. In Interviews der Verbandsführer, in lancierten Artikeln, in Pressemeldungen und in Leserbriefen weisen sie auf ihre Maklerschule und auf ihre Berufsgrundsätze hin, die beim Bundeskartellamt als Wettbewerbsregeln angemeldet sind[381]. Sie machen darauf aufmerksam, daß sie die Solidarität „unseriöser" Makler auch gerichtlich erzwingen werden. Inwieweit

---

[374] Vgl. HB 236/70 und Capital, 1/71, S. 14.

[375] Vgl. Industriemagazin, 7/72, S. 25.

[376] Vgl. Capital, 1/71, S. 14.

[377] Vgl. HB 123, 126, 143/71.

[378] Vgl. die Klagen der Stahlerzeuger über den zurückgehenden Auftragseingang und die „Kostenschwemme": HB 50, 52/71 und SZ 61/71. Trotz geringerer Produktion konnte bei Krupp der Umsatz dank gestiegener Preise erhöht werden.

[379] Vgl. unsere Ausführungen in C 113.

[380] Vgl. unsere Ausführungen in C 134.

[381] Vgl. *Benisch*, Werner. S. 343.

diese Solidarisierung Verwertungserfolge (zunächst ein besseres Bild der Makler in der Öffentlichkeit) erwarten läßt, bleibt angesichts der starken Vorurteile gegen die Makler und den Maklerberuf zu bezweifeln.

32. Informationsaustausch

Die (aktive) Solidarität der Mitglieder ist auch Voraussetzung für den Informationsaustausch. Der Austausch von Informationen unter den Mitgliedern wird oft als typische Aufgabe von Wirtschaftsfachverbänden angesehen[382]. Die Umfrage von *Adels* ergab, daß nahezu alle befragten Industrieverbände in irgendeiner Form betriebswirtschaftlichen „Erfahrungsaustausch"[383] organisieren. Die Verbandsführungen betrachten ihn „als ständiges Mittel zur Rationalisierungsförderung auf überbetrieblicher Ebene"[384]. 34 von 38 befragten Verbänden waren auch der Überzeugung, daß der Verband „für die Durchführung von Betriebsuntersuchungen besonders geeignet" sei, weil er das Vertrauen der Mitglieder besitze und über die notwendigen Branchenkenntnisse verfüge. 26 Verbände hatten bereits solche Untersuchungen organisiert[385]. Die Ergebnisse zeigen deutlich, daß die Verbandbetriebe den Informationsaustausch vorbereiten, die schriftlichen Erhebungen selbst vornehmen oder außenstehende Institute damit beauftragen und die Ergebnisse auswerten, daß aber die Mitglieder in jedem Fall die eigentlich gewollte Informationsleistung liefern[386].

321. Formen des Informationsaustauschs

Wenn man von dem ungeplanten, aber erwünschten Informationsaustausch auf Mitgliederversammlungen oder Weiterbildungsveran-

---

[382] Vgl. *Hardach,* Fritz Wilhelm: Betriebswirtschaftliche Aufgaben. S. 8 und 26.

[383] *Adels* hat in seiner Untersuchung nur Erhebungen über den „betriebswirtschaftlichen Erfahrungsaustausch" vorgenommen. Die Verbände organisieren aber auch Erfahrungsaustausch für technische, juristische, sozial- und personalpolitische Problemkreise. Die Fragen der BDA nach dem Bestehen von Arbeitskreisen für Arbeitszeitstudien (Frage 213) für Arbeitsmarktfragen (407), für bestimmte Mitarbeitergruppen im Personalwesen (516) und für Organisationsfragen (604) brachten allerdings nur zwischen 15 und 22 % positive Antworten. Vgl. BDA (Hrsg.): Dienstleistungen der Verbände.

[384] *Adels,* Helmut: Betriebswirtschaftliche Verbandsarbeiten. S. 6. Vgl. a. o. V.: Funktionen im Wandel. S. 16 und 33 f.

[385] Vgl. *Adels,* Helmut: Betriebswirtschaftliche Verbandsarbeiten. S. 21 f. Bedenken werden nur von vier Verbandsführungen dahingehend geltend gemacht, daß solche Untersuchungen gegen das Prinzip der generellen Leistung („Neutralitätsprinzip") verstoßen könnten.

[386] Vgl. ebd., S. 22 ff.

staltungen oder in den Leitungsgremien und Ausschüssen absieht, kann man drei Formen des Informationsaustausches unterscheiden.

1. Die meisten Verbände organisieren sog. „Erfahrungsaustauschgruppen", an denen Mitarbeiter aus den Mitgliedsbetrieben teilnehmen. Sie tauschen dort nicht nur ihre Erfahrungen aus, sondern auch ihre Meinungen und bisweilen auch ihre Pläne. Sie unterscheiden sich von den Teilnehmern anderer Gruppen meist dadurch, daß sie in ihren Betrieben gleiche oder gleichartige Aufgaben und Entscheidungskompetenzen haben. Problemlösungsgruppen mit verschiedenen Experten dürften relativ selten sein.
2. Als besondere Form des Informationsaustausches könnte man auch vom Verband in einzelnen Mitgliedsunternehmen erstellte Betriebsanalysen[387] und vom Verband organisierte Vergleiche solcher Betriebsanalysen (Betriebsvergleiche)[388] sehen.
3. Die Verbände veranstalten auch Umfragen unter ihren Mitgliedern, um deren Erfahrungen mit bestimmten Problemen und ihren Lösungen, aber auch um deren Erwartungen, z. B. hinsichtlich der Absatzentwicklung, und deren Pläne zu erkunden. Solche Umfragen kann man als besondere Betriebsvergleiche betrachten.

Erfahrungs- und Meinungsaustausch, Marktinformations- bzw. Preismeldeverfahren, Auftragsmeldeverfahren und Betriebsvergleiche sind im Gegensatz zu Umsatzmeldeverfahren kartellrechtlich grundsätzlich unbedenklich[389].

322. *Erfahrungsaustauschgruppen*

Bei den Erfahrungsaustauschgruppen wirbt der Verband für die Gründung und Beteiligung aus dem Mitgliederkreis. Der Verbandbetrieb stellt den Tagungsraum zur Verfügung, vervielfältigt Unterlagen, Protokolle und andere Ergebnisberichte und versendet sie an die Teilnehmer und andere Interessenten in den Mitgliedsunternehmen. Er stellt bisweilen den Diskussionsleiter und den Protokollführer. Manchmal werden auch in der entsprechenden Verbandbetriebsabteilung anschließend aus den Unterlagen Musterlösungen und Empfehlun-

---

[387] Vgl. ebd., S. 27 ff.

[388] Vgl. ebd., S. 25 ff. *Hardach* bezieht den Betriebsvergleich als Unterfall in den Erfahrungsaustausch mit ein, weil er den Erfahrungsaustausch weit auffaßt: „Austausch von technischen und wirtschaftlichen Beobachtungen, Ansichten, Erkenntnisse, Erfahrungen". *Hardach*, Fritz Wilhelm: Betriebswirtschaftliche Aufgaben. S. 26 und 25.

[389] Vgl. *Benisch*, Werner. S. 14 und 106, 112 ff., 121 f., 16 f. und 131 ff. sowie S. 123.

gen erstellt. Diese Aufgabe wird meist jedoch vom Arbeitskreis selbst erledigt.

Die Organisationsleistungen sind für die Entstehung von Verwertungserfolgen genauso wichtig wie die Solidarität der Mitglieder, die an den Gruppen teilnehmen und die Informationsleistungen erbringen. Den Verwertungserfolg messen wir an den Wirkungen der Informationen.

Beim Informationsaustausch vermitteln sich die Teilnehmer bisher unbekannte oder zwar bekannte, aber im eigenen Betrieb noch nicht erprobte Problemlösungen, welche die jeweils berichtenden Teilnehmer in ihren Betrieben bereits anwenden. Wenn die Teilnehmer aus gleich fortschrittlichen Betrieben kommen, wird der Informationsaustausch wechselseitig sein, so daß in keiner Teilnehmergruppe der Gedanke aufkommen kann, ihren „Rationalisierungsstand" laufend an andere Unternehmen zu „exportieren", während diese nie etwas zum Informationsaustausch beizutragen scheinen. Bei diesem Informationsaustausch erfahren die Empfänger gleichzeitig die Vorzüge und Schwierigkeiten der Problemlösungen, wie sie von den Berichterstattern erlebt wurden. So wird die Beurteilung der Problemlösungen durch die potentiellen Anwender erleichtert und die Anwendung vorbereitet, weil man die typischen Probleme bereits kennt. Es ist zu erwarten, daß diese Informationen leichter verstanden werden als die Informationen von Außenstehenden und Verbandsberatern, weil die Teilnehmer die gleichen Fachkenntnisse haben und die gleiche Fachsprache sprechen sowie Zweifel und Mißverständnisse in der Diskussion sofort ausgeräumt werden können. Im Gegensatz zu den Informationen, die durch Auskünfte, bei Bildungsveranstaltungen und durch Publikationen übermittelt werden, dürften diese „Erfahrungsinformationen" einen höheren Motivationswert besitzen, weil sie von Kollegen in anderen Betrieben bereits erprobt worden sind. Das Vertrauen in solche Informationen dürfte selbst das Vertrauen in den Verbandsberater übersteigen, obwohl dieser auf Erfahrungen und seine Beobachtungen in anderen Betrieben hinweisen kann.

Diese Lernerfolge begünstigen wahrscheinlich Anwendungs- und Verwertungserfolge. Hinzu kommt, daß bei den Sitzungen dieser Gruppen ein persönlicher Kontakt zwischen den Teilnehmern entsteht, der sowohl der Solidarisierung dienen als auch von dem Teilnehmer dann benützt werden kann, wenn Schwierigkeiten bei der Anwendung einer auf der Sitzung besprochenen Problemlösung auftauchen. Solche Kontakte können daneben geschäftlich (wie privat) intensiviert werden. Es können zwischenbetriebliche Kooperationen entstehen[390]. Wenn die

[390] Vgl. unsere Ausführungen in C 33.

Informationen, welche die Mitglieder beim Austausch liefern, entweder von den Teilnehmern selbst oder von Verbandsmitarbeitern zu Musterlösungen oder Richtlinien verarbeitet und allen Mitgliedern zur Verfügung gestellt werden, können die Erfolge, die bis dahin nur auf die Teilnehmer beschränkt waren, auch anderen Mitgliedsunternehmen ermöglicht werden. Besonders wenn es sich dabei nicht um gleich fortschrittliche Betriebe handelt, werden die Informationen aber nicht mehr so leicht verstanden. Es treten „Instruktionslücken" auf. Die Motivation zur Anwendung ist geringer. Es fehlt der Kontakt zu den Experten.

Die Schwierigkeiten, welche den Erfahrungsaustausch ganz verhindern oder ihn doch nicht so recht zur Entfaltung kommen lassen, liegen nicht nur in der unterschiedlichen Fortschrittlichkeit der Unternehmen, sondern auch in der Konkurrenzfurcht und im mangelnden Vertrauen zueinander[391]. Das gilt besonders auch für den Betriebsvergleich.

323. Betriebsvergleiche und Betriebsanalysen

Diese Arten des Informationsaustausches erfolgen schriftlich mit Fragebogen oder durch Messungen und Beobachtungen bei Betriebsbegehungen oder durch eine Kombination beider Methoden. Eine Analyse der bei *Schnettler*[392] und in einer RKW-Dokumentation[393] angeführten Betriebsvergleiche, die von Verbänden betreut werden, ergibt, daß es sich überwiegend um Bilanz-, Aufwands- und Ertrags- sowie Kostenvergleiche und weniger um Kennzahlenvergleiche[394], in seltenen Fällen um Verfahrens-, Investitions- oder Betriebsgrößenvergleiche[395] handelt. Das liegt wohl daran, daß die Ergebnisse der laufenden Rechnung ohne große Probleme zu erheben und die Kennzahlen ohne Schwierigkeiten zu berechnen sind, während Verfahrens- und Strukturvergleiche besondere Erhebungen verlangen. Ist schon die Bereitschaft, Ergebnisse der laufenden Rechnung bekanntzugeben, anscheinend nicht sehr groß, so ist die Bereitschaft, Messungen und Beobachtungen für Verfahrens- und Strukturvergleiche zu gestatten und geplante, kalkulierte Größen für solche Vergleiche zur Verfügung zu stellen, wohl noch weitaus geringer.

---

391 Vgl. *Hardach,* Fritz Wilhelm: Betriebswirtschaftliche Aufgaben. S. 28.

392 Vgl. *Schnettler,* Albert: Betriebsvergleich. S. 337 ff.

393 Vgl. *Hermann,* Arnim: Dokumentation der über das RKW abgewickelten Vergleichsprojekte und Auswertung der bei ihrer Durchführung gewonnenen Erfahrungen. O. O. (Frankfurt), o. J. (1963), S. 8 ff.

394 Vgl. zu den Betriebsvergleichen aufgrund von Zahlen der laufenden Rechnung: *Schnettler,* Albert: Betriebsvergleich. S. 105 ff.

395 Vgl. zu den Betriebsvergleichen mit kalkulierten oder geschätzten Größen: ebd., S. 280 ff.

Solche Betriebsvergleiche können den beteiligten, aber auch anderen „vergleichbaren“ Betrieben Kontrollinformationen liefern. Die Betriebe können die Unterschiede zwischen ihren Ergebnissen und den Vergleichsergebnissen errechnen und die Abweichungen auf ihre möglichen Ursachen analysieren. Positive Abweichungen bestätigen die Geschäftsleitungen in ihren Entscheidungen und geben ihnen das Gefühl, erfolgreich gewirtschaftet zu haben. Betriebsvergleichsergebnisse werden meist in Durchschnitten dargestellt. Sie sind deshalb im Vergleich zu den Ergebnissen der „Branchenführer“ im allgemeinen schlechter. Negative Abweichungen muß man daher schon als Signal sehen und versuchen, den Ursachen auf die Spur zu kommen. Erst dann können Maßnahmen eingeleitet werden, um die „Schwachstellen“ zu beseitigen.

Der Vergleich mit den Betriebsvergleichsergebnissen kann zur Kreditwürdigkeitsprüfung mit herangezogen werden. Positive Abweichungen können also dem sich vergleichenden Betrieb helfen, seine Kreditwürdigkeit nachzuweisen. Kreditgebern steht ein zusätzliches Kriterium für die Beurteilung der Kreditwürdigkeit zur Verfügung. Der Betriebsvergleich erfordert ein aussagefähiges und relativ einheitliches Rechnungswesen. Sein Zustand bei den Vergleichsbetrieben ist jedoch meist recht unzureichend[396]. Das Institut oder der Verband, welche den Betriebsvergleich betreuen, sehen sich oft gezwungen, das Rechnungswesen entsprechend zu verbessern, oder werden auch darum gebeten. Die festgestellten Mängel sind ein guter Grund, die Verbandsberatung zu empfehlen. Als Nebeneffekte stellen sich häufig auch Normungs- und Rationalisierungserfolge anderer Art ein.

Alle diese Erfolge können von den Teilnehmern (aber auch von den übrigen Empfängern der Ergebnisse) nur schwer, wohl meist nur ordinal beurteilt werden. Das RKW hat 1963 die Teilnehmer von vier verbandsbetreuten Betriebsvergleichen befragt[397]. In einem Fall wurden auch nicht teilnehmende Verbandsmitglieder befragt. Die Resonanz war sehr spärlich. Die Zielerfüllung versucht man mit den Fragen nach der „Zufriedenheit mit dem Untersuchungsergebnis“ und nach der „Bereitschaft zur weiteren Teilnahme“ zu erkunden. Beide Fragen geben eine Drei-Punkt-Skala zur Beantwortung vor, die einseitig zwei positive und eine negative Alternative umfaßt. Die mittlere Alternative ist nicht neutral. Daher verwundert es nicht, wenn die positiven Antworten bei weit über 80 % liegen. Die Beteiligungsbereitschaft ist allerdings nur ein Ersatzmaßstab für den Erfolg. Man weiß nämlich nicht, warum die Antwortenden wieder teilnehmen wollen. Die Beziehung zum Erfolg dürfte jedoch sehr eng sein. Die Antworten auf die

---

[396] Vgl. *Hermann*, Arnim. S. 50.

[397] Vgl. ebd., S. 59 ff.

Fragen, welches Teilergebnis des Vergleichs besonders interessant erschien bzw. welche Ergebnisse Ansatzpunkte für Rationalisierungsmaßnahmen erkennen ließen, geben Aufschluß über den Lernerfolg. Die Frage, ob sich aus den Ergebnissen Rationalisierungsmaßnahmen für den eigenen Betrieb ableiten lassen, soll mit ja oder nein beantwortet werden. Es handelt sich um eine nominale Beurteilung der Suffizienz der Information. Es erscheint uns jedoch kaum möglich, aus dem Betriebsvergleichsergebnis bereits Maßnahmen „ableiten" zu können. Eher zu beantworten scheint uns die Frage, ob die Ergebnisse Maßnahmen anregen konnten bzw. ob solche schon eingeleitet worden sind (Motivationserfolg). Die Antworten auf die Frage, ob die Maßnahmen aus eigener Kraft bewältigt werden könnten, lassen Vermutungen darüber zu, ob genügend geeignete Mitarbeiter im Unternehmen zur Verarbeitung der Betriebsvergleichsinformationen vorhanden sind bzw. welche (z. B. um- oder übergreifende) Bedeutung die angeregten Maßnahmen für die Unternehmung besitzen. In einer dieser Umfragen wurde auch danach gefragt, ob die Maßnahme bereits erfolgreich abgeschlossen worden war und in welchem von sechs Bereichen das der Fall gewesen war. Damit soll wohl der Verwertungserfolg nominal erkundet werden.

In den Kommentaren ist vor allem von Störungsfaktoren des Betriebsvergleichs[398] wie der mangelnden Homogenität der Vergleichsbetriebe die Rede. Die Verläßlichkeit der Angaben der übrigen Teilnehmer wird bezweifelt. Die Furcht vor der ungewollten Preisgabe von Wissen und Betriebsergebnissen an die Konkurrenz wird sichtbar. Eine Geschäftsleitung hofft, daß sich ihre Konkurrenz, die sie immer bei Submissionen unterbietet, über ihre Kosten „klar wird". Die Kommentare weisen auch darauf hin, daß die Unternehmen durch die Vorbereitung von Betriebsvergleichen erst darauf aufmerksam geworden sind, daß sie einer Beratung in Fragen des Rechnungswesens und der Organisation bedürfen und daß die Betreuer des Betriebsvergleichs gleichzeitig auch Beratungsfunktionen ausüben.

Ähnliche Probleme der Erfolgskontrolle treten auch bei Betriebsanalysen auf, die Verbände in einzelnen Mitgliedsunternehmen vornehmen und deren Ergebnisse sie für den größeren Kreis der Mitglieder publizieren.

324. Umfragen über Erwartungen und Pläne der Mitglieder

Der AGA veranstaltet seit 1962 dreimal im Jahr eine Umfrage unter etwa 600 Mitgliedsunternehmen, den sog. AGA-Wirtschaftstest[399]. In etwa zwanzig Fragen werden sie gebeten, ihr Urteil über die Entwick-

[398] Zu den Störungsfaktoren vgl. *Schnettler*, Albert: Betriebsvergleich. S. 29 ff.

lung von Geschäftslage, Umsätzen, Kosten, Einkaufspreisen und Lieferfristen der Lieferanten sowie ihrer eigenen Lagerbestände abzugeben. Sie sollen ihre Geschäfts- und Umsatzerwartungen für das nächste halbe Jahr angeben. Weiter will man ihre Absichten bezüglich der Ausweitung des derzeitigen Personalstands, der Investitionen im nächsten Jahr und ihrer Preispolitik erfahren. Die Ergebnisse werden nach Exporteuren und Importeuren, nach Investitionsgüter- und Konsumgütergroßhandel, im Konsumgüterbereich noch nach Nahrungsmittel- und Nicht-Nahrungsmittel-Großhandel sowie zum Teil nach anderen Branchen dargestellt. Auch andere Verbände führen solche Umfragen durch, meist jedoch nicht regelmäßig[400].

Die Mitglieder erhalten durch diese Erhebungen in kurzen Abständen aktuelle Informationen aus dem Mitgliederkreis. Sie erfahren die Beurteilung der vergangenen und erwarteten Geschäftsentwicklung sowie Nachricht über Expansions-, Kontraktions- und Konsolidierungspläne in der Branche. Die Ergebnisse können dem Mitglied zum Vergleich mit seiner Einschätzung der Lage und ihrer voraussichtlichen Entwicklung dienen. Sie können seine Vorstellungen bestätigen oder auf nicht erwartete Tendenzen aufmerksam machen. Die Informationen geben ihm wahrscheinlich keinen Hinweis, ob er sich dem Trend anpassen oder ihm gegensteuern soll. In der Regel wird er sich aber wohl anpassen. Deshalb werden die Ergebnisse der Umfrage wohl Wirklichkeit werden. Die Veröffentlichung von Ergebnissen von Meinungsumfragen führt nämlich häufig zu ihrer Selbsterfüllung.

Die Umfrageergebnisse werden auch der Presse[401], anderen Verbänden, Kammern und Behörden zur Verfügung gestellt. Sie dienen diesen Institutionen zur Information über Lage und Erwartungen im Groß- und Außenhandel. Sie unterstützen auch die Öffentlichkeitsarbeit des Verbandes.

Den Informationsaustausch unter den Mitgliedern fördert der AGA auch durch regelmäßige Umfragen bei Mitarbeitern der Mitgliedsunternehmen über „Einstellung zu Beruf und Arbeitsplatz“[402] und bei Unternehmensleitungen über die „Arbeitsusancen“[403].

---

[399] Vgl. AGA (Hrsg.): AGA-Wirtschaftstest. Ergebnisse einer Umfrage im norddeutschen Groß- und Außenhandel. Berichtszeitraum: 1. 11. 1970 bis 1. 3. 1971, Hamburg 1971.

[400] Vgl. z. B. HB 246, 250 und 251/70.

[401] Vgl. z. B. HB 145 und 250/70.

[402] Vgl. AGA (Hrsg.): Einstellung der Angestellten zu Beruf und Arbeitsplatz. Ergebnisbericht einer Mitarbeiterumfrage im Hamburger Groß- und Außenhandel (1968). Hamburg 1968.

[403] Vgl. AGA (Hrsg.): Arbeitsusancen im norddeutschen Groß- und Außenhandel. Ergebnisbericht einer Umfrage (1971). Hamburg 1971.

1968 wurden z. B. 1000 Mitarbeiter aus rund 250 Unternehmen nach ihren Arbeitsbedingungen, ihren Motiven, Erwartungen und Einstellungen hinsichtlich ihrer Tätigkeit, ihrer beruflichen Zukunft und hinsichtlich des Betriebes befragt. Z. B. wollte man wissen, wieviele Stunden sie in der Woche arbeiten, wie weit der Weg von der Wohnung zur Arbeitsstätte ist, welches Verkehrsmittel sie für diesen Weg benützen, ob sie eine Gratifikation erhalten und ob ihnen eine Altersversorgung zugesagt worden war. Daneben will man die Motive für die Wahl ihrer Tätigkeit im Handel erkunden. Andere Fragen zielen darauf, zu erfahren, welche Pausenregelung die Mitarbeiter wünschen, welche Erwartungen sie am Arbeitsplatz hegen und welche ihnen wichtiger sind als andere. Im Hinblick auf ihre weiteren Zukunftserwartungen werden sie befragt, ob sie einen Auslandseinsatz anstreben, ob sie sich selbständig machen wollen, welche Ausbildung sie genossen haben und welche Weiterbildung sie derzeit betreiben. Die Einstellung zum Betrieb und zur Branche stellt man durch die Frage nach der Dauer der Betriebs- und Branchenzugehörigkeit fest.

Diese Umfrage und ihre Ergebnisse sollen die Unternehmensleitungen der Mitglieder darüber informieren, welches Bild die Mitarbeiter von ihrer Arbeit, den Arbeitsbedingungen im Betrieb und dem Betrieb als Arbeitgeber haben. Die „Stellung auf dem Arbeitsmarkt"[404] könnte man allerdings erst beurteilen, wenn auch mögliche Mitarbeiter befragt worden wären. Die Ergebnisse können zur Überprüfung der eigenen Personalpolitik an den Bedürfnissen der Mitarbeiter benutzt werden. Will die Unternehmung eine besondere personalpolitische Konzeption verwirklichen, zeigt die Untersuchung eine Reihe von Ansatzpunkten in den Wünschen und Erwartungen der Mitarbeiter. Durch die Realisierung der aufgezeigten Handlungsmöglichkeiten kann sich das Unternehmen von seinen Konkurrenten auf dem Arbeitsmarkt absetzen, die Zufriedenheit und Leistungssteigerungen seiner Mitarbeiter erreichen. Bei Übereinstimmung der eigenen Personalpolitik mit den Umfrageergebnissen oder positiver Abweichung davon erfüllen die Ergebnisse Bestätigungsfunktionen.

Die Wiederholung der Umfrage 1971 hatte nicht die Einstellungen und Erwartungen der Mitarbeiter, sondern die zur Zeit geltenden Arbeitszeit- und Urlaubsregelungen, den Umfang der gewährten Sozialleistungen und die Frage nach dem Bestehen von Betriebsräten[405]

[404] Vgl. AGA (Hrsg.): Einstellung. S. 11.

[405] In Zusammenhang mit der Forderung der Arbeitgeberverbände nach „Ausschöpfung des Betriebsverfassungsgesetzes" (vgl. unsere Ausführungen in C 114, insbesondere unsere Vermutung in Fußnote 57) ist das Ergebnis dieser Frage interessant: 91 % der Großhandels-, 96 % der Groß- und Außenhandels- und 98 % der Außenhandelsunternehmen besitzen keinen Betriebsrat. Vgl. AGA (Hrsg.): Arbeitsusancen. S. 24 f.

zum Gegenstand. Es handelt sich hier um einen „Betriebsvergleich", dessen Ergebnisse es dem Unternehmen gestatten, seine Position auf dem Arbeitsmarkt hinsichtlich der genannten Arbeitsbedingungen und Sozialleistungen zu bestimmen.

33. Kooperationsvermittlung

Durch den persönlichen Informationsaustausch lernen sich die teilnehmenden Unternehmer und Führungskräfte kennen. Es entstehen enge Kontakte, die zu zwischenbetrieblicher Kooperation führen können.

331. Leistungen der Verbände

Der BDI hatte sich bereits in den Verhandlungen vor der Verabschiedung des GWB für die Freistellung der leistungssteigernden Kooperation vom Kartellverbot eingesetzt. Nach dem Inkrafttreten bemühte er sich um eine kooperationsfreundliche Auslegung des Gesetzes und um Verständnis für die unternehmerische Zusammenarbeit in der Öffentlichkeit. Der Leiter der Wettbewerbsabteilung des BDI, *Sölter*, und der Mitarbeiter des BDI, *Benisch*, trugen dazu in vielen Veröffentlichungen bei. 1962 gab der BDI eine Zusammenstellung aller nach Rechtsprechung, Verwaltungspraxis und Literatur nicht unter das Kartellverbot fallenden Kooperationsmöglichkeiten, 1963 das Bundeswirtschaftsministerium nach Beratungen mit den Spitzenverbänden der Wirtschaft und dem RKW eine auf dieser Zusammenstellung basierende „Kooperationsfibel" heraus. Sie enthält kartellgesetzverträgliche Kooperationsformen. Sie wurde von *Benisch* kommentiert bereits in dritter Auflage 1969 vom BDI herausgegeben. Das Bundeskartellamt entwickelte ebenfalls eine kooperationsfreundliche Haltung. 1968 veröffentlichte die Kommission der Europäischen Gemeinschaften eine Kooperations-Bekanntmachung über die Formen zulässiger Zusammenarbeit. Nach dem Erscheinen der Kooperationsfibel begann die Werbung für die Kooperationsidee durch die Verbände, unterstützt von den Ministerien und Behörden[406]. Gerade weil sie der Kooperationsvermittlung einen bevorzugten Platz in ihrer Dienstleistungskonzeption einräumt[407], bedauert die BDA-Geschäftsführerkonferenz, daß „verbandliche Kooperationshilfen" immer noch zu schwach entwickelt seien[408]. In der Umfrage unter ihren Mitgliedern hatte die BDA nämlich festgestellt, daß nur 20 % der antwortenden Mitgliedsverbände ihre Mitglieder z. B. darüber informieren, daß Datenverarbeitungskapazitäten bei anderen Mitglie-

[406] Vgl. *Benisch*, Werner. S. 64 ff. Vgl. auch unsere Ausführungen in B 114.

[407] Vgl. o. V.: Funktionen im Wandel. S. 16.

[408] Vgl. ebd., S. 13.

dern freistehen und mitbenützt werden könnten. Nur 34 % leisten Vertragshilfen mit dem Ziel, die Kooperation unter den Mitgliedern zu fördern[409].

Die Vermittlung von Mitbenutzungsmöglichkeiten einer Datenverarbeitungsanlage hat offensichtlich für den anbietenden Betrieb den Vorteil, seine Anlage besser auszulasten und die Kosten je Leistungseinheit zu senken. Er wird auch von dem mitbenutzenden Betrieb ein Entgelt erhalten, das mindestens die (variablen) Kosten der beanspruchten Kapazität deckt. Dieser erlangt durch die Mitbenutzung entweder eine Entlastung seiner Kapazität und kann Kosten der Überbeanspruchung vermeiden oder erlangt überhaupt erst die Möglichkeit, Rechenvorgänge zu programmieren und sich dadurch Rationalisierungsvorteile und neue Möglichkeiten der Analyse von Daten zu erschließen. Dazu dürfte allerdings entweder eine Verbandsberatung oder eine Beratung durch den die Mitbenutzung gewährenden Betrieb notwendig sein. In diesem Fall müssen die Rationalisierungsvorteile durch Umstellungsinvestitionen erkauft werden. Es drängt sich die Frage auf, ob das mitbenutzende Unternehmen sich nicht gleich selbst einen Computer mieten sollte. Das hängt vom Umfang der programmierbaren Abläufe und der Menge der anfallenden Daten ab.

332. Die „Kooperationsbörse"

Auch das RKW beschäftigte sich schon früh mit der Kooperationswerbung. 1965 richtete es eine „Kooperationsbörse" ein[410]. In den zweiwöchentlich erscheinenden RKW-Kurznachrichten werden ohne Berechnung Kooperationswünsche von Unternehmen aus dem In- und Ausland veröffentlicht. Es werden nur solche Inserate abgedruckt, die der Kooperationsfibel entsprechen. Es werden keine Anfragen wegen Finanzierungs-, Kapazitäten-, Beratungsvermittlungen oder vertikaler Kooperation publiziert. Anfragen, die auf ein Inserat eingehen, werden an den Inserenten weitergeleitet. Es bleibt ihm überlassen, Kontakt zu dem Interessenten aufzunehmen. Spätestens nach sechs Monaten sollen die Inserenten dem RKW mitteilen, mit wievielen der Interessenten sie Kontakt aufgenommen und Vereinbarungen über zwischenbetriebliche Zusammenarbeit geschlossen haben. Es soll weiter angegeben werden, welche Organisationsform für diese Kooperation gewählt wurde. Der „wirtschaftliche Erfolg" soll, soweit das schon möglich ist, mit „gut, befriedigend oder unbefriedigend" beurteilt werden. Die Gründe für

---

[409] Vgl. BDA (Hrsg.): Dienstleistungen der Verbände. Frage 612 und 315.

[410] Vgl. im folgenden mündliche Auskünfte von Herrn Dieter *Ibielski*, RKW, und den Fragebogen des RKW für Kooperationsinteressenten.

etwaige Mißerfolge werden erfragt. In einer Drei-Punkt-Skala (positiv, unentschieden, negativ) soll die RKW-Kooperationsbörse unabhängig vom eigenen Erfolg oder Mißerfolg bewertet werden.

Die oben erfragte Kontaktaufnahme ist ein Vorerfolg. Er ist relativ leicht auch für den Befragten anzugeben. Die dann folgenden Fragen sind nach sechs Monaten selten schon zu beantworten, weil sich solche Kooperationsverhandlungen lange hinziehen können, zumal sich die Kooperationssucher und Kooperationsanbieter erst kennenlernen müssen. Die Frage nach der Organisationsform sagt nichts über den Erfolg aus. Die „Prognose" des wirtschaftlichen Erfolgs läßt, wenn sie überhaupt schon abgegeben werden kann, nur unzutreffende Beurteilungen erwarten, weil der „wirtschaftliche Erfolg" zu vielen inhaltlichen Vorstellungen Raum läßt. Selbst wenn bereits eine Kooperation beschlossen und bereits begonnen wurde, sie in die Tat umzusetzen, dürften infolge der Anpassung der Organisationen und Mitarbeiter aneinander noch keine positiven Zielerfüllungen eingetreten sein. Die Beurteilung der Verbandsleistung „Kooperationsbörse" leidet unter dem Mangel, daß kein Kriterium angegeben wird, wonach man die „Leistung" positiv oder negativ beurteilen soll. Aus all diesen Gründen ist es nicht verwunderlich, daß diese Fragebogen selten zutreffend, d. h. für das RKW auswertbar ausgefüllt zurückgesandt worden sind[411].

Die Inserate bzw. die auf ein Inserat eingehenden Anfragen sind der Beteiligungserfolg der Kooperationsbörse. Die Kontaktaufnahme ist eine Zwischenstufe zum Anwendungserfolg. Die Entscheidung, zu kooperieren, bedeutet einen Anwendungserfolg. Der Verwertungserfolg besteht in den Zielerfüllungen durch die Kooperation. Vereinigungs- und Anlehnungsziele werden erfüllt. Vor den positiven monetären Verwertungserfolgen stehen wahrscheinlich Umstellungsinvestitionen, z. B. wenn die Produktion von Hilfs- oder Betriebsstoffen oder die Weiterverarbeitung von Nebenprodukten oder Forschungskapazitäten auf ein Gemeinschaftsunternehmen ausgegliedert werden[412]. Bis auf den Beteiligungserfolg lassen sich die Erfolge mit zunehmender zeitlicher Entfernung von der Kontaktvermittlung immer schlechter dieser zurechnen. Man kann die Erfolge der Kontaktvermittlung ihr nur mit dem Argument zuordnen, daß sie ohne diese Vermittlung nicht oder doch wenigstens sehr wahrscheinlich nicht eingetreten wären.

---

[411] Vgl. das Gespräch des Verfassers mit Herrn Dieter *Ibielski*, RKW, am 5. August 1968 in Frankfurt.

[412] Vgl. *Benisch*, Werner. S. 225 f. und *Arbeitskreis Hardach der Schmalenbach-Gesellschaft*. S. 3 ff.

34. Gemeinschaftswerke

341. Leistungen der Verbände

Bei der „intensivsten" Form der Zusammenarbeit der Mitglieder[413] übernimmt der Verband nicht nur Werbungs- und Vorbereitungsaufgaben, er hilft nicht nur bei der Gründung eines „Gemeinschaftsunternehmens" der Mitglieder, dem sog. „Gemeinschaftswerk"[414], sondern übernimmt auch die laufenden Ausführungsaufgaben, die dort anfallen[415]. *Hardach* nannte Gemeinschaftswerke in Anlehnung an *Schulz-Mehrin* „selbstwirtschaftende Verbandsstellen"[416]. Die meisten von ihnen sind eine Gruppe der rechtlich selbständigen „Verbandsinstitute"[417]. Von den Verbandsverlagen und Verbandsberatungsstellen z. B. unterscheiden sie sich dadurch, daß sie von den Mitgliedern unmittelbar getragen werden. Die Gemeinschaftswerke bedürfen der dauernden Beteiligung einer Mindestzahl von Mitgliedern. Beteiligung bedeutet hier ein besonders enges, kontinuierliches Leistungsaustauschverhältnis. Das Gemeinschaftswerk ist auf die Beiträge und die kontinuierliche Leistungsabnahme durch die sich beteiligenden Mitglieder angewiesen. Bei den übrigen Verbandsinstituten, die für alle Mitglieder Publikationen und Beratungen bereitstellen, kommt es nicht so sehr auf die Beanspruchung durch jedes einzelne Mitglied an. Das Verbandsmanagement sorgt für Aufträge. Die Institute finanzieren sich auch in beträchtlichem Umfang aus den Erlösen der Umsätze mit Nicht-Mitgliedern. Seltener dürften die Gemeinschaftswerke als Abteilungen des Verbandbetriebs organisiert sein. Die Verbandsliteratur berichtet von zahlreichen solchen Gemeinschaftswerken, wie z. B. einer gemeinschaftlichen Altersversorgung für verschiedene Mitarbeitergruppen in den Mitgliedsbetrieben, einem gemeinsamen Werksarztzentrum, einer gemeinsamen Datenverarbeitungsanlage[418], einer gemeinsamen Lehrwerkstätte, Instituten für technische Forschung und Marktforschung, einem Muster-Archiv oder einer Mahn- und Inkassoabteilung. Meistens sind es Klein- und Mittelbetriebe, für die durch die Kooperation in Gemeinschaftswerken erst bestimmte Aufgaben- und Zielerfüllungen möglich werden.

342. Werksarztzentrum

So hat z. B. ein metallindustrieller Arbeitgeberverband im Regierungsbezirk Köln[419] unter seinen 200 Mitgliedern acht für einen Verein

[413] Vgl. o. V.: Funktionen im Wandel. S. 16.
[414] *Becker*, Horst: Marketing. S. 12.
[415] Vgl. *Hardach*, Fritz Wilhelm: Betriebswirtschaftliche Aufgaben. S. 35.
[416] Ebd., S. 34 f.
[417] Vgl. unsere Ausführungen in B 224.
[418] Vgl. o. V.: Funktionen im Wandel. S. 45 ff.

gewinnen können, der ein Werksarztzentrum betreibt. Die Mitglieder haben eine Belegschaftsstärke zwischen 73 und 497 Mitarbeitern, zumen etwa 1700 Mitarbeiter.

Arbeitsmedizinisch gut versorgte und gesunde Mitarbeiter sind nicht nur gesundheitspolitisch[420], sondern auch zur „Erhöhung der Leistungskraft des Betriebes“[421] erwünscht. Das Deutsche Industrieinstitut drückt es noch deutlicher aus, wenn es feststellt, daß sich immer mehr die Auffassung durchsetzt, „daß die Aufwendungen für den betrieblichen Gesundheitsschutz nicht nur arbeitskostenerhöhende Fürsorge ..., sondern auch — und mehr noch — eine lohnende Investition in den Produktionsfaktor Mensch“ sind[422]. Das Werksarztzentrum soll der zweckmäßigen Eingliederung neuer Mitarbeiter in den Arbeitsprozeß, der Betreuung gesundheitlich gefährdeter Mitarbeiter, der regelmäßigen Untersuchung aller Mitarbeiter, der Beratung bei der Gestaltung von Arbeitsplätzen und sozialen Einrichtungen (Werksküchen, Kantinen, sanitäre Einrichtungen usw.) und der ersten Hilfe bei Unfällen und Erkrankungen im Betrieb dienen. Es geht also vor allem um den präventiven Gesundheitsschutz. Mit einem zur Hälfte zinslosen verbandlichen Darlehen von DM 150 000 wurde es eingerichtet. Davon wurden ein Arzt und eine Assistentin angestellt, ein Fertighaus gebaut und die notwendigen Untersuchungsgeräte angeschafft. Die Mitglieder leisten je Mitarbeiter und Jahr zwischen DM 40 und 60 an laufenden Beiträgen[423].

Zur Beurteilung der Wirtschaftlichkeit des werksärztlichen Dienstes berichtet das Deutsche Industrieinstitut von einer Analyse der Aufwendungen und Aufwandseinsparungen (Erträge)[424] in einem Großbetrieb. Die Aufwandseinsparungen übersteigen demnach selbst „bei vorsichtiger Bewertung“ die Aufwendungen bei weitem[425]. Für Klein- und Mittelbetriebe sind jedoch diese Aufwendungen in ihrer absoluten Höhe nicht tragbar. Für sie bleibt nur die Verpflichtung eines nebenberuflich tätigen Werksarztes oder die Beteiligung an einem Werksarztzentrum. Ein solches Zentrum läßt sich aber kaum ohne die Hilfe eines Verbandes verwirklichen.

[419] Vgl. dazu im folgenden: o. V.: Funktionen im Wandel. S. 46 ff. und *Deutsches Industrieinstitut* (Hrsg.): Der werksärztliche Dienst in der Bundesrepublik Deutschland. In: Berichte des Deutschen Industrieinstituts zur Sozialpolitik, 1 (1967), Heft 14, S. 20 ff.

[420] Vgl. ebd., S. 34 ff.

[421] Vgl. o. V.: Funktionen im Wandel. S. 47.

[422] *Deutsches Industrieinstitut* (Hrsg.). S. 7.

[423] Vgl. o. V.: Funktionen im Wandel. S. 47.

[424] Vgl. zur „Wirtschaftlichkeitssonderrechnung“: *Schnettler*, Albert: Betriebsanalyse. S. 349 ff.

[425] Vgl. *Deutsches Industrieinstitut* (Hrsg.). S. 16 ff.

Zu dem „Werksarztzentrum Köln-Ehrenfeld" schlossen sich acht von 24 angesprochenen Unternehmen zusammen (Beteiligungserfolg).

Die vom Werksarztzentrum gebotenen Leistungen[426] erfüllen vor allem gesundheitspolitische Ziele, verbessern wahrscheinlich auch das Betriebsklima und das Image der angeschlossenen Unternehmen bei derzeitigen und möglichen Mitarbeitern. Es ergeben sich Aufwandseinsparungen bei Einstellungsuntersuchungen, gesetzlich vorgeschriebenen Untersuchungen, bei der Betreuung von Unfallverletzten, bei der Erstbehandlung akuter Erkrankungen sowie durch vermiedene und verkürzte Ausfallzeiten. Voraussetzung dafür ist u. a. ein Standort der kurzen Wege für alle Mitglieder sowie ständige Besuche des Arztes und seiner Mitarbeiter in den Mitgliedsbetrieben. Voraussetzung ist weiter, daß die Mitglieder die notwendigen Räume bereitstellen und sich mit den unbedingt erforderlichen medizinisch-technischen Geräten ausstatten. Wenn man diese Umstellungsaufwendungen auf die Dauer der Tätigkeit des Zentrums umlegt[427] und mit den Jahresbeiträgen zusammenfaßt, kann man die Aufwendungen je Jahr (und Mitarbeiter) ermitteln und z. B. mit dem bei dem Großbetrieb festgestellten Wert vergleichen. Die Belastung durch den jährlichen Beitrag je Mitarbeiter lag bei dem Zentrum zum Berichtszeitpunkt zwischen DM 40 und 60, während der Großbetrieb etwa DM 50 für seinen werksärztlichen Dienst aufwenden mußte. Aufwandseinsparungen ergeben sich auch, wenn durch eine Senkung des betrieblichen Kranken- und Unfallstandes die Beitragssätze zur Unfallversicherung ermäßigt werden. Bei den Krankenkassen können durch die Abkürzung längerer Krankenstände Lohnausgleichszahlungen eingespart werden[428].

Die zitierten Untersuchungen zeigen, daß viele Aufwendungen, vor allem aber viele Aufwandseinsparungen, nur geschätzt werden können.

343. Versorgungswerk

Der AGA stellt z. B. in einem Gemeinschaftswerk den Mitgliedern betriebliche Altersversorgungen für Unternehmer, leitende Angestellte und übrige Mitarbeiter zur Verfügung. Ein anderer lokaler Arbeitgeberverband hat ebenfalls für eine gemeinschaftliche „betriebliche Altersversorgung" unter seinen Mitgliedern geworben und 25 davon

---

[426] Vgl. ebd., S. 22.

[427] Da die Tätigkeitsdauer und die in dieser Zeit erstellten Leistungen wohl nicht genau feststellbar sind, dürfte es zweckmäßiger sein, die Umstellungsaufwendungen (Umstellungsinvestition) als Block den laufenden Aufwandseinsparungen gegenüberzustellen, um so beurteilen zu können, wann die Umstellungsaufwendungen durch „Erträge" wiedergewonnen sind.

[428] Vgl. *Deutsches Industrieinstitut* (Hrsg.). S. 19.

gewinnen können, ein Gemeinschaftswerk zu gründen und sich zu beteiligen[429]. Das Gemeinschaftswerk ermöglicht es den Mitgliedern, Gruppenversicherungsverträge für bestimmte Mitarbeitergruppen abzuschließen. Durch das gemeinsame Vorgehen werden erst die Voraussetzungen für solche Verträge erfüllt. Es müssen nämlich mindestens zehn Personen und 50 % eines fest umrissenen Personenkreises versichert werden. Dann werden Tarife gewährt, die um 10 bis 15 % unter den normalen Tarifen liegen. Es ergeben sich noch weitere monetäre Vorteile durch die Möglichkeit zum Abschluß von Rückdeckungsverträgen und den Entfall von Wartezeiten sowie von Aufnahmekosten. Das Gemeinschaftsinstitut wählt nicht nur die Versicherungsgesellschaft aus und führt die Verhandlungen, sondern berät auch die Mitglieder während der Laufzeit der Versicherung, nimmt die Bestandsverwaltung und die finanzielle Abwicklung der Verträge vor. Für die Verwaltung der Versicherungsverträge und den Einzug der Prämien zahlen die Versicherungsunternehmen ein Entgelt an das Gemeinschaftswerk. Bei den Mitgliedern entstehen also keine besonderen Aufwendungen. Sie erhalten die Möglichkeit, ihren Mitarbeitern überhaupt erst eine Altersversorgung anzubieten, sie an das Unternehmen zu „binden", und besitzen im Wettbewerb um Arbeitskräfte ein beschaffungspolitisches Instrument, das sie als Arbeitgeber interessant macht.

344. Gemeinsame EDV-Anlage

Ein anderer Verband hat zwölf seiner 270 Mitglieder davon überzeugen können, sich in einer Gesellschaft zusammenzuschließen, um gemeinsam eine Datenverarbeitungsanlage zu betreiben[430]. Zum Berichtszeitpunkt (1967) ließen die Mitglieder ihre Brutto- und Nettolohnabrechnung über diese Anlage abwickeln. Geplant war damals auch, die Buchhaltung und Materialdisposition auf diese Gesellschaft zu übertragen. 20 Mitglieder des Fachverbandes Deutscher Eisenwaren- und Hausrathändler haben ihre Inventur 1970 ebenfalls von einem solchen Gemeinschaftswerk ausführen lassen[431].

Die Schilderungen von Gesellschaften zur gemeinsamen Datenverarbeitung machen wieder deutlich, daß es mit der Kalkulation der Aufwendungen zur Errichtung der Anlage und ihrer laufenden Arbeitsaufwendungen nicht getan ist, sondern daß auch eine Erfassung der Umstellungsaufwendungen in den Mitgliedsbetrieben notwendig ist[432].

---

[429] Vgl. o. V.: Funktionen im Wandel. S. 48 ff.

[430] Vgl. o. V.: Funktionen im Wandel. S. 50 ff.

[431] Vgl. HB 26/71.

[432] Vgl. unsere Ausführungen in C 242 und 257.

Die Mitglieder eines solchen Zentrums müssen ihre Abrechnung auf Datenverarbeitungsprogramme ausrichten, Datenerfassungsgeräte anschaffen und unterhalten sowie Personal umschulen. Wollte man Nettoerfolge ermitteln, müßten diese Aufwendungen und jene der Errichtung der Anlage auf die Menge der beanspruchten Leistungen im Laufe der Mitgliedschaft umgelegt werden. Da eine kausale Verteilung dieser Aufwendungen nicht möglich ist, erscheint es zweckmäßig, nur die laufenden, nach der Inanspruchnahme berechneten Entgelte und die laufenden Aufwendungen der Unterhaltung der Erfassungsgeräte sowie der Erfassung der Daten einerseits den Aufwandseinsparungen andererseits gegenüberzustellen. Übersteigen (unterschreiten) die variablen Aufwandseinsparungen die variablen Aufwendungen, so könnte man von positiven (negativen) Opportunitätserfolgen z. B. der Brutto- und Nettolohnabrechnung durch das Gemeinschaftswerk sprechen[433]. Die elektronische Abrechnung hat weiter den Vorteil, daß die Ergebnisse schneller zur Verfügung stehen. Das Risiko von Fehlern sinkt. Entscheidungen können beschleunigt werden. Daneben erhöht die elektronische Datenverarbeitung die Informationschancen, weil auch andere Auswertungen der Daten ohne allzu großen Aufwand vorgenommen werden können.

Die Umstellung der Datenerfassung auf elektronische Datenverarbeitung führt zu Rationalisierungen im Rechnungswesen und in der Organisation. So hatte die Umstellung der Inventur es erfordert, daß der Fachverband Deutscher Eisenwaren- und Hausrathändler eine Sortimentsklassifikation erarbeitete. Der Verband wirbt bei den Herstellern dafür, daß sie dieses Nummernsystem gleich für ihre Kataloge übernehmen. Ebenso sollen Messekataloge danach gegliedert werden. Der Verband bietet gleichzeitig die Übernahme der Buchhaltung durch sein Datenverarbeitungszentrum an[434].

345. Musterarchiv

Der Gesamtverband Besteckindustrie in Solingen unterhält ein Besteck-Archiv. Es enthält eine Sammlung zahlreicher, älterer und gängiger Besteckmuster. Es kann seinem Zweck, dem Geschmacksmusterschutz, am besten dienen, wenn möglichst alle Mitglieder Muster ihrer Bestecke zur Verfügung stellen. Die Besteckhersteller verschaffen sich dadurch die Möglichkeit, neu entwickelte Bestecke daraufhin zu prüfen, ob sie irgendwelche Geschmacksmuster verletzen. Diese Prüfung kann bereits bei der Produktentwicklung erfolgen, so daß von vornherein

---

[433] Vgl. unsere Ausführungen in C 153 und D 32.

[434] Vgl. HB 26/71.

Nachbildungen und Anlehnungen vermieden und eigene Produktkonzeptionen verwirklicht werden können. Fehlinvestitionen können dadurch verhindert werden. Prozesse um Geschmacksmuster sind infolge ihres diffizilen Gegenstandes erfahrungsgemäß langwierig und im Ausgang ungewiß. Sie und ihre Konsequenzen können durch eine frühzeitige Prüfung ebenfalls vermieden werden[435].

346. Mahn- und Inkassostelle

Eine auf den Verband ausgegliederte Mahn- und Inkassoabteilung ist die stärkste und auch häufig angewandte[436] verbandliche Maßnahme zum Kreditschutz der Mitglieder. Zuerst können die Verbände versuchen, einheitliche, strenge Zahlungsbedingungen durchzusetzen. Sie können ihre Krediterfahrungen austauschen, z. B. „schwarze Listen" führen und Auskünfte geben. Die nächsthöhere Stufe ist die zentrale Kreditkontrolle. Die Mitglieder verpflichten sich, ihre gewährten Kredite an den Verband mitzuteilen. Die letzte Stufe ist die Übertragung des Mahn- und Einzugsverfahrens auf den Verband[437, 438].

Mahnung und Einzug von Forderungen konnten früher Gegenstand persönlicher Verhandlungen und vor allem dem Lieferanten unbequem sein. Die Ausgliederung auf den Verband ermöglicht eine unpersönlichere und schnellere Abwicklung. Die Schuldner werden die Mitteilung ihres etwaigen Zahlungsverzugs oder gar Zahlungsausfalls an alle anderen Lieferanten befürchten und deshalb schneller zahlen. Kunden, die für ihre Zahlungsschwierigkeiten bekannt sind, werden erst gar nicht beliefert, denn sie können die Lieferanten nicht mehr durch deren Kreditbedingungen gegeneinander ausspielen. Daher ist es sehr wichtig, daß sich möglichst alle Mitglieder an diesem Gemeinschaftswerk beteiligen. Es dürfen jedoch auch keine allzu starken Außenseiter vorhanden sein, damit die Kunden nicht auf diese ausweichen können. Forderungsausfälle werden also vermindert und die durchschnittliche Verweildauer der Forderungen wird verkürzt werden. Das bedeutet Stärkung der Liquidität und Chancen der Nutzung dieser früher zur Verfügung

---

[435] Vgl. HB 138/69.

[436] Vgl. Rundschreiben der HDE vom 3. April 1970: Dort wird von 11 Bezirksverbänden der HDE berichtet, die eine solche Stelle eingerichtet haben. (S. 2 ff.) Die HDE hat einen Erfahrungsaustausch der Mitgliedsverbände über Mahn- und Inkassostellen organisiert. Sie empfiehlt, weitere einzurichten und liefert einen rechtlichen und steuerlichen Leitfaden dazu.

[437] Vgl. *Hardach*, Fritz Wilhelm: Betriebswirtschaftliche Aufgaben. S. 46. Inkassogemeinschaften sind kartellrechtlich unbedenklich. Vgl. *Benisch*, Werner. S. 32 und 315 ff.

[438] Inwieweit solche Stellen bereits Factoring betreiben, ist uns nicht bekannt.

stehenden Mittel. Das Gemeinschaftswerk und die Mitglieder erhalten eine bessere Übersicht über die Kreditfähigkeit ihrer Kunden. Alle gerichtlichen Verfahren werden in einer Stelle zentralisiert und können so schneller erledigt werden. Risiken der Verschlechterung und Chancen der Verbesserung des Kunden-Lieferanten-Verhältnisses sind jedoch gleichzeitig gegeben.

35. Die besonderen Probleme der Erfolgsbeurteilung von Organisationsleistungen

Die Analyse der Zielförderung durch die Organisation der Zusammenarbeit unter den Mitgliedern hat ergeben, daß es hier darum geht, die Mitglieder zu überzeugen, daß sie bestimmte Informationen und Zielerfüllungen nur erlangen können, wenn sie sich solidarisch verhalten, Informationen austauschen und auf anderen Gebieten kooperieren. Die eigentlich gewollte Leistung müssen sie also selbst erbringen. Die Werbung für solche Gemeinschaftsaufgaben, ihre Vorbereitung und die wichtigen Ausführungsaufgaben kann der Verband übernehmen. Diese „Organisationsleistungen" sind zwar unerläßlich, aber nur Teilursache von etwaigen Erfolgen.

351. Das Stufentheorem des Erfolges

Grundsätzlich lassen sich auch hier drei Erfolgsstufen unterscheiden. Während bei den Informationsleistungen Beeinflussungs- bzw. Anwendungserfolgen Beanspruchungserfolge vorangehen müssen, sind hier Beteiligungserfolge für weitere Erfolge notwendig. Wir sprechen hier von Beteiligungserfolgen, weil es nicht genügt, nur für Informationen aufnahmebereit zu sein, sondern weil es auch erforderlich ist, selbst Informationen abzugeben und auf andere Weise zusammenzuarbeiten. An den Beteiligungserfolg schließen sich Anwendungs- und Verwertungserfolg an.

Beim Informationsaustausch kann man den Beteiligungserfolg noch einmal unterteilen. Den Erfolg der Werbung des Verbandes kann man zunächst daran feststellen, wieviele Erfahrungsaustauschgruppen gebildet, wieviele Betriebsvergleiche und Umfragen durchgeführt werden können. Danach kann man ermitteln, wieviele Mitarbeiter aus den Unternehmen an den Sitzungen der Erfahrungsaustauschgruppen mitwirken, wieviele Unternehmen sich an den Betriebsvergleichen und Umfragen beteiligen. Den Anwendungs- und Verwertungserfolg der ausgetauschten Informationen kann der Verband fördern, indem er sie durch eigene Informationen ergänzt. Wenn die Solidarisierung Oberziel ist, fallen alle drei Erfolgsstufen zusammen. Wenn sie anderen Zielen und Leistungen dient, ist der Beteiligungserfolg Vorstufe der jeweils folgenden Beeinflussungs- bzw. Anwendungs- und Verwertungserfolge. Der Beanspruchung bei der Kooperationsvermittlung entspricht der Beteiligungserfolg, die beschlossene Kooperation ist der Anwendungserfolg und die auf die Verwirklichung folgenden Zielerfüllungen, z. B. Umsatzsteigerungen und Aufwandseinsparungen, sind die Verwertungserfolge. Beim Gemeinschaftswerk könnte man den Beteiligungserfolg noch danach unterscheiden, ob sich das Mitglied nach der Beteiligungsentscheidung passiv oder aktiv verhält, d. h. die jeweilige Aufgabenerfüllung wirklich auslagert. Im zweiten Fall decken sich Beteiligung und Anwendung, im ersten Fall sind beide Entscheidungen getrennt. Die Größe des Beteiligungserfolgs läßt sich am Verhältnis der Zahl der Teilnehmer zu der Zahl der Angesprochenen (Frequenz) ermitteln[439].

352. Kriterien für die Zusammenarbeit

Die Zusammenarbeit der Mitglieder hängt in erster Linie davon ab, mit welcher Sicherheit *Verwertungserfolge* vorauszusehen und in ihrer Höhe vorherzubestimmen sind. Während sich die Mitglieder um so eher solidarisieren, je bedrohlicher sie das *Verhalten der Umwelt* und je schwächer sie die Verluste von *Wettbewerbsvorteilen* empfinden, je stärker der Wunsch nach *Zugehörigkeit* und nach einem gemeinsamen *Selbstbild* ist, wird die Beteiligung an den übrigen Formen der Zusammenarbeit (und die Anwendung der ausgetauschten Informationen) um so mehr gefördert, je dringender die Lösung *innerbetrieblicher Probleme* erfahren wird und je *fortschrittlicher* die Teilnehmer eingestellt sind (z. B. Verzicht auf übertriebene Geheimhaltung von Informationen). Die Anwendungserfolge der ausgetauschten Informationen hängen grundsätzlich von den gleichen Faktoren ab wie bei den Informationen des Verbandes zur Mitgliederbeeinflussung[440]. Sie werden jedoch dadurch begünstigt, daß sich die Teilnehmer aufgrund ihrer Befaßtheit mit den anstehenden Fragen leichter *verständigen* können (als mit Dritten) und den von Kollegen bereits erprobten Problemlösungen mehr *vertrauen* als entsprechenden von Dritten angebotenen. Zudem werden gleichzeitig authentische *Instruktionsinformationen* mitgeliefert. Das gegenseitige Vertrauen ist auch für die Beteiligungsentscheidung und den Verwertungserfolg der übrigen Formen von Zusammenarbeit notwendig. Darüber hinaus spielt bei der Kooperation (i. e. S.) und bei der Beteiligung an Gemeinschaftswerken der Umstand eine Rolle, daß die Kooperierenden auf dem Kooperationsgebiet *gleich stark bzw. gleich schwach* sein sollten, damit Anreize und Beiträge etwa

---

[439] Vgl. auch unsere Ausführungen in D 42 und 43.
[440] Vgl. unsere Ausführungen in C 254.

gleich verteilt sind. Weitere wichtige Kriterien für die zwischenbetriebliche Kooperation und die Beteiligung an Gemeinschaftswerken sind die *Preisgabe* selbst geringer Teile an *Selbständigkeit,* das Risiko der *Verselbständigung* der Gemeinschaftseinrichtung und das Risiko, daß die *Rückgliederung* einmal delegierter Teilfunktionen bei Auflösung der Zusammenarbeit überhaupt nicht oder nur unter großen Schwierigkeiten möglich ist.

353. Zurechnung und Ermittlung von Verwertungserfolgen

Man kann die Anwendungserfolge mit der Begründung dem Verband zurechnen, daß sie nicht entstanden wären, wenn er nicht „organisiert" hätte. Mit dieser Begründung könnte man ihm auch die Verwertungserfolge zuschreiben. Auf jeden Fall ermöglicht er seinen Mitgliedern kollektive Funktionsergänzungen und -ausweitungen, die sie allein nicht und mit Dritten nur beschränkt erreichen können. Bei der Feststellung und Bestimmung der Verwertungserfolge ergeben sich ähnliche Probleme wie bei den Informationen für die Mitglieder[441]. Nur bei den Gemeinschaftswerken kennen die Mitglieder meist ziemlich genau die Aufwendungen der Eigenerstellung und die Aufwendungen der Erfüllung der Aufgaben durch das Gemeinschaftswerk, so daß sich die Opportunitätserfolge des Leistungsbezugs vom Gemeinschaftswerk ziemlich genau berechnen lassen.

354. Die Möglichkeit, Nicht-Mitglieder vom Leistungsbezug auszuschließen

Die Organisationsleistungen lassen sich ohne weiteres auf die Mitglieder begrenzen. Es bestehen auch wohl kaum Tendenzen, Nicht-Mitglieder mit einzubeziehen, zumal schon Probleme auftauchen, wenn Informationen an andere Mitglieder abgegeben werden sollen. Eine Aufnahme von Nicht-Mitgliedern ist am ehesten in Gemeinschaftswerken möglich, weil diese meist rechtlich vom Verband getrennt sind.

4. Die Gesamtbeurteilung des Verbandes

41. Probleme der Gesamtbeurteilung

Besondere Probleme tauchen auf, wenn einzelne Erfolgsurteile zu einem Gesamturteil zusammengefaßt werden sollen. Selbst wenn es gelänge, Verbandsleistungen genau zu isolieren, ihnen Beeinflussungs- und Anwendungserfolge zuzurechnen, die Erfolge in ihrer Größe zu bestimmen und den Beginn ihrer Wirkung sowie deren Ende festzu-

---

[441] Vgl. unsere Ausführungen in C 257.

stellen, scheiterte wahrscheinlich die Konsolidierung der Erfolgsaussagen daran, daß durch die Verbandsleistungen Ziele unterschiedlicher Qualität (z. B. Einkommens- und Bildungsziele), unterschiedlicher Beziehungen zueinander (Komplementarität, Konkurrenz) und unterschiedlicher Meßbarkeit (z. B. Einkommens- und Selbständigkeitsziele) gefördert werden.

Die qualitativ verschiedenen Ziele müßten nach der Präferenzordnung des jeweiligen Beurteilers gewichtet werden. Die Zielbeziehungen müßten ermittelt werden. Dann könnten sie bei der Gewichtung berücksichtigt werden. Die unterschiedlichen Meßniveaus der Zielerfüllungen müssen auf ein Meßniveau umformuliert werden. Da ordinale und nominale Skalen nicht in kardinale umgeformt werden können, müssen kardinale in ordinale oder nominale umgewandelt werden. Das bedeutet zwar einen Verlust an Genauigkeit der Information, ermöglicht jedoch die Zusammenfassung der Aussagen einer Person über verschiedene Leistungen sowie einer Gruppe von Personen über eine Leistung. Die (nominalen oder ordinalen) Beurteilungen verschiedener Leistungen durch die gleiche Gruppe können zwar nicht zusammengefaßt werden, doch kann man die Unterschiede feststellen und so ein Gesamturteil über die einzelnen Urteile der Gruppe abgeben.

42. Versuche zur Gesamtbeurteilung des Verbandes

Vier Verbände sind uns bekannt geworden, die in der Vergangenheit versucht haben, von ihren Mitgliedern Bewertungen einzelner Leistungsbereiche und des Verbandes insgesamt zu erhalten[442].

Der GDM bittet seine Mitglieder, verschiedene Leistungsbereiche (z. B. Informationsdienste, Betriebswirtschaftliche Arbeiten) nach der Skala „ausgezeichnet, gut, mäßig, schlecht, kein Urteil" zu bewerten. Da die Beurteilungskriterien nicht angegeben sind, bleibt dem Befragten ein weiter Assoziationsspielraum. Er kann bei der Beantwortung an erlebte, erinnerte, berichtete Bereithaltungs-, Lern-, Anwendungs- und Verwertungserfolge denken. Die Ergebnisse auf diese Fragen sind daher mit Vorsicht zu genießen. Schon präziser sind die Fragen, an welchen Leistungen auf welchen Gebieten Interesse bestünde[443], welche Leistungen ausgeweitet, welche weitergeführt wie bisher und welche

---

[442] GDM (Hrsg.): Interessentest 1966. BTE (Hrsg.): (Der BTE und seine Dienstleistungen). O. O. (Köln), o. J. (1971) und *Petzäll*, Ingvar: Betriebsleiteruntersuchung des SI und des SAF. Zusammenfassende Gesichtspunkte. Hektographierte Übersetzung eines Berichts über eine Mitgliederumfrage des schwedischen Industrie- und Arbeitgeberverbands. O. O. (Frankfurt), o. J. (1971). Einen Interessentest bei ihren betriebswirtschaftlichen Arbeiten unternahm 1970 auch die Fachvereinigung Metallhalbzeug e. V.

[443] BTE (Hrsg.): (Der BTE und seine Dienstleistungen).

eingeschränkt werden sollten. Aus den Antworten auf die Frage nach dem Interesse könnte man auf die Dringlichkeit des Leistungsbedarfs der Mitglieder schließen. So ergab die BTE-Umfrage, daß die umsatzstarken Unternehmen für nahezu alle Verbandsleistungen mehr Interesse, also wohl auch ein ausgeprägteres Problembewußtsein haben als die umsatzschwachen. Die Ergebnisse auf die Frage nach der Weiterführung, Ausweitung oder Beschränkung der Leistungserstellung sagt zwar unmittelbar nichts über den Erfolg aus, doch könnte man annehmen, daß Mitglieder nur dann für eine Ausdehnung plädieren, falls sie Erfolgschancen in dieser Leistung sehen oder schon Erfolge erlebt haben. In einer Umfrage der Fachvereinigung Metallhalbzeug wird lapidar gefragt: „Sind sie für oder gegen die betriebswirtschaftliche Verbandsarbeit?" Diese Fragestellung ist zu wenig differenziert. Sie läßt den Befragten kaum eine Wahl. Wer wird schon sagen, er sei dagegen? Die Ergebnisse sind auch dann entsprechend positiv ausgefallen. Weiter läßt der Verband in einem Themenkatalog die Schwerpunkte aus der Sicht der Mitglieder ankreuzen. Die Antworten geben einen Überblick über den Leistungsbedarf der Mitglieder, besonders über die Dringlichkeit des Bedarfs. Daneben bitten der GDM und die Fachvereinigung Metallhalbzeug um Anregungen, welche sonstigen Arbeiten auf welchen Gebieten aufgenommen werden sollen. Eine Auswertung der Antworten ergibt Voraussetzungen des Erfolgs der Verbandsleistungen, die von den Verbänden herbeigeführt werden sollen:

— Abbau von übertriebenem Konkurrenzdenken,
— gezielte Aufklärung anhand erprobter, erfolgreicher Beispiele,
— Solidarisierung auf der Basis gegenseitigen Vertrauens,
— Schaffung persönlicher Kontakte unter den Mitgliedern.

Die Befragung der Mitglieder des schwedischen Industrie- und des schwedischen Arbeitgeberverbands ergab eine positive Korrelation zwischen der Kenntnis der Verbandsarbeit und ihrer Beurteilung als effizient[444]. Die Unterlagen lassen allerdings nicht genau erkennen, ob die Effizienz der Verbandsarbeit vom Input oder vom Output her beurteilt wird. Aus der ermittelten Kontakthäufigkeit der Mitglieder mit dem Verband[445] (Beanspruchung von Informationsleistungen) könnte man auf die Erfolgsbeurteilung des Informationsservice schließen. Je größer die Kontakthäufigkeit ist, desto dringlicher werden die Verbandsinformationen benötigt, desto geeigneter werden sie betrachtet, die anstehenden Probleme zu lösen. Die Zufriedenheit der Mitglieder mit dem Informationsservice korrespondiert mit der Tatsache, daß

[444] Vgl. *Haglund*, Birgitta. S. 5.
[445] Vgl. ebd., S. 8 f.

der Informationsdienst als hauptsächliches Mitgliedschaftsmotiv genannt wird. Beide Sachverhalte stehen jedoch mit der geringen Beanspruchung der Informationsleistungen in Widerspruch[445a]. Der Informationsservice als Mitgliedschaftsmotiv muß aber nicht einer hohen Frequenz entsprechen. Der Verbandsbeitritt bzw. -verbleib kann nämlich auch durch die Chance, jederzeit Verbandsinformationen abrufen zu können, bestimmt sein[445b]. Die Mitglieder wurden auch gebeten, auf einer Vier-Punkt-Skala (zwei positive, zwei negative Skaleneinheiten) die Wichtigkeit der verschiedenen Arbeitsgebiete der Verbände anzugeben[446]. Die Ergebnisse geben Aufschluß über die Prioritäten im Leistungsbedarf der Mitglieder.

Am Ende seines Fragebogens erbittet der GDM Gesamturteile: „Können Sie die Ergebnisse aus den verschiedenen Tätigkeitsbereichen des GDM für die Arbeit in Ihrem Unternehmen und zur Vorbereitung von Entscheidungen benutzen? ja / nein". Wenn man davon absieht, daß die Frage etwas redundant[447] formuliert ist, liefern die Antworten eine relativ klare nominale Bewertung der Nützlichkeit der Leistungen des GDM für die Arbeit der Mitglieder. Weiter sollen die Befragten „Leistungen und Wirkungsgrad" verschiedener Unterverbände nach der Skala „ausgezeichnet, gut, mäßig, schlecht, kein Urteil" bewerten. Der Wirkungsgrad müßte allerdings wie oben präzisiert werden. Ganz zum Schluß sollen die Befragten auf der gleichen Skala „die Arbeit des GDM überhaupt und insgesamt" beurteilen. Um die Aussagefähigkeit der Ergebnisse zu verbessern, müßte auch hier ein Beurteilungskriterium angegeben werden.

Der BTE ließ seine Mitglieder „die Leistung der Einzelhandelsorganisation" mit folgender Skala „sehr gut, gut, befriedigend, nicht zufriedenstellend, schlecht, keine Stellungnahme" beurteilen. Auch hier fehlt ein genaues Beurteilungskriterium. Mit zunehmender Betriebsgröße (Umsatz) wachsen die positiven und negativen Stimmen, während die Zahl der Meinungslosen zurückgeht. Besonders steigen die in der Mitte liegenden Aussagen „gut, befriedigend, nicht zufriedenstellend", während die Meinungen, daß die Leistung „sehr gut" sei, sehr stark zurückfallen. Man könnte vermuten, daß bei zunehmender Betriebsgröße die Unternehmen über Experten verfügen, die in ihren Urteilen differenzieren, so daß die Antworten nicht mehr so extrem ausfallen wie bei Kleinbetrieben.

[445a] Vgl. ebd., S. 10 f.

[445b] Vgl. unsere Ausführungen in D 2.

[446] Vgl. *Haglund*, Birgitta. S. 11 f.

[447] Die „Arbeit im Unternehmen" enthält nämlich die „Vorbereitung von Entscheidungen".

D. Analyse von Vorerfolgen im Verbandbetrieb

Bei der Analyse der Zielförderung der Mitglieder haben wir bereits einen Teil der dazu notwendigen Vorerfolge erkannt. Bevor Umweltadressaten und Mitglieder beeinflußt werden können, müssen Leistungen, d. h. Erfolgschancen bereitgehalten werden (Bereitstellungserfolg). Diese Leistungen sollten auf wirtschaftliche Weise erstellt worden sein und bezogen werden können (Wirtschaftlichkeitserfolge). Informationen müssen beansprucht werden (Beanspruchungserfolg). Die Mitglieder müssen sich an den vom Verbandbetrieb bereitgestellten Gelegenheiten zur Zusammenarbeit beteiligen (Beteiligungserfolg). Als Bereitstellungserfolg betrachten wir die Angebotskapazität des Verbandbetriebes. Sie setzt sich aus der beanspruchten Kapazität und der darüber hinausgehenden Dienstbereitschaft zusammen[1]. Die Ermittlung von Wirtschaftlichkeitserfolgen erfordert zunächst eine Aufwandsanalyse[2]. Erfolge zeigen sich im Vergleich der aktuellen Leistungserstellung mit der früheren, mit der anderer Verbandbetriebsbereiche[3], mit der anderer Verbände[3], mit jener der „Konkurrenz" und der eigenen Mitgliedsunternehmen. Davon abtrennen kann man noch Wirtschaftlichkeitserfolge des Leistungsbezugs. Unmittelbar vor der Beeinflussung muß die Beanspruchung und Beteiligung erfolgen. Sie wird in der beanspruchten Informations- und Organisationsleistungskapazität gemessen.

1. Die Notwendigkeit von genauen Leistungsbeschreibungen

Um diese Erfolge in den Griff zu bekommen, ist eine Messung[4] der qualitativen und quantitativen Kapazität des Verbandbetriebes erforderlich. Dabei ist es zweckmäßig vom „beeinflussungspolitischen Instrumentarium", nämlich den Einzelleistungen, wie z. B. Stellungnahmen, Verhandlungen, Pressekonferenzen, Organisation eines Erfahrungsaustauschkreises oder Einzelberatungen, auszugehen, sie in ihrer Qualität zu beschreiben, sie zu standardisieren und die beanspruchten und vorgehaltenen Mengen zu bestimmen (Output-Messung). Daneben

---

[1] Zu den Zustandsformen der Kapazitätsausnutzung vgl. *Oettle*, Karl: Die Dienstbereitschaft. S. 23 f.

[2] Qualität und Menge der Leistungen werden dabei konstant gehalten.

[3] Vergleichbarkeit ist nur beschränkt gegeben.

[4] Zur Leistungsmessung vgl. *Henzel*, Fritz. S. 54 ff.

sollte man die Teilleistungen auch durch die Art und Menge der benötigten Faktoreinheiten sowie durch die dazu notwendigen monetären „Aufwendungen“ zu beschreiben und zu standardisieren versuchen (Input-Messung).

11. Output-Beschreibung

Die Leistungen sind vor allem nach

— den dazu notwendigen Verrichtungen,

— den Gegenständen und ihren Eigenschaften sowie

— den Zielpersonen und -gruppen zu beschreiben.

Verrichtungen sind z. B. die Erforschung der Interessen der Mitglieder und der Umwelt, das ständige Kontakthalten zu diesen Zielgruppen, die Suche nach Informationen durch Auswertung primärer und sekundärer Materialien, die Erarbeitung von Beeinflussungskonzeptionen (Argumente, Beeinflussungswege), die Führung von Verhandlungen und Gesprächen mit den Zielpersonen, die laufende Berichterstattung an die Mitglieder, das Abhalten von Pressekonferenzen, die Organisation von Veranstaltungen, der Vortrag vor Mitgliedern, das Schreiben, Vervielfältigen und Versenden von Verbandspublikationen usw. Gegenstände können Entscheidungen und Verhaltensweisen von Umweltadressaten und Mitgliedern auf den verschiedensten Gebieten sein[5]. Die Verbandsinformationen können nach ihren Eigenschaften, ihren beabsichtigten Verwendungssituationen und Verwendungsphasen[6] aufgegliedert werden. Die wichtigsten Adressaten sind die Institutionen der Umwelt und die Willensbildner in ihnen sowie Mitarbeiter aus den Mitgliedsunternehmen.

Für den Entwurf einer Konzeption des „VDMA 1980“[6a] wurden in seinen 32 Fachverbänden „Tätigkeitsanalysen“ durchgeführt und daraus „Projektkataloge“ abgeleitet. Die Projekte sind so weit konkretisiert, daß ein meßbarer Tatbestand gegeben ist[6b].

Bei Leistungsbeschreibungen, wie sie hier skizziert wurden, geht man am besten von einem Beeinflussungsobjekt aus und untersucht anhand von Archivmaterial und ergänzenden Befragungen des Verbandsmana-

---

[5] Vgl. unsere Ausführungen in C.

[6] Vgl. *Wild*, Jürgen: Zur Problematik. S. 326 ff.

[6a] Der VDMA ist der Verein Deutscher Maschinenbau-Anstalten e. V. Zur Tätigkeit des Arbeitskreises „VDMA 1980“ vgl. *Kroos*, Hein F.: Planungs- und Kontrollprobleme aus der Sicht des Praktikers. S. 5 ff. und ders.: Langfristplanung im Verband. Vortrag im Seminar für das Management in den Verbänden des Handels und der Industrie vom 30. Oktober bis 1. November 1972 in Rüschlikon, S. 4 ff.

[6b] Vgl. ebd., S. 8 f.

gement, welche Teilleistungen im Verlauf des Beeinflussungsprozesses erbracht wurden, welche Adressaten angesprochen wurden, welche Verrichtungen erledigt werden mußten und welche Zwischenerfolge eingetreten sind. Voraussetzung ist — natürlich — die Auskunftsbereitschaft der Verbandsführung. Weiter ist es sehr wichtig, auch die Verbandsführungen der übrigen beteiligten Verbände zu befragen. Dadurch kann manche Aussage einer Verbandsführung „ins rechte Licht gerückt" werden[7].

12. Input-Beschreibung

Um die Wirtschaftlichkeit der Leistungserstellung im Verband beurteilen zu können, sollte man die Teilleistungen nach den benötigten Faktorarten und Faktoreinsatzmengen beschreiben. In erster Linie dürfte es sich dabei um Leistungsabgabeeinheiten von Menschen und Maschinen (z. B. Datenverarbeitungsanlagen) handeln, in geringerem Umfang um Leistungsabgabeeinheiten von Räumen. Bei den menschlichen Arbeitseinheiten dominieren die geistigen Tätigkeiten unterschiedlicher Qualität. Da Arbeitseinheiten unmittelbar nicht meßbar sind, muß als Ersatzmaßstab die Zeit herangezogen werden[8]. Durch die Zuordnung von Faktoreinheiten zu den Teilleistungen können diesen auch Aufwendungen zugerechnet werden. Auf der Grundlage der erwähnten Projektkataloge wurden beim VDMA Arbeitszeitaufschreibungen vorgenommen. Je Monat bzw. je Jahr werden die von den Sachbearbeitern für das jeweilige Projekt in Anspruch genommenen Zeiten aufaddiert und mit einem differenzierten Stundensatz je Mitarbeiter multipliziert. Honorare für externe Mitarbeiter werden addiert. Auf der Basis der „produktiven" Sachbearbeiterstunden wird ein Bereitschaftskostenzuschlagssatz ermittelt, mit den „produktiven" Stunden je Projekt multipliziert und so die Gesamtkosten(-ausgaben) je Projekt festgestellt[9].

2. Bereitstellungserfolge

Leistungen müssen bereitgehalten werden, damit sie von den Zielpersonen beansprucht werden können. Bis zu diesem Zeitpunkt verleihen sie den Mitgliedern die Sicherheit, nahezu jederzeit (im Rahmen der Betriebsdauer!) relativ schnell gewünschte Leistungen zu erhalten.

---

[7] Der Verfasser konnte im Frühjahr 1972 dank der Auskunftsbereitschaft von Herrn Dr. Jürgen *Creutzig* und Herrn Dr. Hans *Weyhenmeyer*, HDE, sowie von Herrn *Rometsch*, BAG, eine solche Leistungsbeschreibung im Falle „Investitionszulagengesetz und Einzelhandel" anfertigen.

[8] Vgl. *Henzel*, Fritz. S. 57 ff. und *Kroos*, Hein F.: Langfristplanung im Verband. S. 10.

[9] Vgl. ebd., S. 10 ff.

Sie erfüllen also Ziele der Mitglieder, Dienstbereitschaft in Anspruch nehmen zu können[9a].

Im folgenden wollen wir versuchen, die Verbandsleistungen von der „Output-Seite" her zu beschreiben. Das bedeutet, daß wir Verbandsleistungen als solche feststellen (nominale Messung!), bestimmte Eigenschaften ebenfalls nominal (oder ordinal) beschreiben und Mengen gleichartiger Leistungen ermitteln können.

21. Informationsleistungen zur Umweltbeeinflussung

Diese Informationsleistungen bestehen jeweils aus einer Folge von Aufgabenerfüllungen. Die Interessen der Adressaten und Mitglieder müssen erforscht, Sachinformationen erhoben, eine Beeinflussungskonzeption (Argumentation, Beeinflussungswege) erarbeitet, die Beeinflussung vorgenommen, Organisationsaufgaben wahrgenommen und Berichte an die Mitglieder erstattet werden.

Die Zahl der schriftlichen Stellungnahmen kann nach Adressaten und Beeinflussungsgegenständen ermittelt werden. Die Stellungnahmen können auch danach unterschieden werden, ob und inwieweit Mitglieder an ihrer Erstellung mitgearbeitet haben. Nach ihrer Zielrichtung könnte man Forderungen, Bitten und die Adressaten beratende Stellungnahmen (Gutachten) unterscheiden. Wichtig ist auch der Umfang. Es bedeutet nämlich unterschiedliche Vorarbeit, ob eine einzelne Forderung aufgestellt und begründet oder ein ganzer Gesetzesentwurf erarbeitet wird.

Ebenso läßt sich die Zahl der Besprechungen und Verhandlungen, die Vorstands-, Ausschußmitglieder oder hauptamtliche Verbandsführer mit verschiedenen Vertretern der Adressaten führen, erfassen. Sie können nach der Zielrichtung, nach dem Umfang und der Sorgfalt ihrer Vorbereitung sowie nach der Dauer der „Gespräche" beschrieben werden. Eine besondere Kategorie der „Besprechungen und Verhandlungen" sind die Entsendungen von Verbandsvertretern in die (öffentlichen und nicht öffentlichen) Anhörungen der Ministerien, die meist der Vorbereitung von Gesetzen, Verordnungen und Vorschriften dienen[10], und der Parlamentsausschüsse, in denen die Gesetze beraten

---

[9a] Zu den Nutzenvorstellungen vgl. *Oettle*, Karl: Die Dienstbereitschaft. S. 21 f.

[10] § 23 Abs. 1 der Gemeinsamen Geschäftsordnung der Bundesministerien, Besonderer Teil (GGO II) bestimmt, daß „zur Beschaffung von Unterlagen für die Vorbereitung von Gesetzen ... die Vertretungen der beteiligten Fachkreise herangezogen werden" können. Diese Regelung gilt auch für Rechtsverordnungen (§ 62) und allgemeine Verwaltungsvorschriften (§ 74).

Der Verfasser hat im Frühjahr 1972 an einer Anhörung der Verbände zum Rückzahlungsverfahren des Konjunkturzuschlags im Bundesministerium werden. Hier werden mehr gutachtliche Stellungnahmen erwartet. Sie erfordern erhebliche Vorarbeiten. Sie lassen sich nach den gleichen Merkmalen wie Stellungnahmen und Verhandlungen gliedern.

Die Anerkennung der Verbände durch die „ständische" Besetzung mancher Adressatengremien und der Verbandsvertreter als „Sachverständige" durch die Heranziehung zu Arbeitskreisen und Beiräten der Ministerien und Behörden[11] und durch Kontakte zu Verbandsmitgliedern und Nahestehenden in den Parlamenten bedeuten Erfolgschancen, welche die Adressaten den Verbänden freiwillig oder aufgrund früherer Einflußnahme einräumen. Damit ersparen sich die Verbände Beeinflussungsleistungen zur Institutionalisierung von Einflußwegen. Diese „institutionelle Privilegierung"[12] ermöglicht es den Verbänden, sich in ihren Beeinflussungskonzeptionen auf die eigentlichen Beeinflussungsobjekte zu konzentrieren und zwischen verschiedenen Beeinflussungswegen zu wählen.

Bei der Beeinflussung der engeren Umwelt und der Gewinnung von Verbündeten kann man die Zahl der Besprechungen und Verhandlungen nach den gleichen Kriterien wie bei der Beeinflussung der staatlichen Willensbildung ermitteln.

Die Kontakte zu Universitätsinstituten, anderen Verbänden, Beratern und Anwälten bedeuten Erfolgschancen, die der Verband nur erhalten muß, wenn sie einmal geschaffen sind. Er verfügt dadurch über Beeinflussungswege und Empfehlungsmöglichkeiten für die Mitglieder.

Die Öffentlichkeitsarbeit[13] kann in der Zahl der Pressemeldungen, Pressekonferenzen und Arbeitskreise mit Willensbildnern aus den Bildungsinstitutionen gemessen werden. Pressenotizen können nach ih-

---

für Wirtschaft und Finanzen teilgenommen und sie nach folgenden Kriterien beschrieben:

— erörterte Gegenstände (Rückzahlungstermin, der allerdings durch die Minister-Entscheidung bereits festlag, Arbeitnehmerbegriff, Rückzahlung durch Arbeitgeber oder Finanzamt, Prüfungspflichten des rückzahlenden Arbeitgebers usw.)

— Personen, welche in der Diskussion die Initiative ergriffen haben (Verbandsvertreter, Ministerialbeamte)

— Art der Stellungnahmen (z. B. Frage, Hinweis, Anregung, Forderung).

[11] Eine Erhebung des Bundesministeriums für Wirtschaft 1970 ergab die stattliche Anzahl von 5914 Beratern bei Ministerien und Behörden. Vgl. SZ 184/70.

[12] *Hennis* stellt eine „seltsame Privilegierung der Verbände, eine eingeschränkte Tolerierung unabhängiger Sachverständiger (§ 61 GGO I), eine sehr formale Anhörung der Länder, aber die so gut wie vollständige Aussperrung von Parlament und allgemeiner Öffentlichkeit (§ 25 GGO II)" fest. *Hennis*, Wilhelm: Verfassungsordnung und Verbandseinfluß. In: Politische Vierteljahresschrift, 2 (1961), Heft 1, S. 29.

[13] Die BDA erhebt in ihrer Umfrage, ob die Mitgliedsverbände die oben dargestellten Leistungen erbringen. Nur in den Fällen der Betriebspraktika,

rem Gegenstand und Umfang sowie nach der Zahl der belieferten Presseorgane beschrieben werden. Pressekonferenzen und Arbeitskreise kann man auch nach der Zahl der Teilnehmer, die Arbeitskreise nach der Zahl der Sitzungen einteilen. Ebenso könnte die Zahl der übernommenen Vorträge vor anderen Institutionen ermittelt werden. Die Zahl der vom Verband organisierten Betriebspraktika und Betriebsbesichtigungen könnten nach ihrer Dauer festgestellt werden. Im Rahmen einer Public-Relations-Kampagne können einzelne Leistungen isoliert werden, wie z. B. die Zahl der entworfenen und veröffentlichten Anzeigen, der gewährten Interviews, der Leserbriefe oder der lancierten Artikel.

Auch bei der Öffentlichkeitsarbeit genießen die Verbände freiwillig eingeräumte oder erkämpfte Erfolgschancen. Verbandsvertreter wirken in den Rundfunk- und Fernsehräten mit oder werden als legitime „Vertreter der Wirtschaft" zu Interviews und Podiumsdiskussionen eingeladen.

Die Rechtsberatung kann man nach den Gegenständen und der Dauer gliedern. Man kann danach unterscheiden, ob und welche Musterverträge und andere Formulare zur Verfügung gestellt werden[14]. Dementsprechend werden unterschiedliche Vorbereitungsarbeiten notwendig sein. Man kann die Formulare, Richtlinien und Empfehlungen auch getrennt nach Gegenständen auszählen. Die Zahl der geführten Prozesse ist nach Gegenstand, Dauer, Prozeßgegner (Adressaten!) und Erfolgsgraden zu erheben[15].

Inwieweit über die Beschäftigung der Verbandsmanager und -mitarbeiter mit diesen Aufgaben hinaus noch weitere Kapazitäten für solche Leistungen zur Verfügung stehen, hängt davon ab, wie die Prioritäten auf die Leistungsarten Umwelt-, Mitgliederbeeinflussung und Organisation der Zusammenarbeit durch die Mitglieder und das Verbandsmanagement verteilt sind. Innerhalb der dadurch abgesteckten Grenzen hängt die freie Kapazität von der Beanspruchung und den Anpassungsreserven der Manager und Mitarbeiter im Verbandbetrieb ab.

Um die vorgehaltene, beanspruchte und nicht beanspruchte Kapazität in Leistungen ausdrücken zu können, müßten die Leistungen in Arbeitseinheiten „standardisiert" werden. Umweltbeeinflussungsleistun-

der Pressekonferenzen und des Geschäftsberichts wird gefragt, wieviele sie 1966 veranstaltet bzw. aufgelegt haben. Vgl. BDA (Hrsg.): Dienstleistungen der Verbände. Frage 701—743 und 801—820.

[14] Vgl. BDA (Hrsg.): Dienstleistungen der Verbände. Frage 301—318.

[15] Der AGA nimmt eine „Prozeßstatistik" nach „Streitobjekt und Erfolgsgrad" vor. Vgl. Auskunft von Herrn Dr. Horst *Becker*, AGA, an den Verfasser am 14. Januar 1969.

gen erfordern in hohem Maße geistige Tätigkeiten. Sie hängen außerdem weitgehend von den Zielen und Erwartungen sowie den Aktivitäten der Umweltadressaten und Konkurrenten des Verbandes ab. Es ergeben sich daher nur schwer zu überwindende Probleme für die Standardisierung.

22. Informationsleistungen zur Mitgliederbeeinflussung

Bei allen diesen Leistungen müssen folgende Aufgaben erfüllt werden. Die Bedürfnisse der Mitglieder sind zu erforschen, Informationen außerhalb des Mitgliederkreises sind zu suchen, zu verarbeiten, mitzuteilen und zu speichern.

Bei den Auskünften können mündliche und schriftliche auseinandergehalten werden. Die Zahl der beanspruchten Informationen kann nach dem Gegenstand, dem Umfang, der dazu notwendigen Zeit, nach den Auskunftgebenden im Verbandbetrieb und den Empfängern festgestellt werden. Interessant ist auch die Unterscheidung danach, ob dem Anfragenden Musterformulare oder Publikationen hinzugegeben wurden, ob er für den Besuch einer Veranstaltung oder die Beanspruchung einer Beratung gewonnen werden konnte, ob der Auskunftgebende noch zusätzliche Informationen suchen mußte. Die über die Beanspruchung hinausgehende Auskunftsbereitschaft kann nur schwer bestimmt werden. Einerseits lassen sich die Auskünfte nicht in Arbeitseinheiten standardisieren, weil ihre Gegenstände weitgehend von den Auskunftsuchenden bestimmt werden und sehr heterogen sind. Andererseits wird die nicht beanspruchte Auskunftsbereitschaft für die Erstellung anderer Leistungen eingesetzt. Die „freie Auskunftskapazität" wird dann durch die Anpassungselastiztät der Mitarbeiter bestimmt.

Wenn die Auskünfte zu einem Rundschreiben zusammengefaßt werden, kann man die Zahl der Rundschreiben, die Ausgaben einer Art und die Informationen je Ausgabe bestimmen. Man kann sie nach den Gegenständen und den Zielgruppen gliedern[16].

Das Angebot an Bildungsveranstaltungen kann nach den Gegenständen, der Art der vermittelten Informationen (z. B. Fakten, Methoden, Verhaltensweisen), nach der angewandten Lehrmethode (z. B. aktive, passive, kombinierte Methoden), nach der Dauer, nach den Referenten (z. B. von innerhalb oder außerhalb des Verbandes, Qualifikation) und nach den Zielgruppen (z. B. Unternehmer, Führungskräfte, Sachbear-

---

[16] Die BDA fragte 1966 ihre Mitgliedsverbände, welche Arten (Gegenstände) von Informationsdiensten sie herausgegeben haben, ob die Informationsdienste in einem Mitteilungsblatt zusammengefaßt worden sind und gegebenenfalls, wieviele Ausgaben davon 1966 erschienen sind. Vgl. BDA (Hrsg.): Dienstleistungen der Verbände. Frage 104—120.

beiter und Lehrlinge) beschrieben werden[17]. Wenn die personellen (Referenten, Organisation) und die räumlichen Kapazitäten bekannt sind, sind die mit dem Programm zu „bewältigenden" Teilnehmerzahlen schätzbar.

Die erstellten Publikationen können z. B. nach ihrer Druckauflage, nach ihren Gegenständen, nach der Art der hauptsächlich vermittelten Informationen, nach ihrer Darstellung, nach ihrem Umfang (z. B. Seitenzahl), nach dem Arbeitseinsatz zu ihrer Erstellung, nach den benutzten Informationsquellen (z. B. primäre oder sekundäre, innerhalb oder außerhalb des Mitgliederkreises), nach ihrer Erscheinungsweise (z. B. unregelmäßig, regelmäßig: Häufigkeit), nach ihren Bezugsgebühren und nach den Zielgruppen eingeteilt werden[18].

Das Beratungsangebot könnte man an der Kapazität der entsprechenden Abteilung des Verbandbetriebs oder des Verbandsinstituts messen[19]. Die beanspruchte Beratungskapazität kann an der Dauer aller geleisteten Beratungen gemessen werden. Um die noch freie Beratungskapazität durch die Zahl der (darüber hinaus noch möglichen) Beratungen zu bestimmen, müssen die Beratungen durch den Input, d. h. hier durch ihren Arbeitszeitaufwand standardisiert werden. Wenn unterschiedliche Qualitäten der Beratung angeboten werden, müssen sie z. B. mit Äquivalenzziffern vergleichbar gemacht werden[20]. Dazu können die Arbeitsaufwendungen (Gehälter!) herangezogen werden. Die Zuschußbedingungen der Bundesregierung sehen unter anderem vor, daß die Beratung einschließlich des Berichts nicht mehr als fünf Tage in Anspruch nehmen und bestimmte Tageshonorarsätze nicht übersteigen werden dürfen[21]. Diese „Standardisierung" soll wohl dazu dienen, daß keine Dauerberatungen subventioniert werden. Für Klein- und Mittelbetriebe, deren Beratung bezuschußt wird, mag diese Beratungsdauer auch ausreichend sein. In Zusammenhang mit den „standardisierten Honoraren" ist ein Qualitätsrahmen der Beratung abgesteckt. Das

---

[17] Das AGA-Bildungswerk gibt eine Bereithaltungs- und Beanspruchungsstatistik heraus. Vgl. o. V.: Das Institut Neue Wirtschaft 1970. O. O. (Hamburg) 1971, insbesondere S. 3 und 8. Die BDA versucht z. B. in ihrer Umfrage zu ermitteln, wieviele Vortragsabende und Seminare ein Mitgliedsverband für „Betriebliches Personal- und Sozialwesen" 1966 veranstaltet hatte. Vgl. BDA (Hrsg.): Dienstleistungen der Verbände. Frage 517 und 518.

[18] Vgl. z. B. RKW (Hrsg.): Leistungsstand der Abteilung Publizistik 1966. Frankfurt 1967.

[19] Die BBE gibt in ihren Jahrbüchern die Entwicklung des Personalbestandes seit der Gründung an. Sie unterteilt ihn nach festangestellten und freiberuflichen Beratern sowie Büropersonal. Daneben werden die Zahlen der geleisteten Beratungen nach Branchen und Umsatzgrößenklassen der beratenen Betriebe angegeben. Vgl. z. B. BBE 1970, S. 166 ff.

[20] Vgl. *Henzel*, Fritz. S. 58 f.

[21] Vgl. BBE (Hrsg.): Katalog der Problemlösungen.

RKW gibt die von ihm geleisteten Beratungen in „Tagewerken“ an und berechnet als durchschnittliche Beratungsdauer etwa drei Tage[22]. Die Beratungen könnte man auch nach ihrem Gegenstand (z. B. Spezialberatungen unterschiedlicher Art, Gesamtberatung) und nach der Einschaltung verbandsexterner Berater beschreiben.

Für die Mitgliederbeeinflussung gilt, daß die Mitglieder wahrscheinlich um so qualifiziertere Informationen nachfragen werden, je besser ihr Informationsstand schon ist. Der Verband muß also um so hochwertigere Informationen bereitstellen. Ein ähnlicher Effekt stellt sich ein, wenn die frühere Beeinflussung der Mitglieder durch den Verband erfolgreich gewesen ist und der Informationsstand der Mitglieder verbessert worden ist. Wahrscheinlich sind die Informationsbedürfnisse der Mitglieder dadurch qualitativ (und auch quantitativ) gestiegen. Der Verband muß Informationen für schwierigere Probleme bereithalten.

23. Organisationsleistungen

Organisation der Zusammenarbeit unter den Mitgliedern bedarf der Beobachtung ihrer Bedürfnisse, der Werbung für die Zusammenarbeit und der Bereitstellung von Gelegenheiten dafür.

Die Zahl der Solidarisierungsappelle, der Wettbewerbsregeln, der unter den Mitgliedern vermittelten Aussprachen und Verhandlungen sowie der Schiedsgerichtsverfahren hängen von der Notwendigkeit, als geschlossene Gruppe gegenüber der Umwelt aufzutreten, und von der Konflikthäufigkeit unter den Mitgliedern ab. Meinungsverschiedenheiten scheinen in hohem Maße durch die Branchen- und Betriebsgrößenstruktur bedingt zu sein[23]. Die Kapazität des Verbandes, die für Leistungen der Interessenkoordination bereitsteht, ist schwer zu bestimmen. Wahrscheinlich wird sie mit anderen Leistungen beschäftigt sein und bei Bedarf dort abgezogen werden.

Beim Informationsaustausch geben die Zahl der Erfahrungsaustauschgruppen, der Betriebsvergleiche und Umfragen einen ersten Hinweis auf den Bereitstellungserfolg. Diese Teilleistungen können nach ihren Gegenständen, ihrem Umfang, ihrer Häufigkeit und ihren Zielgruppen beschrieben werden[24]. Die möglichen Teilnehmer können geschätzt werden. Die Organisationskapazität für weitere Informationsaustäusche ist schwer zu bestimmen.

[22] Vgl. RKW — Landesgruppe Bayern (Hrsg.): Fachliche Berichte Nz. F 9/66 und F 9/67, S. 4 und 1.

---

[22] Vgl. RKW — Landesgruppe Bayern (Hrsg.): Fachliche Berichte Nr. F 9/66

[24] Die BBE gibt die von ihr betreuten Erfahrungsaustauschgruppen nach beteiligten Branchen, nach der Zahl und Umsatzgrößenklasse der Teilnehmer und nach deren Einzugsgebiet an. Vgl. z. B. BBE 1967, S. 33 ff., BBE 1968, S. 88 ff.

Die Bereitstellung von Leistungen zur Kooperationsvermittlung kann man an den Kooperationswünschen messen, von denen die Verbandsmitarbeiter Kenntnis haben. Sie wird von ihrer Aufnahme- und Abgabekapazität beschränkt. Im Fall der RKW-Kooperationsbörse könnte man den Bereitstellungserfolg in der Zahl der Kooperationsinserate und der darauf eingehenden Anfragen sehen. Der darüber hinaus verfügbare Raum für weitere Kooperationsinserate und die möglichen, kaum schätzbaren Anfragen bilden die Obergrenzen der Bereitstellung von Vermittlungschancen.

Die Zahl der vom Verband betreuten Gemeinschaftswerke gibt einen ersten Hinweis auf den damit verbundenen Bereitstellungserfolg[25]. Sie sind nach ihren Gegenständen (Leistungen) zu beschreiben. Ihre Leistungsfähigkeit läßt sich meist ziemlich genau angeben, weil sie von den Verbandbetrieben getrennt sind und auf die Erfüllung einiger oder weniger relativ homogener Aufgaben spezialisiert sind. Bei gegebener Kapazität lassen sich die Beteiligungschancen der Mitglieder ziemlich genau berechnen.

24. Probleme der Kapazitätsmessung

Als Ergebnis läßt sich festhalten: Der immaterielle Charakter der Verbandsleistungen verhindert eine kardinale Messung der Ausbringung. Es bleibt nur die Möglichkeit, Teilleistungen nominal (oder ordinal) „festzustellen". Das ist aber auch nur dann möglich, wenn sie beansprucht wurden. Es lassen sich Anzahlen von Teilleistungen angeben. Wenn die Teilleistungen nicht abgenommen werden, gehen sie meist unter. Das ist besonders bei der Umweltbeeinflussungs-, Auskunfts-, Lehr-, Beratungs- und Organisationsbereitschaft der Fall. Informationsleistungen können auf Datenträgern und in Speichern aufbewahrt werden. Es besteht jedoch die Gefahr, daß sie veralten.

Die nicht beanspruchte Kapazität in Leistungen anzugeben, kann nur gelingen, wenn die Leistungen durch Arbeitseinsatzmengen (und Leistungsabgabeeinheiten von anderen Potentialfaktoren) ausgedrückt werden können. Eine Kapazitätsbestimmung erfordert nicht nur, Leistungen in Arbeitseinheiten zu messen, sondern auch die Standardisierung des Arbeitsbedarfs je Leistung. Die Leistungen müssen jedoch unterschiedlichen Widerständen der Umweltadressaten gegen die Beeinflussung und der Mitglieder gegen die Solidarisierung sowie unterschiedlichen Informationsbedürfnissen der Mitglieder angepaßt werden.

---

[25] Der AGA z. B. hat drei Altersversorgungswerke und ein Bildungswerk eingerichtet. Vgl. Auskunft von Herrn Dr. Horst *Becker*, AGA, am 14. Januar 1969.

Eine „Normung“ der Leistungen durch ihren Arbeitsbedarf erscheint kaum möglich.

Könnte man dieses Problem lösen und würde man unterschiedlich qualifizierte Arbeitseinsätze etwa mit Äquivalenzziffern vergleichbar machen, könnte man die gesamte Kapazität des Verbandes in Leistungen ausdrücken. Damit wäre nicht nur das Problem der Standardisierung der Teilleistungen und Leistungen einer Leistungsart, sondern auch der Teilleistungen, Leistungen und Leistungsarten untereinander gelöst. Es ließen sich genaue Beanspruchungsgrade ermitteln[26]. Die Bestimmung der Kapazität des Verbandes in Leistungseinheiten wird auch dadurch erschwert, daß fast alle Leistungen um die knappen Kapazitäten konkurrieren. Wenn bei einer Leistung in irgendeinem Zeitraum Kapazitäten frei sind, werden sie für die Erstellung anderer Leistungen benutzt, wenn sie nicht zu spezialisiert sind. Die gleichzeitige Überbeschäftigung in einem anderen Leistungsbereich ist meist der Grund.

Die Frage, wie umfangreich und vielfältig das Dienstleistungssortiment des Verbandes bei gegebenen Anspruchsniveaus der Mitglieder hinsichtlich ihrer Zielerfüllungen sein soll, hängt von den Plänen und Aktivitäten der Umwelt und den Informationsbedürfnissen der Mitglieder ab. Je stärker der Widerstand der Umweltadressaten gegen die Verbandsbeeinflussung ist, je stärker die Mitglieder sich der Solidarisierung widersetzen und je umfangreicher und vielfältiger ihre Informationsbedürfnisse sind, desto umfangreichere und vielfältigere Leistungen muß der Verband bereitstellen. Das gleiche gilt auch umgekehrt.

3. „Wirtschaftlichkeitserfolge“

Wir haben erkannt, daß die bereitgehaltenen Leistungen vor allem am Arbeitseinsatz gemessen werden müssen, wenn man sie genauer beschreiben will[27]. Die Verwendung von naturalen (Faktoreinsatzmengen) oder monetären Aufwendungen (bewertete Faktoreinsatzmengen) als Maßstab der Leistungsbereitstellung könnte dazu verführen, die Aufwendungen als Handlungsziel zu sehen und „Erfolge“ an möglichst hohen Aufwendungen „nachzuweisen“. Deshalb müssen die Aufwendungen je Teilleistung soweit wie möglich „standardisiert“ werden. Dazu kann eine Aufwandsanalyse im Verbandbetrieb und vielleicht auch ein Aufwandsvergleich mit ähnlichen Verbandbetrieben dienen. Man kann dann auch Opportunitätserfolge der Leistungserstellung im

---

[26] Vgl. unsere Ausführungen in D 4.

[27] Vgl. u. a. unsere Ausführungen in D 12

Verbandbetrieb gegenüber der Leistungserstellung in Konkurrenz- (Berater) und Mitgliedsbetrieben zu errechnen suchen. Davon unterscheiden sich die Opportunitätserfolge des Leistungsbezugs vom Verband gegenüber dem „Fremdbezug" oder der Eigenerstellung der Mitglieder.

31. Aufwandsanalyse

311. Verbandbetriebserfolg und Verbandsrechnungswesen

Blümle schlägt vor, „das Betriebsergebnis des Verbandbetriebes als Maß für den Verbandserfolg anzusehen". Er begründet das damit, daß sich „eine Entwicklung vom Verbandbetrieb zur Verbandsunternehmung" vollziehe, daß aus dem „Verbandssekretär" oder Verbandsfunktionär immer mehr ein „Verbandsdirektor" oder Verbandsunternehmer werde, daß die Verbände sich zunehmend aus den Erträgen des Geschäfts mit Nicht-Mitgliedern finanzierten und daß das Verbandsmanagement eigene, vom Mitgliederwillen unabhängige Ziele verfolge[28]. Diese Feststellungen gelten sicherlich für die rechtlich selbständigen Verbandsinstitute, aber nicht für den Verbandbetrieb (im engeren Sinne). Weder die Institute noch der Verbandbetrieb veröffentlichen ihre Bilanzen sowie Gewinn- und Verlust- bzw. Einnahmen-Ausgaben-Rechnungen. Aus den erwähnten steuerrechtlichen Gründen[29] erwirtschaften die Verbandbetriebe formell keine Überschüsse. Daher kann für die Leistungen des Verbandbetriebes kein „Leistungsgewinn" oder eine ähnliche Erfolgsgröße ermittelt werden. Solche Erfolgsgrößen könnten nur für die Leistungen der Verbandsinstitute festgestellt werden, wenn man die Aufwendungen je Leistung erfahren würde. Infolge der Schwierigkeiten, die *Lehmann* in der „Kosten- und Leistungsermittlung" der Verbandsleistungen sieht, führen die Verbände keine „Projekt-Rechnung"[30] oder „Kostenträgerrechnung" durch, sondern richten ihr Rechnungswesen wenig differenziert „auf die Gesamtheit der Verbandstätigkeit" aus[31]. Neben der Einnahmen-Ausgaben-Rechnung besitzen die Verbände meist eine ebenso undifferenzierte, nur Ausgaben- und Einnahmenarten umfassende Budgetrechnung. Die wenigen uns vorliegenden „Finanzberichte" bestätigen diese Aussagen. So werden die Ausgaben eines Landesverbandes der BAG vor allem nach Einsatzfaktoren gegliedert: Gehälter, Reisekosten, Spe-

---

[28] *Blümle*, Ernst-Bernd: Zur Kontrolle. S. 105.

[29] Vgl. unsere Ausführungen in B 125 und B 224.

[30] Vgl. *Blümle*, Ernst-Bernd: Zur Kontrolle. S. 105 f.

[31] *Lehmann*, Helmut: Unternehmensverbände, Rechnungswesen der. Sp. 1726.

sen; Kraftfahrzeugausgaben (für den Geschäftsführer); Telefongebühren, Porti und andere Gebühren; Bücher, Zeitungen und Zeitschriften; Büromaterial; Beiträge an Oberverbände und andere Institutionen, Prozeßkosten und Zuweisungen an die „Rücklage“[32]. Zum Teil werden die Ausgaben auch nach Leistungsarten angegeben: Repräsentationsausgaben, Durchführung von Betriebsuntersuchungen und Betriebsvergleichen sowie Organisation von Tagungen. Bei Oberverbänden, wie z. B. der HDE[33], werden daneben noch die Ausgaben für bestimmte Ausgabenstellen, z. B. das sozialpolitische Referat, ausgewiesen.

Der größte Posten der Ausgaben ist bei den Unterverbänden meist der Beitrag an die Oberverbände und an andere Verbände, wie Arbeitgeberverbände, Schutzverbände usw. Ein letzter Posten sind die „Spenden“ an politische Parteien oder deren Unter- und Hilfsorganisationen, wie den Wirtschaftsrat der CDU oder die Staatsbürgerliche Vereinigung. Bei der HDE sind 1971 die Personalausgaben mit 63,9 % der Gesamtausgaben die bedeutsamste Ausgabenart gewesen, gefolgt von den Beiträgen an andere Organisationen (14,5 %), Raumausgaben (5,9 %), Bürobedarf (4,9 %), Reiseausgaben (3,3 %) und Tagungsausgaben (2,9 %). Der Rest entfällt auf geringwertige Wirtschaftsgüter, Informationswesen und sonstige Ausgaben[34].

312. Aufwandsaufschreibungen

Um eine Aufwandsrechnung der erstellten Leistungen zu erhalten, ist es zweckmäßig, wieder vom beeinflussungspolitischen Instrumentarium auszugehen. Denn Leistungen, wie z. B. der Veranstaltung einer Pressekonferenz, lassen sich noch am ehesten die benötigten und verbrauchten Faktoreinsatzmengen sowie die verursachten Aufwendungen zurechnen. Diese Teilleistungen lassen sich im allgemeinen nämlich weitgehend von anderen Leistungen abgrenzen und sind in bestimmten Tätigkeiten konkretisiert. Die Aufwandsermittlung muß von einer genauen Leistungsbeschreibung ausgehend die Verrichtungskomplexe im Zeitablauf vergleichen, die Verrichtungen feststellen, welche für die Leistungen typisch sind und die dafür erforderlichen Faktoreinsatzmengen bzw. Aufwendungen bestimmen[35]. Wenn diese Aufwandszurechnung

---

[32] Die Prozeßkosten dürften die Gerichtsgebühren, die Anwaltsaufwendungen der Gegner und etwaige „Bußen“ verlorener Prozesse enthalten, für die wohl „Rücklagen“ gebildet werden, wenn sie zu erwarten sind. Die eigenen Aufwendungen dürften in den „Gehältern“ stecken.

[33] Vgl. HDE (Hrsg.): Kontenplan 1. 1. 1971. Köln 1971.

[34] Vgl. Auskunft von Herrn Helmut *Schmalfuß*, HDE, am 24. März 1972.

[35] *Kroos* ist der Auffassung, daß die Aufwandsaufschreibung mindestens über drei Jahre erfolgen sollte, damit auch unregelmäßig auftauchende Projekte in ihrem Arbeitsaufwand erfaßt werden. Vgl. *Kroos*, Hein F.: Langfristplanung im Verband. S. 8.

geglückt ist, bereitet es keine Schwierigkeiten, für jede Kombination von Teilleistungen den entsprechenden Aufwand zu bestimmen. Zur Aufwandsermittlung sind gesonderte Aufschreibungen über die Preise der Faktoreinheiten notwendig.

Für Teilleistungen der Umweltbeeinflussung, wie Erarbeitung von Stellungnahmen, Eingaben und Gutachten, können die Preise von Einsatzinformationen, die sonstigen Materialaufwendungen (Büromaterial) und die Arbeitsaufwendungen (Informationssuche, -verarbeitung; Schreibarbeiten) festgestellt werden. Reiseaufwendungen von Mitgliedern, die an der Erstellung mitarbeiten, lassen sich zurechnen. Wenn der Ausschuß allerdings zur gleichen Zeit mehrere Projekte bearbeitet, tauchen Zurechnungsprobleme auf. Für Teilleistungen, wie Besprechungen, Verhandlungen und Anhörungen, können die Aufwendungen für die Erarbeitung der bei diesen Gelegenheiten abgegebenen Stellungnahmen wie bei den schriftlichen Stellungnahmen erhoben werden. Die Reisekosten lassen sich ebenfalls für die Besprechung, Verhandlung oder Anhörung ermitteln. Schwierigkeiten der Zurechnung treten auf, wenn diese Teilleistungen verschiedenen Beeinflussungsgegenständen dienen. Für die Teilleistung „Vorbereitung von Beirats- oder Ausschußsitzungen" gilt grundsätzlich das gleiche.

Die Aufwendungen für Einsatzinformationen und Material sowie die Arbeitsaufwendungen für Informationssuche, -verarbeitung und -übermittlung können den Pressemeldungen, Pressekonferenzen und Arbeitskreisen mit den Vertretern der Meinungsbildner zugerechnet werden. Die Aufwendungen für Fremdleistungen, z. B. die Beratung durch eine Werbeagentur bei einer Public-Relations-Kampagne, können dieser Leistung angelastet werden.

Die Arbeitsaufwendungen von Rechtsberatungen (Informationssuche, -verarbeitung, -übermittlung) können erfaßt werden. Bei Prozessen kann man die eigenen Arbeits- und Reiseaufwendungen sowie die im Falle einer Niederlage zu erwartenden Gebührenforderungen des Gerichts und der Gegenseite sowie etwaige Strafen kalkulieren, soweit sie nicht dem Mitglied weiterbelastet werden. Im Falle des Sieges werden die eigenen Aufwendungen von dem Verlierer getragen[36].

Bei Auskünften kann man die Arbeitsaufwendungen für Informationssuche und -übermittlung, Porti und Telefongebühren, Aufwendungen für eingesetzte Informationen und Material erheben. Werden die Auskünfte in Informationsdiensten veröffentlicht, kann man die Arbeitsaufwendungen der Informationsverarbeitung, des Schreibens, des

---

[36] Vgl. *Bartsch,* Hellmuth: Prozeßkostenerstattung bei Prozeßvertretung durch Verbände. S. 5 f.

Drucks und Versands, die Aufwendungen für Betriebsmittelnutzung beim Druck (bei Fremdleistung: Druckpreise), Postgebühren, Aufwendungen für eingesetzte Informationen und Material erfassen und wenigstens einer einzelnen Ausgabe, wenn auch nicht der einzelnen Information, zurechnen. Für andere Publikationen gilt grundsätzlich das gleiche.

Bei der Aufwandserfassung der Referentenleistung von Vorträgen und Seminaren entstehen keine großen Schwierigkeiten. Bei fremden Referenten kann man die Honorare und Spesen veranschlagen. Bei eigenen Referenten lassen sich die Aufwendungen der gezielten Informationssuche und der Informationsverarbeitung erfassen. Bei der Organisationsleistung kann man die Arbeitsaufwendungen (Verhandlungen, Korrespondenz usw.), Reiseaufwendungen, Postgebühren, Materialaufwendungen und Mietzinsen für Räume auch einzelnen Veranstaltungen zurechnen. Ähnliches gilt für die Organisationsleistungen zur Zusammenarbeit der Mitglieder.

Die Aufwendungen für Informationsspeicher, Anlagen und Räume sowie die Verbandbetriebsverwaltung (Rechnungswesen, Personalverwaltung usw.) können nicht auf die einzelnen Leistungen verteilt werden. Archive ersparen jedoch dem Verbandbetrieb und den Mitgliedern Aufwendungen für Informationssuche.

313. Zeitlicher und zwischenbetrieblicher Aufwandsvergleich

Obwohl die dargestellte Aufwandsaufschreibung und -zurechnung im Vergleich zu ihrem Erfolg zu „aufwendig" erscheinen mag, kann sie doch wertvolle Aufschlüsse darüber liefern, mit welchem Aufwand einzelne Leistungen im Vergleich zu anderen Leistungen im Verbandbetrieb erstellt werden. Da die Leistungen im Zeitablauf immer wieder produziert werden, sei es, weil sie nicht beansprucht wurden und deshalb untergingen, sei es, weil sie nicht die gewünschte Wirkung hatten, sei es, daß die eingetretene Wirkung erneut eintreten soll, kann man den Aufwand im Zeitvergleich betrachten und so zu Standardwerten für die Leistung kommen. Man muß jedoch beachten, daß bei Wiederholung der Leistungserstellung die Aufwendungen durch Lerneffekte gesenkt werden. Besonders Aufwendungen für Informationssuche und Kontaktherstellung können eingespart werden. Es sind dies Opportunitätserfolge früherer Leistungen[37].

---

[37] Vgl. dazu die Bewertung der Lagerzugänge mit dem Barwert der einsparbaren Herstellkosten späterer Produktion bei *Männel*. Bei den so definierten Opportunitätserlösen handelt es sich also um Brutto-Kostenersparnisse, während unsere Opportunitätserfolge Netto-Kostenersparnisse (Differentialrenten) sind: *Männel*, Wolfgang: Möglichkeiten und Grenzen des Rech-

Der Zeitvergleich wird erschwert, weil sich die Widerstände der Umweltadressaten gegen die Beeinflussung, aber auch die Beeinflussungsgegenstände und -ziele, der Bildungsstand oder die Solidarisierungsneigung der Mitglieder wandeln könnnen. Das gleiche gilt in noch verstärktem Maße für den Vergleich von verschiedenen Verbandbetrieben[38]. Infolge des Branchenprinzips der Organisation von Wirtschaftsfachverbänden haben die Mitglieder eines jeden Verbandes nicht nur ihre eigenen Beeinflussungsziele und -gegenstände, sondern auch zum Teil verschiedene Umweltadressaten. Je nach der Fortschrittlichkeit der Mitglieder wird das Angebot an Informationsleistungen nach Qualität und Umfang verschieden sein. Je nach der Solidarisierungsneigung der Mitglieder werden unterschiedliche qualitative und quantitative Leistungen des Verbandes zur Zusammenarbeit notwendig sein[39]. Im Hinblick auf die Leistungsbereithaltung und ihre Wirtschaftlichkeit scheint uns ein Verbandbetriebsvergleich keine besonderen Erkenntnisse liefern zu können[40].

Die Tätigkeits- und Aufwandsbeschreibung des VDMA[41] bezweckt, daß Projekte und ihre Aufwendungen geplant und mit den erbrachten Leistungen sowie dem Ist-Aufwand verglichen werden[42]. Solche Soll-Ist-Vergleiche tragen zur rationelleren Arbeitsweise bei. Sie helfen, „Organisationsbürokratie“ und „Doppelarbeit“ zu vermeiden, welche dazu führen, daß die Mitglieder die Arbeit der Verbände als ineffizient beurteilen[43].

Aus der Sicht des Verbandes ist es erstrebenswert, daß die generellen Leistungen von möglichst vielen Mitgliedern beansprucht werden und damit Anwendungs- und Verwertungserfolgschancen bieten. Der Degressionseffekt, der durch diese Beanspruchung entsteht, erhöht die Wirtschaftlichkeit der Leistungsbereitstellung.

32. Opportunitätserfolge

Die Bestimmung des Aufwands je Leistung ist aber auch notwendig, um Opportunitätserfolge der Verbandserstellung von Leistungen ge-

---

nens mit Opportunitätserlösen. Beiträge zur betriebswirtschaftlichen Ertragslehre. Festschrift zum 70. Geburtstag von Erich Schäfer. Hrsg. v. P. Riebel. Opladen 1971, S. 216 f. und 207.

[38] Vgl. *Blümle*, Ernst-Bernd: Der Verbandbetriebsvergleich. S. 21 ff.

[39] Zu den Störungsfaktoren des Betriebsvergleichs vgl. *Schnettler*, Albert: Betriebsvergleich. S. 29 ff.

[40] Vgl. die vorsichtige Beurteilung *Blümles*: *Blümle*, Ernst-Bernd: Der Verbandbetriebsvergleich. S. 24.

[41] Vgl. unsere Ausführungen in D 11 und 12.

[42] Vgl. *Kroos*, Hein F.: Langfristplanung im Verband. S. 11.

[43] Vgl. *Haglund*, Birgitta. S. 5 f.

genüber der Leistungsbereitstellung in Mitgliedsunternehmen oder durch andere Unternehmen festzustellen. Vom Opportunitätserfolg der Leistungserstellung durch den Verband muß man den Opportunitätserfolg des Leistungsbezugs vom Verband trennen. Die Bestimmung von Opportunitätserfolgen zur Beurteilung der Wirtschaftlichkeit der Leistungserstellung setzt Vergleichsmöglichkeiten mit der Leistungserstellung in Konkurrenz- oder in Mitgliedsbetrieben voraus. Andere Verwendungsmöglichkeiten der für die Leistungserstellung im Verband notwendigen Faktoreinsatzmengen ziehen wir nicht zum Vergleich heran, weil wir die wirtschaftliche Erstellung einer gegebenen Leistung bzw. eines gegebenen Erfolgs beurteilen wollen. Das setzt weiter voraus, daß qualitativ vergleichbare Leistungen am Markt angeboten[44] oder im Mitgliedsbetrieb erzeugt werden können. Umweltbeeinflussung erfordert die Solidarität der Betroffenen zur Druckausübung. Die Zusammenarbeit eines größeren Kreises von Unternehmen kann aber fast nur ein Verband organisieren. Umweltbeeinflussung[45] und Organisationsleistungen des Verbandes sind also kaum durch Konkurrenten oder einzelne Mitglieder zu ersetzen. Die Informationsleistungen zur Mitgliederbeeinflussung werden dagegen auch von Beratern und anderen Institutionen angeboten. Problematisch ist nur, ob und inwieweit diese Konkurrenzleistungen mit den Verbandsleistungen vergleichbar sind. Der immaterielle Charakter der Informationsleistung verschafft sowohl dem Verband als auch dem konkurrierenden Unternehmen die Möglichkeit, sie heterogen und unvergleichbar zu gestalten.

321. Opportunitätserfolge der Leistungserstellung

Der Opportunitätserfolg der Bereitstellung äußert sich entweder in positiven Opportunitätserfolgen[46] bzw. negativen Opportunitätserfolgen, die dadurch entstehen, daß der Verband „billiger" bzw. „teurer" produziert als die Konkurrenz der Beratungs- und Bildungsinstitute oder die Mitglieder selbst. Um die eingesparten oder einsparbaren Aufwendungen gegenüber der Konkurrenzerstellung festzustellen,

---

[44] Vgl. *Blümle*, Ernst-Bernd: Zur Kontrolle. S. 113.

[45] Ausnahme: Rechtsberatung und Prozeßvertretung.

[46] Vgl. *Männel*, Wolfgang. S. 205. Hier sieht *Männel* die Orpportunitätserlöse als „solche Erfolgsmehrungen, die sich aus dem ‚Nicht-Nutzen-Müssen' einer anderen, ungünstigeren Bereitstellungs- bzw. Herstellungsmöglichkeit ergeben", also als Differentialrente.

„Zur Kontrolle der Änderung des Marktmilieus" und zur Erfolgskontrolle der „Informationsleistungen" schlägt *Blümle* den Vergleich der „Kostenpreise" des Verbandes mit den „Marktpreisen" der Konkurrenz (Ermittlung der „Kostenersparnis") vor. *Blümle*, Ernst-Bernd: Zur Kontrolle. S. 112 und 113.

müßte man in die „Kostenträgerrechnung" dieser Unternehmen Einsicht nehmen können. Dieser Opportunitätserfolg wäre auch für das Verbandsmanagement zur Selbstkontrolle interessant. Für die Mitglieder spielt aber der Opportunitätserfolg des Bezugs vom Verband gegenüber dem von der Konkurrenz (bzw. gegenüber der Eigenerstellung) eine größere Rolle. Die Opportunitätserfolge der Verbandserstellung gegenüber der Eigenerstellung kann man auf zwei Weisen in etwa feststellen. Man könnte die Leistungserstellung im Mitgliedsunternehmen unterstellen und deren Aufwendungen kalkulieren. Die Frage dabei ist, ob man von den konkreten Voraussetzungen hinsichtlich des Bildungsstandes der Mitarbeiter oder von normalen (üblichen) solchen Voraussetzungen ausgehen soll. Unter Umständen müssen neue Kapazitäten aufgebaut werden. Ein anderer Weg ist, die Aufwendungen in einem anderen, vergleichbaren Betrieb, der die Leistung selbst erstellt, zu erheben.

322. Opportunitätserfolge des Leistungsbezugs

Die Opportunitätserfolge des Bezugs äußern sich in positiven bzw. negativen Oportunitätserfolgen, die dadurch auftreten, daß beim Bezug vom Verband geringere oder höhere Bezugsaufwendungen entstehen als beim Bezug von freien Beratern. Bei Bezug der Leistung vom Verband fallen als Aufwendungen an: Bezugsgebühren, Teilnehmergebühren, Beratungsgebühren; Leistungsausfälle (Arbeitsaufwendungen) für das Lesen der Publikationen, den Besuch der Veranstaltungen und die Besprechungen mit den Beratern; Reisekosten und andere Spesen der Teilnehmer an Veranstaltungen und der Berater. Beim Bezug der Leistungen von der Konkurrenz fallen als Aufwendungen an: Preise für die Publikationen, Teilnehmergebühren bei Veranstaltungen, Beratungsgebühren. Diese Aufwendungen dürften in jedem Fall höher sein, als die entsprechenden beim Verbandsbezug, während die Leistungsausfälle kaum Unterschiede aufweisen dürften. Die Reisekosten und Spesen freier Berater dürften höher liegen. Reisekosten und Spesen können bei Verbandsveranstaltungen niedriger gehalten werden als bei freien „Bildungsinstituten", weil auf manchen Repräsentationsaufwand verzichtet werden kann, der im anderen Fall der Werbung dient. Wenn man beim Verbandsbezug also nur die variablen „Beiträge" einbezieht, werden also wahrscheinlich immer positive Opportunitätserfolge des Verbandsbezugs eintreten. Ein genaueres Bild könnte sich ergeben, wenn man versucht, die fixen Beiträge zum Verband auf die beanspruchten Leistungen umzulegen. Allerdings fehlen hier die Kriterien der Verteilung. Es erscheint unmöglich, für die bezogenen Leistungen, wie z. B. eine Auskunft, die Verbandszeitschrift, Besuch einer Vortragsveranstaltung des Verbandes und Inanspruchnahme einer Spezialberatung, einen für die Zurechnung brauchbaren gemeinsamen Nenner zu finden. Bei individuellen Leistungen, wie Beratungen, kann man die Aufwendungen, die „im Verbandbetrieb" anfallen, den Bezugsaufwendungen gegenüberstellen. Es werden sich wohl häufig positive Opportunitätserfolge der Verbandsberatung ergeben, vorausgesetzt, daß sie natürlich die gleiche Leistung (Erfolg) wie die Konkurrenz liefert. Sie dürfte auch unabhängig von den Zuschüssen der Bundesregierung — absolut gesehen — billiger sein[47]. Bei den generellen Leistungen kann man aber nicht den effektiv für die Erstellung der Leistung im Verband entstandenen Aufwand heranziehen. Je nach der Häufigkeit der Beanspruchung der jeweiligen Leistung ermäßigt sich der Aufwand für das einzelne Mitglied (Beanspruchungsdegression).

Die Opportunitätserfolge des Verbandsbezugs gegenüber der Eigenerstellung haben Bedeutung, weil der Verband seine Leistungen meist zu Gebühren abgibt, die unter den entstandenen Aufwendungen liegen. Die fixen Beiträge decken ja die übrigen Aufwendungen. Daher ergeben sich wohl meist positive Opportunitätserfolge des Verbandsbezugs.

4. Beanspruchungs- und Beteiligungserfolge

Informationsleistungen müssen beansprucht werden, damit sie angewendet werden können. Ehe Zusammenarbeit unter den Mitgliedern entstehen kann, müssen sich die Mitglieder dazu entschließen und sich beteiligen. Gegenstand dieser Kooperation können bestimmte Leistungen sein. Sie können sich aber auch auf die Leitung, die Repräsentation und die Finanzierung des Verbandes richten. Wir gliedern daher wie folgt:

1. Beanspruchung von Informationsleistungen,
2. Beteiligung an der Leistungserstellung,
3. Beteiligung am Verband.

Beanspruchung und Beteiligung sind die Ausnutzungsgrade der vorgehaltenen Kapazität. Sie werden von den Umweltadressaten und den Mitgliedern bestimmt.

41. Beanspruchung von Informationsleistungen

Infolge der beschriebenen Schwierigkeiten der Kapazitätsmessung[48] läßt sich kaum feststellen, in welchem Maße z. B. die erarbeiteten Stellungnahmen, die geführten Verhandlungen, die abgehaltenen Presse-

[47] Die Zuschüsse der Bundesregierung kommen auch den Kunden der freien Berater zugute. Sie werden jedoch über die Verbände (z. B. RKW, BBE) verteilt. Vgl. BBE 1967, S. 46.

[48] Vgl. unsere Ausführungen in D 24.

konferenzen, die gewährten Interviews, die geführten Prozesse und die Rechtsberatung die jeweiligen Kapazitäten auslasten. Man kann aber annehmen, daß die Zahl der erstellten Leistungen bzw. ihre Arbeitsmengen die absolute Beschäftigung anzeigen. Denn alle diese Leistungen werden von den Adressaten abgenommen. Es bleibt allerdings unklar, wie die Empfänger die Informationen verwenden. Um die Qualität der Beanspruchungserfolge und die Anwendungschancen der Informationen zu erkennen, müssen die Verwendungsformen analysiert werden. Solche Verwendungsformen sind z. B. Umlauf im Unternehmen, Intensität des Studiums, Diskussion im Unternehmen, Rücksprache mit dem Verbandbetrieb, Bearbeitung (z. B. Verdichtung durch Exzerpte, Umordnung der Informationen für Unternehmensarchiv) und Speicherung. Die Untersuchung dieser Verwendungen kann Aufschlüsse über Entstehung und Zurechnung von Anwendungs- und Verwertungserfolgen liefern.

Für die Informationsleistungen zur Umwelt- und Mitgliederbeeinflussung lassen sich ebenfalls nur schwer Beschäftigungsgrade bestimmen, weil die Kapazität kaum ermittelt werden kann. Die gegebenen mündlichen Auskünfte lassen sich erfassen[49]. Man kann auch die benötigte Zeit bestimmen. Die Auskunftskapazität kann an der Arbeitszeit der dafür ausschließlich zur Verfügung stehenden Mitarbeiter gemessen werden. Damit ließe sich auch die Auskunftsbereitschaft angeben. Die Zahl der angebotenen Vorträge und Seminare kann man als die vorgehaltene Kapazität sehen. Die darüber hinausgehende Veranstaltungsbereitschaft läßt sich kaum bestimmen. Wenn man die Zahl der abgehaltenen Veranstaltungen zu den angekündigten in Beziehung setzt, hat man einen ersten Beanspruchungserfolg ermittelt. Wenn man die Zahl der Teilnehmer auf die Zahl der erwarteten Teilnehmer bezieht, kann man einen weiteren Beanspruchungserfolg feststellen[50]. Die Teilnehmer können nach der besuchten Veranstaltung, nach der Herkunftsbranche, nach ihrer Stellung im Unternehmen, nach der Zahl ihrer Berufsjahre, nach ihrem Geschlecht und nach anderen Merkmalen gegliedert werden. Interessant für den Beanspruchungserfolg sind die „Abmeldequoten" vor und die „Schwundquoten" während der Veranstaltung[51]. Bei regelmäßigen und unregelmäßigen Publikationen, welche den Mitgliedern unaufgefordert zugesandt werden, dürfte die Druckauflage in etwa die Beanspruchung ausdrücken. Ein Teil der Auflage kann auch an verbandsfremde Empfänger verschickt werden. Wenn

[49] Die Informationsstelle für die Gewerbliche Wirtschaft des RKW erfaßt die erteilten Auskünfte nach den Empfängern und den Gegenständen. Vgl. z. B. ihren Tätigkeitsbericht 1966.

[50] Vgl. o. V.: Das Institut Neue Wirtschaft. S. 1.

[51] Vgl. ebd., S. 8 ff.

die Mitglieder die Publikationen nicht unaufgefordert erhalten, muß man die Absatzauflage mit der Druckauflage vergleichen. Gerade bei Veröffentlichungen, bei denen Informationen nicht persönlich vermittelt werden, müßte man den Beanspruchungserfolg noch präzisieren, indem man untersucht, ob und in welchem Umfang sie gelesen werden, sowie wieviele Personen beim Empfänger mitlesen. Je intensiver sie gelesen werden und je mehr Mitarbeiter sie lesen, desto größer ist der Beanspruchungserfolg. Weiter könnte man das Leseverhalten (z. B. Häufigkeit, Gründlichkeit des Lesens) und die anschließende Verwendung (z. B. Archivierung, Vernichtung) ermitteln. Die Beanspruchung der Beratungskapazität wird meist in der absoluten Zahl der geleisteten Beratungen angegeben. Inwieweit damit die Beratungsbereitschaft ausgelastet ist, läßt sich nur schwer (aus anderen Angaben) beurteilen. Die BBE berechnet in ihren Leistungsstatistiken auch nicht die Beanspruchung ihrer Kapazität, welch letztere sie durch ihren Personalstand bekannt gibt. Es wird der Anteil der beratenen Einzelhandelsunternehmen bestimmter Umsatzgrößenklassen und Branchen an der Gesamtzahl der umsatzsteuerpflichtigen Unternehmen der jeweiligen Größenklassen und Branchen berechnet[52]. Ebenso wird der Anteil der beratenen Unternehmen an der Zahl der geschätzten, beratungsfähigen Unternehmen bestimmter Umsatzgrößenklassen ermittelt[53].

Aus den Frequenzerfolgen müßten diejenigen Leistungen herausgenommen werden, die nicht an die Mitglieder abgegeben worden sind. Sie blähen den Beanspruchungserfolg auf.

Ein Phänomen des Informationsverhaltens, das für die Gestaltung von Verbandsinformationsleistungen und Verbandsinformationssystemen Bedeutung haben könnte, hat *Witte* in Tests festgestellt. Benutzer eines Informationssystems zeigen geringe Bereitschaft, Informationen nachzufragen. Die geäußerte Nachfrage ist durch geringe Präzision gekennzeichnet[54]. Die „Vitalisierung der Nachfrage" z. B. durch Vortrag und Prospekte, hält nur kurzzeitig (in der Werbungsperiode) an und wirkt nur auf die im Prospekt oder Vortrag angebotene Informationsgattung[55].

---

[52] Vgl. z. B. BBE 1970, S. 166 ff.

[53] Vgl. z. B. BBE 1967, S. 48 ff.

[54] Vgl. *Witte*, Eberhard: Das Informationsverhalten in Informationssystemen — Die These von der unvollkommenen Informationsnachfrage. Management-Informationssysteme. Eine Herausforderung an Forschung und Entwicklung. Hrsg. v. E. Grochla u. a. Betriebswirtschaftliche Beiträge zur Organisation und Automation. Schriftenreihe des Instituts für Organisation und Automation der Universität zu Köln, Band 14. Wiesbaden 1971, S. 838.

[55] Vgl. ebd., S. 839.

Die Umfrage des schwedischen Industrie- und Arbeitgeberverbands ergab, daß die Häufigkeit des Kontaktes zwischen Verband und Mitgliedern mit zunehmender Unternehmensgröße wächst[56]. Es ist zu vermuten, daß mit zunehmender Betriebsgröße, d. h. mit Arbeitsteilung, das Problembewußtsein und damit der Informationsbedarf steigt.

42. Beteiligung an der Leistungserstellung

Wir sprechen bei der Organisation von Zusammenarbeit unter den Mitgliedern von Beteiligung, weil dadurch die in der Informationsabgabebereitschaft der Mitglieder liegende Mitwirkungsbereitschaft hervorgehoben werden soll. *Blümle* spricht statt von Beanspruchung von „Mitarbeit"[57].

Beim Interessenausgleich sollte der Beteiligungserfolg darin bestehen, daß sich die Mitglieder immer einig sind. Da aber wohl immer Meinungsverschiedenheiten auftreten, könnte man den „Beteiligungserfolg" indirekt daran erkennen, wieviel die Verbandsmanager von ihrer gesamten Arbeitszeit für Solidarisierungsappelle, -verhandlungen und -aussprachen aufwenden müssen. Einen Hinweis auf den Umfang der Interessenkoordination geben die Ergebnisse der Fragen von *Schmölders,* wieviel Arbeitszeit („sehr viel, gelegentlich, selten") die Schlichtung von Meinungsverschiedenheiten einnimmt und ob eine Schlichtungsstelle gegründet worden ist[58]. Die Frage nach dem Verhalten bei Meinungsverschiedenheiten ergab ein eindeutiges Übergewicht für die Intensivierung der Information und Kompromißverhandlungen als Solidarisierungsleistungen[59]. Beim Erfahrungsaustausch kann man wie bei den Weiterbildungsveranstaltungen zwei Beteiligungserfolge trennen. Zunächst kann man die Zahl und die Sitzungen der gegründeten Gruppen feststellen, dann die Zahl der Teilnehmer je Gruppe im Zeitablauf. Bei Betriebsvergleichen und Umfragen kann man ebenfalls ihre Zahl (Art, Wiederholung) und die ihrer Teilnehmer feststellen. Bei diesen „Veranstaltungen" lassen sich die Zielgruppen relativ genau schätzen, so daß Beteiligungsquoten errechnet werden können. Die Beteiligung an der Kooperationsvermittlung kann man anhand der Zahl der Kooperationswünsche, die an den Verband herangetragen werden, beurteilen. Schwierig ist der Anteil an der Vermittlungskapazität zu erfassen, den sie beanspruchen. Die Kooperationsbörse des RKW stellt die Kooperationsvermittlungswünsche quartals-

[56] Vgl. *Haglund,* Birgitta. S. 9.

[57] *Blümle,* Ernst-Bernd: Zur Kontrolle. S. 119.

[58] Vgl. *Schmölders,* Günter: Das Selbstbild. S. 170, 176 und 191.

[59] Vgl. ebd., S. 193.

weise nach dem Gegenstand des Kooperationsinteresses, nach der Herkunft (Branche, Betriebsgröße) und nach der Verbreitung der Kooperationsbörse (Nachdruck der Inserate) fest[60]. Die Frequenz von Gemeinschaftswerken kann absolut leicht an der Zahl der beteiligten Mitglieder gemessen werden. Wenn die Kapazität bestimmt werden kann, kann die Frequenz auch relativ berechnet werden. Die Aktivität der Beteiligung an einem Gemeinschaftswerk kann man am Umfang der Inanspruchnahme von Leistungen durch das Mitglied messen.

43. Beteiligung am Verband

Als Beteiligung am Verband könnte man die Bereitschaft, ehrenamtliche Leitungs- und Repräsentationsaufgaben zu übernehmen, die Frequenz der Mitgliederversammlung, den Organisationsgrad und die Beitragsbereitschaft sehen.

431. Teilnahme an der Repräsentation und Willensbildung

Ehrenamtliche Leitungs- und Repräsentationsaufgaben erfordern nicht nur Zeit, sondern auch die Anerkennung durch die Mitglieder und vor allem die Umweltadressaten[61] sowie Führungsvermögen der „Delegierten". Den Beteiligungserfolg könnte man u. a. daran beurteilen, wie schwierig es ist, z. B. wie lange es dauert, bis unter den Mitgliedern die notwendigen Repräsentanten gefunden sind.

Die Beteiligung an der Mitgliederversammlung ist meist Ausdruck des allgemeinen Interesses am Verband. Gegenstände der Umwelt- oder Mitgliederbeeinflussung werden dort selten entschieden, kaum erörtert. Diskutiert und entschieden wird meist nur über die ausdrücklich in der Satzung erwähnten „Regularien". So ist es nicht verwunderlich, wenn Verbandsmanager klagen, daß der Besuch der Mitgliederversammlungen zu wünschen übrig läßt. Diese Lethargie sagt etwas über das allgemeine Interesse oder Desinteresse am Verband aus.

Das Interesse am Verband versuchte *Schmölders* mit der Frage zu erkunden, wie oft die Mitglieder mit Stellungnahmen, Anregungen und Forderungen an den Verband herantreten. Die Antwortmöglichkeiten waren ordinal gestuft: „Das Interesse ist lebhaft, fast zu groß; im allgemeinen reges Interesse; nur ein Teil der Mitglieder ist aktiv; Inter-

---

[60] Vgl. RKW (Hrsg.): Tätigkeitsberichte der RKW-Kooperationsbörse. Frankfurt 1967 und 1968.

[61] *Adels* sieht als Auswahlkriterium für ehrenamtliche Tätigkeiten, vor allem für Repräsentationsaufgaben die „Autorität innerhalb und außerhalb des Verbandes", weshalb vor allem „selbständige Unternehmer und Mitarbeiter aus der Führungsspitze der Unternehmungen" diese Stellen einnehmen. *Adels*, Helmut: Wie entscheiden Verbände? S. 48.

esse ist gering[62]." Das Bild, das die Verbandsführungen von der Beteiligung der Mitglieder haben und hier „mitteilen", dürfte auch zutreffend sein. Die Ergebnisse lassen allgemein auf „reges Interesse" schließen.

Aus einer regen Mitgliederbeteiligung an der Repräsentation und der Willensbildung im Verband kann man folgern, daß die Mitglieder Erfolge aufgrund der Verbandstätigkeit erlebt haben oder zumindest erwarten. Diese Erfolge können in der Anerkennung der persönlichen Leistung durch die übrigen Mitglieder und durch die Umwelt, aber auch in der persönlichen Befriedigung liegen, für die übrigen Mitglieder Nutzen zu stiften.

432. Organisationsgrad

Die Beteiligung am Verband wird gerne auch am Organisationsgrad gemessen. Er wird als Anteil der verbandlich organisierten Unternehmen an der Gesamtzahl der organisationsfähigen Unternehmen ausgedrückt[63]. Organisationsfähig sind alle Unternehmen, welche die Kriterien der Mitgliedschaft, d. h. in unserem Falle vor allem der gleichen Branchenzugehörigkeit erfüllen. Organisationsgrade, die nur nach der Zahl der Unternehmen berechnet sind, lassen nicht den Anteil der zusammengeschlossenen Betriebe z. B. am Umsatz, am Produktionswert, an der Bilanzsumme, am Eigenkapital oder an der Zahl der Beschäftigten einer Branche erkennen. Deshalb werden in der Literatur mit diesen Größen gewichtete Organisationsgrade vorgeschlagen[64]. Es wird auch gefordert, daß die Organisationsgrade bereinigt werden müssen[65]. Die Mitgliederzahlen, welche z. B. die BAG veröffentlicht, enthalten nämlich auch die rechtlich unselbständigen Filialen der Mitgliedsunternehmen, soweit sie eine bestimmte Umsatzgröße erreichen. Manche Verbände, wie z. B. das RKW, haben Unternehmen und Haushalte als Mitglieder. *Schmölders* fragte die Verbandsführungen, wieviele Personen bzw. Firmen in ihrem Verband bzw. in den Unterverbänden organisiert sind. Es wurden Größenklassen vorgegeben. Um die Veränderung in der Beteiligung am Verband zu erkennen, wurden die Befragten auch gebeten, den Organisationsgrad in Größenklassen „heute" bzw. „kurz nach der Wieder- bzw. Neugründung (nach 1945)" anzugeben[66]. *Blümle* nimmt nicht nur einen „einverbandlichen" Zeitvergleich, sondern auch einen zwischenverbandlichen Vergleich der Orga-

---

[62] *Schmölders*, Günter: Das Selbstbild. S. 101 ff., 175 und 191.

[63] Vgl. *Blümle*, Ernst-Bernd: Zur Kontrolle. S. 117 ff.

[64] Vgl. z. B. ebd., S. 117.

[65] Vgl. ebd., S. 118.

[66] Vgl. *Schmölders*, Günter: Das Selbstbild. S. 174 und 184 f.

nisationsgrade vor[67]. Danach lassen sich Unterschiede in der Beteiligungsneigung verschiedener Branchen, zwischen Industrie und Dienstleistungsbereich und nach der Betriebsgrößenstruktur des Verbandsbereichs vermuten.

Die Beobachtung der Entwicklung des Organisationsgrades eines Verbandes und der Vergleich mit anderen Verbänden kann zu der Vermutung Anlaß geben, daß sich im Organisationsgrad eine „Erfolgsbeurteilung" der Verbandsleistungen oder des gesamten Verbandes durch die Mitglieder ausdrückt[68]. Da der Organisationsgrad vor allem nichts über die Beanspruchung, Anwendung und Verwertung der Verbandsinformationen und die (aktive) Beteiligung an der Zusammenarbeit aussagt, könnte man diese Vermutung durch eine Motivanalyse (Befragung) der Mitglieder (und potentieller Mitglieder) überprüfen.

Der schwedische Industrie- und Arbeitgeberverband haben in ihrer Umfrage unter den Mitgliedern festgestellt, daß die „Service-Leistungen" des Verbandes das hauptsächliche Motiv für den Verbandsbeitritt bzw. das Verbleiben im Verband sind. Darauf folgt die Solidarität mit den wirtschaftspolitischen Forderungen der „Industrie" und der Zugang zu Informationen über Gesetze, Verordnungen und (politische, wirtschaftliche?) „Entwicklungen"[69]. Mit zunehmender Unternehmensgröße wird das Bedürfnis nach Solidarität ebenso stark wie das Interesse am Service des Verbandes[70].

Schmölders hat zwar nicht die Mitglieder, dafür aber die Verbandsführungen gebeten, zu beurteilen, aus welchen Gründen Unternehmen dem Verband ferngeblieben bzw. andere beigetreten sind[71]. Der häufigste Grund für den Nicht-Beitritt schien den Verbandsmanagern der Umstand gewesen zu sein, daß die „Verbandserfolge" auch den Nicht-Mitgliedern zufallen. Als häufigste Gründe für den Beitritt nannten sie die „individuelle Hilfe in technischen, betriebswirtschaftlichen, steuerrechtlichen und arbeitsrechtlichen Fragen", das „wirtschaftspolitische" und „sozialpolitische Informationsbedürfnis" sowie die „Teilnahme an Ausbildungskursen". Das spricht zumindest dafür, daß die Mitglieder die Bereitstellung solcher Leistungen als Erfolg bewerten dürften. Die „Beteiligung an Gemeinschaftswerbung, Ausstellungen und Messen" und der „Schutz in Krisenzeiten" sind die nächsthäufigst genannten Leistungen. Sie lassen zumindest die Bereitschaft der Mitglieder, sich an der Zusammenarbeit zu beteiligen, erkennen. Man

---

[67] Vgl. *Blümle*, Ernst-Bernd: Zur Kontrolle. S. 118 f.

[68] Vgl. ebd., S. 117.

[69] Vgl. *Haglund*, Birgitta. S. 10.

[70] Vgl. ebd., S. 11.

[71] Vgl. *Schmölders*, Günter: Das Selbstbild. S. 185 f.

kann auch annehmen, daß sie diese Möglichkeit als Erfolg betrachten. Wenn man auch den Aussagen der Verbandsmanager als von ihren eigenen Interessen gefärbt etwas mißtrauen mag, so scheint uns doch der Organisationsgrad zumindest durch die Erfolgserwartung der Mitglieder hinsichtlich der Bereitstellung von Informationen und von Gelegenheiten zur Zusammenarbeit als Erfolgsurteil über den gesamten Verband interpretierbar zu sein.

Blümle ist der Ansicht, daß die „finanzielle Belastung" der Mitglieder durch Verbandsbeiträge und ihre „Veränderung im Zeitablauf ... die Anerkennung ... für die Leistungen des Wirtschaftsverbandes ausdrücken"[72]. Da die Höhe der Beiträge entweder von der Mitgliederversammlung oder von den Leitungsgremien festgesetzt wird, könnte man in der Bereitschaft, die Beiträge anzuheben, zuerst die Einsicht der Mitglieder (-vertreter) vermuten, daß die Leistungen des Verbandes verstärkt und verbessert werden müssen[73]. Diese Einsicht läßt aber weiter vermuten, daß die Mitglieder dem Verband Erfolge zutrauen. Dieses Vertrauen kann aus erlebten Erfolgen genährt werden. Als eine besondere Anerkennung von erfolgreichen Verbandsleistungen könnte man Spenden der Mitglieder betrachten.

---

[72] Vgl. *Blümle*, Ernst-Bernd: Zur Kontrolle. S. 116.

[73] Gründe können der starke oder zunehmende Widerstand der Umwelt gegen die Verbandsbeeinflussung, aber auch die quantitative und qualitative Steigerung der Informationsbedürfnisse der Mitglieder oder die wachsende Inanspruchnahme der Organisationsleistungen des Verbandes (steigende Kooperationsbereitschaft) sein.

E. Beurteilungskriterien für die Erfolgsaussagen

Die Aussagekraft von Erfolgsurteilen hängt von der Erfüllung verschiedener Kriterien ab. Das wichtigste ist die Gültigkeit. Es besagt, daß der Maßstab, der bei der Kontrolle angelegt wird, auch den zu messenden Sachverhalt genau und treffsicher mißt. Im Falle der Erfolgskontrolle kommt es auf die operationale, d. h. eindeutig verständliche und überprüfbare Definition der Erfolgsmaßstäbe an[1]. Diese Definition soll gewährleisten, daß die Sachverhalte des Erfolgseintritts, der Erfolgszurechnung und des Erfolgsumfangs möglichst unverzerrt und vom Erhebungsvorgang unverändert erfaßt werden. Die Ergebnisse der einen Kontrollmethode sollen mit den Ergebnissen anderer Erhebungsinstrumente identisch sein. Wiederholte oder parallele Anwendung des gleichen Kontrollverfahrens beim gleichen Sachverhalt sollen zu möglichst identischen Resultaten führen (Stabilität der Ergebnisse). Bei der Wiederholung muß jedoch der Zeitraum begrenzt werden. Verschiedene kompetente Beurteiler sollen bei dem gleichen Gegenstand zu gleichen Ergebnissen kommen. Je übereinstimmender ihre Urteile sind, desto objektiver ist die Beurteilung (Beurteilerunabhängigkeit der Ergebnisse). Die Ergebnisse der Kontrolle sind also um so aussagekräftiger, je genauer und treffsicherer die Maßstäbe sind, je häufiger sie mit der gleichen Methode und verschiedenen Methoden festgestellt worden sind und je mehr sachverständige Beurteiler mitgewirkt haben. Um möglichst aussagekräftige Erfolgsurteile zu erreichen, müßten also verschiedene Beurteilungspersonen die Erfolgsentstehung mit verschiedenen Methoden möglichst oft innerhalb eines Zeitraums kontrollieren. Dieser „Kontrollperfektionismus" steht mit dem Kriterium der Wirtschaftlichkeit der Kontrolle in Konflikt.

1. Treffsicherheit und Genauigkeit der Erfolgsbeurteilung

„Unter Erfolg wird allgemein das Ergebnis (Ziel) einer Aktivität verstanden, sei es im gewünschten oder ungewünschten Sinne (Mißerfolg)[2]." Zum Teil wird der Erfolg auf „das Ergebnis des wirtschaftlichen Handelns der Unternehmung" eingegrenzt, wobei „jede positive Veränderung in der Situation der Unternehmung als Erfolg anzusehen"

---

[1] Vgl. dazu z. B. *Kroos*, Hein F.: Langfristplanung im Verband. S. 9.

[2] *Pohmer*, Dieter, *Bea*, Franz Xaver. Sp. 454.

ist[3]. Während *Pohmer / Bea, Koch* und *Schoenfeld* aus praktischen Notwendigkeiten und Gepflogenheiten den Erfolg auf monetäre Zielerfüllungen beschränken, haben wir grundsätzlich alle Ziele in unsere Analyse einbezogen, welche Mitgliedsunternehmen verfolgen können. Die Leistungen des Verbandes dienen nämlich in erster Linie der Förderung der möglichen Oberziele der Mitglieder (Delegationstheorem). Daneben dienen die Leistungen des Verbandes auch den besonderen Zielerfüllungen der Verbandsmanager und -mitarbeiter. Die Zielförderung kann an der Differenz der jeweiligen Zielerfüllung im Mitgliedsunternehmen vor und nach der Verwertung der Verbandsleistung (Verwertungserfolg) gemessen werden. Diese Erfolgsgröße bedarf der Konkretisierung durch mögliche Mitgliederziele. Diese bestimmen gleichzeitig das Meßniveau des Verwertungserfolgs. Einnahmen- bzw. Ausgabenziele sind monetäre Ziele. Ertrags- bzw. Aufwands- und Leistungs- bzw. Kostenziele sind naturale, oft monetär meßbare Ziele. Ihre Erfüllungen können kardinal angegeben werden. Die Erfüllung von Wachstumszielen kann monetär und natural kardinal angegeben werden. Selbständigkeits- und Vereinigungsziele, Prestige- und Machtziele sowie Sicherungsziele gestatten nur eine nominale oder ordinale Einstufung ihrer Erfüllung. Unterzielerfüllungen können dagegen kardinal beschrieben werden. Während die Erfüllung kardinal meßbarer Ziele relativ leicht nachgeprüft werden kann, ist bei den übrigen Zielen nur eine subjektdifferente Messung (Bewertung) möglich. Sind zukünftige Zielerfüllungen zu prognostizieren, kann nur geschätzt werden. Die Verwertungserfolge entsprechen den „ökonomischen Wirkungen der Werbung“[4] oder „wirtschaftlichen Werbeerfolgen“[5].

Die Ziele der Mitglieder werden vom Verband nicht unmittelbar erfüllt. Unterziele bzw. Aufgaben werden an den Verband delegiert. Er stellt durch ihre Erfüllung Informationsleistungen zur Beeinflussung der Umwelt und der Mitglieder sowie Organisationsleistungen zur Zusammenarbeit der Mitglieder bereit. Der Bereitstellungserfolg ist die erste wichtige Stufe auf dem Wege zum Verwertungserfolg. Die nächste notwendige Stufe ist die Beanspruchung der Leistungen durch die Umweltadressaten und Mitglieder sowie die Beteiligung der Mitglieder an der Zusammenarbeit. Dieser Beanspruchungserfolg entspricht nicht ganz dem „Kauferfolg“ bzw. „Aktionserfolg“ (hier: Infor-

---

[3] *Schoenfeld*, Hanns-Martin: Erfolgsrechnung, kurzfristige. In: HWR. Hrsg. v. E. Kosiol. Stuttgart 1970, Sp. 476 f. Vgl. auch *Koch*, Helmut: Erfolgsrechnung allgemein. In: HWR. Hrsg. v. E. Kosiol, Stuttgart 1970, Sp. 461 f.

[4] *Seyffert*, Rudolf: Werbelehre. Theorie und Praxis der Werbung. Band 2. Stuttgart 1966, S. 1351.

[5] *Bidlingmaier*, Johannes: Kategorien des Werbeerfolgs. S. 706 ff. und ders.: Die Kontrolle des wirtschaftlichen Werbeerfolgs. S. 775 ff.

mationsleistungen) oder dem „Bedürfnisweckungserfolg" bzw. dem „Interesseweckungserfolg" (hier: Organisationsleistungen) der Werbeerfolgskontrolle[6], weil wir den Beeinflussungs- (Umwelt) bzw. Anwendungserfolg (Mitglieder) davon unterscheiden. Beanspruchung bzw. Beteiligung und Verwirklichung der erhaltenen bzw. ausgetauschten Informationen sind nämlich getrennte Entscheidungen bzw. Ausführungshandlungen. Bei den Verbandsleistungen wird es häufig vorkommen, daß die Umweltadressaten und Mitglieder sie beanspruchen oder die Mitglieder sich an der Zusammenarbeit beteiligen, die Ergebnisse jedoch nicht anwenden. Dieses Problem dürfte beim Absatz von Waren seltener auftauchen.

Die nächste Stufe ist also der Beeinflussungs- oder Anwendungserfolg[7]. Vom Ausführungsergebnis der entsprechenden Entscheidungen hängt die Höhe der Verwertungserfolge ab. Deshalb muß die Größe der Beeinflussungs- und Anwendungserfolge festgestellt werden. Das ist zuerst ein Problem der Zurechnung. Die Information als immaterielles Einsatzgut wird in geistigen Prozessen verarbeitet. Diese sind für den Außenstehenden nicht unmittelbar wahrnehmbar. Sie können auch von demjenigen, der sie erlebt hat, nur unvollkommen erinnert und mitgeteilt werden. Bei der Informationsverarbeitung zieht die betreffende Person im allgemeinen auch noch andere Fremd- und Eigeninformationen heran. Aus diesen Gründen läßt sich der Einfluß der Verbandsinformation kaum bestimmen. Die Größe des Beeinflussungserfolgs ließe sich bei quantitativ formulierten Entscheidungsgegenständen noch genau bestimmen. Der entscheidende Nachteil ist jedoch, daß die Größe immer fiktiv ist, weil das Ergebnis immer mit den nicht verwirklichten Forderungen der Adressaten, Konkurrenten und eigenen Mitglieder[8] bzw. den nicht realisierten Entscheidungen der Mitglieder ohne Verbandsinformation verglichen werden muß. Wollen z. B. die Umweltadressaten einen Entscheidungsgegenstand zu Lasten der Mitglieder verändern und verfolgt der Verband eine Politik der Beibehaltung des alten Zustands, so ist der Beeinflussungserfolg um so größer, je kleiner die Differenz zwischen dem Entscheidungsergebnis und dem

---

[6] *Bidlingmaier*, Johannes: Kategorien des Werbeerfolgs. S. 702 ff. und *Möbius*, Georg: Demoskopische Verfahren zur Messung des außerwirtschaftlichen Werbeerfolgs. S. 743 ff.

[7] Der Erfolg in der Beeinflussung der Umwelt kommt den Mitgliedern zum Teil zwangsläufig „zugute" (z. B. Steuersenkung), zum Teil bedarf es noch einer besonderen Beanspruchungsentscheidung (z. B. Beantragung einer Zinsverbilligung).

[8] Das Problem, inwieweit diese Ausgangsforderungen den tatsächlichen Wünschen und Erwartungen der Verhandlungspartner entsprechen, ist dabei noch zu berücksichtigen. Zur Strategie bei Tarifverhandlungen vgl. *Külp*, Bernhard. S. 169 ff.

alten Zustand ist. Will umgekehrt der Verband eine für die Mitglieder günstigere Regelung erreichen, verfolgt der Adressat die Beibehaltung der alten Bestimmung, so ist der Beeinflussungserfolg um so größer, je größer die Abweichung vom alten Zustand zugunsten der Mitglieder ist. Ein wichtiger Einflußfaktor ist die gegenseitige Durchsetzungsmacht aller Beteiligten. Die Verbandsleistungen sind eben nur eine Teilursache von Beeinflussungs- und Anwendungserfolgen. Sind schon diese Erfolge nur schwer den Verbandsinformationen zuzurechnen, ist die Zurechnung von Zielerfüllungen auf diese Erfolge kaum möglich, weil die entsprechenden Handlungen nicht unmittelbar die Oberziele suboptimieren. Bis auf einige Ausnahmen[9] lassen sich die Konsequenzen für verschiedene Zielerfüllungen nur bewerten und schätzen.

Bei der Bestimmung der Höhe des Verwertungserfolgs ist es wahrscheinlich zweckmäßig, die Aufwendungen der Beanspruchung der Leistung und der Umstellung des Betriebes aufgrund der Anwendung der Verbandsleistung sowie die laufenden Mehraufwendungen und die laufenden Aufwandseinsparungen oder anderen Erträge zu erfassen. Da die Nutzungsdauer der angewandten Lösung meist nicht vorauszusehen ist und eine verursachungsgerechte Verteilung der fixen Beanspruchungs- und Umstellungsaufwendungen nicht möglich ist, können die Aufwendungen für einzelne Leistungen nur beschränkt zugerechnet werden. Es empfiehlt sich daher, die laufenden Mehraufwendungen (mehr als „üblich") den laufenden Aufwandseinsparungen gegenüberzustellen und festzustellen, wann die fixen Aufwendungen „amortisiert" sind. Die fixen Verbandsbeiträge können sowieso nicht den in Anspruch genommenen Leistungen zugerechnet werden. Bei gegebenen Verwertungserfolgen können Opportunitätserfolge des Verbandsbezugs von Leistungen gegenüber der Eigenerstellung und dem Fremdbezug ermittelt werden.

Eine Zusammenfassung der Erfolgsurteile kann nur im Hinblick auf die Erfüllung eines Ziels geschehen. Keine Probleme werfen Zielerfüllungen auf, die in einem kardinal ausdrückbaren, z. B. monetären Maßstab gemessen werden können. Schwieriger ist es schon, wenn der Maßstab nur ordinal oder nominal beschrieben werden kann[10]. Infolge der unterschiedlichen Zielerfüllungsmaßstäbe lassen sich Verwertungserfolge verschiedener Ziele nicht zusammenfassen. Es besteht jedoch die Möglichkeit, alle Zielerfüllungen ordinal zu messen und mit Hilfe

---

[9] Solche Ausnahmen sind: Beeinflussung von Entscheidungsgegenständen, die in monetären Größen definiert sind, wie z. B. Steuern, Zölle, Subventionen oder individuelle Leistungen wie Beratungen.

[10] Zu den Methoden der Wertsynthese vgl. *Zangemeister*, Christof: Nutzwertanalyse in der Systemtechnik. Eine Methodik zur multidimensionalen Bewertung und Auswahl von Projektalternativen. München 1970, S. 252 ff.

z. B. von Zentralwerten[11] ein Gesamturteil festzustellen. Eine solche Transformation der Erfolgsmaßstäbe geht jedoch auf Kosten der Meßgenauigkeit.

Als Ergebnis könnte man also festhalten, daß nur in Ausnahmefällen ein Beeinflussungs- oder Anwendungs- und ein Verwertungserfolg einer Verbandsleistung erkennbar, zurechenbar und bestimmbar ist.

2. Methodenunabhängigkeit und Stabilität der Erfolgsbeurteilung

Psychische Beeinflussungswirkungen kann nur der Adressat selbst zutreffend beobachten. Soweit Dokumente über die Beeinflussungsvorgänge vorliegen, kann ihre Analyse Aufschlüsse über Beeinflussungseffekte vermitteln. Befragungen sind ein sehr vielseitiges Instrument, um erlebte und erinnerte Beeinflussungswirkungen und Zielerfüllungen zu erkunden. Die Betriebsanalyse und der Betriebsvergleich ermöglichen die Feststellung von Zielerfüllungen. Tests geben Aufschluß über mögliche Beeinflussungswirkungen und Verwertungserfolge. Um eine zutreffende Aussage über den Erfolgseintritt, die Erfolgszurechnung und den Erfolgsumfang machen zu können, müssen verschiedene Methoden kombiniert angewendet werden. Um zuverlässige Aussagen zu erhalten, müssen die gleichen Methoden innerhalb eines nicht zu langen Zeitraums wiederholt angewendet werden.

Der Adressat kann zwar Beeinflussungswirkungen im Beeinflussungserlebnis und in der Erinnerung daran am besten kontrollieren, doch sind die Ergebnisse dieser Methode einer statistischen Auswertung nicht zugänglich, solange sie nicht mitgeteilt werden. Problematisch ist nicht nur die mangelnde Überprüfbarkeit durch externe Beobachter, sondern auch die fehlende Vergleichbarkeit der Beobachtungssituationen. Die psychische und physische Verfassung des Selbstbeobachters wandelt sich im Zeitablauf und verändert seine Erlebnisfähigkeit und -bereitschaft. Durch den Beobachtungsvorgang wird gleichzeitig der Einwirkungsvorgang verändert. Im Nacherlebnis bzw. in der Erinnerung werden Ursachen meist schwächer als ihre Wirkungen vergegenwärtigt[12].

Soweit in Archiven und Datenbänken Unterlagen über Entscheidungsprozesse der Umweltadressaten und der Mitglieder zur Verfügung stehen und externen Untersuchern zugänglich gemacht werden, kann durch eine „Dokumentenanalyse“ festgestellt werden, welche Be-

---

[11] Vgl. ebd.

[12] Vgl. *Jaspert*, Friedhelm: Methoden zur Erforschung der Werbewirkung. Abhandlungen zur Werbewissenschaft und Werbepraxis. Band 1. Stuttgart 1963, S. 47 ff.

einflussungsvorgänge sich abgespielt und welche Einflußwirkungen eingetreten sind[13]. Die Dokumentenanalyse hat die Vorteile. daß die Zugriffsgeschwindigkeit gegenüber Befragungen größer ist, daß sich die gespeicherten Informationen im Zeitablauf und durch die Erhebung nicht mehr ändern, wie das bei der Selbstbeobachtung und der Befragung der Fall ist, und daß die Informationen nicht für die Untersuchungszwecke produziert werden wie bei Umfragen und bei Tests mit Untersuchungsbewußtsein. Aus diesem Vorteil resultiert auch der wichtigste Nachteil, nämlich der der Lückenhaftigkeit der Dokumentation. Gerade Tatsachen können aber auch von Befragten nur in den seltensten Fällen sicher, genau und vollständig angegeben werden. Um eine übereinstimmende und zuverlässige Auswertung des Materials zu gewährleisten, müssen die Erheber (Verschlüßler) intensiv geschult werden[14].

Solche Dokumentenanalysen wurden vor allem bei Untersuchungen von Gesetzgebungsprozessen (z. B. *Bethusy-Huc, Stammer, Ackermann*) angewendet. Diese Analysen untersuchen unter anderem den Eintritt, die Zurechnung und den Umfang des Beeinflussungserfolgs für die von den Verbänden vertretenen Gruppen. Die Bewertung der Konsequenzen für die Mitgliederzielerfüllungen wird nicht explizit unternommen.

Die Befragung ist nicht zu Unrecht die vielseitigste und deshalb auch am meisten angewandte Methode zur Datengewinnung im Bereich der Sozialforschung[15]. Sie kann in unterschiedlichen „Strukturierungsgraden" (standardisiert, teil-standardisiert und nicht standardisiert), in persönlicher oder schriftlicher Form und in vielen Kombinationen (z. B. Gruppenbefragung, Panel) erfolgen. Es können offene und geschlossene sowie direkte und indirekte Fragen gestellt werden. Bei den geschlossenen Fragen bestehen unterschiedliche Möglichkeiten zur Skalierung[16], bei indirekten Fragen Probleme der Validität der Ergebnisse. Die Gültigkeit der Befragungsergebnisse hängt — außer von der Unmittelbarkeit der Fragestellung — auch von der Fähigkeit und Bereitschaft des Befragten ab, zutreffende Informationen abzugeben. Ausdrucksfä-

---

[13] Vgl. die Untersuchung des Verfassers „Investitionszulagengesetz und Einzelhandel".

[14] Vgl. z. B. *Witte*, Eberhard: Die Organisation komplexer Entscheidungsverläufe — ein Forschungsbericht. In: ZfbF NF, 20 (1968), S. 590 f.

[15] Vgl. z. B. *Anger*, Hans: Befragung und Erhebung. In: Handbuch der Psychologie. Hrsg. v. K. Gottschaldt u. a. 7. Band: Sozialpsychologie. 1. Halbband: Theorien und Methoden. Göttingen 1969, S. 567 ff.

[16] Vgl. z. B. *Süllwold*, Fritz: Theorie und Methodik der Einstellungsmessung. In: Handbuch der Psychologie. Hrsg. v. K. Gottschaldt u. a. 7. Band: Sozialpsychologie. 1. Halbband: Theorien und Methoden. Göttingen 1969, S. 479 ff.

higkeit und persönliche Interessen (z. B. Prestige) sind hier ausschlaggebend. Hinzu kommen Einflüsse von der Frageformulierung (z. B. heterogene Fragestellung) und von den Umständen der Befragung (z. B. zur Verfügung stehende Zeit, Einstellungen gegenüber dem Interviewer). Die Prüfung der Gültigkeit der Ergebnisse erfolgt meist an von der Befragung unabhängigen Daten. Die Methodenunabhängigkeit der Ergebnisse kann kaum geprüft werden, weil völlig äquivalente Befragungsgruppen kaum gebildet werden können. Die Ergebnisse auf eine Frage können nur dann mit den Ergebnissen auf die gleiche Frage in einer späteren Erhebung verglichen werden, wenn die Fragestellung homogen, d. h. eindimensional ist. Bei der Wiederholung der Befragung mit der gleichen Gruppe treten Lerneffekte auf. Der zeitliche Abstand darf aber auch nicht zu groß sein, damit nicht neue Einflußfaktoren auftreten. Bei den verschiedenen Formen der Befragung sind diese generellen Schwächen unterschiedlich stark ausgeprägt[17]. Zwischen der Genauigkeit und der Zuverlässigkeit der Antworten besteht z. B. folgender Zusammenhang: Je genauer die Antwort ist, desto unzuverlässiger ist sie[18], d. h. desto größer ist das Risiko, daß sie unzutreffend ist.

Die Betriebsanalyse kann im Zeitablauf und im Vergleich mit Soll-Größen Unter- und Oberzielerfüllungen feststellen. Dazu gehören nicht nur die „rechnerisch faßbaren Größen". Die Informationen der Betriebsanalysen sollen als Entscheidungshilfe bei Routine- und Grundsatzentscheidungen dienen. Dazu aber ist es notwendig, daß die ermittelten Zielerfüllungen auf ihre Ursachen hin untersucht werden[19]. Bei solchen Ursachenanalysen kann man versuchen, die Einflüsse von Verbandsleistungen auf die Zielerfüllungen zu ergründen. Dazu müssen zusätzliche Informationen über die Beanspruchung und Anwendung der Verbandsleistungen erhoben werden. Dazu kann die Beobachtung der Anwendung durch (externe) Berater herangezogen werden[20]. Diese Personen können an der Leistungserstellung und -verwertung teilnehmen. Bei einzelnen Informationsleistungen werden sich dabei Konsequenzen nur feststellen lassen, wenn sie unmittelbar ein (quantitativ ausdrückbares) Unter- oder Oberziel fördern. Das kann z. B. bei der Ausnutzung eines Ratschlages in Steuerfragen oder zur Beantragung

---

[17] Vgl. *Anger*, Hans. S. 606 ff.

[18] Eine Entsprechung dieses Sachverhalts findet sich in der Popper-Relation: Je bestimmter (genauer) eine Information ist, desto unsicherer (empirisch ungesicherter) ist sie. Vgl. *Kosiol*, Erich: Die Unternehmung. S. 199.

[19] Vgl. *Schnettler*, Albert: Betriebsanalyse. S. 3 f.

[20] Vgl. die Teilnahme des Verfassers an einer nicht-öffentlichen Anhörung der Verbände zum Verfahren der Rückzahlung des Konjunkturzuschlags im Frühjahr 1972 und die Analyse dieser Sitzung durch den Verfasser.

einer Subvention der Fall sein. Bei der Vermittlung von Informationskomplexen wie bei einer Beratung kann man die Konsequenzen für bestimmte Zielerfüllungen ziemlich genau ermitteln. Bei einem größeren Betrieb werden es vor allem bestimmte Abteilungs- oder Bereichszielerfüllungen sein, je nach dem wo die Beratung angesetzt hat. Bei Kleinbetrieben, in denen nur wenige „Abteilungen“ zur Oberzielerfüllung beitragen, dürften auch die Veränderungen der Oberzielerfüllung unmittelbar der Beratung zuzuschreiben sein.

Um externe Einflüsse auszuschalten, könnte man noch die Methode des Betriebsvergleichs[21] heranziehen. Sie scheint jedoch nur bei Verbandsleistungen anwendbar, die wie die Betriebsberatung sich auf Teilbereiche des Unternehmens oder das ganze Unternehmen beziehen. Diese Leistungen müssen nämlich zu wesentlichen Änderungen in der Betriebspolitik führen, damit die Veränderungen der Zielerfüllungen ihnen auch zurechenbar sind. Dann ist es berechtigt, die Differenzen in den Veränderungen der Zielerfüllungen im Zeitablauf zwischen Leistungen empfangenden Unternehmen und Vergleichsunternehmen der Verbandsleistung zuzuschreiben. Erhöhungen der Entscheidungssicherheit (Bestätigungseffekt) können dagegen nur mittels psychologischer Tests oder Befragungen ermittelt werden. Wenn man Betriebe untersuchen könnte, welche regelmäßig in einem bestimmten Umfang Verbandsleistungen abnehmen und solche, die es nicht tun, und wenn diese Betriebe hinsichtlich ihrer Struktur und der in ihnen ablaufenden Prozesse vergleichbar wären, könnte ein Betriebsvergleich zwischen diesen beiden Gruppen wertvolle Erkenntnisse über den Erfolg eines bestimmten Sortiments an Verbandsleistungen liefern. Es müßte sich jedoch dabei um Leistungen handeln, die auf einen bestimmten Mitgliederkreis beschränkt werden können. Dieses „Feldexperiment“ dürfte nicht ausführbar sein, weil die entsprechenden Unternehmen nicht gefunden werden können.

Methoden, die Aussagen über künftige Erfolge zulassen, sind Tests oder Experimente[22]. Sie werden danach unterteilt, ob die Versuchssituation künstlich geschaffen wird (Laborexperiment) oder die natürlichen Bedingungen für eine Versuchssituation „manipuliert“ werden (Feldexperiment). Eine qualitative Aussagenanalyse[23] könnte man als ein Laborexperiment sehen. Es werden die Voraussetzungen für Anwendungs- und Verwertungserfolge von Informationen und Informa-

---

[21] Zur Methode vgl. *Schnettler*, Albert: Betriebsvergleich.

[22] Vgl. z. B. *Bredenkamp*, Jürgen: Experiment und Feldexperiment. In: Handbuch der Psychologie. Hrsg. v. K. Gottschaldt u. a., 7. Band: Sozialpsychologie. 1. Halbband: Theorien und Methoden. Göttingen 1969, S. 332 ff. und 363 f.

[23] Vgl. z. B. *Bessler*, Hansjörg. S. 65 ff.

tionskomplexen geprüft. Bei Bildungsveranstaltungen werden in „Prüfungen“ vor allem Informationsübermittlungserfolge festgestellt. Diese sind ebenfalls wichtige Voraussetzung für Anwendungs- und Verwertungserfolge. Bestimmte abgrenzbare Informationen oder Informationskomplexe können auch unter natürlichen Bedingungen getestet werden. Ein neues Inventursystem z. B. kann in einigen Unternehmen erprobt werden, die sich durch unterschiedliche Sortimentsbreite auszeichnen. Um gültige und zuverlässige Ergebnisse zu erzielen, sind — besonders beim Feldexperiment — umfangreiche Kontrolltechniken notwendig[24].

3. Objektivität der Erfolgsbeurteilung

Bereithaltungs-, Beanspruchungs- und Beteiligungserfolge sowie die Wirtschaftlichkeit der Leistungserstellung können am besten im Verbandbetrieb erhoben werden. Beeinflussungserfolge können am besten von den Umweltadressaten festgestellt werden. Anwendungs- und Verwertungserfolge können am ehesten von den Mitgliedern beurteilt werden. Obwohl sie für die Beurteilung des jeweiligen Erfolgs „Experten“ sind, sind damit noch keine objektiven Erfolgsaussagen gewährleistet.

Man kann der Objektivität näher kommen, wenn man z. B. das Verbandsmanagement und die Verbandsmitarbeiter ebenfalls Erfolgsurteile über Beeinflussungs-, Anwendungs- und Verwertungserfolge abgeben läßt und die Mitglieder auch die Vorerfolge im Verbandbetrieb und die Beeinflussungserfolge beurteilen läßt. Eine weitere Objektivierung der Erfolgskontrolle kann erreicht werden, wenn nicht nur die Unternehmer, sondern auch die Mitarbeiter im Unternehmen als unmittelbare Empfänger und Anwender der Verbandsleistungen zur Beurteilung der Erfolge veranlaßt werden.

Eine zusätzliche Möglichkeit besteht darin, externe Sachverständige zur Beurteilung heranzuziehen. Sie dürften größere Zugangsschwierigkeiten zu den Unterlagen in den Mitgliedsunternehmen und im Verbandbetrieb, aber auch bei den Umweltadressaten haben, als die jeweiligen Organisationsteilnehmer. Wenn von allen Beurteilern die Maßstäbe in gleicher Weise verstanden werden (Homogenität des Maßstabs), kann man um so eher von einem objektiven Erfolgsurteil sprechen, je mehr die einzelnen Urteile übereinstimmen.

Die Verbände haben ein gutes Instrument der Erfolgskontrolle in den Ausschüssen und Erfahrungsaustauschkreisen. Die Beteiligung der Mitglieder läßt die Erfolgsbeurteilung des Verbandes erkennen. Sie

---

[24] Vgl. *Bredenkamp*, Jürgen. S. 340 ff.

geben aber auch die Gelegenheit, die Interessen und die Erfolgsbeurteilungen bestimmter Leistungen ständig zu erforschen.

Wollte man alle Kriterien der Erfolgsbeurteilung erfüllen, müßte man einen sehr aufwendigen Kontrollapparat betreiben. Für den Wirtschaftsfachverband erscheint es ausreichend, wenn regelmäßige Umfragen unter den Mitgliedern (Unternehmer, Mitarbeiter) und den Verbandsmanagern sowie Verbandsmitarbeitern vorgenommen werden. Wenn ein externer Sachverständiger diese Untersuchungen leitet, gehört zu seiner Vorbereitung auch das Studium der angebotenen Verbandsleistungen. In jedem Fall müssen die Umfragen durch Interviews mit Verbandsmanagern und Mitgliedern vor allem auf die Validierung (Unmittelbarkeit, Homogenität) der Fragestellung hin vorgeklärt werden. Dokumentenanalysen und Befragungen von Umweltadressaten sind im Vergleich zu den zu erwartenden Ergebnissen wahrscheinlich zu aufwendig. Die Umfrage kann durch Inhaltsanalysen der Informationen zur Umwelt- und Mitgliederbeeinflussung ergänzt werden. Die Verbandsmanager und -mitarbeiter können laufend und ohne zu großen Aufwand die Mitglieder vor und nach dem Leistungsempfang beobachten und befragen.

Literaturverzeichnis

Ackermann, Paul: Der deutsche Bauernverband im politischen Kräftespiel der Bundesrepublik. Die Einflußnahme des DBV auf die Entscheidung über den europäischen Getreidepreis. Tübinger Studien zur Geschichte und Politik. Hrsg. v. J. Engel u. a. Nr. 27, Tübingen 1970.

Adels, Helmut: Wie entscheiden Verbände? Die Organisation der Entscheidungsprozesse in Wirtschaftsfachverbänden. (Diss. Köln 1969), Köln 1969.

Anger, Hans: Befragung und Erhebung. In: Handbuch der Psychologie. Hrsg. v. K. Gottschaldt u. a. 7. Band: Sozialpsychologie. 1. Halbband: Theorien und Methoden, Göttingen 1969, S. 567 ff.

Arbeitskreis Hardach der Schmalenbachgesellschaft: Gemeinschaftsunternehmen. In: ZfbF NF, 21 (1969), S. 1 ff.

Baethge, Martin: Ausbildung und Herrschaft. Unternehmerinteressen in der Bildungspolitik. Studienreihe des Soziologischen Forschungsinstituts Göttingen SOFI. Hrsg. v. H. P. Bahrdt u. a. Frankfurt 1970.

Bartsch, Hellmuth: Das Recht der Verbände zur öffentlichen Entgegnung auf Presseveröffentlichungen. In: Die Verbandsgeschäftsführung. 1961, Heft 6, S. 1 ff. und Heft 7, S. 10 ff.

— Rechtsberatung durch Verbände. In: Die Verbandsgeschäftsführung. 1961, Heft 12, S. 2 ff.

— Prozeßvertretung durch Verbände. In: die Verbandsgeschäftsführung. 1962, Heft 2, S. 13 ff. und Heft 3, S. 21 ff.

— Prozeßkostenerstattung bei Prozeßvertretung durch Verbände. In: Die Verbandsgeschäftsführung. 1962, Heft 8, S. 1 ff.

— Spezialprobleme der Prozeßkostenerstattung bei Prozeßvertretung durch Verbände. In: Die Verbandsgeschäftsführung. 1962, Heft 9, S. 10 ff.

— Das Gehalt des Verbandsgeschäftsführers. In: Die Verbandsgeschäftsführung. 1964, Heft 8, S. 1 ff.

— Nebentätigkeit und Dienstreisen des Verbandsgeschäftsführers: In: Die Verbandsgeschäftsführung. 1964, Heft 9, S. 1 ff.

— Der Verbandsgeschäftsführer und sein Anstellungsvertrag. In: Die Verbandsgeschäftsführung. 1964, Heft 11, S. 1 ff.

— Die Mitwirkung der Verbände im Steuerrecht. In: Die Verbandsgeschäftsführung. 1964, Heft 12, S. 1 ff.

Becker, Horst: Marketing der Verbände. O. O. (Hamburg). O. J.

Benisch, Werner: Kooperationsfibel. Bundesrepublik und EWG. 3. Aufl. Hrsg. v. Bundesverband der Deutschen Industrie, Abteilung Wettbewerbsordnung. Drucksache Nr. 85. Bergisch Gladbach 1969.

Bennis, Warren G.: Theory and Method in Applying Behaviorial Science to Planned Organizational Change. In: The Planning of Change. Ed. by W. G. Bennis, K. D. Benne and R. Chin. 2nd ed. London usw. 1969, S. 62 ff.

Berthel, Jürgen; Dieter *Moews*: Information und Planung in industriellen Unternehmungen. Eine empirische Studie. Betriebswirtschaftliche Forschungsergebnsse. Hrsg. v. E. Kosiol u. a. Band 44, Berlin 1970.

Berthel, Jürgen: Generelle oder individuelle Management-Informationssysteme? In: Management-Informationssysteme. Eine Herausforderung an Forschung und Entwicklung. Hrsg. v. E. Grochla u. a. Betriebswirtschaftliche Beiträge zur Organisation und Automation. Schriftenreihe des Betriebswirtschaftlichen Instituts für Organisation und Automation an der Universität zu Köln. Hrsg. v. E. Grochla. Band 14, Wiesbaden 1971, S. 311 ff.

Bessler, Hansjörg: Aussagenanalyse. Die Messung von Einstellungen im Text der Aussagen von Massenmedien. In: Gesellschaft und Kommunikation. Eine Schriftenreihe. Hrsg. v. P. R. Hofstätter u. a. Band 4, Bielefeld 1970.

Beste, Theodor: Was ist Leistung in der Betriebswirtschaftslehre? In: ZfhF, 38 (1944), S. 1 ff.

Bethusy-Huc, Viola Gräfin von: Demokratie und Interessenpolitik. Wiesbaden 1962.

Bidlingmaier, Johannes: Unternehmerziele und Unternehmerstrategien. Studienreihe Betrieb und Markt. Hrsg. v. K. Ch. Behrens. Band 8, Wiesbaden 1964.

— Zielkonflikte und Zielkompromisse im unternehmerischen Entscheidungsprozeß. Studienreihe Betrieb und Markt. Hrsg. v. K. Ch. Behrens. Band 11, Wiesbaden 1968.

— Kategorien des Werbeerfolgs. In: Handbuch der Werbung. Hrsg. v. K. Ch. Behrens. Wiesbaden 1970, S. 699 ff.

— Die Kontrolle des wirtschaftlichen Werbeerfolgs. In: Handbuch der Werbung. Hrsg. v. K. Ch. Behrens. Wisbaden 1970, S. 773 ff.

Blümle, Ernst-Bernd: Der Verbandbetriebsvergleich. In: Internationales Gewerbearchiv, 11 (1963), S. 21 ff.

— Zur Finanzierung der Wirtschaftsverbände. In: BFuP, 17 (1965), S. 40 ff.

— Zur Zielproblematik der Wirtschaftsverbände. In: Jahrbuch für Sozialwissenschaften, 16 (1965), S. 337 ff.

— Zur Messung des Verbandserfolgs. In: ZfbF NF, 17 (1965), S. 558 ff.

— Zur Kontrolle des Verbandserfolgs. In: Die Unternehmung, 23 (1969), S. 103 ff.

Börner, Dietrich: Leistungsverrechnung, innerbetriebliche. In: HWR. Hrsg. v. E. Kosiol. Stuttgart 1970, Sp. 1017 ff.

Bössmann, Eva: Die ökonomische Analyse von Kommunikationsbeziehungen in Organisationen. Habilitationsschrift, Berlin 1967.

Bouffier, Willy: Betriebswirtschaftslehre als Funktionen- und Leistungslehre. In: Funktionen- und Leistungsdenken in der Betriebswirtschaft. Festschrift zum 70. Geburtstag von K. Oberparleiter. Hrsg. v. W. Bouffier. Wien 1956. S. 22 ff.

Bredenkamp, Jürgen: Experiment und Feldexperiment. In: Handbuch der Psychologie. Hrsg. v. K. Gottschaldt u. a. 7. Band: Sozialpsychologie. 1. Halbband: Theorien und Methoden. Göttingen 1969, S. 332 ff.

Breitling, Rupert: Die Verbände in der Bundesrepublik. Ihre Arten und ihre politische Wirkungsweise. In: Parteien, Fraktionen, Regierungen. Eine Schriftenreihe für die Wissenschaft von der Politik. Hrsg. v. D. Sternberger. Band 8, Meisenheim am Glan 1955.

Buchholz, Edwin: Die Wirtschaftsverbände in der Wirtschaftsgesellschaft. Eine Analyse ihres Ordnungs- und Selbsthilfesystems als Beitrag zu einer Theorie der Wirtschaftsverbände. Habilitationsschrift. Tübinger Wirtschaftswissenschaftliche Abhandlungen. Hrsg. v. d. Rechtswissenschaftlichen Abteilung der Rechts- und Wirtschaftswissenschaftlichen Fakultät der Universität Tübingen. Band 6, Tübingen 1969.

Chmielewicz, Klaus: Wirtschaftsgut und Rechnungswesen. In: ZfbF NF, 21 (1969), S. 85 ff.

Coenenberg, Adolf G.: Beurteilungskriterien unternehmungsexterner Informationssysteme. In: Management-Informationssysteme. Eine Herausforderung an Forschung und Entwicklung. Hrsg. v. E. Grochla u. a. Betriebswirtschaftliche Beiträge zur Organisation und Automation. Schriftenreihe des Betriebswirtschaftlichen Instituts für Organisation und Automation an der Universität zu Köln. Hrsg. v. E. Grochla. Band 14, Wiesbaden 1971, S. 735 ff.

Cyert, Richard M. und James G. *March:* A Behavioral Theory of the Firm. Englewood Cliffs 1963.

Dahl, Edgar: Die Unternehmensberatung. Eine Untersuchung ausgewählter Aspekte beratender Tätigkeiten in der Bundesrepublik Deutschland. Kölner Beiträge zur Sozialforschung und angewandten Soziologie. Hrsg. v. R. König u. a. Band 4, Meisenheim am Glan 1967.

Dietz, Ferdinand: Schiedsgerichtsbarkeit im Verbandswesen. In: Die Verbandsgeschäftsführung, 1962, Heft 3, S. 12 ff.

Draheim, Georg: Die Genossenschaft als Unternehmungstyp. Göttingen 1952.

— Das Förderungsunternehmen. Ein Beitrag zu den Versuchen, das Wesen der Genossenschaft zu bestimmen. In: Zur Ökonomisierung der Genossenschaften. Gesammelte Aufsätze zur Genossenschaftstheorie und Genossenschaftspolitik. Göttingen 1967, S. 103 ff.

Drumm, Hans Jürgen: Organisationsformen und Probleme der Zielbildung in mehrstufigen Vereinen. In: ZfB, 40 (1970), S. 817 ff.

Ehrt, Robert: Die Zurechenbarkeit von Kosten auf Leistungen auf der Grundlage kausaler und finaler Beziehungen. Veröffentlichungen der Universität Mannheim (Wirtschaftshochschule). Hrsg. v. H. G. Schachtschabel. Band 21, Stuttgart usw. 1967.

Eichler, Wolfgang: Neue Aspekte in der Verbandsarbeit. Große Angebotspalette verbandlicher Dienstleistungen. In: Der Arbeitgeber, 19 (1967), S. 191 f.

Endres, Walter: Betriebsgruppenvergleiche im Dienst betriebswirtschaftlicher Forschung und Lehre. In: ZfB, 41 (1971), S. 723 ff.

Engelhardt, Werner: Grundprobleme der Leistungslehre, dargestellt am Beispiel der Warenhandelsbetriebe. In: ZfbF NF, 18 (1966), S. 158 ff.

Esenwein-Rothe, Ingeborg: Die Wirtschaftsverbände von 1933 bis 1945. In: Wirtschaftsverbände und Wirtschaftspolitik. Hrsg. v. A. Predöhl u. a. Schriften des Vereins für Socialpolitik, Gesellschaft für Wirtschafts- und Sozialwissenschaften NF, Band 37, Berlin 1965.

Fässler, Klaus: Die betriebswirtschaftliche Mitbestimmungsdiskussion im Licht sozialwissenschaftlicher Modelle der Unternehmung. Diss. München 1967.

Fuchs, Herbert: Systemtheorie. In: HdO. Hrsg. v. E. Grochla. Stuttgart 1969, Sp. 1618 ff.

Fuchs, Michael: Unternehmung und Wirtschaftsverband. Das Problem der Beteiligungsentscheidung. Diss. München 1969.

Gieseke, Wilhelm: Die berufsständischen Organisationen in der agrarpolitischen Willensbildung der EWG. In: Agrarpolitik in der EWG. Festschrift für Heinrich Niehaus zum 70. Geburtstag. München usw. 1968, S. 209 ff.

Grochla, Erwin: Betrieb und Wirtschaftsordnung. Probleme der Wirtschaftsordnung aus betriebswirtschaftlicher Sicht. Wirtschaftswissenschaftliche Abhandlungen. Hrsg. v. E. Kosiol u. a. Heft 3, Berlin 1954.

— Betriebsverband und Verbandbetrieb. Wesen, Formen und Organisation der Verbände in betriebswirtschaftlicher Sicht. Habilitationsschrift. Veröffentlichungen des Instituts für Industrieforschung der Freien Universität Berlin. Hrsg. v. E. Kosiol. Band 8, Berlin 1959.

— Verbandbetrieb. In: HdB. Hrsg. v. H. Seischab u. K. Schwantag. 3. Aufl. Band 4, Stuttgart 1962, Sp. 5610 ff.

— Betriebsverbindungen. Sammlung Göschen. Band 1235/1235 a, Berlin 1969.

— Systemtheorie und Organisationstheorie. In: ZfB, 40 (1970), S. 1 ff.

— Management-Informationssysteme als eine Herausforderung an die betriebswirtschaftlich-organisatorische Forschung. In: Management-Informationssysteme. Eine Herausforderung an Forschung und Entwicklung. Hrsg. v. E. Grochla u. a. Betriebswirtschaftliche Beiträge zur Organisation und Automation. Schriftenreihe des Betriebswirtschaftlichen Instituts für Organisation und Automation an der Universität zu Köln. Hrsg. v. E. Grochla. Band 14, Wiesbaden 1971, S. 19 ff.

— Unternehmungsorganisation. Neue Ansätze und Konzeptionen. rororo Studium. Hrsg. v. E. Grassi. Band 3, Reinbek bei Hamburg 1972.

Hammerschmidt, Jost: Die unabhängige Wirtschaftsberatung in Deutschland. Stand und Ausbaumöglichkeiten unter Berücksichtigung ausländischer Erfahrungen. Diss. Nürnberg 1964.

Hardach, Fritz Wilhelm: Betriebswirtschaftliche Aufgaben der Wirtschaftsfachverbände. Diss. Köln. O J. (1929, veröffentlicht 1932).

— Verbandspolitik der Betriebe. In: HdB. Hrsg. v. H. Seischab u. K. Schwantag. 3. Aufl. Band 4, Stuttgart 1962, Sp. 5618 ff.

— Unternehmenspolitik durch Wirtschaftsverbände. In: Management International, 1963, Heft 3/4, S. 3 ff.

— Neues Schrifttum über Wirtschaftsverbände. In: ZfbF NF, 19 (1967), S. 42 ff.

— Willensbildung in Wirtschaftsverbänden. In: ZfbF NF, 19 (1967), S. 17 ff.

Hardach, Fritz Wilhelm: Buchholz, Edwin: Die Wirtschaftsverbände in der Wirtschaftsgesellschaft. In: BFuP, 22 (1970), S. 311 f.

— Wirtschaftsverbände in betriebswirtschaftlicher Sicht. In: BFuP, 22 (1970), S. 522 ff.

Heinen, Edmund: Das Zielsystem der Unternehmung. Grundlagen betriebswirtschaftlicher Entscheidungen. Die Betriebswirtschaft in Forschung und Praxis. Schriftenreihe. Hrsg. v. E. Heinen, Band 1, Wiesbaden 1966.

— Einführung in die Betriebswirtschaftslehre. Wiesbaden 1968.

— Betriebswirtschaftliche Kostenlehre. Kostentheorie und Kostenentscheidungen. 3. Aufl. Wiesbaden 1970.

Hennis, Wilhelm: Verfassungsordnung und Verbandseinfluß. In: Politische Vierteljahresschrift, 2 (1961), Heft 1, S. 23 ff.

Henzel, Fritz: Kosten und Leistung. 4. Aufl. Essen 1967.

Henzler, Reinhold: Die Genossenschaft, eine fördernde Betriebswirtschaft. Essen 1957.

Herder-Dorneich, Philipp, Klaus W. *Lippold* u. a.: Wirtschaft und Verbände. Berufsanforderungen und Berufsaussichten von Sozialwissenschaftlern in Unternehmungen, Verwaltungen, Verbänden. Köln 1972.

Hodge, Billy J. und Herbert J. *Johnson:* Management and Organizational Behavior. A Multidimensional Approach. New York usw. 1970.

Hondrich, Karl Otto: Die Ideologien von Interessenverbänden. (Diss.) Berlin 1963.

Huber, Ernst Rudolf: Selbstverwaltung der Wirtschaft. Stuttgart 1958.

Hudelmaier, Gerhard: Verbandseigene Buchführungs- und Kostenrechnungsrichtlinien. Ein kritischer Vergleich mit den Einheitsrichtlinien des BDI und den Einheitsregelungen von 1937/39. II. Teil: Kostenrechnungsrichtlinien. Wiesbaden 1967.

Jaspert, Friedhelm: Methoden zur Erforschung der Werbewirkung. Abhandlungen zur Werbewissenschaft und Werbepraxis. Band 1, Stuttgart 1963.

Jöhr, Walter Adolf: Der Kompromiß als Problem der Gesellschafts-, Wirtschafts- und Staatsethik. In: Recht und Staat in Geschichte und Gegenwart. Eine Sammlung von Vorträgen und Schriften aus dem Gebiet der gesamten Staatswissenschaften. Band 208/209, Tübingen 1958.

Kaiser, Joseph: Die Repräsentation organisierter Interessen. Berlin 1956.

Kapferer, Clodwig und Wolfgang K. A. *Disch:* Market Research by Trade Associations. A practical guide for trade associations on how to organise and undertake market research. Ed. by Organisation for Economic Co-operation and Development. Paris 1964.

Kartte, Wolfgang: Fusionskontrolle in der Marktwirtschaft. In: P. Raisch, A. Sölter, W. Kartte: Fusionskontrolle. Für und Wider. Stuttgart usw. 1970. S. 87 ff.

Katz, Elihu und Paul F. *Lazarsfeld:* Personal Influence. The Part Played by People in the Flow of Mass Communication. New York 1955.

Keller, Arthur Fred: Die kooperative Durchführung der Werbung. In: Handbuch der Werbung. Hrsg. v. K. Ch. Behrens. Wiesbaden 1970, S. 487 ff.

Kirsch, Werner: Entscheidungsprozesse. Dritter Band: Entscheidungen in Organisationen. Wiesbaden 1971.

Koch, Helmut: Erfolgsrechnung allgemein. In. HWR. Hrsg. v. E. Kosiol. Stuttgart 1970, Sp. 461 ff.

Kosiol, Erich: Die Unternehmung als wirtschaftliches Aktionszentrum. Einführung in die Betriebswirtschaftslehre. Rowohlts Deutsche Enzyklopädie. Hrsg. v. E. Grassi. Band 256/257, Reinbek bei Hamburg 1966.

— Zur Problematik der Planung in der Unternehmung. In: ZfB, 37 (1967), S. 77 ff.

Kosiol, Erich, Norbert *Szyperski* und Klaus *Chmielewicz:* Zum Standort der Systemforschung im Rahmen der Wissenschaften. In: ZfbF NF, 17 (1965), S. 337 ff.

Kroos, Hein F.: Planungs- und Kontrollprobleme aus der Sicht des Praktikers. Vortrag im Seminar für das Management in den Verbänden des Handels und der Industrie vom 28. bis 30. Juni 1972 in Rüschlikon.

— Langfristplanung im Verband. Vortrag im Seminar für das Management in den Verbänden des Handels und der Industrie vom 30. Oktober bis 1. November 1972 in Rüschlikon.

Krueger, Hermann Edwin: Historische und kritische Untersuchungen über die freien Interessenvertretungen von Industrie, Handel und Gewerbe in Deutschland, insbesondere die Fach-, Zweck- und Zentralverbände gewerblicher Unternehmer I und II. In: (Schmollers) Jahrbuch für Gesetzgebung, Verwaltung und Volkswirtschaft NF, 32 (1908), S. 1581 ff. und 33 (1909), S. 617 ff.

Külp, Bernhard: Lohnbildung im Wechselspiel zwischen politischen und wirtschaftlichen Kräften. Habilitationsschrift. Volkswirtschaftliche Schriften. Hrsg. v. J. Broermann. Heft 84, Berlin 1965.

Leckebusch, Roswitha: Entstehung und Wandlungen der Zielsetzungen, der Struktur und der Wirkungen von Arbeitgeberverbänden. Untersuchungen über Gruppen und Verbände. Hrsg. v. G. Weippert. Band 3, Berlin 1966.

Lehmann, Helmut: Wesen und Formen des Verbundbetriebes. Ein Beitrag zur betriebswirtschaftlichen Morphologie. Betriebswirtschaftliche Forschungsergebnisse. Hrsg. v. E. Kosiol. Band 24, Berlin 1965.

— Unternehmungsverbände, Rechnungswesen der. In: HWR. Hrsg. v. E. Kosiol. Stuttgart 1970, Sp. 1722 ff.

Lehmann, Max Rudolf: Leistungsmessung durch Wertschöpfungsrechnung. Betriebswirtschaftliche Bibliothek. Hrsg. v. W. Hasenack. Reihe A, Band VII, Essen 1954.

Leihner, Emil: Ergebnisse und Erfahrungen aus der Betriebsberatung im Einzelhandel. In: Internationales Gewerbearchiv, 10 (1062), S. 98 ff.

Männel, Wolfgang: Möglichkeiten und Grenzen des Rechnens mit Opportunitätserlösen. In: Beiträge zur betriebswirtschaftlichen Ertragslehre. Festschrift zum 70. Geburtstag v. Erich Schäfer. Hrsg. v. P. Riebel. Opladen 1971, S. 201 ff.

March, James G. und Herbert A. *Simon:* Organizations. New York etc. 1958.

Marx, August: Verbandseigene Buchführungs- und Kostenrechnungsrichtlinien. Ein kritischer Vergleich mit den Einheitsrichtlinien des BDI und den Einheitsregelungen von 1937/39. I. Teil: Kontenrahmen und Buchführungsrichtlinien. Wiesbaden 1965.

Mayntz, Renate: Soziologie der Organisation. Rowohlts Deutsche Enzyklopädie. Hrsg. v. E. Grassi. Band 166, Reinbek bei Hamburg 1963.

Menrad, Siegfried: Kosten und Leistung. In: HWR. Hrsg. v. E. Kosiol. Stuttgart 1970, Sp. 870 ff.

Messner, Johannes: Der Funktionär. Seine Schlüsselstellung in der heutigen Gesellschaft. Innsbruck usw. 1961.

Möbius, Georg: Demoskopische Verfahren zur Messung des außerwirtschaftlichen Werbeerfolgs. In: Handbuch der Werbung. Hrsg. v. K. Ch. Behrens. Wiesbaden 1970, S. 743 ff.

Neuhauser, Gertrud: Die verbandsmäßige Organisation der österreichischen Wirtschaft. Systematische Gesamtdarstellung. In: Th. Pütz (Hrsg.): Verbände und Wirtschaftspolitik in Österreich. In: Wirtschaftsverbände und Wirtschaftspolitik. Hrsg. v. A. Predöhl und G. Weippert. Schriften des Vereins für Socialpolitik, Gesellschaft für Wirtschafts- und Sozialwissenschaften NF, Band 39, Berlin 1966, S. 3 ff.

Nicklisch, Heinrich: Der Kartellbetrieb. Leipzig 1909.

— Die Betriebswirtschaft. 7. Aufl. Stuttgart 1932.

— Leistung. In: HdB. Hrsg. v. H. Nicklisch. 2. Aufl. Band 2, Stuttgart 1939, Sp. 867 ff.

zur *Nieden*, Manfred: Zur Anwendbarkeit von Informationswertrechnungen. In: ZfB, 42 (1972), S. 493 ff.

Nieschlag, Robert, Erwin *Dichtl* und Hans *Hörschgen*: Marketing. Ein entscheidungstheoretischer Ansatz. 4. Aufl. Berlin 1971.

Oettle: Karl: Über den Charakter öffentlich-wirtschaftlicher Zielsetzungen. In: ZfbF NF, 18 (1966), S. 241 ff.

— Die Dienstbereitschaft in einzelwirtschaftlicher und gesamtwirtschaftlicher Sicht. In: Dienstleistungen in Theorie und Praxis. Festschrift zum 70. Geburtstag von Otto Hintner. Hrsg. v. H. Linhardt u. a. Stuttgart 1970, S. 16 ff.

— Thesen zu dem Thema: Kann neben die Rechnung eines Verkehrsunternehmens eine wirtschaftliche Rechnung gestellt werden, in der die Nutzen und die Kosten, die sich für die Volkswirtschaft aus der Tätigkeit dieses Unternehmens ergeben, sichtbar gemacht werden, soweit sie in der betriebswirtschaftlichen Rechnung keinen Niederschlag gefunden haben? Hektographiert. München 1970.

Podlinski, Wilfried: Die Mitgliederbeiträge im Körperschaftsteuerrecht. Schriftenreihe des Instituts für Steuerrecht der Universität zu Köln. Hrsg. v. A. Spitaler. Band 19, Düsseldorf 1961.

Pohmer, Dieter und Franz Xaver *Bea*: Erfolg. In: HWR. Hrsg. v. E Kosiol. Stuttgart 1970, Sp. 454 ff.

Pütz, Theodor: Die Bedeutung der Wirtschaftsverbände für die Gestaltung der österreichischen Wirtschaftspolitik. In: Th. Pütz (Hrsg.): Verbände und Wirtschaftspolitik in Österreich. In: Wirtschaftsverbände und Wirtschaftspolitik. Hrsg. v. A. Predöhl und G. Weippert. Schriften des Vereins für Socialpolitik, Gesellschaft für Wirtschafts- und Sozialwissenschaften NF, Band 39, Berlin 1966, S. 135 ff.

Raisch, Peter: Zur Notwendigkeit einer effektiven Fusionskontrolle aus wettbewerbspolitischer und gesamtwirtschaftlicher Sicht. In: P. Raisch, A. Sölter, W. Kartte: Fusionskontrolle. Für und Wider. Stuttgart usw. 1970, S. 11 ff.

Riebel, Paul: Die Elastizität des Betriebes. Eine produktions- und marktwirtschaftliche Untersuchung. Köln usw. 1954.

— Deckungsbeitragsrechnung. In: HWR. Hrsg. v. E. Kosiol. Stuttgart 1970, Sp. 383 ff.

Sachverständigenkommission zur Auswertung der bisherigen Erfahrungen bei der Mitbestimmung: Mitbestimmung im Unternehmen. Stuttgart usw. 1970.

Sader, Manfred, Beate *Clemens-Lodde,* Heike *Keil-Specht* und Andrea *Weingarten:* Kleine Fibel zum Hochschulunterricht. Überlegungen, Ratschläge, Modelle. Beck'sche Elementarbücher. München 1970.

Sandig, Curt: Betriebswirtschaftspolitik. 2. Aufl. Stuttgart 1966.

Schlieder, Willy Christoph: Berufs- und Wirtschaftsverbände im Steuerrecht. Schriftenreihe des Instituts für Steuerrecht der Universität zu Köln. Hrsg. v. A. Spitaler. Band 16, Düsseldorf 1960.

Schmidt, Klaus: Die Steuerpflicht der Berufsverbände. In: Wirtschaft und Wettbewerb, 11 (1962), S. 739 ff.

Schmölders, Günter: Das Selbstbild der Verbände. Empirische Erhebung über die Verhaltensweisen der Verbände in ihrer Bedeutung für die wirtschaftspolitische Willensbildung in der Bundesrepublik Deutschland. In: Wirtschaftsverbände und Wirtschaftspolitik. Hrsg. v. A. Predöhl und G. Weippert. Schriften des Vereins für Socialpolitik, Gesellschaft für Wirtschafts- und Sozialwissenschaften NF, Band 38, Berlin 1965.

— Das Bild vom Unternehmer in der Bundesrepublik Deutschland. In: Der Unternehmer im Ansehen der Welt. Hrsg. v. G. Schmölders. Bergisch-Gladbach 1971, S. 12 ff.

Schnettler, Albert: Betriebsanalyse. 2. Aufl. Stuttgart 1960.

— Betriebsvergleich. Grundlagen und Praxis zwischenbetrieblicher Vergleiche. 3. Aufl. Stuttgart 1961.

Schoenfeld, Hanns-Martin: Erfolgsrechnung, kurzfristige. In: HWR. Hrsg. v. E. Kosiol. Stuttgart 1970, Sp. 476 ff.

Schomerus, Friedrich: Die freien Interessenverbände von Handel und Industrie und ihr Einfluß auf Gesetzgebung und Verwaltung. In: (Schmollers) Jahrbuch für Gesetzgebung, Verwaltung und Volkswirtschaft NF, 25 (1901), S. 439 ff.

Schütz, Mathias, Helmut *Skowronek* und Werner *Thieme* (Hrsg.): Prüfungen als hochschuldidaktisches Problem. Blickpunkt Hochschuldidaktik. Heft 1. O. O. (Hamburg) 1969.

Schulz, A.: Gedanken zu einer Informationsbetriebslehre. In: ZfB, 40 (1970), S. 91 ff.

Seyffert, Rudolf: Betrieb. In: HdB. Hrsg. v. H. Seischab und K. Schwantag Band I. Stuttgart 1956, Sp. 736 ff.

— Werbelehre. Theorie und Praxis der Werbung. Band 2. Stuttgart 1966.

Spiegel, Bernt: Werbepsychologische Untersuchungsmethoden. Experimentelle Forschungs- und Prüfverfahren. Berlin 1958.

Stammer, Otto u. a.: Verbände und Gesetzgebung. Die Einflußnahme der Verbände auf die Gestaltung des Personalvertretungsgesetzes. Schriften des Instituts für Politische Wissenschaft. Hrsg. v. O. Stammer. Band 18, Köln und Opladen 1965.

Süllwold, Fritz: Theorie und Methodik der Einstellungsmessung. In: Handbuch der Psychologie. Hrsg. v. K. Gottschaldt u. a. 7. Band: Sozialpsychologie. 1. Halbband: Theorien und Methoden. Göttingen 1969, S. 475 ff.

Szyperski, Norbert: Rechnungswesen als Informationssystem. In: HWR. Hrsg. v. E. Kosiol. Stuttgart 1970, Sp. 1510 ff.

Teschner, Manfred: Entwicklung eines Interessenverbandes. Ein empirischer Beitrag zum Problem der Verselbständigung von Massenorganisationen. Diss. Frankfurt 1961.

Thiemeyer, Theo und Karl *Oettle:* Thesen über die Unterschiede zwischen privater Absatzpolitik und öffentlicher Angebotspolitik. In: Die öffentliche Wirtschaft, 18 (1969), S. 37 ff.

Tuchtfeldt, Egon: Wirtschaftspolitik und Verbände. In: Hamburger Jahrbuch für Wirtschafts- und Gesellschaftspolitik, 1 (1956), S. 72 ff.

— Typen, Funktionen und Problematik der Wirtschaftsverbände. In: Die Verbände in der pluralistischen Gesellschaft. Hrsg. v. E. Tuchtfeldt. Hamburg 1962, S. 7 ff.

— Bemerkungen zur Verbandsdiskussion. In: Jahrbuch für Sozialwissenschaft, 13 (1962), S. 79 ff.

Ulrich, Hans: Die Unternehmung als produktives soziales System. Grundlagen der allgemeinen Unternehmungslehre. Schriftenreihe „Unternehmung und Unternehmungsführung". Hrsg. v. Institut für Betriebswirtschaft an der Hochschule St. Gallen. Band 1, Bern usw. 1968.

Verheyen, Holmer: Das Prinzip der Suboptimierung. Ein Beitrag zur betriebswirtschaftlichen Entscheidungstheorie. Diss. München 1968.

Vershofen, Wilhelm: Die Statistik der Wirtschaftsverbände. Nürnberger Beiträge zu den Wirtschaftswissenschaften. Heft 1, Nürnberg 1924.

— Die Marktverbände. I. Teil. Nürnberg 1928.

Walterspiel, Georg: Gemeinsame Besonderheiten investitionsintensiver und kundenpräsenz-bedingter Dienstleistungsbetriebe. In: ZfbF NF, 18 (1966), S. 12 ff.

Weigand, Karl Heinz: Zur Solidarität der Unternehmer auf dem Arbeitsmarkt. (Diss. Mannheim). Neustadt an der Weinstraße. O. J. (1969).

Weippert, Georg: Zum Verständnis der verbandsstrukturierten Gesellschaft. In: Methoden und Probleme der Wirtschaftspolitik. Gedächtnisschrift für H.-J. Seraphim. Hrsg. v. H. Ohm. Berlin 1964, S. 123 ff.

Weisser, Gerhard: Morphologie der Betriebe. In: HdB, hrsg. v. H. Seischab und K. Schwantag. 3. Aufl. Band III, Stuttgart 1960, Sp. 4036 ff.

Werner, Josua: Die Wirtschaftsverbände in der Marktwirtschaft. Habilitationsschrift. St. Galler wirtschaftswissenschaftliche Forschungen. Hrsg. v. der Handels-Hochschule St. Gallen mit Unterstützung der Stiftung für wissenschaftliche Forschung. Band 12, Zürich usw. 1957.

— Wirtschaftsverbände. In: HdSW. Band 12, Stuttgart usw. 1965, S. 280 ff.

Wild, Jürgen: Input-, Output- und Prozeßanalyse von Informationssystemen. In: ZfbF NF, 22 (1970), S. 50 ff.

— Zur Problematik der Nutzenbewertung von Informationen. In: ZfB, 41 (1971), S. 315 ff.

Witte, Eberhard: Die Organisation komplexer Entscheidungsverläufe — ein Forschungsbericht. In: ZfbF NF, 20 (1968), S. 581 ff.

— Phasen-Theorem und Organisation komplexer Entscheidungsverläufe. In: ZfbF NF, 20 (1968), S. 625 ff.

— Das Informationsverhalten in Informationssystemen — Die These von der unvollkommenen Informationsnachfrage. In: Management-Informationssysteme. Eine Herausforderung an Forschung und Entwicklung. Hrsg. v. E. Grochla u. a. Betriebswirtschaftliche Beiträge zur Organisation und Automation. Schriftenreihe des Betriebswirtschaftlichen Instituts für Organisation und Automation an der Universität zu Köln. Hrsg. v. E. Grochla. Band 14, Wiesbaden 1971, S. 831 ff.

Wittmann, Waldemar: Unternehmung und unvollkommene Information. Unternehmerische Voraussicht, Ungewißheit und Planung. Köln und Opladen 1959.

Wössner, Jacobus: Die ordnungspolitische Bedeutung des Verbandswesens (Die Verbandsgesellschaft). Tübingen 1961.

Wollesen, Karl-Heinz: Problemlösung und Entscheidungsfällung in kooperativen Mensch-Maschine-Systemen. In: Management-Informationssysteme. Eine Herausforderung an Forschung und Entwicklung. Hrsg. v. E. Grochla u. a. Betriebswirtschaftliche Beiträge zur Organisation und Automation. Schriftenreihe des Betriebswirtschaftlichen Instituts für Organisation und Automation an der Universität zu Köln. Hrsg. v. E. Grochla. Band 14, Wiesbaden 1971, S. 843 ff.

Zangemeister, Christof: Nutzwertanalyse in der Systemtechnik. Eine Methodik zur multidimensionalen Bewertung und Auswahl von Projektalternativen. München 1970.

Materialien

Adels, Helmut: Betriebswirtschaftliche Verbandsarbeiten. Ergebnisse einer Erhebung in 38 Industriebereichen. Hrsg. v. BDI, Abteilung Betriebswirtschaft. O. O. (Köln) 1963.

AGA (Hrsg.): Einstellung der Angestellten zu Beruf und Arbeitsplatz. Ergebnisbericht einer Mitarbeiterumfrage im Hamburger Groß- und Außenhandel (1968). Hamburg 1968.

— Arbeitsusancen im norddeutschen Groß- und Außenhandel. Ergebnisbericht einer Umfrage (1971). Hamburg 1971.

— AGA-Wirtschaftstest. Ergebnisse einer Umfrage im norddeutschen Groß- und Außenhandel. Berichtszeitraum: 1. 11. 1970—1. 3. 1971. Hamburg 1971.

AGC (Hrsg.): Leserbefragung „Informationsbriefe für Führungskräfte der chemischen Industrie". O. O. (Wiesbaden). O. J. (1967).

— Beurteilungen der Teilnehmer am 10. Seminar für junge Akademiker in den Wochen vom 23. bis 29. April und 4. bis 11. Juni 1967 in Rech. O. O. (Wiesbaden). O. J. (1967).

— Leserbefragung „Blätter für Vorgesetzte". O. O. (Leverkusen). O. J. (1968).

— Befragung der Teilnehmer am 48. Aufbautreffen für Meister der chemischen Industrie in der Zeit vom 18. bis 23. Mai 1969 in Seebruck. O. O. (Wiesbaden). O. J. (1968).

— Fortbildung 1970. Veranstaltungen des Arbeitsrings der Arbeitgeberverbände der Chemischen Industrie e. V. Wiesbaden. O. J. (1970).

Arbeitskreis für die Reform der Reichsabgabenordnung und ihrer Nebengesetze: Reform der Reichsabgabenordnung. Schriftenreihe des BMF. Heft 13, Bonn 1970.

BAG (Hrsg.): Geschäftsberichte 1964 bis 1969. Köln 1964 bis 1969.

BBE (Hrsg.): Entwicklung und Wirkung der Betriebsberatung im Einzelhandel. Köln. O. J. (1963).

— Katalog der Problemlösungen, Köln. O. J. (1970).

— Geschäftsbericht 1972. Köln. O. J. (1973).

— Gewerbe- und Zentrenplanung. Köln. O. J. (1972).

BDA (Hrsg.): Arbeitgeber. Jahresberichte der Bundesvereinigung der Deutschen Arbeitgeberverbände 1965 bis 1968. Köln 1965 bis 1968.

— Dienstleistungen der Verbände. Fragebogen und Ergebnisse. O. O. (Köln). O. J. (1966/1967).

BDI und RKW (Hrsg.): Auswertung einer Fragebogenaktion „Gemeinschaftswerbung". O. O. (Köln, Frankfurt). O. J. (1967).

BDI (Hrsg.): Organisationsplan. Dezember 1968. Drucksache Nr. 84, Köln 1968.

— Jahresbericht des Bundesverbandes der Deutschen Industrie. 1. Mai 1969 bis 31. Mai 1970. Drucksache Nr. 88, Köln 1970.

Bracher, Erich: Was erwartet der Unternehmer von seinem Verband an Rat und Hilfe für die betriebliche Personal- und Sozialarbeit? Vortrag auf der Geschäftsführerkonferenz der BDA vom 27. bis 29. 4. 1967 in Garmisch-Partenkirchen. Arbeitskreis 2 — „Verbandliche Hilfen für die betriebliche Personal- und Sozialarbeit". Hektographiert. O. O. (Köln). O. J. (1967).

Bundesministerium der Finanzen (Hrsg.): Finanzbericht 1970. Bonn 1970.

Bundesministerium des Inneren (Hrsg.): Gemeinsame Geschäftsordnung der Bundesministerien. Besonderer Teil (GGO II). Bonn 1968.

BTE (Hrsg.): (Der BTE und seine Dienstleistungen). O. O. (Köln). O. J. (1971).

DI (Hrsg.): Der werksärztliche Dienst in der Bundesrepublik Deutschland. In: Berichte des Deutschen Industrieinstituts zur Sozialpolitik, 1 (1967), Heft 14.

Fachvereinigung Metallhalbzeug e. V.: Interessentest. Betriebswirtschaftliche Arbeiten Metallhalbzeug. Düsseldorf 1970.

Franzen, Hans und Gustav *Schwartz*: Preisbindungsfibel für den Buchhandel. München usw. 1966.

FSI (Hrsg.): FSI-Bericht 1969. O. O. (Solingen). O. J. (1970).

GDM (Hrsg.): Interessentest 1966: Ausgestaltung der Verbandsarbeit. Fragebogen und Ergebnisse. Düsseldorf 1966/1967.

Haglund, Birgitta: Betriebsleiteruntersuchung des SAF und SI. Hektographierte Übersetzung eines Berichts über eine Mitgliederumfrage des schwedischen Industrie- und Arbeitgeberverbands. O. O. (Frankfurt). O. J. (1971).

HDE (Hrsg.): Leitfaden für Mahn- und Inkassoabteilungen. Erarbeitet aufgrund eines Erfahrungsaustausches. Köln 1970.

— Ladenschlußgesetz. Rundschreiben Nr. L 76, B 76, F 72/70. Köln 1970.

— Kaffeefahrten. Leitfaden. 2. Aufl. Rundschreiben Nr. L 44, B 44, F 35/71, Köln 1971.

— Kontenplan 1. 1. 1971. Köln 1971.

Hermann, Arnim: Dokumentation der über das RKW abgewickelten Vergleichsprojekte und Auswertung der bei ihrer Durchführung gewonnenen Erfahrungen. O. O. (Frankfurt). O. J. (1963).

Herrmann - Heuer: Kommentar zur Einkommensteuer und Körperschaftsteuer. 15. Aufl. Köln 1950/72.

Informationsstelle für die gewerbliche Wirtschaft (RKW): Tätigkeitsbericht: 1. 1. bis 31. 12. 1966. Frankfurt 1967.

Leihner, Emil (Hrsg.): Jahrbücher der Betriebswirtschaftlichen Beratungsdienste für den Einzelhandel 1967 bis 1970. Köln. O. J. (1967—1970).

Oeckl, Albert (Hrsg.): Taschenbuch des öffentlichen Lebens 1969. Bundesrepublik Deutschland. Bonn 1969.

O. V.: Funktionen im Wandel. Dienstleistungen der Arbeitgeberverbände. Materialien, Muster, Modelle. Schriftenreihe der Bundesvereinigung der Deutschen Arbeitgeberverbände. Heft 46, Köln 1967.

O. V.: Der Börsenverein des Deutschen Buchhhandels. Organisation, Aufgaben, Tätigkeit. Schriftenreihe des Börsenvereins des Deutschen Buchhandels. Band 1, Frankfurt 1968.

O. V.: Dokumentation. In: P. Raisch, A. Sölter, W. Kartte: Fusionskontrolle. Für und Wider. Stuttgart usw. 1970, S. 115 ff.

O .V.: Das Institut Neue Wirtschaft 1970. O. O. (Hamburg) 1971.

O. V.: Lobby als Wissenschaft. In: Capital. 10 (1971). Heft 1, S. 68 f.

Petzäll, Ingvar: Betriebsleiteruntersuchung des SAF und SI. Zusammenfassende Gesichtspunkte. Hektographierte Übersetzung eines Berichts über eine Mitgliederumfrage des schwedischen Industrie- und Arbeitgeberverbands. O. O. (Frankfurt). O. J. (1971).

RKW (Hrsg.): Leistungsstand der Abteilung Publizistik 1966. Frankfurt 1967.

— Tätigkeitsberichte der RKW-Kooperationsbörse. Frankfurt 1967 und 1968.

RKW-Landesgruppe Bayern (Hrsg.): Fachliche Berichte zu den Projekten Nr. F 9/66 und F 9/67 des Bundeswirtschaftsministeriums, Bonn: „Beratungsdienst industrieller Kleinbetriebe (BIK)". München 1967 und 1968.

Zentralausschuß der Werbewirtschaft e. V.: Werbung 1969. Bonn - Bad Godesberg 1970.

Anhang

Befragung der Mitglieder des Gesamtverbandes Besteckindustrie e. V.

Bitte kreuzen Sie jeweils nur die für Sie zutreffende Antwort an!

1. Ich lese das Rundschreiben des Besteckverbandes regelmäßig .. ja nein
2. Ich habe die Informationen „Junge Leute als Besteckkäufer" zum ersten Mal aus dem Rundschreiben 5/70 erfahren .... ja nein
3. Wir kannten die Bedeutung der jungen Leute als Besteckkäufer bereits und hatten schon entsprechende absatzpolitische Maßnahmen getroffen .... ja nein
4. Die Informationen „Junge Leute als Besteckkäufer" im Rundschreiben 5/70 bestärkte uns in unserem Entschluß, etwas zu unternehmen oder nichts zu tun .... ja nein
5. Die Informationen „Junge Leute als Besteckkäufer" habe ich an den zuständigen Mitarbeiter (Stellung im Unternehmen:) weitergeleitet:

   a) im üblichen Umlauf zur Kenntnisnahme ....

   b) zur Suche von weiteren Informationen ....

   c) zur Vorbereitung von Vorschlägen ....

   Mehrfachnennungen möglich.

6. Die Verbandsinformationen „Junge Leute als Besteckkäufer" haben uns bereits zu Maßnahmen angeregt (z. B. Ausrichtung der Werbung auf junge Leute, Aufnahme bzw. Vertiefung von Geschäftsbeziehungen zu Versandhäusern, Kooperation mit Porzellanherstellern auf absatzpolitischem Gebiet usw.) ...... ja nein

   Nennen Sie die wichtigste Maßnahme:

   Wenn Sie bei 6 mit „nein geantwortet haben:
   Teilen Sie Ihre Erfahrungen mit einer anderen Verbandsinformation mit.

   Welche Information war das?

7. Wir haben aufgrund der Informationen „Junge Leute als Besteckkäufer" keine Maßnahme eingeleitet, weil

   a) wir diese Information bereits kannten und schon Entscheidungen getroffen hatten ....

   b) unsere Absatzpolitik nicht auf junge Leute ausgerichtet ist bzw. auch nicht ausgerichtet werden soll ....

   c) uns noch Informationen fehlen, was wir in unserem Fall tun sollen und wie wir es tun sollen ....

   d) sonstige Gründe:

   Mehrfachnennungen möglich.

8. Das Rundschreiben des Besteckverbands und die darin enthaltenen Informationen
   a) sind unentbehrlich für meine Arbeit ....
   b) helfen mir sehr bei meiner Arbeit ....
   c) helfen mir recht gut bei meiner Arbeit ....
   d) helfen mir kaum bei meiner Arbeit ....
   e) sind von keinerlei Nutzen für meine Arbeit ....
9. Die anderen Leistungen (Auskünfte, Beratungen), die der Besteckverband für die Mitglieder erbringt,
   a) sind unentbehrlich für meine Arbeit ....
   b) helfen mir sehr bei meiner Arbeit ....
   c) helfen mir recht gut bei meiner Arbeit ....
   d) helfen mir kaum bei meiner Arbeit ....
   e) sind von keinerlei Nutzen für meine Arbeit ....
10. Der Besteckverband ist bei der Durchsetzung der Interessen der Mitglieder gegenüber anderen Wirtschaftszweigen, dem Staat und der Öffentlichkeit
   a) sehr erfolgreich ....
   b) teilweise erfolgreich ....
   c) erfolglos ....
11. Wie hoch schätzen Sie den Anteil des Umsatzes von Bestecken an junge Leute am gesamten Besteckumsatz in der Bundesrepublik? ....
12. Ich halte diese Umfrage zur Erfolgskontrolle der Verbandsleistungen
   a) für sinnvoll; man sollte sie regelmäßig veranstalten ....
   b) für wenig sinnvoll; man könnte auf sie verzichten ....

Statistische Angaben

Wie viele Mitarbeiter hat das Unternehmen? ....

Welchen Umsatzanteil haben die Bestecke am Gesamtumsatz des Unternehmens? ....

Zusätzliche Bemerkungen

Wenn Sie persönliche Ergänzungen und Vorschläge, auf die Sie infolge der Kürze des Fragebogens verzichten mußten, anbringen wollen, benützen Sie bitte ein freies Blatt. (Wir benötigen Ihren Namen oder Ihre Firma nicht. Wenn Sie sie nicht angeben, können Sie nicht identifiziert werden.)

FSC
www.fsc.org
MIX
Papier | Fördert gute Waldnutzung
FSC® C083411

Kolibri 360 GmbH
Ferdinand-Jühlke-Straße 7
99095 Erfurt, Deutschland
produktsicherheit@kolibri360.de

Druck:
CPI Druckdienstleistungen GmbH
im Auftrag der
Kolibri 360 GmbH
Ferdinand-Jühlke-Str. 7
99095 Erfurt